평생교육 방법론

이기원 · 현영렬 · 한영상
김태희 · 최연우 · 이순임 공저

METHODOLOGY OF LIFELONG EDUCATION

양 성 원

머리말

4차 산업혁명의 물결이 전 세계를 휩쓸고 있다. 이 용어는 2016년 세계경제포럼(WEF: World Economic Forum)에서 처음 언급된 이후, 정보통신기술(ICT) 기반의 새로운 산업시대를 대표하는 용어가 되었다. 즉, 인공지능(AI), 사물인터넷(IoT), 클라우드 컴퓨팅, 빅데이터, 모바일 등 지능정보기술이 경제 · 사회 전반에 융합되어 혁신적인 변화를 가져오고 있다. 이러한 삶의 전 분야에서 발생하고 있는 변화는 우리로 하여금 새로운 라이프스타일과 삶의 지식을 요구하고 있다. 평생교육학적 관점에서 보면 평생학습의 시대가 도래한 것이다.

평생교육은 학교교육과는 달리 학습에 참가하는 사람들의 성격과 요구에 따라 큰 차이가 있다. 즉, 참가자의 연령 · 학력 · 직업 등이 다양할 뿐만 아니라 이를 배경으로 한 학습의 정도가 서로 다르고 학습의 요구에도 현격한 차이가 있다. 또한 학습자의 학습활동이 자발적 의사에 의해서 진행되기 때문에 학교에서처럼 강제력이 작용할 수 없는 특성을 가지고 있다. 그리고 교육의 핵심은 '무엇을 어떻게 가르치느냐'에 있으며, 최근 교육 패러다임의 변화는 교수자주도형 평생교육 교수 · 학습방법에서 학습자주도형 평생교육 교수 · 학습방법으로 변화되고 있다.

따라서 본 책은 평생교육에 참여하는 학습자에 대한 정확한 지식을 바탕으로 그들의 특성에 맞는 교수 · 학습방법을 선택하는 데 도움이 되었으면 하는 바람에서 시작되었다. 이를 위해 본 책을 4부 14장으로 구성하였다.

1부 평생교육방법에 대한 기초에서는 3개의 장으로 구성하였는데, 1장 평생교육방법의 개념과 특성에서는 교육방법의 개념과 유형 및 평생교육방법의 개념과 특징에 대해 소개하였고, 2장 산업혁명과 평생교육방법에서는 4차 산업혁명의 이해, 4차 산업혁명의 특징, 4차 산업혁명과 교육 및 4차 산업혁명과 평생교육방법에 대해 기술하였고, 3장 성인학습자와 평생교육방법에서는 성인학습자의 이해, 성인학습의 이론적 기초 및 성인학습자의 학습참여 동기와 방해요인에 대해 소개하였다.

2부 교수자중심 평생교육 교수 · 학습방법에서는 4개의 장으로 구성하였는데, 4장 강의법과 학습동기유발에서는 강의법과 학습동기유발에 대해 소개하였고, 5장 반성적 사고와 반성적 저널쓰기에서는 반성적 사고, 반성적 저널쓰기 및 반성적 저널쓰기의 사례에 대해 기술하였고, 6장 브레인스토밍과 질문법에서는 브레인스토밍과 질문법에 대해 소개하였고, 7장 유의미학습과 인지전략에서는 유의미학습과 유의미학습법의 수업모형에 대해 기술하였다.

3부 학습자중심 평생교육 교수 · 학습방법에서는 6개의 장으로 구성하였는데, 8장 참여식 교육법과 경험학습에서는 참여식 교육법과 경험학습에 대해 소개하였고, 9장 발견학습과 자율적 협동학습에서는 발견학습과 자율적 협동학습에 대해 기술하였고, 10장 자기주도학습에서는 자기주도학습의 이해, 자기주도학습의 발달 및 자기주도학습 프로그램을 소개하였고, 11장 멘토링과 코칭에서는 멘토링과 코칭에 대해 기술하였고, 12장 게임기반 학습과 액션러닝에서는 게임기반 학습과 액션러닝에 대해 기술하였고, 13장 문제중심학습(PBL)과 창의적 문제해결학습(CPS)에서는 문제중심학습과 창의적 문제해결학습에 대해 구체적으로 소개하였다.

4부 평생교육방법의 적용과 실천에서는 1개의 장으로 구성하였는데, 14장 효과적인 수업을 위한 적용과 실천에서는 역할극, 감수성훈련, 실습 · 시범수업 및 게임법의 개념과 구체적인 활동을 제시하였다.

본 책은 평생교육을 공부하는 학생, 평생교육사, 평생교육 분야에 종사하는 이들에게 평생교육방법에 대한 종합적인 이해를 하는 데 도움을 줄 수 있을 것이다. 평생교육 프로그램에 참여하는 학습자들은 다양한 경험적 · 인지적 · 연령적 배경을 가지고 있으며 그 동기 또한 다양하다. 이러한 상황을 깊게 이해하고 효과적인 교육방법을 찾아내는 것이 평생교육전문가의 역할이다. 이 책을 통해 평생교육 대상인 학습자들에게 조금이나마 도움이 되기를 희망해 본다.

끝으로 이 책을 출판할 수 있도록 도와주신 양성원의 강철원 대표님과 출판사 관계 직원 여러분께 감사의 마음을 전한다.

2022년 7월

저자 일동

차례

PART

2 교수자중심 평생교육 교수·학습방법

PART

3 학습자중심 평생교육 교수·학습방법

PART 1

평생교육방법론의 기초

Chapter

01

평생교육방법의 개념과 특성

배울내용

1. 교육방법의 개념과 유형 ● 2. 평생교육방법의 개념과 특징
3. 평생교육방법의 원리

학습목표

1. 교육방법의 중요성과 개념을 설명할 수 있다.
2. 교육방법의 유형을 파악한다.
3. 교수유형을 설명할 수 있다.
4. 평생교육의 이념과 평생교육방법을 이해한다.
5. 평생교육방법의 원리를 이해하고, 실생활에 적용할 수 있는 방법을 모색해 본다.

1. 교육방법의 개념과 유형

1) 교육방법의 중요성 및 개념

교육의 핵심은 '무엇을 어떻게 가르치느냐'에 있으며, 교육방법은 교육의 목적을 실현하는 데 요구되는 모든 수단적·방법적 조건을 통칭하는 용어이다(황정규 외, 1998). 구체적으로 교육방법(teaching method)이란 '가르치는 방식'이나 '수업목표를 달성하기 위해 사용하는 효과적·효율적인 수업방식'이라고 할 수 있다. 즉, 수업상황에서 교수자가 수업목적을 달성하기 위해 학습자들에게 교수내용을 전달하는 교수행위 방식으로 개념화할 수 있다. 이러한 교육방법에 대한 여러 학자들의 정의를 살펴보면 〈표 1-1〉과 같다.

표 1-1. **교육방법에 대한 정의**

구분	내용
김신자 등 (2001)	교육방법은 학습목표에 맞는 내용을 효과적으로 전달하고 학습활동을 지원하기 위해 사용하는 방법, 즉 교수자가 단위시간에 정해진 교육과정 내에서 수업목표를 달성하기 위해 사용하는 수업기법
Corey (1967)	개인으로 하여금 특정한 조건하에서나 특정한 상황에 대한 반응으로서 특정한 행동을 나타내도록 학습하게 하거나 또는 그 특정 행동에 참여할 수 있도록 개인을 둘러싼 환경을 계획적으로 조작하는 과정, 즉 학습자로 하여금 특정 행동에 참여할 수 있도록 환경을 계획적으로 조장하는 것
김문섭 등 (2019)	교육방법은 어떻게 가르칠 것인가를 탐구하는 것이 주된 일이며, 설정된 교육목표를 성공적으로 달성하기 위하여 선정된 교육내용을 학습자에게 효과적으로 전달하기 위한 수단

교사의 교육방법은 학생의 학업성취뿐만 아니라 학습태도, 가치관, 자아개념 등 학생의 제반 특성을 결정짓는 매우 중요한 요소 중의 하나이다(민용성, 2004). 따라서 교사 자신에게도 다양한 교수·학습방법을 지향하기 위해서는 교육방법에 대한 스스로의

성찰이 필요하며, 이를 통해 교수방법에 대해 보다 유연한 태도를 지닐 필요성이 있다(Mosston & Ashworth, 1990).

2) 교육방법의 유형

교육방법의 유형을 수업방식에 따른 교육방법과 교수 · 학습방법에 따른 교육방법으로 구분하여 살펴보면 다음과 같다.

(1) 수업방식에 따른 교육방법

수업방식에 따른 교육방법에는 면대면 교육(face to face learning), 원격 교육(distance learning) 및 혼합식 교육(blended learning)으로 구분할 수 있다.

① 면대면 교육

면대면 교육(face to face learning)이란 전통적인 교육방법으로 일반적으로 일인의 교수와 다수의 학습자들이 일정한 시간에 일정한 장소에 모여, 학습목표를 달성하기 위하여 강의계획에 따라 교재나 칠판 등을 이용하여 교수자의 설명을 통해 전개하는 학습방법으로 강의식 교육이라고도 한다. 면대면 교육은 일반적으로 학습자, 교수, 학습내용, 물리적 환경으로 구성되며, 특성은 〈표 1-2〉와 같다.

표 1-2. **면대면 교육의 특성**

- 면대면 교육은 정해진 시간에 정해진 공간에서 교수 · 학습활동이 이루어지므로 정해진 수업이 끝나면 그 학습내용을 다시 되풀이할 수 없으므로 시간과 공간적 제약이 따른다. 이러한 시간과 공간적 한계는 한정된 수업시간 동안 교수자는 정해진 내용을 학습자에 전달하고, 학습자는 습득하여야 하므로 한번 설명된 학습내용에 대해서는 반복 학습이 불가능하다. 또한 교수 · 학습자 간의 충분한 실문과 토의 활동이 불가능하여 능동적인 상호작용을 통한 학습이 이루어지기 어렵다.
- 면대면 교육은 교수와 학습자가 직접 대면하여 이루어지는 수업방법으로 교수는 강의내용에 대한

학습자의 다양한 반응을 즉석에서 알 수 있으며, 학습자의 경우 학습내용에 대한 즉각적인 피드백을 제공받을 수 있다.
- 면대면 교육에서는 학습에 관련된 정보 이외에도 학습자와 교수, 학습자 서로 간의 개인적인 다양한 정보를 교환함으로써 친화력을 높이고 학습동기와 참여에도 영향을 미친다.
- 학습내용에 대한 지식과 정보 등 학습내용의 전달은 칠판에 글로 적거나 교수자의 행동과 언어를 사용한 설명 등 비언어적 표현을 통해 전달된다.
- 면대면 교육의 경우 일인의 교수와 다수의 학습자로 학습이 진행되므로 각기 다른 특성을 지닌 학습자의 수준에 맞는 교육이 어렵다. 또한 학습방법과 이를 전달하는 수단이 주로 교수에 의해 결정되므로 교수 · 학습 활동이 일방적으로 주도된다.

② 원격 교육

원격 교육(distance learning)은 면대면 교육과는 달리 컴퓨터 등의 정보통신기술을 활용하여 사이버 공간에서 교수자와 학습자가 시간적 · 공간적으로 제약을 받지 않고 이루어지는 교육방법으로 가상교육(virtual education), 사이버 교육(cyber education), 온라인 학습(online learning), 웹기반 교육(web-based instruction: WBI), 이러닝(e-learning) 등 여러 가지 개념이 혼용하여 사용되고 있지만 법 · 행정적으로 원격 교육이라고 용어로 통일하여 사용하고 있다(교육인적자원부, 2007).

원격 교육은 교수자와 학습자 간의 물리적 거리가 존재하며 그 거리를 줄이기 위해 매체를 커뮤니케이션 수단으로 활용하는 교육방법이라고 정의할 수 있다. 따라서 원격 교육은 교수 · 학습과정이 특정 장소 이외의 일상 공간 어디에서나 발생하는 학습이므로 특별한 조직적 · 행정적 지원은 물론 설계방법, 교수기법, 전자 및 첨단 공학 등에 의한 매체를 이용한 커뮤니케이션이 요구되는 학습으로 정의할 수 있다. 원격 교육매체는 정보통신기술의 발달과 함께 변화하였는데 원격 교육에서의 매체는 단순히 학습내용을 전달하는 것만을 의미하는 것이 아니라 다양한 학습방법을 효과적이고 효율적으로 전달하는 것과 새로운 매체가 제공하는 새로운 교육적 가능성을 최대한 활용하여 새로운 교수 · 학습방법 및 수업활동을 실현하는 데 목적이 있다. 교육에서의 매체 활용은 그 사용 목적과 사용 대상, 제공하는 기능 및 역할, 기술적인 특성에 따라 다양하게 이루어져 왔다. 구체적으로 초기의 교육매체로는 우편통신 및 독립학습을 시작으로 1900년대 초기에는 라디오 방송을, 중반에는 TV 방송매체를 통한 교육이 이루어졌으며, 현대에는 컴퓨터 통신, 인공위성, 광케이블, 스마트폰 등 첨단매체를 이용한 교육이 이루어지고 있다. 특히 컴퓨터를 매개로 한 통신(Computer-Mediated Communication: CMC)과 인터넷의 발달은 전 세계인이 네트워크를 통해 시간과 공간에 제약을 받지 않고 커뮤니케이션할 수 있는 매체로, 교육 패러다임 변화에도 큰 영향을 미쳤다. 원격교육에서 가장 중요하게 여기는 것은 무엇보다도 교수와 학습자 간의 상호작용으로, 상호작용을 촉진시키는 교육매체의 보급과 활용은 매우 중요하다. 상호작용성(interaction)이란 네트워크 상에서 커뮤니케이션하는 것으로 참여자가 서로 전자매체의 도움으로 학습정보를 교환하는 상호교류를 의미한다. 이러한 상호작용은 전통적인 교육환경에서 가장 많이 강조되어 왔던 것으로, 정보통신매체가 발전하여 학습자 서로 간의 상호작용이 가능해짐에 따라 학습자들 간의 심리적 유대가 강화되고 학습동기 유발과 협동학습을 통한 다양한 의견과 정보수렴 등 다양한 학습효과가 강조되고 있다. 성공적인 원격 교육을 위해서는 활동적인 학습활동뿐만 아니라 교수와 학생, 학습환경 간의 상호작용이 반드시 필요하다(강재희, 2009).

③ 혼합식 교육

첨단 정보통신기술의 발달로 언제 어디서든지 인터넷에 접속해 모든 생활환경을 원격으로 조정할 수 있는 유비쿼터스 생활환경이 도래했으며, 이러한 초고속 정보통신기술의 발전을 교육에 도입하여 언제, 어디서나, 누구에게나 교육이 가능하도록 하는 등 교육환경에도 큰 변화가 생기게 되었다. 그러나 최신의 정확한 정보를 시간과 공간의 제약 없이 신속하게 제공할 수 있는 이러닝(e-learning)의 장점에도 불구하고 정작 대학에서는 초기 투자 비용이 많이 소요되고, 정교한 수업설계가 어려우며, 전문 인력 부족과 교수와 학습자 간 상호작용 부족 등 운영 및 관리 상의 문제점과 면대면 교육방법만으로 충분하다는 이유로 이러닝(e-learning)을 활용한 수업이 활성화되지 못하다가

2000년대 말 학습효과를 극대화하기 위하여 온라인 교육의 장점과 오프라인 교육의 장점을 혼합한 혼합식 교육(blended learning)방법이 새로운 패러다임으로 등장하게 되었다.

혼합식 교육은 학습자들의 학습내용과 학습경험을 강화하기 위하여 강의, 사례연구, 토론, 코칭, 멘토링과 같은 학습방법을 취하여 학습자의 요구에 부응하기 위해 다양한 매체와 방법론을 혼합하려는 총체적인 접근전략이라고 정의할 수 있다(Mantyla, 2001; Reay, 2003; Smith, 2001). 따라서 학습효과를 극대화하기 위하여 교실수업과 온라인 수업, 시뮬레이션 수업 등 다양한 학습전략과 학습방법 및 기술들을 활용하여 학습환경을 최적화하는 학습전략이 혼합식 학습이라고 정의할 수 있다. 또한 면대면 강의식 학습과 이러닝(온라인 학습)학습, 즉 온 · 오프라인을 통합한 혼합식 교육으로(Garrison & Kanuka, 2004), 전통적인 수업방식과 다양한 테크놀로지들을 조합하여 활용하는 원격교육의 방법이 혼합식 교육이라고 할 수 있다.

이상의 정의에서 알 수 있듯이 혼합식 교육은 단순히 온라인과 오프라인 학습환경의 결합만을 의미하는 것이 아니라 학습목표, 학습방법, 학습시간과 공간, 학습활동, 학습매체, 상호작용 방식 등 다양한 학습요소들의 결합을 통해 학습자 개인의 학습스타일에 맞게 적합한 학습기술을 적용함으로써, 최상의 학습효과를 도출해 내기 위한 학습전략으로 그 개념과 영역이 확장되고 있다.

이러닝은 사이버공간의 활용 정도에 따라 보조학습형, 사이버형, 블랜디드형 등 3가지로 구분할 수 있다(산업자원부, 2003). 보조학습형은 전통적인 면대면 수업방식에서 부족한 교수와 학습자 상호 간의 추가 · 보충적인 학습방법으로 온라인 상에서 이메일(e-mail)이나 관련 사이트 등을 통해 지원하는 것을 의미하고, 사이버형은 전 교육과정이 인터넷 환경에서 이루어지는 교육형태로 국내에서 운영 중인 사이버대학이 여기에 속한다. 블랜디드형은 학습이 면대면 환경과 사이버 환경 두 가지가 혼합적으로 이루어지는 교육 형태로 한국방송통신대학교를 예로 들 수 있다.

이와 같이 혼합식 교육은 학습자의 요구를 충족시키고 학습효과를 높이기 위해 다양한 교수 설계전략과 미디어 개발 방식 등을 적절히 혼합하는 교육으로 혼합식 교육의 목적은 〈표 1-3〉과 같다.

표 1-3. 혼합식 교육의 목적

- 학습효과를 극대화하기 위하여 다양한 학습자들의 스타일에 적합한 방법을 혼합해서 제공하는 것이다.
- 학습기회를 확대하기 위하여 교육에 참석하지 못한 학습자에게는 모바일 기기나 적당한 매체를 통해서 학습내용을 전달함으로써 학습범위를 넓히고 원하는 결과를 달성할 수 있도록 한다.
- 이러닝의 경우 초기 개발비용은 많이 드나 실행비용은 최소화할 수 있고, 오프라인 방식은 실행비용은 높은 편이나 시간활용을 집중시킬 수 있는 장점이 있으므로 이 두 가지 방법의 장점을 혼용하여 사용함으로써 비용뿐만 아니라 효과성을 동시에 고려할 수 있다. 특히 혼합식 교육은 전통적인 면대면 교육과 이러닝의 상호보완적인 기능을 하므로 직접 경험이 필요한 체험수업에 활용하는 것이 가능하다.

지금까지 살펴본 수업방식에 따른 교육방법, 즉 면대면 교육(face to face learning), 원격 교육(distance learning) 및 혼합식 교육(blended leaning)의 특징을 구분을 살펴보면 〈표 1-4〉와 같다.

표 1-4. 면대면 교육, 원격 교육 및 혼합식 교육의 특징

구분	면대면 교육	원격 교육	혼합식 교육
시간 · 공간	교수자와 학습자가 시 · 공간적으로 함께 있음(강의실)	교수자와 학습자가 시 · 공간적으로 떨어져 있음(가상공간)	교수자와 학습자가 시 · 공간적으로 함께 또는 분리되어 있음(강의실+가상공간)
학습환경	오프라인 면대면 교실 수업	전자매체를 이용한 학습	오프라인 면대면 교실 수업과 전자매체를 이용한 학습의 혼합
출결확인 및 강의	물리적 공간(현장)에서 확인 및 진행	가상공간에서 확인 및 진행	물리적 공간과 가상공간에서 확인 및 진행
교수방법	교사중심교육	교사주도, 상호참여, 학생중심교육	교사주도, 상호참여, 학생중심교육

구분	면대면 교육	원격 교육	혼합식 교육
학습내용	구조화된 학습내용(교과서, 인쇄물 등)	비구조화된 학습내용(다양한 매체를 통해 얻는 정보 등)	구조+비구조화된 학습내용
수업방법 및 강의 매체	면대면 수업, 칠판, OHP	정보통신매체를 활용한 수업(카세트, 비디오, 오디오, 컴퓨터 온라인 등)	면대면 수업과 정보통신매체를 활용한 수업(칠판, 전자칠판, 영상매체, 컴퓨터 등)
상호작용	교수자와 학습자의 직접적인 상호작용	매체를 통한 상호작용(우편, 커뮤니티, 이메일, 게시판 등)	직접적인 상호작용과 매체를 통한 상호작용(우편, 커뮤니티, 이메일, 게시판 등)
상호참여 효과	수동적 참여	능동적 상호참여(매체를 활용한 실시간·비실시간 상호참여 가능)	수동적 참여+능동적 상호참여
교육수요	학력에 의한 교육	보수교육, 전문교육, 전환교육, 맞춤교육, 평생교육, 대학교육	보수교육, 전문교육, 전환교육, 맞춤교육, 평생교육, 대학교육

(2) 교수·학습방법에 따른 교육방법

렌줄리 등(Renzulli et al., 2002)은 교수·학습방법에 따른 교육방법을 크게 9가지로 구분하고 있다. 즉, 9가지 교수·학습방법은 교사나 전문가가 언어나 기타의 매체를 이용하여 정보를 전달하는 직접 교육방법, 컴퓨터나 교육 관련 기기를 이용하여 진행하는 공학중심 교육방법, 역할놀이나 가상상황을 구안하여 학습내용과 기술을 가르치는 시뮬레이션 교육방법, 집단활동이나 과제를 통해 가르치는 프로젝트 교육방법, 학생 자신이 혼자 어떤 주제를 추구해 가는 독립학습 교육방법, 학생이 동료 학생을 가르치는 동료교수 교육방법, 교사의 질문과 학생의 대답으로 이루어지는 문답식 교육방법, 교사와 학생 혹은 학생과 학생 간 논의를 통해 가르치는 토론 교육방법, 마지막으로 게임의 형식을 통해 지식을 획득하거나 전이하는 게임 교육방법으로 구분하고 있다(김근태, 2012).

① 직접 교육방법

직접 교육방법(Direct Instruction)은 교사가 주도적으로 학습활동을 조직하고 리드하는 교육방법이다. 직접 교수방법에서 학습과제들은 학생들이 수행성취 기준에 도달할 때까지 교사가 학생들에게 어떻게 과제를 성취하는지에 대해 설명하고 안내하는 과정을 거치도록 체계적으로 구조화된다. 직접 교육방법은 수업에서 기초기술 · 기능과 개념을 지도하기 위해 고안되었고, 이런 수업목표를 성취하는 데 있어서 어느 다른 모형보다도 효과적인 교육방법이라고 할 수 있다. 직접 교육방법은 교사 중심적인 의사결정과 교사 주도적인 학생들의 수업참여를 특징으로 한다(유정애 외, 2007).

직접 교육방법의 목적은 학생들이 과제연습에 높은 비율로 참여하도록 수업시간과 자원들을 최대한 효율적으로 이용하는 것이다. 직접 교육방법에서 교사는 분명한 학습목표를 가지고 학생들에게 기술 · 기능 및 개념을 교사의 시범을 포함한 모형(model)과 함께 제시하며, 학생들이 과제를 연습하고 있을 때에는 긍정적 · 교정적 피드백과 같은 가능한 많은 강화 피드백을 사용하면서 학생들의 학습활동을 주도하고 조절하게 된다. 하지만 학생들은 많은 의사결정을 할 수 없으며, 교사의 지도에 충실히 따르도록 요구받게 된다. 직접 교육방법의 설계전략은 〈표 1-5〉와 같다.

표 1-5. 직접 교육방법 설계전략

- 교육 중 다루는 정보를 복사하여 나누어 준다.
- 강의와 질문을 병행한다.
- 강의를 들은 후, 학생들로 하여금 정보를 요약하고 정보에 반응하게 한다.
- 주제를 학생들이 익숙할 만한 경험과 예들에 견주어 기술한다
- 학습 중 소개한 개념의 예가 되는 것들과 그렇지 않은 것들에 대해 질문한다(개념 획득 책략).
- 전시물 혹은 슬라이드 형태로 발표한다.

② 공학중심 교육방법

공학중심 교육방법(Instruction through Technology)은 다른 말로 표현하여 최근 ICT 학

습이라는 용어로 표현되고 있다. ICT 학습은 OECD에서 1998년에 수행한 'ICT와 교육의 질 향상(ICT and Quality of Learning)'이라는 연구에서 OECD 회원국 간에 그 정의를 통일하여 사용하기로 한 용어로 전통적인 교수매체를 포함하되, OECD 회원국 정부에서 학교현장에 중점적으로 투자하고 있는 매체, 즉 인터넷 등의 기반 기술을 비롯하여 웹, 컴퓨터, CD-ROM 타이틀 등의 교육용 소프트웨어, 워드 프로세서 및 프레젠테이션 등의 응용 소프트웨어를 말한다.

한국교육학술정보원(2001)에 의하면 ICT란 정보기술과 통신기술의 합성어로서 넓은 의미에서 하드웨어와 소프트웨어를 이용하여 정보를 수집, 생산, 가공, 보존, 전달 및 활용하는 모든 방법을 의미한다. 따라서 ICT는 교사가 수업시간에 발생하는 문제를 해결하고 의사소통을 돕기 위해 정보를 활용하는 모든 방법과 도구라고 말할 수 있다. 공학중심 교육방법의 설계전략은 〈표 1-6〉과 같다.

표 1-6. 공학중심 교육방법 설계전략

- 일종의 프로그램화된 교수 형태인 학습 소프트웨어를 사용한다.
- Website를 만들고 조직해 봄으로써 학생들로 하여금 자신의 속도에 맞게 개념을 학습할 수 있게 한다.
- 인터넷 사용에 대한 분명한 규칙을 정하고, 학습자들이 규칙을 지킬 수 있도록 서로 약속하여 자신의 행동에 대해 책임을 지게 한다.

③ 시뮬레이션 교육방법

시뮬레이션(Simulation)은 실제와 유사한 가상적 상황을 학습자에게 제시하여 실제상황과 관련된 요소, 개념, 원리, 조작절차, 변화과정 등을 이해하도록 하는 CAI(Computer Aided Instruction)형태[1]이다. 즉, 실세계를 직접 체험할 수는 없지만 그 현상 속에서 경

1) 컴퓨터를 이용해 개인의 능력에 따른 개별지도를 행하는 교육시스템. 보통, 학습자는 단말장치를 통하여 컴퓨터 프로그램과 대화하면서 학습하며, 한편 프로그램은 학습자가 범한 오류를 당사자에게 알려서 수정을 촉구한다. 지금까지 1인 교사에 의한 집단학습방식의 불편을 보완하는 것이다.

험할 수 있는 다양한 행동들의 모의상황으로 설정한 것이라고 할 수 있다. 시뮬레이션은 실제와 거의 유사한 경험을 해 볼 수 있는 학습환경이다. 그래서 학습자가 현실의 문제를 해결하고자 할 때 주어진 조건들을 조작하고, 그 결과로 나타나는 반응을 관찰함으로써 학습과제에 대한 친숙도를 높일 수 있는 단순화된 실세계의 모델이다.

따라서 시뮬레이션을 현실의 모방이나 재생을 통해 실세계의 여러 측면들을 조작하여 학습자가 실세계에 대해 자기 스스로 지식을 구성할 수 있는 교육기법이며, 이를 통해 학습자의 동기유발뿐만 아니라 실제상황과 유사한 방식으로 학습을 할 수 있다. 시뮬레이션 교육방법의 설계전략은 〈표 1-7〉과 같다.

표 1-7. **시뮬레이션 교육방법 설계전략**

- 학습자들이 역할을 맡아서 의사결정하고 자신의 행동결과에 대해 책임을 진다.
- 학습자들에게 시뮬레이션을 소개하고 맡은 역할을 탐색하고 책략을 구성할 시간을 준다.
- 토론을 통해 시뮬레이션 과정을 촉진하고 역할을 맡은 사람에게 보고할 때 적극적으로 참여하게 한다.
- 상반되는 관점을 탐색하도록 논쟁에 참여하게 한다.

④ 프로젝트 교육방법

프로젝트(Project)의 본질은 전심을 다하는 유목적적 활동으로, 한 명 또는 그 이상의 학생이 어떤 주제를 깊이 있게 탐구하는 활동으로 정의하고 있다. 이러한 프로젝트란 말의 의미는 원래 '앞으로 던진다'는 뜻에서 '생각한다, 연구한다, 구상한다'의 의미로 쓰이며, 무엇인가 마음속에 생각하고 있는 것을 구체적으로 실현하고 형상화하기 위하여 자기 스스로가 계획을 세워 수행하는 학습을 의미한다. 이것은 문제해결학습이 언어활동과 사고활동으로 제한되어 있다는 단점을 보완하기 위해 고안된 것으로 문제해결학습에서 한 단계 더 발전시킨 학습방법이다.

이는 구체적인 결과를 만들어 내는 실천적인 측면에 중점을 두고 있으며, 문제를 실제적이고 구체적으로 해결한다는 점과 학습자 자신이 목적을 가지고 세운 계획에 의해 활동을 선택하고 수행한다는 데 그 특징이 있다. 프로젝트 교육방법의 설계전략은 〈표 1-8〉과 같다.

표 1-8. 프로젝트 교육방법 설계전략

- 문제를 파악하고 연구계획을 수립하도록 돕는다.
- 학습자들로 하여금 어떤 문제 혹은 프로젝트 주제에 대해 알고 싶은 것이 무엇인지 또 모르는 것이 무엇인지 파악하도록 돕는다.
- 학생들이 정보를 수집하고 분석할 수 있도록 방법론적인 도움을 제공한다.

⑤ 독립학습 교육방법

독립학습 교육방법(Independent Study)은 학습자가 다른 사람의 도움을 받거나 혹은 받지 않던 간에 자신의 학습을 위한 필요를 진단하고 학습의 목표를 설정하며, 학습을 위한 인적·물적 자원을 밝히고 적절한 학습의 전략을 선정하고 이를 적용하며, 그 학습의 결과를 평가하는 과정에서 스스로 주도적인 역할을 수행하도록 하는 학습이다.

독립학습 교육방법은 인간이 학습하는 과정에 대한 인지적 이해를 증진시키는 데 매우 중요하다는 관점에서 심리학적 지지를 받고 있으며, 구성주의에서 제시하는 '앎'의 구성에 있어서도 가르침(teaching)에서 학습(learning)으로 옮아가고 있음과 시사하는 바가 일치한다. 이는 가르침이 반드시 배움을 유발시키는 것은 아니기 때문이다. 이 정의를 통해 강조되는 것은 '무엇을, 왜, 어떻게 학습할 것인가? 그리고 학습의 성과를 무엇을 근거로 평가할 것인가?'의 문제를 선택하고 결정해 가는 데 있어, 교사에 의해 일방적으로 선택 결정되어진 학습을 하는 것이 아니라 학습자가 필요로 하는 학습을 자율적으로 선택하고 결정한다는 것이다. 즉, 학습자의 학습에 대한 자기주도적 선택과 결정권이 강조된 교수·학습방법이다. 독립학습 교육방법의 설계전략은 〈표 1-9〉와 같다.

표 1-9. **독립학습 교육방법 설계전략**

- 문제를 연구할 때 인지적, 학문적 흥미 외에 정서적으로, 내적으로 애착을 갖게 한다.
- 학습자에게 다양한 방법론적인 도움과 영역 및 특수적인 기술을 제공하여 실제 전문가가 연구하는 것처럼 주제를 탐색할 수 있도록 돕는다.
- 학습자들이 정보획득을 할 때 도움을 줄 수 있는 사사와 만나는 기회를 마련한다.

⑥ 동료교수 교육방법

동료교수 교육방법(Peer Teaching)은 학생이 수행하는 연습시도에 대해 교사의 관찰 부족과 교사로부터 받는 제한된 피드백이라는 문제점을 줄이기 위해서 고안되었다. 동료교수 교육방법 전략들 중 다수가 직접 교육방법에서 변화되어 전개되므로 상당부분 직접 교육방법의 이론과 개념을 공유하고 있는 숙련지향모형이나 동료교수가 직접 교수의 기본적 작용들과 유사한 경우가 있지만 수업(class) 내에서 누가 이것들을 수행하는가에 주된 차이점이 있다.

다시 말해, 직접 교육방법은 교사가 수업의 전반적인 측면을 주도하고 이끌어 나가지만, 동료교수 교육방법은 학생들이 서로 상호작용하고 가르치는 교수 · 학습을 강조하고 있다. 교사가 과제 제시를 한 후 조(짝)를 이룬 학생이 개인 교사와 학습자의 역할을 교대를 하며 서로 상대방을 가르치는 상호작용을 하게 된다. 사실상 수업 중 학생의 학습참여기회(OTR)는 동료교수 교육방법에서 반으로 축소되는데, 이는 각 학생이 개인 교사로서의 활동시간과 학습자로서의 활동시간을 대략 반씩 보내기 때문이다. 비록 학생이 동료교수에서 많은 학습참여기회(OTR)를 얻지 못할지라도 연습시간의 효율성 증가로 인해 교사는 훨씬 많은 단원의 내용을 지도할 수 있게 된다. 동료교수 교육방법의 설계전략은 〈표 1-10〉과 같다.

표 1-10. **동료교수 교육방법 설계전략**

- 유사한 흥미를 갖는 또래와 짝을 지어 주고 고유한 정보에서 상호 도움을 주고받을 수 있는 상황을 마련한다.
- 학습자들로 하여금 특정 주제에 전문가가 되어 볼 수 있도록 배려하여 다른 주제를 연구한 학습자들과 정보교환을 할 수 있게 한다.
- 자신의 전문성을 보여 주는 기회를 모든 학습자들을 위해 마련한다.

⑦ 문답식 교육방법

문답식 교육방법이란 질문과 대답에 의해 학습활동이 전개되는 형태로 강의법과 함께 오래 전부터 사용되어 오던 학습형태의 하나이다. 즉, 소크라테스(Socrates)가 사용한 산파법이나 플라톤(Platon)의 대화법과 같은 유형인 문답법은 질문과 응답을 계속 진행하여 학습목표에 도달하게 하는 방법으로 귀납적 교수방법의 일종이다.

문답식 교육방법의 장점으로는 학습한 문제점을 명백히 밝혀 주기 때문에 초점이 분명한 학습활동을 할 수 있고, 질문을 통해 학습에 자극을 주어 활기 있고 적극적인 학습을 이룰 수 있으며, 학습자의 적극적인 흥미와 동기를 유발시킬 수 있고, 질문을 통해 학습자 스스로 생각하고 해결할 수 있는 기회를 제공하므로 학생의 주체적인 학습을 가능하게 하며, 학생 스스로의 답변을 유도하기 때문에 이미 습득한 내용의 정리와 정착에 효과적이며, 교사와 학생 간의 의사소통이 원활해진다는 것이다. 이에 비해 단점으로는 학생들의 능력이 떨어질 경우 교사가 설명하는 시간이 길어지게 되므로 교사중심으로 흘러갈 수 있고, 질문에 응답을 잘하는 우수한 학생중심으로 학습이 흘러 부진아들에게는 좌절감을 주기 쉬우며, 학생들의 응답이 만족스럽지 않을 때는 학습속도가 지연될 수 있다는 것이다. 문답식 교육방법의 설계전략은 〈표 1-11〉과 같다.

표 1-11. **문답식 교육방법 설계전략**

- 말, 사고에서 의문이 나거나 미심쩍은 영역을 확인하고 분명하게 한다.
- 표면의 뒤에 있는 밑바탕(기저에 놓여 있는 내용과 감정)을 탐사한다.
- 관련되어 있는 기본적인 이슈를 제기한다.
- 학생 자신이 관여하고 있는 사고의 구조를 발견하게 한다.
- 지적 수행의 준거에 따라 사고가 명료한지, 정확한지, 적절한지 또는 깊이가 있는지를 의식하고 거기에 민감해지도록 질문한다.
- 추리과정을 통하여 판단에 이르게 한다.
- 주장, 결론, 증거, 이슈(문제, 과제), 가정, 결말, 함의, 개념, 해석, 견해(시각) 등을 주목하게 한다.

⑧ 토론 및 연습 교육방법

토론 및 연습 교육방법(Drill & Recitation)이라는 용어에 대해 정리한다면, 크게 두 가지 방식에서 그 용어를 사용한다. 첫째, 주고받는 말이나 상호작용의 모든 방식을 포함하는 항목으로 사용한다. 둘째, 주고받는 말의 특징적인 하나의 형태를 지칭하는 특수 용어로서 사용한다. 여기서는 토론을 두 번째 방식으로 사용한다. 즉, 토론은 집단적 상호작용의 한 특정형태이다. 토론 교육방법은 공동적 의문에 대한 집단적인 문제제기이다. 학습자들은 그들에게 문제가 되는 몇 가지 의문을 함께 해결하게 되는데, 그것은 그들이 이해하고 평가하고 결정할 필요가 있는 것들이다. 그것은 그들 자신의 문제이고, 그것에 대한 좋은 답을 필요로 하기 때문에, 그 문제에 대한 다양한 시각을 듣기 원한다. 또한 학습자들은 만족할 만한 답을 얻기 위해, 대안으로 모든 제안들을 면밀히 조사한 후, 더 나은 것을 위해 자신들의 관점을 기꺼이 변화시키려고 한다.

학습자들은 토론의 문제에 대해서 생각과 감정과 판단을 형성하면서 공동적으로 문제를 제기할 뿐 아니라, 상호협조적으로 노력을 경주하면서, 그리고 상호보완적인 의견 교환과 영향을 끼침으로써, 함께 참여한다. 즉, 토론 및 연습 교육방법은 집단적 상호작용의 한 특정 형태로서, 구성원들은 함께 공통 관심사에 대해 의문을 제기하고 답을 얻기 위해 서로 다른 관점들을 교환, 검토하고 논점이 되는 문제들에 대한 지식이나 이해, 평가나 판단, 그리고 결정, 결의 혹은 행동 등을 조장하는 것을 말한다. 토론학습 교육방법의 설계전략은 〈표 1-12〉와 같다.

표 1-12. 토론학습 교육방법 설계전략

- 교수자는 질문하는 수준을 다양하게 한다.
- 대답을 하기 전, 그리고 집단별로 대답하는 것을 들은 후에 학습자들에게 생각할 시간을 준다.
- 학습자들이 설명하고자 하는 바를 듣고 질문을 명확히 한 번 짚어 주면서 학습자의 반응을 확인한다.
- 학습자 문학토론집단에 참여시켜 읽은 책에 대해 서로 질문을 만들에 보게 한다. 학습자들에게 질문을 해석하고 평가하도록 지도한다.

⑨ 게임 교육방법

고든(Gorden, 1970)은 게임을 '규칙에 따라 놀이하면서 기술이나 힘, 좋은 기회에 승부가 결정되는 경쟁'이라고 하였다. 즉, 게임의 본질은 다른 사람의 성취, 혹은 자신이 이전의 성취보다 나아 보려는 데서 즐거운 목적추구가 될 수 있으며, 흥미는 다른 사람과의 협력을 통해서 이루어지지만, 소집단 활동에서의 경쟁과 협력은 서로 상반된 개념이 아니라고 주장한다. 게임이 교육적이기 위해서는 이기는 것이 주된 목표가 되어서는 안되고, 모든 학생이 게임이 의도하는 바에 따라 능동적으로 참여하는 것이 중요하다. 그래서 브라운(Brown, 1995)은 교육적인 게임을 '분명하게 계획된 교육적 목적을 성취하기 위해 둘 또는 그 이상의 학생이 할 수 있도록 조직화된 규칙이 있는 활동'으로 정의하고 있다.

다시 말해, 게임이란 '즐겁고 도전적인 지적, 신체적 활동이며 일정한 규칙에 따라 협력과 경쟁의 과정을 통해, 특정한 목표를 성취하기 위한 교육적인 활동'이라고 할 수 있다. 여기서 교육적인 유익한 게임은 다음 요건을 갖추어야 한다. 첫째, 학습자들이 게임의 방법을 이해하는 데 재미있고 도전적이어야 한다. 둘째, 학습자들이 스스로 성공을 판단할 수 있어야 한다. 셋째, 모든 놀이 참여자들이 적극적으로 게임에 참여할 수 있어야 한다는 것이다. 게임 교육방법의 설계전략은 〈표 1-13〉과 같다.

표 1-13. **게임 교육방법 설계전략**

- 학습자들이 선택할 수 있는 다양한 선택안을 제공한다.
- 게임을 행동에 대한 보상책으로 사용하지 않는다.
- 학습자들이 지식을 사용하거나 지식이 정확하고 관련이 있는지 점검하는 요소가 있는 게임을 스스로 고안해 보게 한다.

3) 교수유형

교수유형은 교수방법과는 개념적으로 차이가 있다. 교수방법(teaching method)은 '수업과정에서 수업목표를 달성하기 위한 전략'을 의미한다면(박성익, 1997), 교수유형은 '교사의 신념이 반영되어 교수·학습활동의 전체 맥락이 표출되는 교수형태'라 볼 수 있다. 특히 교수유형은 학생의 학업성취뿐만 아니라 학습태도, 가치관 형성, 자아개념 등 학생의 제반 특성을 결정짓는 중요한 요소라는 점에서 방법 및 전략적인 측면만을 강조하는 교수방법보다 더 큰 개념으로 볼 수 있다(민용성, 2004; Grasha, 2002).

교수유형은 교사가 주어진 교수상황에서 비교적 지속적이고 반복적으로 사용하는 수업의 경향을 의미하며, 오랜 기간에 걸쳐서 만들어진 교사의 행동특성을 말한다. 특히 교사의 기질, 성격, 신념, 교육배경 등이 복합적으로 작용하여 만들어지며, 한번 형성된 교수유형은 쉽게 변하지 않는 특성이 있다(안주희, 여상인, 2017; Grasha, 2002). 또한 대부분의 교수자는 어느 특정 유형에만 고정적으로 속한다기보다는 여러 유형의 속성을 동시에 지닐 수 있으며, 학습자의 학습성향과 사전지식 수준을 고려하여 교수유형을 다르게 적용하는 것이 효과적이다. 예를 들어, 학습자가 의존적 성향을 지닐 경우 전문가, 또는 엄격한 교수자 유형을 통해 강의, 시범, 교수자 중심의 수업으로 진행하며, 학습자가 독립적이거나 학습내용에 익숙하면 촉진자 또는 위임자 유형과 같은 학습자중심의 교수유형을 통해 토론, 문제기반 학습 등을 제시하는 것이 효과적이다.

교수유형에 대한 분류는 그 분류 준거를 교사 또는 학생에 두느냐에 따라 달라지며, 교사와 학생에 따라서도 각 주체의 특성과 하위요인에 따라 달라진다. 교수유형에 대한 학자들의 분류를 살펴보면 다음과 같다.

(1) 수업주체에 따른 교수유형

가장 일반적인 분류형태로 수업주체에 따른 교수유형은 교수자중심과 학습자중심으로 구분할 수 있는데, 그 특징은 〈표 1-14〉와 같다.

표 1-14. 수업주체에 따른 교수유형

구분	내용
교수자중심 교수유형	학습목표 및 학습내용을 결정할 때 학습자의 심리적 과정, 특히 학습자의 학습과정을 중요시하지 않는다. 즉, 교수자중심 교수유형에서는 교사가 중요하다고 판단되는 내용이 수업목표가 된다. 따라서 학습자의 요구를 충분히 반영되지 못한다. 또한 수업 시작 전 학습자의 학습능력 진단 시 교사의 판단에 따라 진단이 시행되고, 그 결과에 따라 보충 및 심화학습이 주어진다. 학습자료의 선택, 학습집단의 조직, 수업 중의 질의 · 응답 역시 교사의 지시를 따라야 한다.
학습자중심 교수유형	수업목표 설정 시 학습자 스스로 목표를 설정할 수 있도록 교사는 도움을 준다. 수업 전 학습능력 진단 시 학습자의 의견을 반영하여 학습능력을 진단한다. 수업 진행 시 학습자의 특징과 학습과정을 확인하여 학습자 스스로 수업을 주도해 나갈 수 있는 환경을 만들어 주며, 학습방법 및 자료선정, 실제 학습활동까지 모두 학습자가 주도적으로 할 수 있도록 한다. 하지만 학습자중심 교수유형이라고 하여 학생들의 학습을 방임하는 것이 아니라 오히려 학습자 개개인의 학습문제와 학습방법을 고려하여 더 많은 도움을 주어야 하기 때문에 교수자중심 교수유형보다 더 적극적인 교사의 역할이 필요하다.

(2) 교사의 교수능력에 따른 교수유형

교사의 교수능력에 따라서는 교수유형을 학생참여와 학생이해, 두 영역으로 구분할 수 있는데, 그 특징은 〈표 1-15〉와 같다.

표 1-15. **교사의 교수능력에 따른 교수유형**

구분	내용
학생참여	학생참여 영역은 학급 학생들의 특성에 맞게 적용하는 교사의 교수전략 활용능력으로, 교수 · 학습의 모든 단계에서 학생들의 견해를 수용하고 참여시킬 것인지에 초점을 두고 있다.
학생이해	학생이해 영역은 공유된 학습자 특성을 감지할 수 있는 교사의 능력으로, 학습집단과의 상호작용을 위해 학습자들에 대한 특성을 인식하는 것과 관련되어 있다. 이러한 관점에 기초로 하여 교수유형을 이론적 전문가, 지식 제공자, 허용자 및 촉진자 또는 중립자의 4가지 유형으로 구분하고 있다.

(3) 수업방법에 따른 교수유형

교사의 수업방법에 따른 교수유형은 협동적 교수유형과 비협동적 교수유형으로 분류할 수 있으며, 구체적인 특징은 〈표 1-16〉과 같다.

표 1-16. **교사의 수업방법에 따른 교수유형**

구분	내용
협동적 교수유형	협동적 교수유형은 학생에게 초점을 두며 수업에서 학생과의 상호작용을 강조하고, 교사는 지식의 전달자가 아닌 촉진자로서의 역할을 맡는다.
비협동적 교수유형	비협동적 교수유형은 지식 전달을 강조하며 고정된 교수방법을 사용하는 특징을 가진다. 또한 교육과정에서 징계나 체벌 등의 방법을 주로 활용하며 경쟁과 시험을 중시하는 경향이 있다.

(4) 역할론적 인식에 따른 교수유형

교사의 역할론적 인식에 따른 교수유형은 전문가(Expert), 엄격한 교수자(Formal Authority), 역할모델(Personal Model), 촉진자(Facilitator), 위임자(Delegator)의 5가지 유형으로 구분할 수 있으며, 구체적인 특징은 〈표 1-17〉과 같다.

표 1-17. **교사의 역할론적 인식에 따른 교수유형**

구분	내용
전문가	교수자가 지닌 전문적 기술과 지식을 바탕으로 학습자를 지도하고 안내한다.
엄격한 교수자	교수자로서의 책임감과 권위를 중요하게 생각하며, 자신의 규칙, 가치관, 기대 수준을 명확하게 전달하고 학생들이 이를 따라오도록 감독한다.
역할모델	자신의 경험과 사례를 바탕으로 수업을 이끄는 유형으로 자신의 언행을 통해 학습자에게 모범적인 모델을 제시한다.
촉진자	지식의 전달보다는 학습방법 자체를 가르치는 것에 초점을 둔다.
위임자	학습자가 주도적으로 수업에서의 학습을 진행하고, 그 과정과 결과에 대해 스스로 책임질 수 있도록 도와준다.

(5) 교사의 언어적 상호작용 형태에 따른 교수유형

교사의 언어적 상호작용 형태에 따른 교수유형은 지시적 유형과 비지시적 유형으로 구분할 수 있는데, 구체적인 특징은 〈표 1-18〉과 같다.

표 1-18. **교사의 언어적 상호작용 형태에 따른 교수유형**

구분	내용
지시적 유형	지시적 유형은 교사가 자신의 의견이나 아이디어를 진술하고 학생의 활동을 직접 지시하는 유형이며, 학생의 행동을 비판하거나 교사 권위의 사용 또는 그 권위를 정당화하는 것이 수업의 주류를 이룬다.
비지시적 유형	비지시적 유형의 교사는 학생들과 의견 및 아이디어를 공유하고, 공유한 의견이나 아이디어를 적용하거나 확대하며, 학생들의 참여를 격려하고, 칭찬하며, 학생들의 감정을 수용하면서 수업을 진행하는 유형이다.

(6) 교사의 인성적 특성에 따른 교수유형

교사의 인성적 특성에 따른 교수유형은 교수자의 인성적 특성을 바탕으로 다섯 가지 유형으로 분류하고 있는데, 구체적인 특징은 〈표 1-19〉와 같다.

표 1-19. **교사의 인성적 특성에 따른 교수유형**

구분	내용
철학자 유형	철학자 유형은 천진난만한 보통 사람들과 대화를 나누는 철학자와 같은 모습의 교사유형이다. 이러한 교수자들은 대체로 예술적인 질문을 던짐으로써 학습자들을 가르친다.
동네 통장 유형	동네 통장 유형은 마치 이웃집 사람들과 모여 이야기하고 의논하듯 학습자들과 모여 앉아서 토의하고 문제도 함께 풀며 시간을 함께한다.
공장의 장인 유형	공장의 장인 유형은 어린아이를 일찍이 데려다 자식처럼 생각하고 물 떠오는 일부터 시키고 기르면서, 나중에는 자신의 기술과 장인으로서의 정신이나 태도까지 전수시키는 교수자라 할 수 있다. 즉, 지식이나 기술만 가르치는 것이 아니라, 삶의 태도와 일의 윤리까지 가르친다.
직장 상사 유형	직장 상사 유형의 교수자는 부하를 다루듯이 학습자들에게 권위로서 지시와 명령을 내린다.
운동코치 유형	운동코치 유형은 선수들을 모아 놓고 중간 휴식시간에 남은 후반전에 최선을 다하도록 격려하고 설득하는 코치처럼 학습자들에게 언제나 격려와 고무를 아끼지 않는다. 학습자들을 달래며 어루만지기도 하고, 때로는 무서운 질책으로 똑같은 실수를 반복하지 않도록 한다

(7) 교사의 민주적 태도에 따른 교수유형

교사의 민주적 태도에 따른 교수유형에는 전제형(autocratic), 민주형(democratic), 방임형(laissez faire)으로 구분할 수 있는데, 구체적인 특징은 〈표 1-20〉과 같다.

표 1-20. **교사의 민주적 태도에 따른 교수유형**

구분	내용
전제형	수업과 학습에 관련되는 모든 방침을 교사가 결정하며, 학습자들은 전개될 학습활동이나 내용에 대하여 제대로 인지하지 못한다. 전제형의 교사는 학습자 각자에게 특정한 학습과제를 부여하고, 학습자 개인에게 칭찬이나 비난하는 것을 자유롭게 하는 특징이 있다.
민주형	민주형 교사의 학습에서는 교사의 도움을 받아 집단토의를 통해 결정되며, 완전한 활동계획을 사전에 수립하여 학습자들이 선택할 수 있는 대안을 마련해 준다. 또한 객관적인 근거를 통해 학습자에 대한 칭찬과 비판을 병행하며, 교사 자신도 집단의 구성원으로서 활동하는 특성이 있다.

구분	내용
방임형	교수 · 학습활동에 대한 결정 과정에 참여하지 않으며, 수업지도자로서의 역할을 전혀 하지 않고, 어떤 형태의 비판이나 학습에 대한 강요도 하지 않는 특징이 있다.

(8) 교수신념에 따른 교수유형

교수신념에 따른 교수유형은 논리적 교수행동과 전략적 교수행동, 교수신념의 3가지 구성 요인을 바탕으로 둔 9가지로 교수유형을 분류할 수 있는데, 구체적인 특징은 〈표 1-21〉과 같다.

표 1-21. 교수신념에 따른 교수유형

구분	내용
목표달성형	교사는 수업목표 달성을 중요시하여 학생들에게 본시 수업목표에 대해 분명히 안내한다. 적극적 수업참여와 긍정적 수업태도를 보이는 학생에게는 칭찬을 하며, 수업목표에 따른 학생들의 학업성취를 우선으로 한다.
설명형	설명형의 경우 중요한 부분에 대한 설명은 큰 몸동작이나 목소리를 높이는 형식으로 수업내용을 강조하며, 모든 학생들이 이해할 수 있도록 수업내용을 명확하게 설명하는 데에 주안점을 둔다.
질문형	질문형의 경우 학생들이 많이 생각할 수 있도록 개방적 질문을 하며, 수업 안내나 호기심 유발을 위한 질문도 자주 한다. 수업내용을 학생들의 수준에 맞게 다양하게 제시하며, 학생들이 지적인 도전감을 가질 수 있도록 학생의 이해수준을 고려하여 질문을 제기한다. 질문 후 응답을 위한 시간을 충분히 부여하며, 수업 중에 질문을 사용하여 학생들의 수업목표 달성도와 선수학습 정도를 확인한다.
중재형	중재형의 경우 수업내용의 구조화를 중요시한다. 수업할 때 본시 내용을 가끔씩 요약하여 제시하며, 본시의 내용을 이전 차시 혹은 다음 차시의 수업내용과 관련지어 진행한다. 수업은 주로 본시 수업목표와 직접 관련된 내용을 중심으로 진행하며, 학습자의 학습목표 달성을 위해 학습을 안내한다.
학습관리형	학습관리형은 학습동기유발을 위해 자연스럽고 편안한 학습분위기를 조성하며, 수업 중 발생하는 학습자의 일탈행동에 대해서는 조언이나 설득을 통하여 해결하려고 한다. 수업 과정에서 학생들이 제기한 질문이나 의견에 대해서도 적극적으로 수용하여 수업을 진행하며, 학생들을 격려하고 칭찬하기 위해 노력한다.

구분	내용
동기부여형	동기부여형의 경우 외재적 동기유발에 중점을 두어, 학생들의 학습동기유발을 위해 언어적인 칭찬을 하거나 스티커를 부여하는 것과 같은 외재적 동기유발 방법을 사용한다.
안내형	안내형의 교사는 목표달성형과 비슷하게 수업목표 달성전략을 중요시하지만, 동시에 목표달성을 위해 학생들을 이끄는 것에 주안점을 둔다. 수업목표 달성을 위해 학습자의 선수학습 정도를 확인하며, 학생들에게 본시 수업목표에 대해 분명히 명시하여 학습을 안내한다. 특히 수업 중에는 학생들의 수준을 고려하여 수업내용을 다양하게 제시해 주기도 하며, 수업의 마지막 단계에서 중요한 내용은 반드시 요약해 주거나 정리해 준다.
촉진형	촉진형의 경우 교수 · 학습 자체를 중요시하며, 학습자에게 매일 최소 1시간 분량의 과제를 부여하고, 학습능력이 미비한 학습자의 기초적인 기능 향상을 위해 지시적 수업이 효과적이라고 생각한다. 학생들의 학습결과를 평가할 때 교사는 절대기준을 적용해야 하며, 유능한 교사의 척도는 무엇보다 학생들의 학업성취를 향상시키는 것이라고 생각한다.
학습지원형	학습지원형은 학습관리형과 비슷하게 학습관리 전략을 중요시하지만 동시에 수업목표 달성을 위해 학생을 주도적으로 이끄는 쪽에 더욱 비중을 둔다. 이 유형의 교사는 학생들의 학습목표 달성을 위해 학습을 안내하며, 수업을 생활 주변의 이야기와 관련지어 진행함으로써 학습자의 학습의욕을 자극시킨다. 수업의 마지막 단계에서는 중요한 핵심내용을 교사가 다시 정리한다.

(9) 학생의 인식에 따른 교수유형

학생의 인식에 따른 교수유형은 교수자들이 학습자들의 눈에 어떻게 보이는지에 따라 전문가 유형, 형식적 권위자 유형, 사회적 촉진자 유형, 조장자 유형, 이상적 자아 유형 및 평범한 인간 유형을 구분할 수 있는데, 구체적인 특징은 〈표 1-22〉와 같다.

표 1-22. 학생의 인식에 따른 교수유형

구분	내용
전문가 유형	자신의 전공분야에 대해 해박한 지식을 갖추고 있다. 이 유형은 학습자로 하여금 가능한 한 그 분야의 지식이나 탐구방법에 완전히 숙달하도록 노력을 기울인다.
형식적 권위자 유형	학습자들에 대한 통제와 평가의 절대자로서 엄격한 획일적 수준을 정해 놓고, 학습자들이 그것을 성취해 나가도록 몰아세운다. 학습자들은 자신의 학습을 스스로 통제할 수 있는 능력이 없다고 보며 학습자들을 앞에서 이끌고 나간다.

구분	내용
사회화 촉매자 유형	이 유형은 근본적으로 무지한 학습자들을 교수자 자신의 문화, 가치와 신념, 사고체계, 전문지식의 세계 속으로 끌어들여 문화이식을 조장한다는 특징이 있다.
조장자 유형	이러한 교수유형은 학습자들의 현재의 성취수준 및 능력수준 이상으로 자신의 지적 성장을 확장시켜 나가도록 도와주는 데 목적이 있다. 따라서 학습자들의 학습에 대한 잠재력과 책임 의식을 믿고 존중하며 학습장애의 원천을 진단하고 처방해 주는 데 주력한다.
이상적 자아 유형	이 유형의 교수자는 학습자들에게 하나의 전문인으로서의 모형이 되는 경우이다. 비단 전문인으로서의 모형이 되는 것뿐만 아니라, 한 인간으로서의 삶의 태도와 방식까지 전형적인 모범으로 비출 수도 있다.
평범한 인간 유형	이는 교수자도 학습자와 마찬가지로 똑같은 인간이며 이를 느끼고 생각하고 행동하게 한다. 이를 통해 교수자와의 진정한 의미의 원만한 대인관계를 쉽게 형성하게 되는 계기를 만들어 준다는 특징이 있다.

(10) 학생들의 학습형태에 따른 교수유형

학생들의 학습형태에 따른 교수유형은 과제 지향형, 협동적 계획형, 학생 중심형, 교과 중심형, 학습 중심형 및 정서적 자극형으로 분류할 수 있는데, 구체적인 특징은 〈표 1-23〉과 같다.

표 1-23. 학생들의 학습형태에 따른 교수유형

구분	내용
과제 지향형	학습할 자료를 처방하는 것을 중시하며, 학생에게 그에 대한 특수한 학습행동을 요구한다.
협동적 계획형	학생과 함께 협동하여 수업의 목적과 방법을 계획하는 것을 중요시한다.
학생 중심형	과제를 학생의 흥미에 따라 선택할 수 있도록 제공한다.
교과 중심형	내용을 계획하고 구조화하는 것에 중점을 둔다.
학습 중심형	학생들에게 관심을 동등하게 표현하고 자율적으로 학생들이 목표를 달성할 수 있도록 돕는 역할을 수행한다.
정서적 자극형	흥미 있는 수업을 하여 학생의 정서적인 자극을 통해 효과를 얻고자 하는 유형이다.

2. 평생교육방법의 개념과 특징

1) 평생교육의 이념

평생교육의 이념적 속성은 다섯 가지 측면, 즉 교육개념의 광역성과 통합성, 교육시기의 계속성과 항상성, 교육대상의 평등성과 전체성, 교육접근 방식의 다양성과 상대성, 그리고 교육체제의 개방성과 탈정형성으로 요약할 수 있다(권이종, 2001; 황유정, 2004).

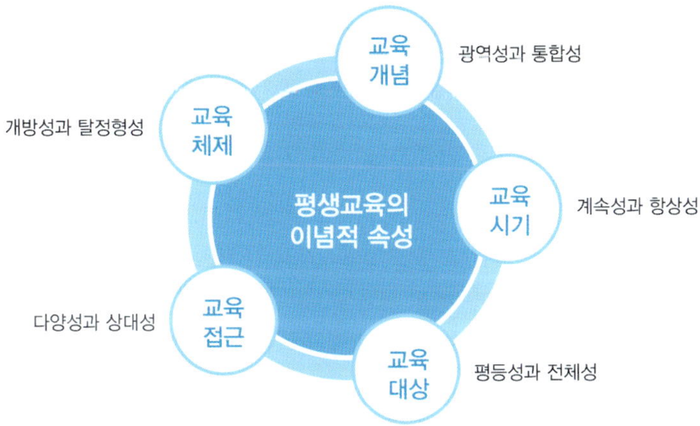

그림 1-1. 평생교육의 이념적 속성

평생교육의 이념의 속성으로, 첫째, 교육개념의 광역성과 통합성이란 선통적 교육개념에서와 같이 학교교육 만능의 교육관, 즉 교육은 곧 학교교육이 전부라는 학교본위 개념에서 탈피하여 교육의 모든 부문과 양태가 등가치적으로 인식되고 교육개념의 인식이 학교교육 이외의 여타 교육범주에까지 실질적으로 확산되어야 함을 의미한다. 둘째, 교육시기의 계속성과 항상성이란 교육의 시기가 태어나서 죽을 때까지의 전

생애주기에 걸쳐 지속적으로 중시되어야 한다는 강조점에서 출발한다. 따라서 지금까지 노년기라는 후반기 교육시기도 함께 학교교육의 대상영역에 포함되고 고려되어야 한다는 시사를 얻게 된다. 이는 학교교육이 제한된 교육대상만을 위한 교육의 장이 아니라 인생주기 전체집단을 대상으로 하는 확산된 교육의 장이 되어야 한다는 것을 전제로 한다.

셋째, 교육대상의 평등성과 전체성이란 지금까지의 학교교육 대상이 주로 혜택받은 소수 특권집단의 이익을 대변 · 반영하고 그들에 의해 제한적으로 독점 · 획득되어 왔음을 전제한다. 평생교육 이념에서는 오히려 이들의 상대적 부분, 즉 교육적 불수혜계층이나 교육 · 문화적 결손집단들에 대해 학교가 관심을 가지고 그들을 위한 교육기회를 진정으로 확산시켜 줄 것을 기대한다. 더욱이 단순한 기회제공이나 허용의 측면에서가 아니라 기회제공의 보장적 평등과 기회, 과정, 결과산출의 제 측면에 있어서의 평등관으로 확산 · 연결된 것을 주장한다. 따라서 사회적인 다수집단과 소수집단에 있어 평생교육은 오히려 소수집단, 즉 교육결손 집단의 교육적 수혜에 관심을 갖는다. 따라서 더 이상 사회적 특권층만을 위한 학교교육이 아닌 사회 전체구성원을 위한 평등한 교육, 즉 교육의 대중화, 보편화 체제를 통해 누구에게나 그들이 원하는 교육이 다양한 통로를 통해 다양한 형태로 제공되는 교육이념을 지향한다.

넷째, 교육접근 방식에 있어서의 다양성이란 평생교육의 지금까지의 교사중심, 강의중심, 전일제 중심의 고정된 틀에 박힌 전통적 학교교육 특성에서 탈피해야 함을 강조하는 것이다. 따라서 교육접근 방식의 다양성과 상대성은 학습자가 교육주체가 되고 교육자와 학습자 간의 상호학습이나 동시적 배움의 교류가 가능하며, 강의보다는 여타의 다양한 교수 · 학습방식과 학습형태, 학습매체 등을 활용하고 전일제와 정시제가 편의에 따라 다양하게 연계 · 공존하는 특성을 지녀야 함을 시사한다.

다섯째, 교육체제에 있어서의 개방성과 탈정형성은 기존의 학교교육제도가 가지고 있는 폐쇄성과 경직성을 극복하고 각 교육체제 간의 상호 유기적 · 탄력적 연계성과 개방성을 확대시켜야 함을 강조하는 것이다. 이는 정형적이고 폐쇄 · 경직적인 체제로부터 탈정형적 요소가 가미되어 보다 유통성 있고 다양한 체제로 변화해 나가는 교육체제를 의미한다. 이는 지나치게 정형화된 우리의 기존 학교교육체제를 탄력화하고 비정형화로 확산하여 제도와 운영의 제 측면에서 개방하자는 주장으로 볼 수 있다. 동시에 이러한 이념은 기존 학교교육체제와 학교 외 교육체제 간의 탄력적 연계 · 접속과 함께 전통적인 학교교육체제와 대안적 형태의 개방형 학교체제, 준학교 체제들 간의 탄력적 연계 · 접속과 함께 전통적인 학교교육체제와 대안적 형태의 개방형 학교체제, 준학교 체제들 간의 탄력적 연계 · 접촉의 당위성을 강조하는 것이다.

한편 이러한 평생교육 이념적 속성은 교육의 다양성, 전체성, 통합성, 융통성, 민주성, 기회균등성, 연계성 등의 속성으로 표현되기도 한다. 이들 표현 또한 결국 상기와 같은 평생교육의 포괄적인 이념적 속성을 함축하고 있는 것으로 이해될 수 있다.

이와 같은 이념을 지향하는 평생교육은 궁극적으로는 학습사회를 지향한다. 학습사회란 학습자가 주체가 되며, 학습자와 교수자 간에 수평적인 상호학습이 이루어지고, 학습자의 적극적 참여를 전제로 교육의 과정이 이루어지는 그런 사회로서 언제, 어디서나, 누구나, 누구에게나 무엇이든, 어떠한 방식으로든 자유롭게 배움을 주고받는 교육의 이상향적 사회상을 의미한다. 이때 중요한 것은 학습사회에서는 결코 평생에 걸쳐 학교교육을 받아야 한다는 평생학교교육론이 아니라 평생학습론이 중요시된다는 점이다.

2) 평생교육방법

평생교육은 학교교육와는 달리 학습에 참가하는 사람들의 성격과 요구에 따라 큰 차이가 있다. 즉, 참가자의 연령 · 학력 · 직업 등이 다양할 뿐만 아니라 이를 배경으로 한 학습의 정도가 서로 다르고 학습의 요구에도 현격한 차이가 있다. 또한 학습자의 학습활동이 자발적 의사에 의해서 진행되기 때문에 학교에서처럼 강제력이 작용할 수 없는 특성을 가지고 있다. 평생교육의 방법은 주로 성인교육방법과 관련하여 많은 연구들이 이루어졌는데, 성인교육의 방법은 주로 세 가지 특징을 지니고 있다고 할 수 있다.

표 1-24. 성인교육방법의 특징

- 성인교육방법은 학습자의 학습활동을 유인해 줄 수 있는 분위기, 환경 등을 제공해 주어야 한다.
- 성인교육방법은 평생교육 활동에 참여하는 학습자가 직면하고 있는 문제들을 풀어 나가는 데 필요한 여러 가지 방안이나 기술들을 제공해야 한다.
- 성인교육방법은 학습자들의 학습욕구를 만족시켜 줄 수 있는 학습태도 및 학습자료들을 제공해야 한다.

평생교육은 다양한 특성을 지닌 학습자들을 그 대상으로 하고 있기 때문에 학습대상자들의 다양한 욕구와 흥미의 만족을 위한 프로그램, 가르치는 교사나 지도자, 나아가서는 교육의 장소와 시간, 그리고 교육의 목표수립과 실천평가에 이르기까지 모든 활동이 형식화되거나 규격화되지 않아야 하고, 방법 역시도 융통성을 가지고 상황에 따라 다양한 형식으로 이루어질 필요가 있다. 유네스코(UNESCO)의 성인교육 발전계획안에 제시되고 있는 성인교육방법에서 고려해야 할 사항은 〈표 1-25〉와 같다.

표 1-25. 성인교육방법에서 고려해야 할 사항

- 성인교육방법에서 유의해야 할 점: 성인교육 참여요인과 방해요인, 성인들의 경험배경, 성인들의 가족 및 사회적 책임, 자기교육에 대한 태도, 학습자들의 심리적 특성, 인지적 관심의 범위, 여가활동
- 성인학습자들의 필요성 확인
- 지역사회의 배경
- 사용할 수 있는 시설물
- 주민들의 자발적 참여
- 지도자와 학습자들의 상호존중의 관계
- 학습참여에 능력 이외의 제약은 없어야 함
- 성인교육의 참여와 중단이 자유스럽게 허용되어야 함
- 학습과 교육방법에서 경쟁 지양, 협동과 공동연구 강조
- 기술교육은 직업에 도움이 되어야 함

3. 평생교육방법의 원리

성인교육방법의 원리는 평생교육의 방법에서도 적용될 수 있다. 따라서 평생교육방법의 원리로 자기주도성의 원리, 다양성의 원리, 상호학습의 원리, 현실적응의 원리, 계속성의 원리, 효율성의 원리와 적극적 서비스의 원리로 구분하여 살펴보면 다음과 같다(송병순, 이영호, 2000; 황유정, 2004).

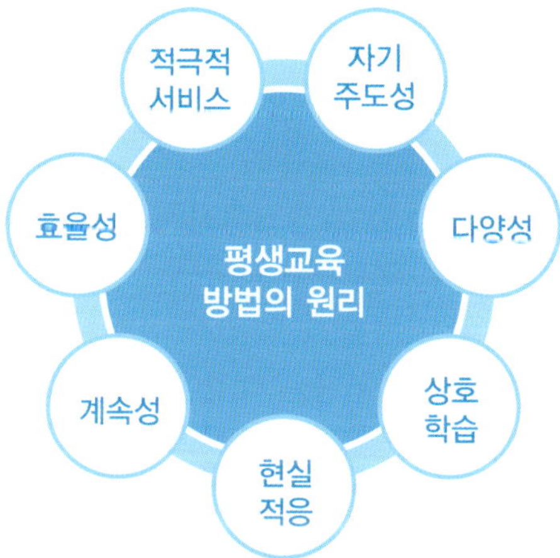

그림 1-2. 평생교육방법의 원리

1) 자기주도성의 원리

자기주도성의 원리에 근거한 평생교육방법이란 평생교육 담당자에 의해 계획되고 편성되어지는 수동적인 참여가 아니라 학습자들이 자발적으로 학습의 장으로 찾아올 수 있도록 그들의 관심과 흥미를 유발시키는 것이다. 또한 일단 관심을 지닌 대상자들이 지속적으로 학습활동에 참여할 수 있도록 계속 동기를 유발시키는 일을 달성하여 가는 과정에서 학습의 방법들을 선택할 수 있도록 제반 여건이 갖추어지도록 노력해야 한다.

자발적으로 학습에 참여하도록 하기 위해서는 학습자들로 하여금 특정한 분야나 내용에 대해 학습의 필요성을 인지하도록 이들을 자극하고 학습동기를 유발시키는 일도 중요하지만 학습자들이 학습의 필요성을 스스로 깨닫고 자발적으로 필요한 것을 배우고자 하는 내적 동기를 유발시키는 일이 중요하다. 특히 성인학습자들은 과거의 학습경험이나 학습태도에 불안감을 갖는 경우가 있다. 따라서 이러한 학습불안을 해소하고 학습에 대한 자신감을 심어 주는 일이 중요하다. 또한 학습으로 인한 성과의 평가를 통해 계속적인 자기 향상의 기회를 추구하고 싶은 충동을 일으키게 하여 자발적으로 지속적인 학습활동이 이루어지도록 학습을 조직화하고 구성하는 것이 필요하다.

2) 다양성의 원리

평생교육은 학교교육과는 달리 어느 특수계층이나 생활영역에 국한되는 것이 아니라 가정과 직업 그리고 사회생활 등 모든 생활영역에 걸쳐서 이루어진다. 평생교육에 참여하는 학습자 집단은 연령 · 학력 · 계층 · 직업 · 지역 · 취미 · 능력이 다양한 이질집단이다. 이처럼 이질적인 학습자를 대상으로 하는 평생교육방법은 그들의 성취를 위하여 때와 장소 그리고 학습참여자의 특수성에 비추어 자유롭고도 다양하게 적용되어야 한다. 더욱이 다양한 대상자들의 필요를 최대한으로 충족시켜 주어 이들의 학습효과를 높여 주기 위한 다양한 평생교육방법들의 적용에 있어서는 다양성과 아울러 융통성이 있어야 한다. 비록 계획된 교육내용과 결과가 달라진다 하더라도 상황에 따라 임기응변적으로 새로운 방법을 도입할 경우도 있으며, 경우에 따라서는 완전히 다른 교육방법으로 변경될 수도 있다. 따라서 평생교육에 있어서는 다양성과 융통성이 보장되어야 교육의 효과를 높일 수 있다.

3) 상호학습의 원리

상호학습의 원리란 학습자들끼리의 상호작용을 통해 학습의 효과를 높이도록 여러 가지 집단과정을 활용하는 교육원리로서 평생교육에서의 상호교육은 학습자가 다양하다는 데 기반을 둔 원리이다. 특히 성인학습자들은 사회의 일원으로서 책임을 지니고 각기 독특한 인생경험을 지니고 있는 사람들이다. 그들은 직장이나 사회에서 그들의 경험과 지식을 서로 교환함으로써 서로에게 도움을 주고받으며 생활하고 있고, 가정에서는 자녀들을 지도하고 바르게 이끄는 교육자적 위치에 있다. 이러한 성인학습자들의 특성을 고려하여 가르치는 사람과 배우는 사람과의 획을 뚜렷이 그어 구분하는 것이 아니라 서로 배우고 가르치는, 즉 교사이면서 학생인 관계가 필요하다는 것이다. 또한 학습자 중에서 어떤 특정한 부분에 전문적인 지식이나 경험이 있는 사람을 택하여 그로 하여금 설명하고 가르치도록 기회를 줌으로써 학습자 상호 간에 서로 배우고 가르칠 수 있는 과정을 마련할 수 있다.

4) 현실적응의 원리

현실적응의 원리란 생활적응의 원리라고도 한다. 평생교육에 참여하는 학습자는 가족의 구성원으로서 사회나 국가의 구성원으로서, 그리고 직장인으로서 맡은 바 역할과 의무를 수행하고 있으며, 다양한 상황에서 실제적인 결정을 내려야 하는 사람들이 많다. 따라서 평생교육의 내용은 지역적 · 시대적 · 사회적 현실생활의 관심사로 구성되어야 하며, 직업적 · 사회적 역할 수행에 실제로 도움을 줄 수 있어야 한다. 결국 평생교육활동에 참여하는 학습자들은 자신의 가정생활, 직장생활, 사회생활 등에서 현실적으로 갖가지 문제들을 지니고 있으며, 이의 해결방법의 하나로 교육의 필요성을 느끼고 있는 사람들인 것이다. 그러므로 평생교육은 어디까지나 현실성에 입각한 현실에의 설계로서 추상적이 아닌 구체적인 현실의 문제를 해결하는 데 도움이 되는 것이어야 한다. 따라서 평생교육에 있어서의 교육목적이나 교육내용, 교육방법, 교육평가에 이르기까지 현실과 밀착된 것이어야만 그 교육이 보다 유의미하게 된다.

5) 계속성의 원리

평생교육은 일정한 시점에서 끝이 나는 것이 아니다. 그러므로 평생교육을 실시하는 기관과 담당자는 성인학습자가 계속하여 학습에 참여할 수 있는 교육기회를 개발 · 제공해야 한다. 그리고 일정한 단계에 이르면 자기교육단계로 이행되도록 해야 한다. 따라서 평생교육에서는 계속적 학습이 가능하도록 지식 그 자체를 학습시키기보다는 학습하는 방법을 학습시켜야 한다. 아무리 평생교육이 다양하다고 하지만 모든 개개인 학습자의 교육욕구를 모두 충족시키기는 불가능하다. 그러므로 학습하는 방법에 대한 학습을 통해 끊임없이 자기개발에 임하도록 하는 것이 중요한 평생교육의 방법이라고 할 수 있다.

6) 효율성의 원리

평생교육에 있어서도 아무리 다양한 방법의 도입이 바람직하고 또 동기유발이나 계속적인 학습의욕을 불러일으키기에 좋다고는 하더라도 이러한 방법들의 채택이 얼마나 능률적이고 시간적 · 경제적으로도 효과가 있느냐를 따지지 않을 수 없다. 그러므로 적당한 선에서의 적절성 또는 효율성을 높일 수 있는 여러 가지 방법들이 선택되어야 한다.

오늘날 평생교육은 과거처럼 교양수준 · 여가시간 활용의 정도에 그치는 것이 아니라 폭발적으로 쏟아져 나오는 정보의 습득, 직장의 역할수행과 직접 관련이 있는 전문지식 · 기술습득, 인력개발 등 실생활에 직접적으로 필요한 지식, 기술습득을 위한 학습과 재교육이 더 강조되는 만큼 그 능률성에 대한 고려는 과거 학교교육에서와 마찬가지로 강조된다. 평생교육에 있어서 능률성 제고는 학습의 형태 · 장 · 프로그램 구성 · 교수학습방법 등 모든 면에 걸쳐 재음미되어야 할 평생교육방법의 과제라고 할 수 있다.

7) 적극적 서비스의 원리

적극적 서비스의 원리는 평생교육에 투입해야 할 인적 · 물적 자원과 조건을 최적화해야 한다는 평생교육 실천원리이다. 평생교육 프로그램은 다양한 학습요구를 충족시킬 수 있도록 다양해야 하고, 교육의 질도 높아야 하며, 모든 교육활동이 효율적으로 이루어질 수 있는 적극적 서비스가 이루어져야 한다. 예를 들어, 성인학습자의 경우 그들의 체형에 알맞은 책 · 걸상이 마련되어야 하고, 쾌적한 교육환경을 제공할 수 있어야 한다. 그리고 다양한 학습자들 중에는 이전의 학습활동의 실패에 기인하는 학습에 대한 열등감, 자아손상 등이 그들의 학습을 저해할 수 있기 때문에 그들의 학습을 촉진하기 위해서는 심리적 배려가 필요하다. 또한 평생교육에 참여하는 학습자들을 위한 행정적 서비스는 신속하면서도 친절해야 한다. 특히 행정업무를 보는 평생교육 담당자는 누구보다도 친절해야 한다.

Chapter 02

4차 산업혁명과 평생교육방법

배울내용

1. 4차 산업혁명의 이해 ● 2. 4차 산업혁명의 특징
3. 4차 산업혁명과 교육 ● 4. 4차 산업혁명과 평생교육방법

학습목표

1. 4차 산업혁명의 시대적 흐름과 개념을 이해한다.
2. 4차 산업혁명과 혁신기술을 설명할 수 있다.
3. 4차 산업혁명 시대가 요구하는 교사의 역할과 역량을 숙지한다.
4. 4차 산업혁명 시대의 평생교육방법에 대한 변화 관점을 설명할 수 있다.

1. 4차 산업혁명의 이해

1) 4차 산업혁명의 시대적 흐름

과학과 기술의 융·복합을 통한 가치의 창출과 확산인 4차 산업혁명은 학자들마다 조금씩 다르지만 공통된 관점이 존재한다. 구체적으로 박형근과 김영훈(2014)에 따르면, 1차 산업혁명은 증기기관 발명에 의한 기계혁명이며, 2차 산업혁명은 전기에너지를 활용해 대량생산 구조가 구축된 에너지혁명에 해당하고, 3차 산업혁명은 정보와 기술혁명을 의미한다. 이러한 몇 차례 산업혁명이 발생해 온 현재, 3차 산업혁명 이후에 나타난 과학과 기술 혁신, 사회 등 발생된 급격한 변화를 함축하는 개념을 4차 산업혁명이라 볼 수 있다(윤정민, 2018).

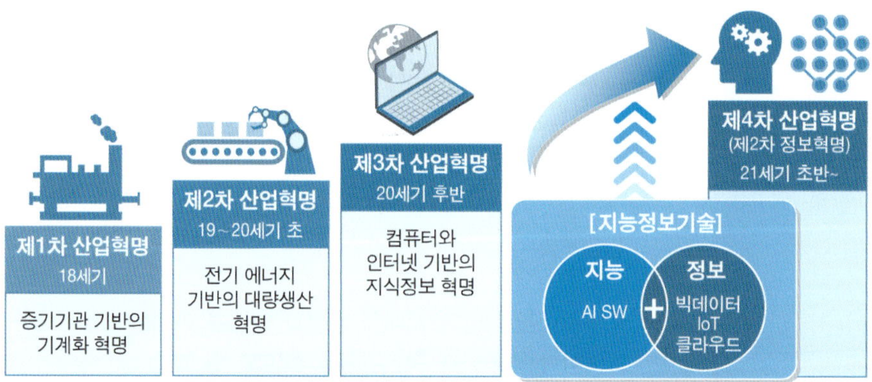

그림 2-1. 산업혁명의 흐름

4차 산업혁명이라는 용어는 2016년 열린 다보스포럼에서 독일의 클라우스 슈밥(Klaus Schwab)이 인더스트리 4.0을 소개하면서 새롭게 등장하였다. 이는 2012년도에 독일이 제시한 인더스트리 4.0으로, 모든 산업영역에서 정보통신기술을 접목하여 산업구조의 혁신과 경쟁력을 강화하려는 것이 4차 산업혁명이다. 즉, 사물인터넷(IOT)과 인공지능(AI), 빅데이터 등을 통해 생산의 모든 정보를 연결시키고, 이 정보를 소비자와 연결하는 것이 인더스트리 4.0의 핵심내용이다. '인더스트리 4.0(Industrie 4.0)'을 통해 독일은 2011년도부터 정부와 기업의 상호협력을 통해 자국의 제조산업을 추진해 왔다. 제조업 강국인 독일은 산업에 사물인터넷(IoT) 또는 인공지능(AI)을 통해 지속적으로 성과를 나타내고 있다(윤정민, 2018).

2) 4차 산업혁명의 개념

클라우스 슈밥

클라우스 슈밥은 제4차 산업혁명의 의미를 2016년에 저술한 『제4차 산업혁명(The Fourth Industrial Revolution, 2016)』에서 소개하고 있으며, 더불어 인류가 개발한 신기술로 인하여 새로운 세계관과 기술이 등장함으로 경제체제와 사회구조를 급진적이고 근본적으로 변화시킨 사건을 네 단계로 구분하여 제시하고 있다(윤정민, 2018; Schwab, 2016).

첫 번째 단계는 농업혁명이다. 약 7천 년 전 수렵과 채집생활을 하던 인류는 곡류의 재배와 가축을 사육하면서 생산 경제를 목적으로 한 인류와 가축이 공생하면서 농업혁명이 시작되었다. 그 결과 식량 생산량과 인구가 증가되고 많은 사람이 정착하게 되어 더 나아가 도시화가 이루어졌다.

두 번째 단계는 제1차 산업혁명이다. 18세기 유럽에서 시작된 제1차 산업혁명(1760~1840년경)은 증기기관의 발명을 바탕으로 철도 건설과 기술의 혁신으로 새로운 생산체제가 만들어져 사회 및 경제 등의 변화를 이끌었다.

세 번째 단계는 제2차 산업혁명(1865~1900년경)으로 전기에너지와 철강 분야의 혁신과 기술의 발전으로 대량생산을 가능하게 되었다.

네 번째 단계는 제3차 산업혁명으로 1960년대 메인 프레임 컴퓨팅(Main Frame Com

putting: 1960년대)과 반도체의 발전으로 PC(Personal Computing: 1970~1980년대)를 이용한 인터넷(1990년대)이 혁신과 발전을 주도하였는데, 이를 '디지털 혁명' 또는 '컴퓨터 혁명'이라고 한다.

다섯 번째 단계가 정보통신기술이 이뤄지는 제4차 산업혁명이다. 21세기에 들어서면서 제3차 산업혁명을 기반으로 유비쿼터스(Ubiquitous)와 모바일 인터넷(Mobile Internet)의 조화와 신호처리가 가능해진 센서(Smart Sensor), 기계학습(Machine Learning)을 통한 인공지능(AI)의 특징이 제4차 산업혁명이다. 즉, 제3차 산업혁명 이후 컴퓨터 하드웨어와 소프트웨어, 네트워크가 핵심인 디지털기술은 더욱 정교해지고 혁신적으로 진화하여 사회와 세계경제의 변화를 이끌고 있다(Schwab, 2016).

표 2-1. 제4차 산업혁명 개념의 역사적 발전

	1980년	2008년	2016년
	제3물결 (The Third Wave)	제3차 산업혁명 (The Third Industrial Revolution)	제4차 산업혁명 (The Fourth Industrial Revolution)
대표 학자	앨빈 토플러	제러미 리프킨	클라우스 슈밥
내용	제1물결: 농업혁명 제2물결: 산업혁명 제3물결: 정보화혁명	2차 산업혁명의 종말(1980년): 화석연료, 기계, 전자기반산업 3차 산업혁명의 시작(2012년): 인터넷 기술, 커뮤니케이션, 재생가능 에너지의 결합, 녹색산업	농업혁명: 가축 기반 농업생산, 인구증가, 도시화 제1차 산업혁명: 석탄, 증기기관 제2차 산업혁명: 전기, 생산라인 제3차 산업혁명: 컴퓨터, 인터넷 제4차 산업혁명: 물리학, 디지털, 생물학 등 융복합
관점	사회 문명	기술 · 에너지 · 경제 · 권력	기술 · 산업경제

슈밥은 2016년 세계경제포럼(WEF)에서 '제4차 산업혁명'을 차세대 혁신적 변화라 하면서 "이번엔 다르다(This time is different)"고 주장하였다. 2016년 슈밥이 주장한 '제4차 산업혁명'이라는 용어에 담긴 내용과 의미는 앨빈 토플러(Alvin Toffler)가 주장했던 '제3

물결'의 내용보다는 오늘의 기술과 산업, 사회구조는 훨씬 더 발전되었으며, 또한 지난 2012년 리프킨(Rifkin)이 주장했던 디지털기반의 '제3차 산업혁명'의 산업과 기술, 사회구조의 내용과 방향은 보다 새로운 양상을 가지고 있는 것으로 해석할 수 있다(윤정민, 2018).

슈밥이 제시한 바와 같이 '제4차 산업혁명'의 양상은 세 가지 특성, 곧 속도, 범위와 깊이, 시스템 충격 등에 있어서 제3차 산업혁명과는 현저히 구별된다고 하였다(Schwab, 2016).

표 2-2. 제4차 산업혁명의 세 가지 특성

구분	내용
속도(velocity)	제1~3차 산업혁명과는 달리, 제4차 산업혁명은 선형적 속도가 아닌 기하급수적인 속도로 전개 중이다. 이는 다면적이고 서로 깊게 관여되어 있는 우리가 살고 있는 세계이며, 그보다 뛰어난 역량을 갖춘 새로운 신기술을 창출해 냄으로써 만들어진 결과이다.
범위와 깊이 (breadth and depth)	디지털혁명을 기반으로 한 제4차 산업혁명은 다양한 과학기술과 정보통신기술(ICT)를 융합해 경제, 기업, 사회뿐만 아니라 개인에게도 유례 없는 패러다임 전환으로 유도한다. '무엇을' '어떻게' 하는 것의 문제만이 아니라 우리가 '누구인가'에 대한 문제 또한 변화를 일으키고 있다.
시스템 충격 (systems impact)	제4차 산업혁명은 사회 전체 시스템인 국가 간, 기업 간, 산업 간의 변화를 수반한다. 이러한 급진적 변화의 사례는 제4차 산업혁명의 기술과 산업인 휴머노이드 로봇(Humanoid Robot)나 인공지능(AI)의 등장에서도 우리는 확인할 수 있다.

이러한 흐름에서 제3차 산업혁명이 등장한 20세기 후반 인류사회에 디지털테크놀로지와 의학, 생물학, 물리학, 공학 등 다양한 영역의 기술들이 결합되어 21세기 인간의 삶의 방식, 그리고 사회구조를 빠르게 변화시키고 있는 산업과 기술, 그리고 경제체제를 제4차 산업혁명이라고 할 수 있다.

2. 4차 산업혁명의 특징

1) 일반적 특징

18세기 말부터 시작된 산업혁명은 발전을 거듭해 오면서 오늘날 4차 산업혁명에 이르고 있는데, 18세기 영국에서 증기기관 발명을 계기로 시작된 1차 산업혁명, 20세기 초 전기동력을 이용한 대량생산이 시작된 2차 산업혁명, 1970년대 이후 컴퓨터를 활용하기 시작한 3차 산업혁명을 거쳐, 이제는 인공지능을 활용한 4차 산업혁명의 시대에 도달하였다(김정옥 외, 2016). 독일에서 행정부를 중심으로 기업, 노동조합, 대학이 제휴해야 미래사회를 선도할 수 있다고 하여 처음으로 제안한 용어가 바로 제4차 산업혁명이다.

인공지능과 여러 분야가 융합된 초연계 사회를 제4차 산업혁명이라고 한다. 인공지능은 로봇과 드론, 바이오와 나노, 3D 프린터 개발에 기여하였고, 모든 산업의 시스템을 연결하고 구축하며 빅데이터를 분석을 통해 소비와 유통 그리고 미래 산업을 예측하여 인간의 삶을 발전시키고 있다. 그동안 제1차, 제2차, 제3차 산업혁명이 인간의 신체 노동을 대체했다면, 제4차 산업혁명은 인간의 신체 노동뿐만 아니라 지적 노동까지도 대신할 것으로 기대되고 있다. 자동화 기계의 보급이 더욱 가속화되고 그 영역도 더욱 확대될 것으로 예측된다. 인공지능의 발달로 단순 업무는 이미 인공지능 기계로 대체되고 있고, 이미 인공지능 기술이 의료서비스뿐만 아니라 법률분야에까지 활용되고 있다. 따라서 앞으로는 기계와 같은 단순 노동보다는 감성과 인성 그리고 창조적 사고를 필요로 하는 직업이 우세할 것으로 예상된다(윤정민, 2018).

인공지능은 이미 오래전부터 SF(Science Fiction)영화를 통해 인간의 영역을 침범할 수 있는 뛰어난 능력을 가진 존재로 묘사되어 왔다. 그러나 그것은 말 그대로 공상 과학의 세계에서였을 뿐 실제의 세상에서 인간의 능력을 뛰어넘을 수 있는 인공지능이 개발되리라고 생각하는 사람은 그리 많지 않았다. 혹 그러한 시기가 도래한다고 해도 그 시기는 막연히 먼 미래가 될 것이라고 믿는 사람들이 많았다(임용진, 2018).

하지만 최근의 빠른 속도로 발전하는 다양한 인공지능의 사례 앞에 그러한 믿음은 점차 사라지고 있다. 최근 성행하였던 '어벤져스 앤드 게임' 속에는 양자역학과 세포분열, 가상공간, 인공지능 로봇 내용을 포함하고 있는 실정이다. 또한 국립재활연구소의 로봇 재활연구 프로그램을 보면, 중증장애인의 편리한 삶을 위하여 재활연구에도 여러 가지 최신 기술을 도입하여 의료산업에 사용하고 있음을 알 수 있다. 그만큼 인공지능은 우리 사회에 여러 분야에서 이미 시작되고 있는 것이다.

2017년에 전국의 성인 1,041명이 참가한 설문조사에서 '4차 산업혁명은 내 일자리를 위협할 것이다'라는 항목에서 76.5%의 응답자가 동의했다는 사실은 현재 많은 사람들의 심적 변화를 보여 준다(한국언론진흥재단 미디어연구센터, 2017). 간단한 예로, 식당에 들어가면 종업원의 메뉴판 안내 및 홀서빙 문화는 사라지고, 무인주문기계를 활용하고 계산하여 점차 기계화되고 있는 사회 모습을 경험하고 있다. 그리고 인공지능이 조만간 인간을 대체할 것으로 여겨지는 가장 유력한 영역은 바로 자동차 운전이다. 구글이 2014년 무인 자율 주행 자동차로 도심 주행에 성공한 이래 현재 많은 자동차와 IT 기업들이 자율주행 자동차를 개발하고 있는데, 그중 가장 앞서 있다고 평가되는 구글의 자율주행차는 실제 도로 주행거리가 200만km가 넘었다고 알려져 있다(임용진, 2018). 외국어 통역에서도 인공지능은 이미 활용되고 있다.

인천공항에서는 2017년 7월부터 LG전자가 개발한 한국어, 영어, 일본어, 중국어 등 4개 국어로 길을 안내하는 안내 로봇 5대가 운영되고 있다. 2018년 6월부터는 입·출국장에 14대의 로봇을 배치해 대기 인원 파악·게이트 안내, 승객 대면 음성안내와 수화물수취대 번호업무 등의 서비스를 제공하고 있다.

그리고 인공지능이 대체하기 가장 어려운 영역으로 알려진 감정과 관련된 분야에서도 인공지능은 이미 활용되고 있다. 세계 최초의 감정 인식 로봇으로 소프트뱅크가 2014년 출시한 페퍼(Pepper)는 사람의 모습(키 120cm, 몸무게 29kg)을 한 인공지능(AI) 로봇이다. 시각·청각·촉각 센서를 통해 사람의 표정과 목소리 변화를 감지하고 클라우드컴퓨팅을 통해 어떤 감정인지를 파악해 말을 건네는 기능을 가지고 있다.

페퍼(Pepper)는 사람과 접촉을 통해 친밀한 관계를 형성하는 로봇을 목적으로 만들어졌다. 인공지능과 더불어 4차 산업혁명의 주요한 특징인 '초연결 사회'와 관련된 핵심 키워드는 빅데이터(Big Data)이다. 빅데이터, 즉 미래 경쟁력의 우위를 좌우하는 중요한 자원으로 활용될 수 있다는 점에서 다양하고 방대한 규모의 데이터로 주목받고 있다. 인공지능을 통한 '동시통역'이나 표정을 읽는 감성로봇 등 오늘날 발전된 인공지능을 가능하게 하는 기술 조건의 하나가 바로 해당 언어로 된 자료와 다양한 표정의 사진자료 등으로 대표되는 빅데이터와 관련 기술이기 때문이다.

페퍼

빅데이터가 빠른 속도로 증가하는 원인은 인터넷 사용자의 증가와 스마트폰의 보급, 그리도 사물인터넷의 발달과 같은 인프라의 확충과 밀접한 관련이 있다. 데이터의 증가 외에도 축적된 데이터로부터 유용한 정보를 캐내는 '데이터마이닝' 기술의 발달로 빅데이터가 주목받고 있다. 데이터마이닝은 데이터 베이스로부터 과거에는 알지 못했지만 데이터 속에서 유도된 새로운 데이터모델을 발견하여 미래에 실행 가능한 정보를 추출해 내고 의사결정에 이용하는 과정을 말한다. 이러한 기술은 10여년 전부터 활용되어 최근 이룩한 기술적 성과로 클라우드컴퓨팅과 클라우드스토리지 기술 등을 의미한다(윤정민, 2018).

제4차 산업혁명 사회의 모습은 긍정적인 부분도 있지만 이면적으로 부정적인 부분도 나타날 수 있다. 구체적으로 기계에 의한 일자리 대체와 인공지능기술 발전은 인간의 삶을 물질적으로 풍요롭게 할 수 있지만 빠른 속도로 발전하는 기술로 인해 기술이 인간을 위협하는 시대가 올 수도 있다는 우려도 제기되고 있다(진경엽, 2017). 제4차 산업혁명은 기본철학인 인간중심에서 산업중심으로 변하기 때문에 비인간화 현상은 심화되고 인공지능에 의한 컴퓨터와 로봇중심이 될 수 있는 것이다. 따라서 이러한 문제들을 미리 대처하기 위해서는 제4차 산업혁명 시대의 기계 산업과 과학기술이 발달할수록, 더욱 인간주의적으로, 인간의 고유 가치와 특징을 살릴 수 있는 교육으로 발전되어야 할 것이다.

2) 4차 산업혁명의 혁신기술

기존 산업혁명의 기저에는 기술혁명이 자리 잡고 있으며, 4차 산업혁명도 이와 같은 차원에서 많은 혁신적 신기술들이 언급되고 있다. 4차 산업혁명과 관련해 자주 언급되는 혁신적 신기술들을 살펴보면 사물인터넷(IoT), 클라우드, 빅데이터, 3D프린팅, AI, 로봇, 무인자동차, 나노 바이오 등으로 정리할 수 있다〈표 2-3〉. 이 가운데서도 공통된 핵심 기술인 인공지능, 사물인터넷(IoT), 로봇, 빅데이터, 3D 프린팅이 4차 산업혁명을 선도할 것이라고 예측한다(WEF, 2016).

표 2-3. **4차 산업혁명의 혁신기술**

기술	내용
IoT (Internet of Thing)	• 사물인터넷으로 불리며 물건에 센서를 부착하여 실시간으로 데이터를 인터넷 등으로 송수신하는 기술이나 환경을 의미 • IoT가 도입된 기기는 사람이 필요하지 않고, 기기들 간에 정보를 서로 주고받으면서 상황에 따라 정보를 해석하고 스스로 작동하는 자동화된 형태
CPS (Cyler-Physical System)	• 로봇 의료기기와 같은 실물 시스템과 사이버 공간의 소프트웨어 및 주변의 환경을 실시간으로 통합하는 시스템 • 기초 인베디드시스템의 미래지향적이고 발전된 형태로서 제조시스템, 관리시스템, 운송시스템 등의 복잡한 인프라 등에 널리 적용이 가능
빅데이터 (Big Data)	• 디지털 환경에서 생성되는 다양한 형태의 데이터를 의미하며, 그 규모가 방대하고 생성 주기도 짧은 대규모의 데이터를 의미 • 증가한 데이터의 양을 토대로 사람들의 행동패턴 등을 분석하여 예측할 수 있고, 이것을 산업 현장에 활용할 경우 시스템의 최적화 및 효율화 등이 가능
AI (인공지능)	• 컴퓨터가 사고, 학습, 자기계발 등 인간 고유의 지능적인 행동을 모방할 수 있도록 하는 컴퓨터공학 및 정보기술의 한 분야 • 단독으로 활용되는 것 외에도 여러 분야와 연결하여 인간의 업무를 대체하고 보다 높은 효율성을 가지고 올 것으로 기대

(1) 인공지능(AI)

인간의 지능으로 할 수 있는 사고, 학습, 자기개발 등을 컴퓨터가 할 수 있도록 하는 방법을 연구하는 컴퓨터 공학 및 정보기술의 한 분야로서, 컴퓨터가 인간의 지능적인 행동을 모방할 수 있도록 하는 것을 인공지능이라고 말하고 있다. 즉, 인공지능은 인간처럼 지능을 가진 컴퓨터 또는 시스템, 프로그램을 일컫는 용어이다. 인공지능은 인간과 같이 인지, 생각, 판단하는 능력을 가진 로봇에 대한 관심에서 연구되기 시작하였다. 로봇에 대한 연구는 4차 산업혁명 시대의 다양한 기술들의 발전과 발맞추어 활발히 전개되고 있으며, 이미 다양한 분야에서 인간보다 빠른 연산능력과 효율적인 문제해결능력을 보이고 있는 상황이다(김도균, 2020).

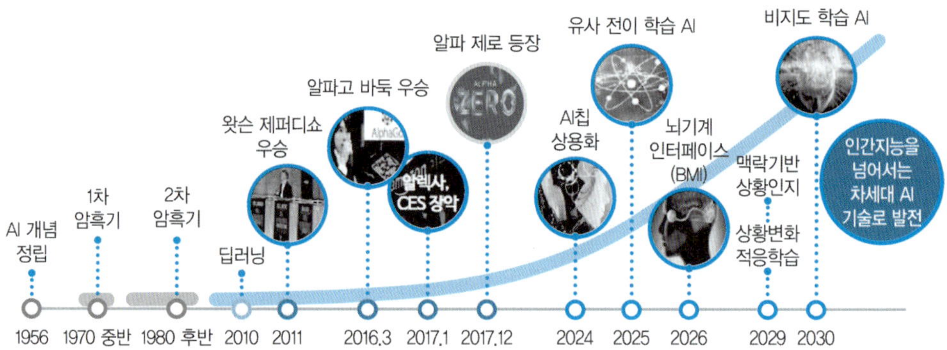

그림 2-2. 인공지능(AI)의 발전과정

인간지능에 관한 요즘의 주제는 기계학습이다. 기계학습은 컴퓨터가 제공된 범위 안에서 자료를 분석하여 스스로 규칙을 찾아내고, 이 결과를 토대로 다른 곳에 적용하는 것을 말하는데, 미래 시대에는 인간이 보고, 듣고, 만지는 것을 통해 학습하듯 인공지능 컴퓨터가 직접 감지한 것을 토대로 학습이 이루어질 정도까지 발전할 가능성이 있다고 예상되고 있다(임일, 2016).

인터넷이 등장하면서 수집되는 정보의 양이 놀라운 정도로 빠르게 늘어나면서 인공지능은 잘 배울 수 있는 환경을 갖추게 되었고, 기계학습의 기술 역시 매우 많이 개선되었다. 그리고 딥러닝(Deep Learning)이 개발되어 더욱 정확한 학습을 할 수 있게 되면서부터 늘어난 정보와 더욱 발전한 알고리즘으로 학습의 정확성을 담보할 수 있게 되었다(류성창 외, 2017).

(2) 사물인터넷(IoT)

여러 가지 물건을 디지털 연결이 가능하도록 하는 기술을 가리켜 사물인터넷 기술이라 부른다. 사물인터넷의 최종 목적은 우리의 실제 생활에 연결된 다양한 사물을 지능화해 정보의 융합과 자동화로 인간을 보다 높은 삶의 질로 인도하는 것에 있다. 사물인터넷과 관련한 기술의 발전은 컴퓨터를 통한 인터넷 연결이라는 차원에서 벗어나 디지털을 통하여 상호 연결된 사물은 다양한 플랫폼에서 인간과 제품 또는 서비스나 장소를 연결해 준다(Schwab, 2016).

이미 우리 주위를 둘러보면 실제 생활과 가상의 세계를 네트워크를 통해 연결해 주는 기능을 장착한 센서와 장비들이 급속도로 소개되고 있으며, 스마트폰과 테블릿처럼 인터넷과 연결되어 있는 기기들이 엄청난 속도로 증가하고 있다. 그 외에도 사물인터넷은 제조 공정에서뿐만 아니라 사회기반 시설에까지도 영향을 끼칠 정도로 폭넓게 활용되고 있다(김도균, 2020).

사물인터넷(IoT)

(3) 로봇

로봇이라는 용어는 원래 체코어로 로보타(Robota)에서 유래한 말로 '일하다' 혹은 '강제 노동'의 뜻으로 사용되었고, 1921년 체코의 희곡작가 카렐 차페크(Karel Capek)가 쓴 희곡 '로섬의 유니버설 로봇(Rossum's Universal Robot)'에서 처음 사용되었다. 여기서는 로봇을 노동자처럼 일하는 기계로 표현하였다. 이러한 로봇이라는 단어가 탄생한 것이 아직 100년도 채 되지 않았다. 그러나 로봇은 이제 우리 사회에서 그리고 인간의 삶에서 떼어 놓을 수 없는 중요한 도구로 자리 잡고 있다.

3차 산업혁명 시대에는 업무를 통제하는 한정적 작업 수행을 위해 자동차 산업이나 기계 산업과 같은 특정한 산업에서만 활용되어 오다가 현재는 다양한 영역에서 그 활용의 정도가 빈번해져 사람과 기계의 협업이 일상으로 연결되어 업무 처리의 영역이 넓어졌다(류성창 외, 2017). 구체적으로 센서에 관한 기술이 매우 높은 수준에 이르러 로봇의 성능이 놀라울 정도로 높아져 업무환경에 대한 이해와 대응이 매우 빨라졌으며, 여러 분야의 혁신적 기술 발전으로 인해 매우 복잡한 생물학적 구조까지 구현할 수 있게 되었다. 현재는 의료분야와 가사 업무에까지 그 활용 범위가 확장되고 있다(Schwab, 2016). 뿐만 아니라 최근에는 클라우드에 연결이 되어 다른 로봇과 네트워크로 연결되고 있다.

(4) 빅데이터

디지털 환경에서 생성이 되는 다양한 형태의 데이터를 의미하며 그 규모가 방대하고, 생성의 주기 또한 매우 짧은 대규모의 데이터를 의미한다. 증가한 데이터의 양을 바탕으로 사람들의 행동패턴 등을 분석 및 예측할 수 있고 이를 산업 현장에 활용할 경우 시스템의 최적화 및 효율화 등이 가능하다(류성창 외, 2017). 또한 빅데이터 환경은 과거에 비해 데이터의 양이 폭증했다는 점과 함께 데이터의 종류도 다양해져 사람들의 행동은 물론 위치정보와 SNS를 통해 생각과 의견까지 분석하고 예측할 수 있다.

(5) 3D 프린팅

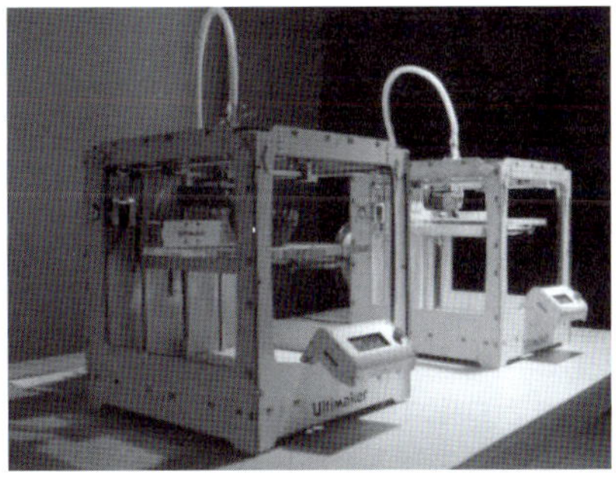

3D 프린팅

3D 프린팅은 '적층가공(Additive Manufacturing)'으로 불려지며, 입체적인 모양의 모델이나 3D 디지털 설계도를 이용하여 3차원 프린터로 원료를 겹겹이 겹치거나 올려 유형의 물체를 만들어내는 기술이다(Schwab, 2016).

절삭가공(Subtractive Manufacturing)은 제품을 완성할 때까지 설계도를 따라 재료를 잘라 내거나 깍아 내어 제작하는 방식인 반면, 3D 프린팅은 디지털 설계도를 따라서 여러 재료들로 입체적인 물건을 제작할 수 있다(남궁민, 2018). 3D 프린팅 기술은 풍력발전기부터 의료 임플란트 제작까지 대형 제품이나 소형 제품 가리지 않고 그 활용 범위가 매우 광범위하다. 최근에는 자동차와 항공우주, 의료산업 등 매우 빈번하게 활용하고 있다.

3D 프린팅 기술의 가장 큰 장점은 3D 프린터와 디지털 설계도나 모델만 있다면 맞춤으로 생산이 가능하기 때문에, 전자제품에서부터 인간의 장기에 이르기까지 매우 넓은 범위에서 사용될 수 있다는 것이다. 최근에는 4D 프린팅에 대한 연구도 진행 중에 있고, 환경의 변화에 민감히 반응하는 기술을 가진 자가변형기기도 등장하기 시작했다(Schwab, 2016).

(6) 드론

드론

드론은 조종사 없이 무선전파의 유도에 의해서 비행 및 조종이 가능한 비행기나 헬리콥터 모양의 군사용 무인 공기의 총칭이다. 2010년대를 진후하여 군사적 용도 외 다양한 민간분야에서도 활용되고 있다.

(7) 가상현실(VR)+증강현실(AR)=융합현실(MR)

가상현실

가상현실(Virtual Reality)은 컴퓨터를 통해 만들어 놓은 가상의 세계에서 사람이 실제와 비슷한 체험을 할 수 있도록 하는 기술을 말한다. 즉, 머리에 장착하여 사용하는 디스플레이 디바이스인 HMD(Head-Mounted Display)를 활용해 더욱 실감 나게 체험할 수 있다. 그리고 현실에 기반하여 정보를 추가하고 그것을 제공하는 기술이 증강현실 기술이다. 다시 말해, 증강현실은 가상의 이미지를 현실 세계에 접목시켜 보여 주는 발전된 가상현실 기술이다(김도균, 2020).

가상현실과 증강현실을 합쳐 놓은 것을 융합현실이라고 한다. 즉, 증강현실의 현실감과 정보성, 그리고 가상현실의 몰입성을 합쳐 놓은 개념이다. 증강현실과 가상현실은 모두 실제 세계에 나타나지 않은 현실을 진짜 실제처럼 구현해 놓은 것이며, 사람들이 이것을 실제로 알도록 하는 기술이라는 공통점을 가지고 있다. 그러나 가상현실은 진짜가 아닌 허구만 존재하는 것이고, 증강현실은 실제에 가상의 정보가 합쳐져 보여 주는 방식이라는 차이를 나타낸다. MR은 AR과 VR을 혼합하여 현실의 배경에 현실과 가상의 정보를 혼합하여 제공하는 데, 대용량의 데이터를 처리할 수 있는 기술이 필요하다.

3. 4차 산업혁명과 교육

1) 교육 패러다임의 변화

현재 4차 산업혁명을 축으로 치열한 국가 간 경쟁이 전개되고 있다. 4차 산업혁명은 단순한 기술 진보를 넘어 인간과 기계의 융합, 가상과 현실의 접목이라는 일대 혁명으로 일컬어진다. 급격한 기술 혁명이 진행되는 4차 산업혁명 시대에 교육이 적절하게 대응하기 위해서는 무엇보다 교육을 통해 추구할 인재상과 그 역량이 무엇인지에 대해 살펴볼 필요가 있다(김영지, 2019).

미래사회에서 요구하는 인재는 다양한 지식을 암기하거나 풍부한 정보를 가진 사람이 아니다. 풍부한 지식과 정보를 융합하여 창의적으로 재생산하고, 새로운 상황에 적응해 다양한 분야의 전문가들과 협업할 수 있는 역량과 인성을 갖춘 인재라는 점에 이미 많은 논의를 통해 의견이 수렴되었다. 이와 관련해 2015년 교육과정 개정을 통해 구현하고자 하는 인간상과 인간상 구현을 위한 핵심역량을 제시한 바 있다. 구체적으로 우리나라의 교육은 "홍익인간의 이념 아래 모든 국민으로 하여금 인격을 도야하고, 자주적 생활 능력과 민주 시민으로서 필요한 자질을 갖추게 하여 인간다운 삶을 영위하게 하고, 민주 국가의 발전과 인류 공영의 이상을 실현하는 데 이바지하게 함을 목적"으로 하고 있다. 이러한 교육관을 바탕으로 추구하는 인간상과 아울러 교육과정을 통해 기르고자 하는 역량을 살펴보면, 〈표 2-4, 표 2-5〉와 같다(김영지, 2019).

표 2-4. **추구하는 인간상**

- 전인적 성장을 바탕으로 자아정체성을 확립하고 자신의 진로와 삶을 개척하는 자주적인 사람
- 기초 능력의 바탕 위에 다양한 발상과 도전으로 새로운 것을 창출하는 창의적인 사람
- 문화적 소양과 다원적 가치에 대한 이해를 바탕으로 인류 문화를 향유하고 발전시키는 교양 있는 사람
- 공동체 의식을 가진 세계 시민으로서 배려와 나눔을 실천하는 더불어 사는 사람

표 2-5. **기르고자 하는 역량**

- 자아정체성과 자신감을 가지고, 자신의 삶과 진로에 필요한 기초적 능력 및 자질을 바탕으로 자기주도적으로 살아갈 수 있는 자기관리 역량
- 문제를 합리적으로 해결하기 위하여 다양한 영역의 지식과 정보를 처리하고 활용할 수 있는 지식정보처리 역량

- 폭넓은 기초 지식을 바탕으로 다양한 전문분야의 지식, 기술, 경험을 융합적으로 활용하여 새로운 것을 창출하는 창의융합 사고 역량
- 세상을 보는 안목과 문화에 대한 공감적 이해를 바탕으로 삶의 의미와 가치를 발견하고 향유하는 심미적 감성 역량
- 다양한 상황에서 자신의 생각과 감정을 효과적으로 표현하고 타인과 소통하며 갈등을 조정하는 의사소통 역량
- 지역 · 국가 · 세계 공동체의 구성원에게 요구되는 가치와 태도를 가지고 공동체의 문제해결에 적극적으로 참여하는 공동체 역량

따라서 미래사회에서 요구하는 인재상은 수많은 지식을 갖춘 사람이 아니라, 소통, 창의성, 분석력, 협업능력 등과 같은 소양과 다원적 가치에 대한 이해를 겸비한 창의적 사람이라고 할 수 있다. 특히 미래사회에서 중요한 역량은 자기관리 역량, 지식정보처리 역량, 창의융합 사고 역량, 의사소통 역량, 공동체 역량 등이다. 이러한 역량은 이전의 지식중심적 교과교육에서는 크게 강조하지 않았던 것이다. 즉, 미래사회에서 갖추어야 할 역량은 단편적 지식과 정보를 단지 알고 기억하는 것이 아니라, 이들을 활용하여 문제를 극복하고 해결할 수 있는 융 · 복합적 창의력에 있다.

이러한 시대변화와 요구는 학교교육에 변화를 요청하고 있다. 지식중심의 교육방식과 내용이 어떻게 달라져야 이러한 역량을 습득할 수 있는지를 고민하게 하는 것이다. 그동안 우리 교육은 주입식 교육과 선다형 평가에 지나치게 의존하여 왔다.

그러다 보니 학생들은 배움의 즐거움을 느끼지 못하고 교사들 또한, 자기효용감을 상실하고 있다. 이러한 본질적인 문제를 해결하지 못하는 상황에서 시행되는 교육정책은 미봉책일 수밖에 없다. 따라서 4차 산업혁명에 대응하기 위한 교육 대전환은 무엇보다 교수학습방식을 과감히 바꾸는 것으로부터 시작하여야 한다.

2) 4차 산업혁명 시대 교사의 역할과 역량

교육의 변화에 더불어 교사의 역할은 더욱 중요해졌다. 현재 교육계에서는 4차 산업

혁명 시대에 교사가 해야 하는 역할 변화에 관한 다양한 선행연구들이 제시되고 있다(차명진, 2018). 이는 4차 산업혁명 시대에 학습자들이 정보 접근의 수월성과 개별 맞춤형 학습환경이 구축될 것으로 전망되기 때문에 교사의 역할 변화에 대한 재접근이 요구되기 때문이다. 따라서 미래 교육변화를 위한 교사의 역할과 전문성 함양을 위한 구체적인 방향이 설정될 필요가 있다. 4차 산업혁명 시대에 요구되는 교사의 역할은 〈표 2-6〉, 교사의 역량은 〈표 2-7〉과 같다(김혜진, 2022; 임종헌 외, 2017; 차명진, 2018).

표 2-6. **4차 산업혁명 시대 교사의 역할**

- 4차 산업혁명 시대에 지식의 의미를 재탐색하고, 지식전달자로서의 교사역할에 대한 재정의가 이루어져야 하며 학습지도자로서 교사의 가치에 대한 탐색이 이루어져야 한다. 이는 학습자들이 온라인과 콘텐츠, 인공지능을 통해 다양한 부분에서 지식을 접할 수 있어 더 이상의 학문과 지식 전달자로서의 교사역할은 중요하지 않기 때문이다. 또한 저경력 교사들이 역량 활용도에서 낮은 모습을 보이기 때문에 이에 대한 배려와 지원이 있어야 하며, 새로운 변화를 받아들이기 위해 교사 개개인이 적극적인 태도를 갖추어야 할 필요성이 있다.
- 학생의 맞춤형 학습이 가능하도록 교육이 변화해야 하며, 교사의 역할은 표준화된 교육과정을 가르치는 지식의 전달자에서, 학습자의 성공적인 학습을 지원하는 '학습 멘토, 컨설턴트, 코치'의 역할로의 전환이 필요하다.
- 4차 산업혁명 시대에 학습자에 대한 감성적, 인성적인 부분은 인공지능이 대신할 수 없으므로 인간의 인격과 인성에 대한 교육은 4차 산업혁명 시대에도 교사의 고유 역할로 유지될 것으로 보인다. 따라서 교사는 학습자의 비인지적 측면을 발달시킬 수 있는 역할과 전문성을 담당해야 할 필요성이 있다.
- 비인지 측면으로는 예술가로서의 교사의 역할이 필요하다. 즉, 4차 산업혁명 시대에 인간 소외 현상이 심화하리라는 부정적 전망에 대응하기 위하여 인간 고유 감성을 지도하고 감성의 필요성을 고취하는 예술가로서의 역할이 필요하다.

표 2-7. **4차 산업혁명 시대에 요구되는 교사의 역량**

- 4차 산업혁명 사회에서 인재 양성의 개념이 바뀌기 때문에 교사는 다른 누구보다 이러한 사회 변화에 민감하게 반응해야 할 필요성이 있다. 따라서 교사양성 교육과정, 교사 선발, 연수 지원체제 등 교원교육의 영역에서 4차 산업혁명 사회에서 필요한 6가지 역량(지능정보 역량, 융합적·통합적 교육과정 재구성 역량, 협업 및 의사소통 역량, 네트워크 역량, 공동체 역량, 감성 역량)이 반영되어야 한다.

- 장기적으로 4차 산업혁명 사회에는 인간과 인공지능, 현실세계와 가상세계의 경계가 더욱 모호해지는 세상이 될 것이며, 이러한 사회에서는 인간에 대한 존엄성이 상실될 가능성이 크기 때문에 4차 산업혁명 사회와 교육의 본질에서 추구해야 하는 방향을 잘 정립해야 하며 교육학계에 관한 지속적인 연구와 제언이 필요하다.
- 특히 지능정보 역량은 고차원적인 정보처리를 구현하는 기술로 4차 산업혁명 사회에서도 인간의 핵심적인 역량이 될 것이다. 따라서 4차 산업혁명 사회에서 가상현실, 인공지능, 빅데이터 등의 과학기술을 다루고 윤리적 문제에 대해 고민하고 결정할 수 있는 역량이 필요하고, 더불어 관련된 지능정보 지식을 습득하고 설계하여 구현하는 능력이 필요하다.

4. 4차 산업혁명과 평생교육방법

1) 미래의 역량강화 관점

변화와 혁신을 동반하는 4차 산업혁명 시대는 그 변화와 흐름에 적응하고 따라가는 것보다 도래할 미래를 예측하고, 미래 교육의 방향을 설정하고, 변화에 대한 대비를 하는 것이 더욱 어려운 과제이다. 따라서 미래사회를 살아갈 세대들에게 필요한 교육적 역량과 대안이 무엇인지에 대한 깊이 있는 고민이 필요하다고 할 수 있다. 4차 산업혁명 시대에 마주할 미래사회를 살아가는 데 필요한 여러 가지 교육 방안 중에서 중요한 역량을 제시한다면, 자신의 삶에서 작지만 소박한 행복을 느낄 수 있는 기초교육 역량과 인성교육 그리고 스스로가 선택한 삶을 자신의 생각으로 살아가는 자율성과 창의성을 들 수 있다(이상오, 2021). 따라서 평생교육 기관에서도 4차 산업혁명 시대에 요구하는 인재를 양성하기 위해 다음의 교육을 강화할 필요성이 있다.

(1) 교양 · 인성교육을 위한 보편교육의 강화

4차 산업혁명 시대의 변화와 혁신의 시작은 인간에 의해 시작되었고, 인간에 의해서 진행되고 있기 때문에 인류 스스로 나아가야 할 방향과 향후 발생할지 모를 문제들에 대하여 대응책을 수립해야 하는 당위성을 갖고 있다. 4차 산업혁명의 방향은 인간이 결정하고 추진하는 방향으로 나가는 것이지, 인공지능을 비롯한 어떠한 4차 산업혁명의 기술도 방향을 알려 주지는 않을 것이다. 즉, 사람 중심의 4차 산업혁명이 되어야 한다는 것이다. 사람 중심의 4차 산업혁명을 만들기 위해서는 먼저 인재양성과 양성에 필요한 교육방안을 최우선으로 고려해야 한다. 그러므로 인간의 참된 가치를 공유하는 인성과 사람이 중심이라는 생각을 갖고 있는 인재가 필요하고 그러한 인재양성에 필요한 교육이 인성과 교양교육이다. 그리고 인간과 생명윤리에 대한 깊은 이해 그리고 인간애를 가질 수 있는 인성과 교양교육을 지속적으로 진행할 수 있는 제도적 장치와 준비를 해야 할 것이다.

4차 산업혁명 시대에 발전된 과학기술의 남용과 오용은 개인과 개별 사회에만 피해를 주는 것이 아니라 인류 전체에게 심각한 피해를 줄 수 있다. 그리고 민주사회의 대원칙인 인간 존엄성 위주의 사회를 파괴하고, 자유와 평등의 가치를 심각하게 훼손할 수 있다. 앞선 세 차례의 산업혁명을 통해서 알 수 있듯이 통제되지 않는 사회는 인류에게 심각한 후유증을 남긴다. 기계가 인력을 대신함으로 인한 실업과 인간 존엄성 파괴, 항생제의 무분별한 사용으로 변종 바이러스의 발생, 인류를 기아로부터 해방한다는 미명하에 농작물 대량생산으로 인한 농약의 광범위한 살포에 따른 토지 오염, 유전자 변형 식품을 먹은 동물의 유전자 변형 사례, 급격한 공업화에 따른 대기오염과 기후 변화, 지구온난화, 플라스틱 폐기물로 인한 사람과 동식물의 피해 등을 통해서 볼 때 인류는 벌써 몇 번을 멸망했을지도 모르는 일들을 사행하였던 것이다.

그러나 이러한 사태를 가까스로 피할 수 있었던 이유는 과학에 사회적 책임을 묻고, 과학기술은 언제나 인류의 안녕과 행복을 위해 공헌해야 한다는 인성 원칙을 아직 잊지 않았기 때문이다(정탁준, 2019).

이런 인성 원칙을 가르치는 교육이 바로 인성교육이다. 인성의 원칙을 무시한 교육과 인간을 사랑하는 마음이 없는 과학기술은 결국 인간에게 심각한 위험을 줄 수 있다.

과학기술이 예견할 수 없을 정도로 급속하게 발전하는 4차 산업혁명 시대에는 인성교육을 포함하는 교양교육이 더욱 필요할 것이다.

(2) 자율성 · 창의성 교육의 강화

4차 산업혁명 시대는 지식에 대한 일반적인 인식도 변화해야 한다. 이제까지의 지식과 교육이 개인의 기능 습득 및 소유의 개념이었다면 4차 산업혁명 시대의 지식은 협의하고 공유하는 개념으로 인식의 변화가 일어나야 한다. 이러한 영향의 양적, 질적인 변화는 인간과 인간, 인간과 기계, 기계와 기계, 현실과 가상의 관계 속에서 서로 융합적으로 공존해야 하는 사회로 변화하고, 그 안에서 살아갈 인간의 생존이자 역량의 문제라고 할 수 있다. 이러한 생존 역량 중에 미래 세대가 살아갈 4차 산업혁명 시대에 필요한 자율성 · 창의성 교육의 핵심역량으로 비판적 사고, 자기주도 학습역량, 이질적 문화를 수용할 수 있는 개방적 자세, 디지털 도구를 자유자재로 사용하는 역량, 복합 문제해결능력 등을 들 수 있다(이상오, 2021).

4차 산업혁명 시대에 필요한 자율성 · 창의성 교육역량 중 첫 번째 역량으로 비판적 사고를 제시할 수 있다. 통상적으로 전통적 교육은 정형화된 교육의 성격상 표준화된 메뉴얼과 교사의 주도하에 고착되어 있는 교육과정에 의해 타율적인 교육이 실시되었고, 학습자는 단순히 수직적이고 위계적인 학습 풍토하에서 수동적으로 학습하는 객체였다. 그러나 4차 산업혁명 사회의 학습자는 비판적 사고자이며, 자기의 생각을 주도적으로 펼치어 나가는 능동적 학습자이다.

둘째는 자기주도학습 역량이다. 자기주도학습이란 학습자가 학습의 목표를 정하고, 교육과정을 결정하며, 평가하는 전 과정에 학습자가 자발적으로 참여하는 과정이다. 학습자는 학습의 주체로서 학습활동의 모든 과정에 적극적으로 그리고 자율적으로 참여하고 교사와 학습자는 상호 대등한 수평적 관계를 형성하게 된다. 이와 같은 자기주도 학습이 진정한 의미에서 4차 산업혁명 시대에 필요한 교육 역량이다.

셋째는 이질적 문화를 수용할 수 있는 개방적 자세이다. 스마트 기술의 발전으로 세상이 빠르게 변하면서 시·공간이 단축되고, 후진국에서 선진국으로 노동력의 이동은 전 세계를 다문화사회로 변화시켰다. 그리고 노동력의 이동으로 이질적 문화가 대량 유입되고, 그 영향으로 사회적 충격이 자아가 확립되지 않은 청소년들에게는 물론 사회 전체에 큰 변화를 주었다.

넷째는 부담감 없이 디지털 도구를 자유로이 사용하는 역량과 자세이다. 사람과 사람, 사람과 기술, 사람과 사물, 사물과 사물, 기술과 기술 등이 결합되고 융합되는 4차 산업혁명 시대에는 새로운 생각과 능력을 가진 인재가 필요하다. 그리고 그런 인재를 교육하고 양성하기 위해서는 교육 패러다임의 변화가 동반되어야 한다. 기술 혁신을 동반하는 4차 산업혁명 시대의 교육은 물리적인 변화는 물론 지식 자체에 대한 변화와 근본적인 인식도 변화할 것이며 지식의 생산, 전달, 분배 면에서 새루운 차원의 인식이 생겨날 것이다. 그리고 지식을 습득하는 사람들, 곧 학습자의 특성에도 영향을 미칠 것이다.

마지막으로 복합적인 문제해결능력이다. 복합적인 문제해결능력의 핵심은 인지적 유연성과 분석적 사고라고 할 수 있다. 다양한 방법으로 습득한 지식을 상황적 요구에 맞게 적용할 수 있는 능력을 키우는 역량을 인지적 유연성이라고 하는데, 4차 산업혁명의 핵심 키워드인 초융합, 초결합에 가장 적합한 역량이라 할 수 있다. 그리고 주어진 문제나 상황을 체계적으로 정리하여 단순하게 분류하고 구분하여 문제의 원인을 분석하고 해결책을 찾아가는 사고의 과정을 분석적 사고라고 한다. 분석적 사고는 문제를 해결하고 의사결정을 하는 데 필요한 역량이다.

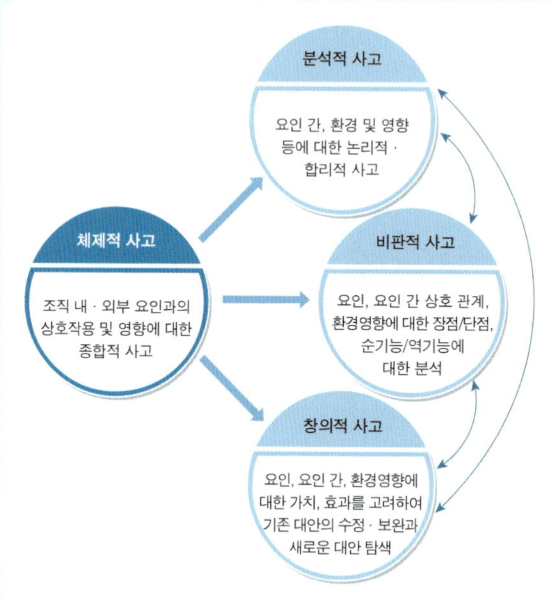

분석적 사고(analytic thinking)는 조직 내 · 외부 요인, 요인 간, 환경 및 그 영향에 대해 논리적이고 합리적으로 사고하며 분석하는 것을 말한다. 비판적 사고(critical thinking)는 조직 내 · 외부 요인, 요인 간 상호관계, 환경 및 그 영향에 대한 가치와 효과(순기능과 역기능)를 객관적이고 균형 있게 판단하는 것을 말한다. 창의적 사고(creative thinking)는 조직 내 · 외부 요인, 요인 간, 환경 및 그 영향에 대한 가치와 효과를 종합적으로 분석한 결과를 바탕으로 기존의 조직 정책, 절차나 방법을 수정 보완하거나 새로운 것으로 대체하는 것을 말한다(김규태 외, 2016; 김진숙 외, 2018).

그림 2-3. **체제적 사고유형과 관계**

출처: 김진숙 외(2018). 평생교육경영론. 양성원.

2) 평생교육방법의 관점

제1차 산업혁명 시대에는 고전적인 개념의 교육인 행동주의 중심으로 전개되었으며, 제2차 산업혁명 시대에는 고등교육기관들이 설립되고 교육과정이 확립되면서 제도적 교육들이 강화되어 전개되었고, 인지이론이 주목받았다. 그리고 제3차 산업혁명 시대에는 국민이 알아야 할 기본능력 및 지식에 중점을 두어 중등교육이 전개되었으며, 고등교육의 질 향상에 대한 국가 간의 경쟁이 고조되었고 컴퓨터의 발전으로 인한 컴퓨터 교육이 발전하게 되었다. 이 시대에는 대학 간의 공통교육과정을 통한 국가 간의 학생 교류 등이 전개되었다.

4차 산업혁명 시대에는 MOOC로 시간과 공간을 초월하여 지식의 거의 모든 내용을 배울 수 있게 되었다(성태제, 2017). 따라서 학생은 더 이상 수동적인 학습자나 콘텐츠 소비자가 아니라, 개별화된 학습목표와 도전과제에 따라 직접정보를 수집 · 활용하고 콘텐츠를 만들어 내는 주도적인 학습자로 변화되고 있다(전예원, 2017).

4차 산업혁명 시대의 학교에서는 학제의 융통성이 확대되고, 학년과 학급 구분이 유연하며, 테크놀로지 기반 개별화 학습이 이루어지고, 경험학습이 인정되고 있다(차명진, 2018). 또한 온라인 학습환경이 조성되고, 지역사회와 연계하여 지역, 지구촌 학습 공동체가 구축되고 있다(임종헌 외, 2017). 따라서 학습자들이 현실적이면서도 상상력을 자극할 수 있는 문제들을 해결하기 위해 필요한 자료와 정보를 언제, 어디서나 쉽게 이용이 가능해져야 한다.

이와 같이 제4차 산업혁명 시대의 기술적 변화를 통해 학교교육 환경의 변화, 교육의 방법, 학생과 교사와의 관계까지 변화를 유도하고 있다. 이는 학생에게 학교와 교사의 의미가 이전과는 달라질 수 있음을 의미한다.

제4차 산업혁명 시대가 요구하는 학습자의 역량과 인성자질을 비판적 사고와 문제해결능력, 창의성, 자기조절능력, 메타인지, 협동과 사회 · 정서 기술이라고 정의하고 있다(이선영, 2017).

가상현실과 증강현실 기술, 사물인터넷(IoT)의 활용으로 인해 교실의 환경을 디지털화시켜 종이 교과서와 책 대신 학생들은 모바일 기기로 공부하게 될 것이다. 가상현실은 어떤 특정한 환경이나 상황을 컴퓨터로 만들어서 그것을 사용하는 사람이 마치 실제 주변 상황 · 환경과 상호작용을 하는 것처럼 만들어 주는 인간컴퓨터 사이의 인터페이스를 말하고, 증강현실은 사용자가 눈으로 보는 현실 세계에 3차원 가상 물체를 겹쳐 보여 주는 기술이다(네이버지식백과 두산백과, 2018). 대부분의 교재는 증강현실로 구현된 현실 기반의 멀티미디어로 정보를 제공하게 될 것이다. 학생들은 학교가 끝나면 학습관리시스템에 접속하여 수업 중 작성한 필기 내용을 확인하고 그것과 연계하여 빅데이터를 활용함으로써 실시간으로 학습현황을 체크하고 학업목표 성취를 위한 개별화된 개인 진단 및 처방서비스를 제공받게 될 것이다. 교실에는 인공지능과 빅데이터를 이용한 학습용 로봇이 등장해 인공지능 로봇과 공부하여 선행 학습 후 인간교사와 심화 학습을 진행하여 보다 질 높은 수업이 이루어질 수도 있을 것이다. 상상 속에서만 머물던 아이디어를 현실 속에서 직접 체험할 수 있는 3D 프린팅기술 발달과 보급 확대에 의해 직접 체험할 수 있는 학습이 가능하게 된다(김미성, 2018).

인공지능과 사물인터넷, 머신러닝, 증강현실(Augmented Reality: AR)과 가상현실(Virtual Reality: VR), 3D 프린팅 등 제4차 산업혁명의 기술혁신은 교육 분야에서도 활용 및 변화를 주도하고 있다. 유비쿼터스 교육환경은 시간 · 장소 제한 없이 원하는 내용을 공부할 수 있고, 단순한 내용은 암기할 필요 없이 언제든지 열람할 수 있기 때문에 우리는 복합문제해결을 위해 인지적 유연성을 가지고 비판적이고 창의적인 사고력을 강화하는 데 주력할 수 있다(김미성, 2018). 그리고 새로운 분야를 공부하고 싶을 때는 언제, 어디서든 무료공개 강좌(Open Educational Resources: OER) 및 온라인 대중공개강의(Massive Open Online Course: MOOC)와 무료 번역 서비스를 이용하여 세계 최고의 각 분야 전문가의 강의를 직접 들을 수 있다. 따라서 제4차 산업혁명 시대에 맞춰 끊임없이 비판적 사고를 가져야 하며, 인지적 능력과 사회적 기술을 토대로 여러 문제를 다양한 방식과 방향으로 해결할 수 있는 인재를 필요로 한다는 것을 알 수 있다.

Chapter

03

성인학습자와 평생교육방법

배울내용

1. 성인학습자의 이해 ● 2. 성인학습의 이론적 기초
3. 성인학습자의 학습참여 동기와 방해요인

학습목표

1. 성인학습자의 개념과 특성을 이해한다.
2. 성인학습자의 학습특성을 파악한다.
3. 페다고지, 앤드라고지, 휴타고지 및 통합적 관점을 파악하고 비교 분석해 본다.
4. 성인학습자의 학습참여 동기와 방해요인을 파악하고 개선방향을 모색해 본다.

1. 성인학습자의 이해

1) 성인학습자의 개념

성인이라 함은 자신이 속한 사회에서 자신의 능력을 개발하고 지식을 확장시키며, 자신의 기술적 · 전문적 자질을 향상시키고, 자신의 행동과 태도를 새로운 방향으로 바꾸어 가는 존재를 의미한다. 이러한 성인에 대한 범위는 어디에 초점을 두는가에 따라 다양하게 정의될 수 있다. 즉, 연령으로 성인을 분류한다면 아동이란 용어와 대조적으로 쓰이며 이것은 단순한 시간의 흐름 이외에도 성숙의 의미를 내포하고 있어야 한다. 즉, 성인이란 용어는 단순히 생물학적인 성장에 의해 규정되는 것이 아니라 판단능력, 자율, 책임감, 인내심, 객관성과 같은 사회 · 심리적 성숙이라는 의미까지도 내포하고 있는 개념이다. 성인은 다양한 지적 능력, 신체적 힘, 신념, 취향, 습관을 가지고 있으며, 성인이라고 해서 반드시 성숙한 것은 아니지만 성숙한 것으로 본다. 이렇듯 성인은 지위와 권리를 갖는 동시에 의미와 책임이 부여되는 생활단계에 있다고 분류할 수 있다.

일반적으로 성인이 되어서 배우고자 하는 사람들을 성인학습자라고 할 수 있다. 그들은 20세에서 80세 이상에 이르기까지 매우 다양한 사회 · 심리학적 · 신체적 발달단계의 위치에 있으며, 복잡한 문제해결능력과 풍부하고 다양한 생애경험을 가지고 있다. 따라서 성인학습자는 전 생애 동안 다양한 생활세계에서 자신의 주도적인 성장을 위하여 평생학습을 생활화하는 자로서, 지속적인 학습활동을 통해 자신만의 독특한 학습특성을 나타내는 자를 의미한다.

2) 성인학습자의 특성

다양한 연령층으로 구성되는 성인학습자 집단은 그들의 다양하고 풍부한 삶의 경험을 바탕으로 서로 다른 교육적 필요에 의해 학습하게 된다. 따라서 성인교육을 제대로 수행해 나가기 위해서는 그 대상이 되는 성인학습자에 대한 이해가 선행되어야 한다. 학령기를 지난 성인을 대상으로 하는 모든 형태의 교육은 정규학교 학습과는 많은 차이가 있다. 따라서 성장함에 따라 변화하는 성인의 특성을 무시한 채 아동과 성인을 하나의 학습이론으로 설명하는 것은 성인을 위한 효과적인 교육의 실시를 어렵게 할 것이다. 성인학습은 다양한 특성을 지닌 학습자들을 대상으로 그들의 다양한 욕구와 흥미를 만족시키기 위해 프로그램이나 교사, 교육장소, 시간, 목표, 평가에 이르기까지 모든 부분에서 융통성을 지녀야만 한다. 먼저 교육대상의 대부분을 차지하는 성인의 주요 특성을 살펴보고자 한다.

(1) 신체적 특성

성인의 시작이 어디부터인가에 관한 의견은 사회마다 혹은 개인이 지각하는 정도에 따라 다양하며, 각 사회에서 부여하는 법적 기준 또한 다양하기 때문에 정확한 성인의 범위를 정의하기는 어렵다. 그러나 사람은 일정한 연령이 되면 신체 및 정신적 성장이 일어나고, 어느 시점 이후부터는 성장의 둔화와 함께 서서히 쇠퇴한다. 성인기 변화 중에서 신체적 측면에서는 노화에 초점을 맞추고 있다. 왜냐하면 이는 성인들의 학습 가능성과 직결되는 부분이기 때문이다.

신체적 기능의 노화와 함께 성인의 학습능력 또한 저하되는 것으로 인식되는 것이 일반적이었으나 노화가 진행된다고 해서 학습이 불가능한 것이 아니라는 연구들이 누적되면서 성인들의 학습가능성에 대한 긍정적인 전망이 이루어지고 있다.

성인기 노화에서 현저하게 이루어지는 신체적 변화를 살펴보면, 시력 감퇴나 색변별력의 쇠퇴 등 시력의 변화를 들 수 있다. 인쇄된 자료 및 컴퓨터 스크린에 나타나는 글자와 같이 섬세한 것을 지각하는 능력이 저하되는 것이다. 이러한 사실에 기초하여 성인학습자들의 학습환경을 조성할 때는 조명을 밝게 해 주고 일정한 조명상태를 유지해 주는 것이 필요하다. 점진적으로 쇠퇴하는 부분 중 하나가 청력의 감소로 인한 지각의 변화이다. 청력의 감소는 음절의 분별력이 상대적으로 떨어지기 때문에 성인학습자를 가르치는 교수자들은 명확한 발음으로 또박또박 느리게, 적절한 속도를 유지하며 강의를 진행해 나갈 필요가 있다.

이 밖에도 생리적 반응 속도의 저하 등으로 인한 학습능력이 쇠퇴하거나 체력 감소, 신체적 질병에 대한 영향, 지능 및 기억력의 감퇴 등을 들 수 있다.

성인의 인지발달에 대한 연구가 많지는 않지만, 먼저 기억의 용량에 대해 살펴보면, 기억의 용량은 기억폭(memory span) 검사에 의해 측정된다. 즉, 기억폭 검사는 숫자를 몇 개 불러 준 다음 그 순서대로 말해 보도록 하여 정확하게 회상할 수 있는 항목 수로 기억폭을 측정한다. 유아기는 이러한 기억능력이 부족하여 기억이 비체계적이고 부정확하다. 예를 들어, 낮에 어린이집에서 있었던 일을 물어보면 사실과 다르게 대답하는 경우가 많은데 이는 거짓말을 하는 것이 아니라 기억을 제대로 못하기 때문이다. 이러한 단기기억의 용량을 측정하는 기억폭은 유아기에 급속히 증가한다. 2세 유아는 2개, 5세 유아는 4.5개 정도, 성인은 7~8개 숫자를 회상할 수 있는 것으로 나타났다.

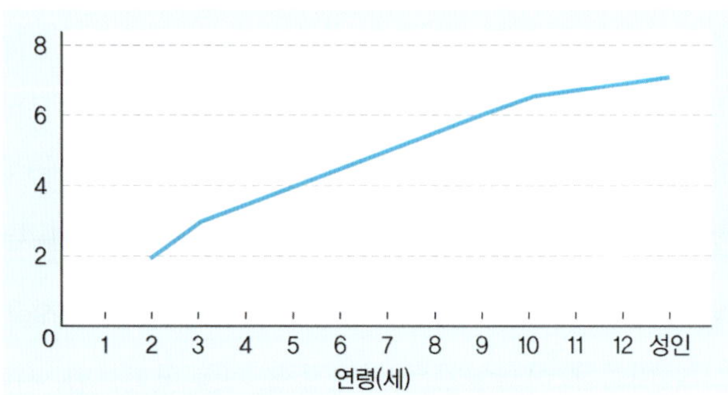

그림 3-1. **연령에 따른 기억폭의 증가**

출처: Dempster, F. N.(1981). Memory span: Sources of individual and developmental differences. *Psychological Bulletin, 89(1),* 66.

그리고 지능에 대한 연구들을 살펴보면, 사람의 지능은 유아 시절에 빨리 발달하고 연령이 증가할수록 점점 느리게 발달하는 것으로 본다. 비네(Binet)의 연구에 따르면, 지능은 약 16세경에 정점에 도달하고 45세까지는 고원(plateau)을 유지하다가 그 이후 감소한다는 것을 보여 준다〈그림 3-2〉.

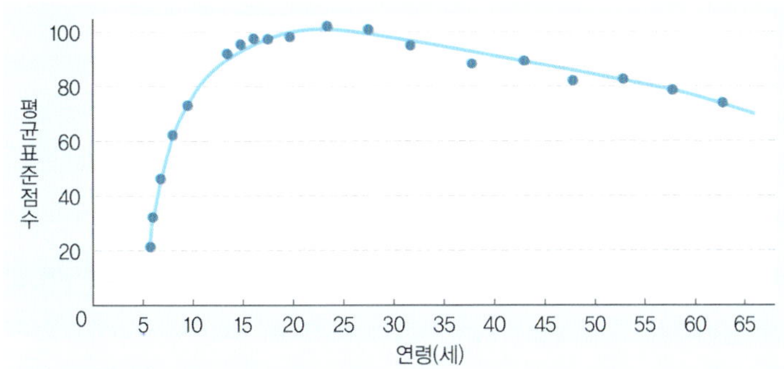

그림 3-2. **지능의 발달곡선**

또한 여러 종단연구의 결과를 보면, 일반지능은 약 50세까지 성장하는 경향을 보이지만 그 과정은 사람마다 다른 것으로 나타났다. 샤이에와 스토더(Schaie & Strother, 1968)의 연구에서는 언어적 의미를 이해할 수 있는 능력은 55세가 정점이고, 문제를 해결하는 추리력은 40세에 정점에 도달하는 반면, 언어유창성은 25세에 정점에 도달하고 이후 감소하는 경향을 보였다. 일반적으로 유아나 아동기에는 지능이 변화하는 경향이 있으나 성인이 되면 큰 변화를 보이지 않고 유지된다. 따라서 일상생활에서 지속적이고 활발하게 일상생활에 참여하고, 지적인 활동을 계속 유지하는 것이 연령의 증가에 따른 상대적 지능 저하를 최소화할 수 있는 방법이다.

이상의 연구 결과들을 종합해 볼 때, 지능의 결정적 시기가 유아기부터 청소년기까지인 것으로 볼 수 있다. 따라서 이 시기에 가정과 학교에서 풍부한 교육적 환경과 자극을 제공할 필요가 있다. 20세가 넘은 뒤에도 어떤 지적능력, 예를 들어 평가력,

종합력, 해석력 등과 같이 경험의 양적 증가와 관련된 능력들은 지속적으로 발달한다. 이와 같은 증거는 19세, 50세, 61세 100명을 대상으로 수행된 연구에서 나타난다. 이 연구에서 수학점수는 19세 때 최고였으며 나이가 들어감에 따라 서서히 내려갔다. 그러나 추리력 검사에서 나타난 점수는 바로 그 반대였다. 추리력 점수는 계속적으로 올라갔으며 61세 때 최고였다. 언어능력 점수는 19세 때보다 50세 때 높았으나 61세 때는 조금 내려갔다. 총점은 19세 때보다 50세 때 훨씬 높았고 그 후 조금 내려가는 경향을 보였다(강순희 외, 2022; 강태훈 외, 2013).

이 연구는 최소한 현재의 지능검사로 측정된 지능이 나이가 들어감에 따라 결코 하강만 하는 것은 아님을 말해 준다. 카텔(Cattell)은 결정성 지능은 나이가 들어감에 따라 계속 증가하고, 유동성 지능은 청소년기에 절정을 이루다가 서서히 하강한다고 주장한다.

(2) 심리 · 사회적 특성

중년기 심리적 특징의 가장 중요한 변화는 자아개념과 자아가치관의 변화에 따른 위기증상이다. 자아가치관이 육체적 힘에 뿌리를 두고 있었기 때문에 이제는 자신이 쓸모없는 사람으로 생각된다. 특히 중년기 여성의 자아개념은 이 시기가 되면 더 낮아지며, 이로 인하여 실망감, 상실감에 빠진다는 연구도 있다.

이러한 중년기에 시작되는 다양한 변화들은 성격적 변화를 통하여 나타나기도 한다. 대체적으로 나이가 들어감에 따라 내향성과 소극성이 증가한다. 외부의 자극보다는 오직 자신의 사고에 따라 판단하는 경우가 많아지게 된다. 또한 나이가 들수록 자신감이 낮아지는 경향이 있는데, 이는 연령증가와 함께 체험하는 능력의 감퇴, 젊은 세대를 중심으로 현대사회에서 점차 주변화되어 가는 자신의 위치에 대한 인식으로 생겨난다. 즉, 나이가 들어감에 따라 조심성이 증가하고 안정성을 우선적으로 추구하게 되는 것이다. 이는 옛것과 친근한 사물에 대해 고집이 강해지면서 경직성이 증가하여 새로운 것을 학습하는 데 두려움을 갖게 만들기도 한다.

이러한 성인기의 성격특성은 성인학습자의 학습상황에서 고려해야 할 점이라 볼 수 있다. 즉, 학습상황에서 시간적 여유가 있음을 알려 주고 성인들이 심리를 고양시킬 수 있도록 자신감을 가지게 하며, 그들에게 친근한 사물이나 상황들을 수업진행에서 활용한다면 보다 효과적인 수업진행이 될 것이다.

그리고 나이가 들어감에 따라 성인들에게 요구되는 사회적인 기대나 요구 사항이 변화해 가며, 이러한 변화들은 성인기의 특성을 형성한다. 성인들에 대한 사회적 요구와 심리적 특성의 상호작용에 따른 변화의 단계로 대표적인 것은 에릭슨(Erickson, 1963)이 제시한 발달단계이다. 이 발달이론에 따르면, 인간은 변화하는 내적·외적 환경에 어떻게 적응하는가에 따라 성공과 실패가 나타난다고 한다. 즉, 신체적이고 심리적인 성숙과 결혼, 자녀양육, 직업생활 등의 사회적 요구들의 상호작용이 어떻게 수행되는가에 따라 자아정체감이 생성되기도 하고 절망감이 생기기도 한다는 것이다(강순희 외, 2022).

에릭슨

표 3-1. 에릭슨의 심리사회적 발달의 8단계

단계	생활주기(연령)	에릭슨의 심리사회적 발달단계	심리사회적 능력(감정)	사회적 관계의 대상
1	유아기(0~1세)	신뢰감 대 불신감	희망	어머니
2	초기아동기(2~3세)	자율성 대 수치심 · 의심	의지력	부모
3	유희기(4~5세)	주도성 대 죄의식	목적	부모, 가족
4	학령기(7~12세)	근면성 대 열등감	능력	이웃, 학교
5	청소년기(12~20세)	자아정체감 대 역할혼란	성실성	또래집단
6	성인기(20~35세)	친밀감 대 고립감	사랑	동료, 배우자
7	장년기(35~60세)	생산성 대 침체감	배려	동료, 자녀, 지역사회
8	노년기(60세 이후)	자아통합감 대 절망감	지혜	인류, 동족

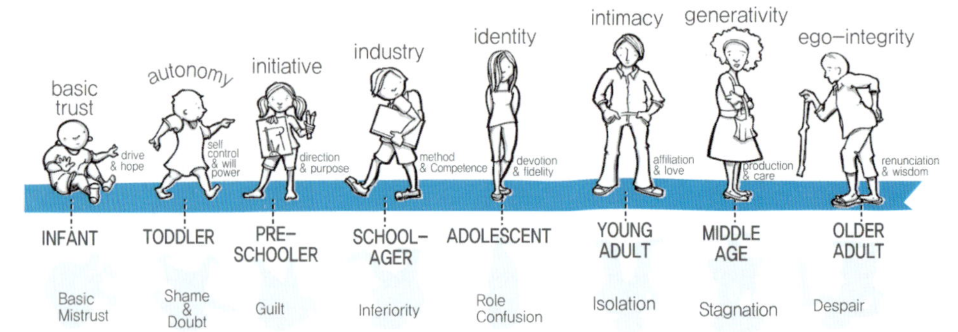

〈표 3-1〉에서 보는 것과 같이, 에릭슨은 인간은 8단계의 일정한 발달 시기를 거치게 되고, 각 시기마다 그 시기에 해결해야 될 사회발달 문제, 즉 발달과업이 있는 것으로 보았다. 그가 주장한 인간발달 8단계 중 성인학습자에 해당되는 청소년기, 성인기, 장년기 및 노년기에 대해 구체적으로 살펴보면 다음과 같다.

① 제5단계: 자아정체성 대 역할혼란(ego identity vs identity confusion, 청소년기)

청소년기에 해당되는 이 시기(12~20세)의 핵심적인 발달과제는 자아정체성(ego identity)을 형성하는 일이다. 자아정체성이란 자신이 누구이며 자신의 삶에서 진정으로 가치 있고 중요한 것은 무엇인지에 대해 스스로 규정하는 신념체계를 말한다. 청소년기에 형성되는 자아정체성은 그 이후 진로와 직업을 선택하고 배우자를 만나 가정을 이루는 등, 자신의 생애 전체를 이끌어 나가는 과정에서 매우 중요한 역할을 하는 핵심 요소가 된다. 그러나 여러 측면에서 아직 미성숙한 청소년이 자기 자신과 자신의 삶을 제대로 바라보는 일은 쉬운 일이 아니기 때문에 그들은 자기 자신을 찾아 나선 길고 험한 여정에서 혼란과 시행착오로 인해 절망하고 방황하기도 하는데, 에릭슨은 이를 심리적 유예(psychological moratorium)라고 명명하였다.

② 제6단계: 친밀감 대 고립감(intimacy vs isolation, 성인초기)

이전 단계인 청소년기에서 자아정체성 확립이라는 험난한 관문을 무사히 통과하면, 성인기에 이른다. 인생이라는 강물로 치면, 거친 상류를 지나 이제 어느 정도 속도와 방향이 일정해지는 중류에 해당되는 시기라 할 수 있다. 취업과 결혼이라는 통과의례가 기다리고 있는 이 시기(20~35세)에서는, 학교와 가정의 울타리를 떠나 성숙되고 책임감 있는 성인으로서, 사회인으로서, 직장인으로서 자신의 역할을 제대로 수행하고, 배우자나 동료, 주변 사람들과 친밀한 관계를 형성할 수 있느냐가 중요한 관건이 된다.

③ 제7단계: 생산성 대 침체감(generativity vs stagnation, 장년기)

이전 단계의 통과의례가 취업과 결혼이라면, 이 단계(35~60세)의 통과의례는 자녀 양육과 직장생활이라고 할 수 있다. 가정에서는 다음 세대를 제대로 양육하고 직장에서는 신진에 이은 중견으로서 자신의 역할과 소임을 다함으로써 사회에 기여하는 것, 이것이 바로 에릭슨이 말한 생산성(generativity)이다. 생산성은 한마디로 말해, 자기의 존재 가치를 확립하고자 하는 성격적 특성이다. 그러므로 이것이 결핍되면 성격은 침체되고 인생은 황폐해진다.

④ 제8단계: 자아통합감 대 절망감(ego integrity vs despair, 노년기)

생애주기에서 노년기에 해당하는 이 시기는 인생의 마지막 단계이다. 신체기능은 물론 대부분의 정신기능까지 급격하게 쇠퇴하고 모든 것을 잃어 가는 이 시기에 이르면, 누구든 앞으로 나아가는 대신 지난날을 돌아보게 된다. 그래서 지나온 삶을 의미있게 여기고 만족감을 느끼면 자신의 삶이 완성되었다는 느낌을 갖게 되는데, 이것을 에릭슨은 자아통합감(ego integrity)이라고 불렀다. 반면 삶을 회고하였을 때 후회와 아쉬움만이 가득하면 헤어나기 힘든 무의미와 허무의 나락으로 하염없이 빠져들게 되는데 이것이 바로 절망(despair)이다.

일반적으로 성인은 독립적이고 자기주도적이며, 생애경험을 많이 축적한 존재로 인식된다. 성인학습자들은 그들에게 필요한 학습을 스스로 선택하고, 하고자 하는 경향을 가지고 있다. 또한 심리적으로는 독립적인 자아개념을 가지고 자신이 선호하는 방식과 내용을 주도적으로 학습하려는 경향을 가진 존재임을 알 수 있다

3) 성인학습자의 학습특성

성인학습자는 끊임없이 변화하는 지식정보 사회 속에서 자신의 생활양식과 패턴을 반영하여 삶의 가치와 목적을 실현하기 위해 학습경로를 설정하고 평생학습을 생활화하고 있다. 이러한 과정 속에서 성인학습자는 자신만의 독특한 학습특성을 나타내고 있다.

20세기 초반, 성인이 학습자로 등장하게 된 시대적 현상을 주목하여 학술적으로 개념화된 용어가 성인학습자이다. 이와 관련하여 린드만(Lindman, 1926)은 성인학습자의 학습특성을 나타내는 안드라고지라는 개념을 최초로 소개하였지만, 이는 성인학습이라는 개념으로 구체화되지 못하였다(Jarvis, 1987). 그후, 다양한 학자에 의해 후속연구가 진행되면서 점차 성인학습자의 학습특성과 관련하여 포괄적으로 탐구되었으며, 이를 통해 안드라고지 학습원리가 이론적으로 정립되었다(Hartree, 1984).

이러한 성인학습의 원리를 통해 성인의 학습특성은 아동 및 청소년과는 상이하게 나타나 성인학습자의 특성과 관련하여 지속적인 연구의 필요성이 제기되었다. 이후 성인학습자의 기질과 속성, 욕구와 동기, 역량, 참여, 실천 등 다양한 후속연구가 이루어지고 있다(Ashton & Newman, 2006; Martin, 2005; Su, 2011).

이처럼 지식사회의 맥락 속에서 성인학습자는 지식과 지혜를 학습하는 배움의 존재(homo eruditio)이며, 깊이 있는 사고와 앎의 지성활동을 통해 지속적인 성장과 변형을 추구하는 신(新)지성 존재(homo noeticus)로 거듭나고 있다. 즉, 성인학습자는 전 생애 동안 다양한 생활세계에서 자신의 주도적 성장과 새로운 삶의 창조를 위해 평생학습을

생활화하고 전략화하는 자기주도적 성장의 주체이며, 다양한 지식과 정보를 관리하는 개인적 지식관리자, 동시에 새로운 가치를 창출하는 자기창조자(self-creator)의 속성을 가진 존재이다(김진화, 2015).

한편 인생백세시대와 지식사회의 맥락 속에서 생활하고 있는 현대인의 독특한 생활양식과 생활패턴을 반영하여 평생학습자, 성인평생학습자(adult lifelong learner)라는 개념이 새롭게 주목받고 있다(Rohse & Anderson, 2006). 이와 관련하여 베일(Vail, 1996)은 평생학습자로서 성인은 자신의 삶의 과정에서 지속적으로 학습을 전개하는 학습자가 되어야 한다고 하였으며, 이러한 학습행위는 생존을 위한 본능적 행위이자, 시대적 맥락과 상황에 따라 변화하는 다원적인 특성을 가진다고 하였다.

이처럼 성인학습자는 평생학습정향성(lifelong learning orientation)을 통해 자신의 생애경로를 설계하여 지속적인 학습활동을 전개하는 평생학습자로서 속성을 가진다. 또한 이들은 자신의 역량과 전문성을 스스로 평가하기 위한 준거로써 평생학습정향성을 활용하게 된다(Deveci, 2014).

이상의 내용을 토대로 지식사회와 평생학습사회의 맥락 속에서 평생학습을 생활화하는 평생학습자로서 성인학습자가 나타내는 다원화된 학습특성을 포괄적으로 조망하기 위해 평생학습정향성이라는 개념이 주목받고 있다.

4) 평생학습정향성

현대사회에서 성인학습자는 자신이 처한 상황과 조건 속에서 지속가능한 성장과 발전을 위해 평생학습을 생활화하고 있다. 이러한 성인학습자의 학습행위는 다양한 형식과 특성, 패턴으로 나타내는데, 이와 관련된 주요개념인 평생학습정향성에 대해 살펴보면 다음과 같다(신다은, 2015).

먼저, 정향성(定向性, orientation)이라는 개념은 일정한 방향성을 가지는 것을 의미하는 것으로(민중국어사전, 2014), 신념, 가치, 이데올로기 등의 의미와 중첩되어 사용되기도 한다. 그동안 정향성의 개념은 다양한 사회과학 영역에서 연구되어 왔으며, 최근에는 행정, 건축, 문화, 스포츠, 기업교육, 시민교육 등 다양한 분야에서 정향성이 학술적, 실천적 개념으로 보편화되어 나타나고 있다(김지연, 2014; 이미성, 2013).

이와 같은 맥락에서 평생교육분야의 정향성의 개념은 다원화되고 있는 평생교육의 현상을 해석하고 조망하기 위해 활용되고 있다. 홀(Houle, 1971)은 성인학습자가 학습활동에 참여하는 다양한 동기의 정향성에 대한 유형화(tycology of motivational orientation)를 통해 평생교육분야에서 정향성의 개념을 최초로 사용하였다. 이처럼 평생교육분야에서의 다양한 정향성에 관한 연구는 평생교육 교수자의 측면과 성인학습자의 측면으로 구분할 수 있다(신다은, 2015).

첫째, 평생교육 교수자의 측면에서 나타나는 교수학습 정향성은 평생학습 강사가 평생교육학에서 형성된 주요 교수학습 패러다임과 원리를 기반으로 전문적으로 전개하는 교수·학습의 전문적 기술과 과학적 실천의 성향이라고 보는 관점이다(김진화, 2014). 이와 관련하여 해들리(Hadley, 1975)는 교수학습 정향성의 개념을 정립하고, '교육정향성 설문지(Educational Orientation Questionnaire: EOQ)'를 개발하여 평생교육 교수자를 페다고지 교수정향성과 안드라고지 교수정향성으로 유형화하여 실증적으로 분석하였다. 또한 교수자가 지닌 교육가치의 사고와 행위에 대한 방향성을 가르켜 교육정향성이라고 한다.

이처럼 평생교육 교수자의 정향성은 교수학습을 전개하는 과정에서 학습자, 교육목적, 교육내용, 교수자와 학습자의 상호작용, 교육성과와 가치 등을 고려하여 선택적으로 수행하는 성향과 패턴을 함의하고 있다. 즉, 평생교육 교수자가 다양한 평생교육의 상황 속에서 전개하는 최적화된 전문성 패턴과 실천의 성향을 의미한다(김진화, 2014).

둘째, 성인학습자의 측면에서 나타나는 평생학습정향성은 평생학습 과정에서 성인학습자의 의사결정에 영향을 미치는 방향성을 의미한다. 이러한 평생학습정향성은 다양한 평생학습환경과 생애주기를 아울러 나타나는 학습활동과 참여에 대한 방향을 제시하며(Carnoy & Wagner, 2005), 현대사회를 살아가는 데 필요한 학습을 지속적으로 전개할 수 있도록 하는 핵심역량이다. 이를 통해 성인학습자는 평생학습에 대한 자율성을 발휘하고, 고용가능성을 유지하기 위해 새로운 지식과 역량을 추구하며, 개인의 역량강화와 메타인지능력을 갖추는 데 적극성을 가지게 된다.

이처럼 평생학습정향성은 평생학습에 참여하는 성인학습자라면 누구나 가지고 있으며, 가치내재적이고 중재적인 특성을 내포하고 있다. 성인학습자가 평생학습활동에 참여하는 과정에서 무정향(無定向)을 나타내지 않으며, 상황에 따라 다양한 평생학습정향성이 표출된다. 또한 그 속에 다양한 가치를 내포하고 있기 때문에 상황에 따라 학습과정을 선택하는 기준으로 작용하기도 한다. 즉, 평생학습정향성을 통해 성인학습자의 사고와 행위를 이해할 수 있으며, 미래를 예측하고 방향을 결정하는 데에 영향을 미치게 되는 것이다.

이처럼 성인학습자의 평생학습정향성은 성인학습자가 가지는 평생학습에 대한 방향을 의미하는 것으로, 평생학습활동을 전개하는 방향의 관점, 경향, 태도를 형성하는 개인적인 학습성향과 패턴을 의미한다.

2. 성인학습의 이론적 기초

다음은 평생학습정향성에 관한 문항입니다. 귀하의 생각과 일치하는 항목에 ✓표를 해 주십시오.

표 3-2. 자신의 평생학습정향성 파악하기

	내용	전혀 그렇지 않다	그렇지 않다	그저 그렇다	그렇다	매우 그렇다
페다고지 학습 정향성	1. 나는 타인에게 의존하는 기질을 가지고 있다.	①	②	③	④	⑤
	2. 나는 강사가 나의 교육내용을 결정해 주는 것이 좋다.	①	②	③	④	⑤
	3. 나는 전문가 및 강사(교수자)의 권유가 있을 때 학습의욕이 생긴다.	①	②	③	④	⑤
	4. 나는 체계화된 이론이나 원리 중심의 학습내용을 선호한다.	①	②	③	④	⑤
	5. 나는 학력, 학점, 자격 등 사회적으로 인정받을 수 있는 교육을 선호한다.	①	②	③	④	⑤
	6. 나는 강사가 주도하는 학습을 선호한다.	①	②	③	④	⑤
	7. 나는 강사가 지식을 전달하는 강의중심 학습방법을 선호한다.	①	②	③	④	⑤
	8. 나는 전문지식을 학습자에게 잘 가르치는 자가 능력 있는 강사라고 생각한다.	①	②	③	④	⑤
	9. 나는 학습의 성취정도를 전문가 혹은 강사로부터 확인받고 싶다.	①	②	③	④	⑤
	10. 나는 전문가 혹은 강사가 제시한 학습목표에 도달했을 때 성취감을 갖는다.	①	②	③	④	⑤
안드라고지 학습 정향성	11. 나는 주어진 상황 속에서 자기주도적인 성향을 나타낸다.	①	②	③	④	⑤
	12. 나는 내가 배우게 될 교육내용을 강사와 함께 결정하고 싶다.	①	②	③	④	⑤
	13. 나는 주어진 사회적 역할(직무수행)을 잘하기 위해 스스로 학습의지를 갖는다.	①	②	③	④	⑤
	14. 나는 나의 생활 및 업무와 관련된 실무형 학습내용을 좋아한다.	①	②	③	④	⑤
	15. 나는 사회적 역할 및 직무에 곧바로 활용 가능한 교육에 참여하고 싶다.	①	②	③	④	⑤
	16. 나는 강사 및 동료학습자와 함께 상호작용하는 학습에 적극적이다.	①	②	③	④	⑤
	17. 나는 주어진 과제를 직접 체험하고 활동하는 방식을 선호한다.	①	②	③	④	⑤
	18. 나는 주어진 학습과제를 안내하고 촉진하는 강사가 훌륭하다고 생각한다.	①	②	③	④	⑤
	19. 나는 학습성과에 대한 평가를 동료학습자 및 교수자와 함께하고 싶다.	①	②	③	④	⑤
	20. 나는 평생학습을 통해 얻게 된 보상과 자기개발에 만족감을 갖는다.	①	②	③	④	⑤

	내용	전혀 그렇지 않다	그렇지 않다	그저 그렇다	그렇다	매우 그렇다
휘타고지 학습 정향성	21. 나는 타인에게 의존하지 않는 독립적인 성향이 강하다.	①	②	③	④	⑤
	22. 나는 내가 배우고 싶은 교육내용을 스스로 탐색하여 선택한다.	①	②	③	④	⑤
	23. 나는 주도적이고 창조적인 삶을 위해 지속적으로 학습활동에 열정을 쏟는다.	①	②	③	④	⑤
	24. 나는 스스로 발견한 문제와 과제를 해결할 수 있는 학습내용에 관심이 많다.	①	②	③	④	⑤
	25. 나는 미래를 스스로 개척할 수 있는 실천역량과 관련된 교육에 참여하고 싶다.	①	②	③	④	⑤
	26. 나는 배움의 과정을 직접 구상하여 전개하고 싶다.	①	②	③	④	⑤
	27. 나는 학습과제를 스스로 결정하고 탐구하는 학습방법을 선호한다.	①	②	③	④	⑤
	28. 나는 학습자가 스스로 선택하여 탐구하도록 하는 것이 강사의 역할이라고 생각한다.	①	②	③	④	⑤
	29. 나는 학습과정과 학습의 가치를 스스로 평가할 수 있다.	①	②	③	④	⑤
	30. 나는 평생학습으로 내가 체계화한 노하우를 실천할 수 있을 때 보람을 느낀다.	①	②	③	④	⑤

표 3-3. **자신의 평생학습정향성 점수 기록하기**

구분	점수산출	평균점수
페다고지 학습정향성	총 획득점수(　　　)/10	
안드라고지 학습정향성	총 획득점수(　　　)/10	
휘타고지 학습정향성	총 획득점수(　　　)/10	

1) 페다고지 학습정향성의 관점

페다고지(pedagogy) 학습정향성은 실증주의 관점과 교수·학습관점을 포괄하고 있다. 즉, 페다고지 학습정향성은 의도된 목표달성을 통해 획일적인 성과를 나타내는 실증주의 관점을 가진다. 즉, 지식은 성인학습자의 외부에 존재하는 객관적인 실체이므로, 교수자가 학습자에게 지식을 전달하여 체계적으로 구조화함으로써 학습이 전개된다. 이때, 학습자는 스스로 학습을 완성할 수 있는 능력이 없는 존재이며, 외부 전문가에 의해 교육이 주도되는 교수자중심의 학습이 이루어진다. 이처럼 페다고지 학습정향성 이론은 성인학습자보다 교수자의 역할이 중요시되며, 이들은 가르치고 배우는 일방적인 관계를 형성하는 특성을 나타낸다(김진화, 2006; Lakoff, 1987).

또한 페다고지 학습정향성은 안드라고지 학습정향성과 대비되어 나타나는 교수·학습관점을 가진다. 성인학습자는 시험에 합격하거나 진학하기 위해 알고자 하는 욕구를 가지며, 성인학습자는 전적으로 교수자에게 의존하는 자아개념을 가지고 있어 교수자의 권유나 사회적 압력 등에 의해 학습에 참여하는 외재적 학습동기를 가진다. 또한 성인학습자의 경험은 학습 과정 속에서 가치 있게 다루지 않고, 변화와 성장을 위해 교수자가 전달하는 주제 중심적인 지식을 배울 준비가 되어 있으며, 현재의 시점보다는 미래의 삶에 학습을 적용하는 학습성향을 나타낸다(Knowles, 1989). 페다고지의 특성을 살펴보면 〈표 3-4〉와 같다.

표 3-4. 페다고지의 특성

구분	내용
알고자 하는 욕구	진급이나 자격취득 등을 위해 교수자가 전달하는 내용을 학습한다.
학습자의 자아개념	교수자는 학습자를 의존적인 존재로 인식하므로 학습자 역시 의존적인 자아개념을 갖게 된다.
학습자 경험의 역할	학습자의 경험은 학습자원으로서 인정받지 못한다.
학습준비도	학습자는 자신의 시험 및 자격취득을 위해 교수자가 준비하고 제공하는 내용에 대해 학습할 준비가 되어 있어야 한다.
학습성향	교과 중심적인 학습을 선호하는 경향이 있다.
동기	학습자는 성적, 교수자의 칭찬이나 꾸중, 부모의 압력 등에 의해 학습동기가 유발된다.

〈표 3-4〉에서 보는 것과 같이, 페다고지 학습정향성은 학습자의 의도보다 사전에

획일적으로 계획된 목적하에 교수자가 주도하는 지시적 학습이 강조되며, 학습자는 의존적이고 수동적으로 학습에 참여하는 특성이 강조된다.

2) 안드라고지 학습정향성의 관점

안드라고지(andragogy) 학습정향성은 구성주의 관점과 교수·학습관점을 포괄하고 있다. 다시 말해, 안드라고지 학습정향성은 객관적으로 실재하는 환경과 대상에 대해 의미를 부여하고 인간의 실존적 가치를 인정하는 구성주의 관점을 가지고 있으며, 학습자가 능동적으로 지식을 해석하고 구성해 나가는 과정에 초점을 둔다. 즉, 학습자가 새로운 지식을 학습한 것을 사전지식에 비추어 동화시키며, 해석하는 과정으로 지식이 구성되는 것이다. 이때, 성인학습자는 의미를 창조해 가는 주체적인 존재이며, 자신의 경험에 따라 선택적으로 지식과 정보를 받아들이고, 구성하는 자율적 학습자이다. 이처럼 안드라고지 학습정향성은 교수자가 학습자의 학습행위를 촉진시키는 조력자 혹은 안내자로서 역할이 중요시되며, 이들은 상호작용을 통해 학습을 전개해 나가는 특성을 나타낸다(권두승, 조아미, 2009; 김진화, 2006).

또한 안드라고지 학습정향성은 페다고지 학습정향성과 대비되어 나타나는 교수·학습관점을 가진다. 성인학습자는 평생학습을 통해 자신의 삶에서 나타날 긍정적인 변화에 대해 알고자 하는 욕구를 가지며, 자신의 삶을 책임지는 자기주도적인 자아개념을 가지고 있어 좋은 직업이나 승진, 연봉 등과 같은 외재적 학습동기에 반응하지만, 직업만족도, 삶의 질 향상과 같은 내재적 학습동기에 의해 학습에 참여하기도 한다. 또한 이들의 풍부한 경험은 가치 있는 학습자원으로써 개별화 학습과 토론, 문제해결활동 등을 강조하고, 생활중심적, 문제중심적인 학습에 대한 준비가 되어 있으며, 이를 실생활에서 곧바로 활용하고자 하는 학습성향을 나타낸다(Knowles, 1989). 따라서 안드라고지의 기본가정과 특성을 살펴보면 〈표 3-5, 표 3-6〉과 같다.

표 3-5. **안드라고지의 기본가정**

- 성인이 성숙해지면서 의존적인 특성은 점차 자기주도적이 된다.
- 성인은 경험으로부터 학습을 위한 풍요로운 자원을 축척한다
- 성인의 학습준비도는 사회적 역할 및 발달과업과 밀접한 관련이 있다.
- 성숙함에 따른 시간 관점의 변화에 따라 미래의 적응을 위한 지식을 추구하는 아동기와 달리 성인은 즉각적으로 활용가능한 지식을 추구한다.
- 성인의 학습동기는 외적인 요인보다는 내적인 요인에 의해 유발된다.

표 3-6. **안드라고지의 특성**

구분	내용
알고자 하는 욕구	성인학습의 촉진자는 학습자가 무엇을 알고 싶어 하는지, 즉 그 요구를 인식하도록 격려해야 한다.
학습자의 자아개념	성인학습자의 자아개념은 대부분 자신의 삶에 대한 책임과 관련되어 있다.
학습자 경험의 역할	다양한 역할을 통해 축적된 성인학습자의 경험은 평생교육에서 매우 중요하다.
학습준비도	자신의 삶에서 실제로 활용가능하고 자신의 흥미로워하는 주제에 대해 학습하기를 원한다.
학습성향	생활지향적, 과업지향적, 문제지향적이다.
동기	외재적 동기도 중요하지만 자아존중감, 만족도의 향상, 삶의 질 향상을 추구하는 내재적 동기가 더욱 강렬하게 작용한다.

〈표 3-5〉와 〈표 3-6〉에서 보는 것과 같이, 안드라고지 학습정향성은 학습자가 설정한 구성적 목표를 실현하기 위해 자기주도적 학습특성이 나타나며, 학습자는 능동적으로 학습에 참여하는 특성이 강조된다. 이러한 이론적 가정을 바탕으로 성인학습자의 학습특성을 살펴보면 〈표 3-7〉과 같다.

표 3-7. **성인학습자의 특성**

- 성인들은 자기 자신의 결정과 삶에 책임을 진다는 자아개념을 가지고 있으며 이러한 특성은 자기주도적인 욕구가 강하고, 스스로의 의지에 따라 능동적으로 행동을 하지만, 좋지 못한 학습경험을 가진 성인은 의존성이 강하고 다른 사람이 가르쳐 주기만을 바라기도 한다.
- 경험의 역할 측면에서 성인들은 청소년들에 비해 훨씬 풍부한 경험을 가지고 교육활동에 참여한다. 이미 청소년기를 지나 15세에는 하지 못했던 직업인, 배우자, 부모, 투표권자 등의 역할을 성인이 되어 하게 되는 것이다.
- 학습성향 측면에서 청소년학습자들의 교과중심 성향과는 대조적으로 생활 · 과업 · 문제중심 학습경향을 띠고 있다. 실제 생활과 관련된 해결해야 할 문제에 대하여 인식할 때, 자신의 발달과업에 따라 해결하려는 경향도 있으며 능동적이며 주도적이다. 또한 그들은 새로운 지식, 이해, 기술, 가치 태도 등이 실제 생활에 직접 적용이 되는 상황 속에서 제시될 때 가장 효과적으로 학습한다.
- 성인들은 직업, 승진, 봉급 인상 등 외재적 동기에도 반응하지만, 보다 강렬한 동기는 자아존중감의 증진, 삶의 질 향상 등 내재적 동기에 의한 것이다.
- 성인학습자는 선택적으로 학습에 참여한다. 그들은 자신에게 도움이 되지 않으면 참여하지 않으려는 경향을 가지고 있다.

이처럼 성인학습자는 청소년 학습자에 비하여 자기주도적 학습이 가능하고, 개개인의 각기 다른 경험의 축적은 풍부한 학습자원이 되며, 무엇보다 성인학습자 개인의 욕구와 목표가 구체적이고 절실하다는 점이 특징적이다. 성인 집단은 청소년 집단보다 삶의 배경, 학습유형, 동기, 욕구, 흥미, 목표 등에 있어 매우 이질적이기 때문에 성인교육의 강조점은 교수학습 전략의 개별화에 이를 수 있다. 이는 전달식 기법보다는 경험적 기법 집단 토의, 모의 활동, 문제해결활동, 사례적 방법, 그리고 동료 간의 상호 협력적 활동을 시도하는 것도 효과적이라는 결론에 도달하게 한다.

3) 안드라고지와 페다고지의 비교

성인학습자에 관한 전제는 전통적인 교육하에 진행되어 왔던 아동학습자에 대한 기본 전제와 명확하게 내비된다. 이 두 가지 관점의 전제와 원리를 비교해 보면, 〈표

3-8, 표 3-9>와 같다(김정숙, 2016).

표 3-8. **안드라고지와 페다고지의 기본전제**

구분	안드라고지	페다고지
학습자 개념	자기주도적	의존적, 수동적 단계
경험의 역할	학습자가 지닌 경험이 자신과 타인에게도 풍부한 학습자원의 가치를 지님	경험이 그다지 학습자원으로서의 가치를 지니지 않음
학습준비도	사회적 역할의 변화와 생애주기에 의한 다양한 발달과제	사회적 압력 및 생물학적 발달과제
학습의 경향성	문제중심성 및 즉각적인 활용	교과중심성 및 미래를 위한 준비
학습동기	내재적 동기	외재적 동기

표 3-9. **안드라고지와 페다고지의 원리비교**

안드라지고	페다지고
학습자의 자발적인 참여를 전제로 학습이 이루어지며, 이로 인하여 학습자는 자신의 욕구 또는 이해를 충족시킬 수 있을 것으로 기대한다.	교수·학습과정의 운영에서 학습자의 이해 또는 관심이나 적극적인 참여가 아닌 강제적 출석을 전제로 한다.
성인이라는 개념은 스스로 자기지도가 가능한 성숙하고 독립적인 인간이다.	아동이라는 개념은 성인의 지도를 필요로 하는 미성숙하고 의존적인 존재이다.
학습자는 다른 학습자 및 교수자와 상호적 관계를 가진다.	교수자는 많은 지식을 갖추고 있으며, 교수자의 주된 임무는 자신의 지식을 학습자들에 전달하는 것이다.
성인의 삶에 대한 경험은 다양하므로 그 경험이 학습과정에 다양하고 지대한 공헌을 할 수 있을 것이라고 기대한다.	아동의 삶에 대한 경험은 학습과정에서 가치 비중을 두지 않는다.
학습자들이 삶에서 축적한 경험과 지식은 교수자의 그것처럼 학습에서 가치 있는 자원이라고 판단된다.	교수자가 축적한 경험 및 지식은 매우 중요하며, 학습에서 제1의 자원이 되기도 한다.
학습자는 학습과정 및 학습내용을 스스로 선택할 수 있으며, 그것은 개개인의 요구와 관심을 기초로 결정된다.	교수자는 학습과정과 내용을 결정하는 존재이다.

안드라지고	페다지고
교육은 학습자의 현재 상황과 관련된 무엇인가를 행하는 과정, 즉 현재의 문제해결을 위한 과정으로 파악한다.	교육은 장래를 위한 준비과정이며, 학습자는 미래에 어떤 것을 행하고 이룰 수 있도록 준비하는 존재이다.
교수자가 지닌 최우선의 기능은 학습과정을 지도하는 것이다.	교수자가 지닌 최우선의 임무는 '무엇을 학습해야 하는가?'와 같은 내용을 통제하는 데 있다.
학습자들의 적극적인 감정이 학습을 지속시키는 데 중요한 요소이며, 학습자가 학습과정과 학습내용을 어떻게 생각하고 있는가에 대해 큰 관심을 가지고 있다.	학습자가 학습교재에 대해 느끼는 감정은 거의 고려되지 않고 있으며, 단지 그것의 학습효과성에만 관심을 집중시키고 있다.
학습자는 학습과정이 갖고 있는 가치를 꾸준히 평가하고, 향후 학습에 자신의 요구가 얼마만큼 충족될 수 있을 것인가를 판단한다.	학습자는 자신이 배운 과거 학습이 언제, 어떻게 도움이 될 것이며, 향후 자신에게 어떤 학습이 필요한지에 대해 거의 평가하지 못한다.

〈표 3-8〉과 〈표 3-9〉에서 보는 것과 같이, 이분법적 교육모형의 구조화는 평생교육체계에서 성인교육과 아동교육의 개념을 확인하고 각각의 학습을 지도하는 방법을 확립해 나가면서 각각의 독자적 유용성과 가치를 확인하게 되었으며, 이와 같은 과정을 통해 두 개의 교육모형을 가질 수 있게 되었다고 할 수 있다. 오랜 동안 교육에 관한 연구와 실천에 대한 대상이 아동에 국한되었으며, 아동 및 청소년을 지도하는 이론으로부터 교육학이 성립되었다.

반면에 안드라고지에 관한 연구는 성인을 대상으로 하는 교육을 연구하였으며, 이를 실천하였고 교육의 대상 및 환경과 상황에 따라 두 가지의 교육모형을 선택할 수 있는 가능성을 제시하였다. 성인 및 아동을 막론하고 학습자가 전혀 모르는 부문에서는 학습자가 자기 스스로 학습에 대한 주도권을 쥐게 될 때까지 학습자는 교수자가 지도하는 방법에 의존하는 것이 적절하다고 볼 수 있는데, 이러한 상황에서는 페다고지의 원리가 안드라고지 원리보다 적절하다. 한편 아동이나 청소년을 대상으로 하는 학습자도 학교교육 이외의 학습에서는 자기주도적 학습일 수 있는데, 이와 같은 상황에서는 반대로 안드라고지 원리가 페다고지 원리보다 더 적절할 것이다. 따라서 아동과 성인을 구분하는 교수법으로서 페다고지와 안드라고지의 확실한 경계를 긋는 것에서 벗어나 학습자의 특성과 환경에 따라 적절히 대응하는 것이 좋으며, 성인학습을 위한 교수법을 위해 각 유형별 특성과 적용을 알아보는 것은 성인학습을 효과적으로 지도하기 위하여 적절한 방법이다.

4) 휘타고지 학습정향성의 관점

휘타고지(Heutagogy)는 자기주도적 학습을 강조하는 안드라고지(Andragogy)를 확장한 개념이다(Blaschke, 2012). 또한 휴타고지(그리스어로 “self”를 의미)는 학습자의 자기결정 학습(self-determined learning)을 강조하고, 자기결정적 학습경험을 설계할 때, ‘학습자가 규정한 학습계약’, ‘유연한 교육과정’, ‘학습자 주도적 질문들’, ‘유연하고 협의된 평가 설계원리’를 강조한다. 휴타고지 학습은 연결주의 학습관과 큐레이션으로서 교수관이 학습에 대한 자기결정권자로서의 학습자 역할을 전제로 한다. 따라서 휴타고지는 학습자에게 무엇을 ‘가르칠’ 것인가에 초점을 두기보다는, 특정 학습상황에서 학습자가 무엇을 어떻게 ‘배우기를 원하는가’가 학습의 본질이어야 한다는 입장을 취하고 있다(신다은, 2015).

휘타고지 학습정향성은 타인에 의해 행동하는 의존적인 성향에서 벗어나 학습자가 자신의 학습내용과 방법을 선택하여 자신의 학습경로를 결정하고 주도하는 자기결정 학습 관점을 가진다. 이때 교수자는 학습자에게 평생학습환경과 학습조건을 제공하며, 역량(competence)을 넘어 능력(capability)을 개발할 수 있도록 지원하는 특성을 조망한다(Ashton & Newman, 2006; Hase, Tay & Goh, 2006).

또한 휘타고지 학습정향성은 학습자가 접하고 있는 환경과 다양한 조건이 복합적으로 작용하는 복잡성(complexity)의 시대적 맥락 속에서 다양한 매체를 활용하여 필요한 지식과 정보를 탐색하고 결정하는 접속주의(connectivism)관점을 가진다. 이때 성인학습자는 자신의 학습을 구성하는 능동적 주체자로서 자신의 문제상황 및 과제를 확인하고, 이를 해결하기 위해 지식을 탐색하고 활용하는 특성을 가진다(Phelps, Hase & Elli, 2005; Simens, 2004).

이러한 휘타고지 학습정향성은 학습자가 생성학습을 경험하며, 지속적으로 자신의 의미를 구성하고 지식을 생성하는 생성주의(generativism)관점을 가진다. 즉, 성인학습자는 학습과정의 주체자로서 평생학습을 통해 생성적 학습역량(generative learning competences)과 생성적 기술(generative skill)을 향상하게 된다(Carneiro, 2011).

이상의 내용을 종합해 볼 때, 휘타고지 학습정향성은 학습자가 직접 참여하는 연구형 학습과 생성적 학습특성이 나타나며, 학습자는 필요한 지식과 정보를 능동적으로 탐구하고 활용하는 특성이 강조된다.

5) 통합적 관점

성인학습자의 학습특성은 페다고지 학습원리와 안드라고지 학습원리로 그 현상을 포괄하여 설명할 수 없으며, 점차 다원화되고 있는 성인학습자의 학습특성을 조망하기 위해 새로운 학습원리에 대한 논의가 필요한 실정이다. 이와 관련하여 헤이스와 케니언(Hase & Kenyon, 2000)은 휘타고지(heutagogy) 학습원리를 제안하였으며, 린디(Lindy, 2010), 아혼시(Ahonsi, 2012), 가넷과 오베인(Garnett & O'Beirne, 2013) 등은 페다고지, 안드라고지, 휘타고지 학습정향성 간의 학습특성에 대해 밝혀내려고 노력해 왔다.

한편 자율성이 낮고, 교수자의 통제성이 높은 학습을 선호하는 성인학습자는 페다고지 학습정향성을 나타내는 반면, 자율성이 높고, 교수자의 통제성이 낮은 학습을 선호하는 성인학습자는 휘타고지 학습정향성을 나타내는 점을 반영하여 캐닝(Canning, 2010)은 평생학습 정향성의 하위영역을 페다고지와 안드라고지, 휘타고지로 규정하고, 〈그림 3-3〉과 같이 피라미드 구조로 설명하였다.

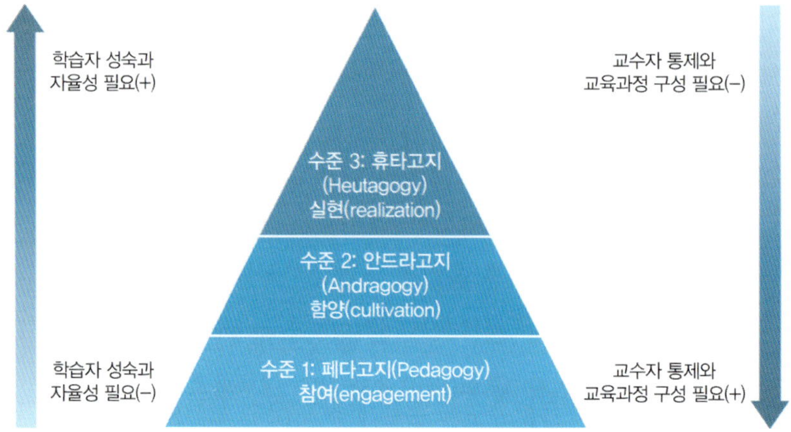

그림 3-3. 통합적 관점의 모형

출처: Canning(2010). Playing with heutagogy: exploring strategies to empower mature learners in higher education. Journal of Further and Higher Education, 34(1), 59-71.

성인학습자의 학습특성을 통합적 관점으로 분석한 린디(2010)는 페다고지와 안드라고지, 그리고 헤이스와 케니언(2000)에 의해 개념화된 휘타고지 학습원리를 자아개념, 학습자원, 학습목적, 학습방식, 학습동기화, 교수자 역할로 구분하여 비교 분석하였다. 또한 아혼시(2012)는 지식정보 사회의 맥락에서 페다고지와 안드라고지, 휘타고지 학습원리를 '삼합적 접근(tricological approaches)'으로 정의하였으며, 통제성, 콘텐츠, 학습과정, 학습방식, 학습동기화, 학습자의 기대감, 학습초점, 성과목표, 학습주체의 준거로 분석하였다. 이와 같은 맥락에서 가넷과 오베인(2013)는 'PAH 연속체(The PAH continuum)'를 개념화하여 통제성, 교육센터, 인식수준, 지식생산 맥락의 구성영역에 맞추어 페다고지, 안드라고지, 휘타고지 학습원리에 근거한 성인학습자의 특성을 정리하였다. 구체적으로 통합적 관점에서 밝혀진 학습특성을 총 7가지 준거를 통해 논의하였으며, 페다고지 학습원리와 안드라고지 학습원리, 휘타고지 학습원리를 토대로 성인학습자의 학습특성을 분석하면 〈표 3-10〉과 같다.

표 3-10. **통합적 관점에서의 성인학습자의 학습특성 분석**

구성 영역	페다고지 (Fedagogy)	엔드라고지 (Andragogy)	휘타고지 (Heutagok)
자아개념	• 의존성	• 자기주도성/자율성	• 자기결정성/독립성
학습 동기화	• 교수자	• 교수/학습자	• 학습자
학습 동기화	• 외재적 • 전문가의 권유	• 내재적 • 개인적 요구반영	• 내재적 • 자기변화 및 성장
교수자 역할	• 학습설계 및 전달	• 퍼실리테이터	• 학습환경 제공
학습내용	• 주제중심적	• 문제중심적	• 탐구중심학습
학습방법	• 강의중심학습	• 실천중심학습	• 탐구중심학습
학습결과	• 학습목표 달성 • 진학 및 승진	• 효과적 역할수행 • 역량(campetisey) 개발	• 자기 향상, 변화 • 능력(capability) 개발

이상의 통합적 관점을 통한 성인학습자의 학습특성은 페다고지, 안드라고지, 휘타고지 학습원리에 근거하여 상이한 특성을 보이며, 학습원리에 따른 구체적인 성인학습자의 학습특성은 〈표 3-11〉과 같이 요약할 수 있다.

표 3-11. **학습원리에 따른 성인학습자의 학습특성**

- 페다고지 학습원리에서 성인학습자는 의존적인 성향을 가지는 반면, 교수자는 지식전달자, 학습설계자와 같은 역할을 가진다. 학습자는 전문가의 권유 등과 같은 외재적 동기화에 의해 학습에 참여하게 되며, 논리적으로 구성된 학습주제를 강의중심으로 학습하는 것을 선호한다. 또한 교수자 및 전무가가 제시한 학습목표의 달성, 진학 및 승진 등의 어떠한 목표를 달성하기 위해 학습에 참여하는 학습특성이 강조된다.
- 안드라고지 학습원리에서 성인학습자는 자기주도적이고, 자율적인 성향을 가지는 반면, 교수자는 학습자의 학습활동을 촉진하는 퍼실리테이터의 역할을 가진다. 학습자는 개인적 요구나 개인적 성장 등과 같은 내재적 동기화를 통해 학습에 참여하게 되며, 생활 및 직업적으로 적용할 수 있는 다양한 문제와 과업중심의 학습을 선호한다. 또한 개인적 성장을 통해 효과적인 역할수행과 역량(competency)개발 등의 성과를 위해 학습에 참여하는 학습특성이 강조된다.
- 휘타고지 학습원리에서 성인학습자는 기존의 페다고지나 안드라고지 학습원리와 비교하여 성인학습자의 자기결정성과 독립성이 강하게 나타나는 반면, 교수자는 학습환경을 제공하는 지원자로서의 역할을 가진다. 학습자는 자기변화와 성장, 학습을 통한 지식생성 및 공유 등과 같은 내재적 동기화

를 통해 학습에 참여하게 되며, 다양한 생활 및 직업적인 문제와 과업을 해결하기 위한 탐구형 학습을 선호한다. 또한 자기성장과 변화, 미래적 실천역량으로써 능력(capability)개발 등의 성과를 위해 학습에 참여하는 학습특성이 강조된다.

이상의 내용을 종합해 볼 때, 통합적 관점은 페다고지, 안드라고지, 휘타고지 학습원리에 근거하여 통합적 학습원리를 형성하고, 이를 통해 성인학습자의 다양한 학습특성을 조망하는 것이다.

3. 성인학습자의 학습참여 동기와 방해요인

인생에서 다양한 삶의 경험을 한 성인학습자들은 누군가의 강요가 아닌 본인 스스로 학업을 선택하고, 새로운 도전을 하게 된다. 스스로 선택한 학업이기 때문에 자기주도적 학습으로 이어지며, 자신의 인생경험 또한 학습에 있어 훌륭한 자원이 된다는 것이다.

홀(1988)은 그의 참여 동기 '삼두유형론'에서 목적지향적, 활동지향적, 학습지향적 학습자 등의 세 집단으로 유형화하였다. 먼저 목적지향적 성향의 학습자들은 학습활동이 특정 목적을 달성하거나 개인의 욕구를 충족시키는 수단이므로 목표 달성에 도움이 되는 프로그램을 선택하게 된다. 활동지향적 성향의 학습자들은 활동과 주변 관계 자체에 의미를 부여하고 사회적 상호작용을 목적으로 참여한다. 이에 반해 학습지향적 학습자들은 학습과 지식 그 자체를 추구한다. 이들은 학습을 통하여 새로운 지식을 습득하고 인격적으로 성장하고자 하는 동기를 가지고 있으며, 이러한 활동은 인생 전반에 걸쳐 지속적으로 유지된다는 것을 알 수 있다.

표 3-12. **성인학습자의 학습참여 동기의 유형**

구분	내용
목적지향형	목적지향형은 평생학습 참여동기가 지식과 기술의 전문적 향상이나 새로운 지식의 습득을 통한 직업상 발전의 목표와 같은 경우이다. 이 유형의 주목적은 현실적이고 실제적인 필요나 학습자의 이익 추구를 위한 욕구 충족으로써 외부로 가장 구체적이며 가장 명백하게 보인다. 이러한 유형의 학습자는 현실적인 이익이나 필요 등 이해관계에 의해 이를 충족시키려는 욕구로 학습에 참여한다. 이들은 지속적으로 꾸준한 참여를 하는 것이 아니라 일단 교육에 참여한 목표에 달성할 경우 학습을 쉽게 중단하는 경향이 강하다. 그들은 교육을 즉각적, 실제적인 문제해결의 수단으로 활용하기 때문에, 목적달성에 도움이 되는 교육기관이나 방법을 선택하여 참여한다.
활동지향형	활동지향형은 학습자들이 특정목표를 획득하거나 어떤 과목을 배우기보다는 활동 그 자체와 사회적 상호작용을 목적으로 한다. 이러한 유형의 학습자들은 단조로운 일상 또는 가정이나 직장에서의 어려운 상황을 탈출하고자 학습한다. 활동지향형 학습자들에게 성인교육기관은 사람들이 서로 만나고 우정을 갖는 개방된 장소이며 사회적으로 인정된 장소이다. 또한 그들에게는 학습참여가 고독을 피하기 위한 수단이다. 학습자들은 학습활동의 참여를 통해 얻게 되는 인간관계 유형이나 양 등에 비중을 둔다. 상황으로부터의 도피, 다른 사람들과의 관계 유지, 소속감의 형성, 대인관계의 증진을 통한 안녕감, 사회적 안정 및 참여, 가족이나 직장에서의 기대 등을 목적으로 학습에 참여하기도 한다.
학습지향형	학습지향형은 학습자들이 배움과 지식 그 자체를 추구한다. 학습자들은 학습을 통하여 새로운 것을 알고, 인격적으로 성장하려는 근본적인 소망을 지니고 있으며 그와 같은 활동은 지속적이고 평생을 간다는 사실을 발견할 수 있다. 그들에게 모든 종류의 학습활동은 그 자체만으로 의미를 지니게 되며, 학습활동마다 지니고 있는 의미들의 총체는 곧 학습자의 참여동기가 된다. 학습지향형 학습자는 지식 자체에 관심을 갖는다. 그들은 자신에 대한 분명한 자아개념을 지녀 자신을 학습에 몰두하는 사람으로 여긴다. 그들에게 있어서의 교육은 특별활동이라기보다는 매우 일상적인 일 중의 하나이다. 그들에게는 모든 학습활동들이 그 자체의 목적과 의미를 지니며, 각각의 학습활동이 지니는 의미의 총체가 참여동기를 형성한다.

또 다른 참여동기에는 내재적 요인으로, 배움에 목말라하며 학습과 지식 그 자체를 추구하며 깨달음의 기쁨을 느끼는 인지적 부분이 많이 차지한다. 학습을 통하여 자신감과 자존감을 회복하며 스스로 만족감을 느끼며 삶의 의미를 되찾아 가기도 한다. 그럼에도 불구하고 성인학습자의 학습참여를 방해하는 요소는 여러 가지가 존재한다. 풍부한 경험을 한 성인학습자들은 그들 자신이 바로 풍부한 학습자원임에도 불구하고

오랫동안 체계적인 교육을 받지 못했기 때문에 자신의 학습능력을 평가절하하거나 자신감의 결여 등으로 인하여 학습에 대한 의욕상실과 포기로 이어지기도 한다.

다켄월드와 발렌타인(Darkenwald & Valentine, 1985)은 성인학습 참여의 장애요인으로 학습에 대한 낮은 자신감, 코스 적합성 부족, 학습참여를 위한 시간 부족, 낮은 우선순위, 학습비용, 개인적 문제 등을 제시하였다. 이와 관련하여 헤이즈(Hayes, 1998)는 학습참여에 대한 낮은 자신감, 성인학습에 대한 사회적 불인정, 상황적 방해물, 수업에 대한 소극적 자세, 낮은 개인 선호도 등을 학습참여 장애요인으로 제시하였다.

성인학습 이론가들이 제시한 성인학습자들의 학습참여의 장애요인을 정리해 보면, 첫째, 학습능력에 대한 확신 부족, 적령기 학생과의 경쟁에서 자신감 결핍, 둘째, 학습력의 부족, 사전학습 준비의 미흡, 이수 자신감의 부족, 주위 동료들의 시선 등 낮은 자신감, 셋째, 개인의 필요와 요구에 맞지 않는 과정 등의 적합성의 부재, 넷째, 학습시간 부족, 규칙적인 참여 부족, 가족 시간 빼앗음, 직업 · 일에 도움이 되지 않는다는 개인 선호도, 다섯째, 경제적 부담의 비용 문제, 육아, 가족문제, 건강, 교육시설이나 환경 등 개인적 문제 등을 제시하였다.

실제로 평생교육현장에서 성인학습자를 만나서 개인면담을 하거나 학교생활에 대한 상담을 하다 보면, 중도에 학업을 포기하거나 학교생활을 충실하게 하지 못하는 원인을 파악할 수 있다.

표 3-13. 평생교육의 방해요인

- 시간의 절대 부족을 들 수 있다. 학령기 청소년학습자들과 달리 성인학습자들에게 학교생활은 우선순위가 아니다. 육아를 비롯한 가족부양, 직업생활 등 일상적인 생활이 공존하기 때문이다. 그리고 평생교육기관의 경우 주간과 야간으로 나누어져 있는데 대부분의 학습자가 여성이며, 주간에 다니는 학습자들은 전업주부가 많은 반면에 야간에 나오는 학생들은 대부분이 직업생활을 하고 있다. 따라서 직장의 근무시간과 겹치게 되면 직장을 선택하게 되는 경우가 많은 것이다.
- 성인학습자의 학습능력에 대한 자신감의 결여를 들 수 있다. 성인학습자들의 배우고자 하는 욕구는 매우 강하지만 그에 비하여 학습내용을 이해하고 받아들이는 속도는 느리다고 생각한다. 실제로 지적인 차이가 많지 않다고 함에도 불구하고 현장에서 수업을 진행하다 보면 교과서에 나오는 용어

자체에 거부감을 보이면서 학습자 스스로 자신의 학습능력에 대한 의구심을 보이곤 한다.
- 일반 학교과정과 동일한 교재로 수업을 진행하다 보면, 성인학습자들은 학령기 학생들의 학습능력과 비교를 하며 자신들의 학습능력에 대한 자신감을 잃기도 한다. 이러한 심리적 태도는 수업에 대한 소극적 참여로 이어지곤 한다.

성인학습자의 특성에 대한 일반화는 매우 어렵지만 학자들의 통상적 견해에 따르면 성인의 학습능력은 25세에 정점에 이르렀다가 이후 점차 감소하며, 학습자의 지능, 동기, 속도, 태도, 준비도, 창의력 등에서는 비슷한 경향을 갖는다고 보고 있다.

성인학습자들의 학습참여 동기와 방해요인, 성인학습자의 특성을 고려할때 교수자는 〈표 3-14〉와 같은 점을 고려해야 한다.

표 3-14. 성인학습 교수자의 고려사항

- 성인학습자는 풍부하고 다양한 경험을 가지고 있는 특성이 있기 때문에 교수자는 이러한 경험을 교실 안에서 공유할 필요가 있다.
- 성인학습자는 돈과 시간을 누가 부담하느냐에 따라 학습자세가 달라지는 특성이 있는데, 학습자 자신이 꼭 필요한 경우는 자기 돈과 시간을 내서라도 열심히 학습하지만 자기가 필요한 것이 아니면 조직이나 단체에서 무료로 제공하는 교육일지라도 열심히 참여하지 않는다. 따라서 교수자는 학습자가 필요로 하는 교육내용과 교육방법을 사전에 파악할 필요가 있다.
- 성인학습자는 배운 것을 활용하는 것을 선호하기 때문에 교수자는 적용방법에 대한 시간을 할당할 필요가 있다.
- 성인학습자의 기분에 따라서 학습효과가 좌우되는 특성이 있으므로 교수자는 성인학습자들의 학습동기를 유발하기 위하여 다양한 교수방법을 활용하고 학습했을 때의 이점을 알 수 있도록 한다.
- 성인학습자의 신체적 특징을 고려하여 인체공학적 측면에서도 성인에게 적합한 강의실을 마련할 필요가 있다.

PART 2

교수자중심 평생교육 교수 · 학습방법

Chapter

04

강의법과 학습동기유발

배울내용

1. 강의법 ◎ 2. 학습동기유발

학습목표

1. 강의법의 개념 및 절차를 이해한다.
2. 강의법의 목적과 종류를 파악한다.
3. 강의법의 진행절차 및 장단점을 설명할 수 있다.
4. 교수자의 능력을 숙지한다.
5. 학습동기의 정의 및 중요성을 파악한다.
6. 학습동기유발 ARCS 모형의 구성요소를 숙지한다.

교수자주도형 평생교육 교수 · 학습방법은 학습자가 교수자로부터 정보를 전달받아 내재화하는 학습이라고 할 수 있다. 즉, 정보를 기억한다든가 기계적인 암기학습, 그리고 학습자들이 교수자로부터, 또는 학습자와 학습자 간에 서로 피드백을 받지 않는 형태의 교수 · 학습방법이다. 이 방법은 Direct Instruction 혹은 Lecturing이라고도 쓰이며, 능동적 학습(Active Learning)과 달리 교수자가 중심이 된 수동적 학습방법이다. 다시 말해, 학습자주도형의 능동적 학습법이 스크라테스의 논쟁처럼 협력적으로 논쟁하는 학습방법인 데 비해, 이 학습방법은 동시대의 종교적인 교회라든가 모스크 사원, 유대교 예배당 등에서 사용되었으며, 현대의 학교교육에서도 주로 사용되고 있다. 수동적 학습방법은 단순히 교육적 모델의 산물이라고 하기는 어렵다. 왜냐하면 수동적 학습자들은 그들이 갖고 있는 정보나 학습경험 없이도 학습할 수 있으며 학습자들은 타 학습자들과 상호작용하지 않고 통찰력, 논쟁 등을 나누지 않는 경우가 많기 때문이다. 인류의 60%가 수동적 학습자로 추정되고 있다(Wikipedia, 2016).

교수자주도형 평생교육 교수 · 학습방법의 종류에는 강의법과 학습동기유발, 반성적 사고와 반성적 저널쓰기, 브레인스토밍과 질문법 및 유의미학습과 인지전략 등 다양하다고 할 수 있다〈그림 4-1〉.

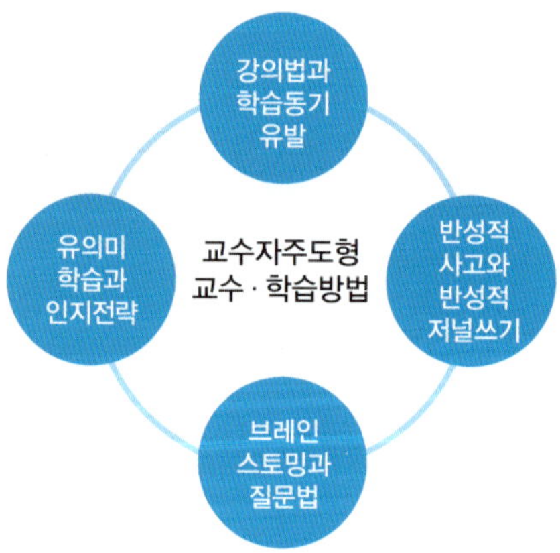

그림 4-1. 교수자주도형 평생교육 교수 · 학습방법의 종류

〈그림 4-1〉의 교수자주도형 평생교육 교수·학습방법의 종류 중에서 본 장에서는 강의법과 학습동기유발에 대해 자세하게 살펴보고, 나머지 교수자주도형 평생교육 교수·학습방법은 5장(반성적 사고와 반성적 저널쓰기), 6장(브레인스토밍과 질문법), 7장(유의미학습과 인지전략)에서 구체적으로 살펴보고자 한다.

1. 강의법

1) 강의법의 개념 및 절차

전통적인 강의법은 〈그림 4-2〉에서 보는 것과 같이 과거의 교육 패러다임처럼 가장 전통적이고 보편적인 지도방법으로 오랫동안 사용되어 왔다. 교수자주도형의 전통적 강의법은 사전에 계획된 구조에 따라서 교수자가 전달하고자 하는 지식을 언어적으로 전달하는 교수법의 한 과정이다. 교수자가 특정한 논제나 주제를 이야기하는 형태의 교수법으로 일방적인 의사소통이라고 할 수 있다. 이 학습방법에서 교수자는 아이디어나 개념을 제시하여 그것을 발전시키고 평가하여 요점을 요약하며 학습자들은 교수자의 교육을 청취하고 필기한다. 강의 중에 학습자들의 질문보다 경청이 빈번하며, 질문이 제기되더라도 주로 사실이나 정보를 확실히 하기 위해서인 경우가 흔하다(조용개 외, 2011).

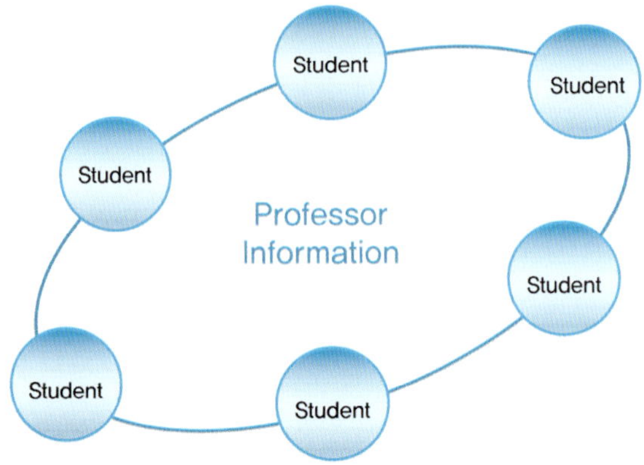

그림 4-2. **전통적인 교수법 패러다임**

이처럼 집단 수업 중 가장 보편적인 방법이 강의이다. 강의는 일반적으로 고등교육이나 성인교육의 경우에 쓰이는 흔히 사용되어 온 용어이며, 강사나 교사가 집단의 학생이나 교실에서 학습자들에게 또는 피훈련생들에게 이야기하는 일체의 활동을 포함해서 부르기도 한다. 수없이 많은 교수방법이 있긴 하지만, 교육수준의 높고 낮음을 막론하고 얼굴을 서로 마주 대하고 하는 이야기, 즉 강의가 아직도 교수방법의 중심을 이루고 있으며, 앞으로도 상당기간 이 교육방법은 계속될 것으로 전망되고 있다.

강의식 수업은 학생들 사이의 활발한 상호작용을 통한 학습의 기회가 거의 없이 학교에서 널리 적용되는 교사주도적인 강의식 수업을 말한다. 강의는 학교교육에서 가장 먼저 일반화된 교수법으로서 교수법이라고 말하면 대부분 강의를 떠올릴 만큼 많은 사람들에게 익숙해져 있다. 현재 대부분의 학교교육이 강의로 이루어지고 있으며, 심지어는 초·중·고등학교의 대부분의 과목에서도 주로 강의법을 통해서 교수·학습이 이루어지고 있는 실정이다.

2) 강의법의 목적과 종류

강의의 주된 목적은 학습에 필요한 정보의 제공에 있고, 일반적인 의미에서 강의는 말이나 글의 뜻이 설명으로 이루어지는 과정 또는 그에 관한 해설로 이루어지는 수업을 의미한다. 강의는 교사중심의 교수 · 학습방법 또는 직접적인 수업방법이다. 강의는 흔히 수업의 목적이 학생들에게 정보를 채워 주는 데 있다고 보고, 학문적 개념의 정의, 수학적 법칙과 이론의 의미 및 구조 등을 주입시킨다. 그러나 강의가 언제나, 어느 주제에나 효과적이지는 않다(김경태, 2010). 남명자(1988)는 "강의는 어떤 사람이 큰 집단을 상대로 말하는 것으로 반드시 가르치는 것(teaching)일 필요는 없으며, 이 점에서 교수법으로서의 강의법과 구별되는 것이다. 교사는 가르치기 위하여 강의법을 이용한다는 것을 유념해야 하며, 이 방법이 오용된다는 것은 피할 수 없는 것이다. 잘못은 이용자에게 있는 것이지, 방법에 있는 것이 아니기 때문이다"라고 정의하고 있다.

강의가 적절한 상황은, 첫째, 정보의 전달에 주된 목적이 있을 때 유용하다. 둘째, 학생들이 직접 자료를 구할 수 없을 때, 셋째, 특정 집단을 대상으로 자료를 조직하여 제시할 때, 넷째, 학생들의 흥미를 유발해야 할 필요성이 있을 때 등이다.

강의는 설명식 수업, 명시적 수업 또는 직접 수업 등으로 불린다. 강의에서는 넓은 범위의 정보를 짧은 시간에 다량으로 전달할 수 있다. 강의는 용어를 정의할 때, 단원을 소개할 때, 명확하게 이해시키려 할 때, 읽기 수준이 부족한 학생들에게 많은 정보를 전달해 주려 할 때 등에 적용하면 효과적이다. 강의는 다수를 다루는 경제적이고 효율적인 수업으로서 그 효과는 학생들이 가지고 있는 선행지식을 참고하여 논리적으로 제시할 때 극대화된다. 그러나 강의는 문제해결, 의사소통, 사고 등의 기능을 함양시킬 수 있는 기회를 충분히 제공하지 못하는 문제를 안고 있다.

교수 · 학습방법에 있어서 강의는 크게 2가지로 나눌 수 있다. 즉, 형식적 강의와 대화식 강의로 구분된다. 이러한 강의법은 정보가 교사에게서 학생에게 일방적으로 전달된다는 점에서는 동일하지만, 학생들의 관여도에 따라서 서로 구분된다. 구체적으로 형식적 강의는 기본적으로 교사의 독백으로 교회의 목사에 의한 설교와 같다고 할 수 있다. 즉, 강사에 의한 형식적 강의가 이루어지는 동안에는 학습자로부터 어떤 방해도 받지 않고, 학습자들의 질문도 거의 없다. 형식적 강의를 꾸준히 지속할 수 있는 시간은 학생이 집중할 수 있는 시간에 따라 결정된다. 보통의 경우 초, 중학생은 10여 분을 고등학생은 15~20분 동안 계속해서 집중할 수 있다. 따라서 중학생과 고등학생에게 각각 10분이나 20분 이상 강의를 하게 되면, 학생들의 관심과 흥미를 끌어내기 힘들다. 학생들이 장난치고, 옆 친구와 이야기하는 경우는 강의가 지루하고 더 이상 집중할 수 없음을 나타내며, 그런 경우 강의를 즉시 마치는 것이 좋다. 강의의 목적을 더욱 효과적으로 달성하기 위해서는 다른 교수·학습전략과 병용하는 것도 바람직하다.

대화식 강의는 교사가 학생에게 또는 학생이 교사에게 자주 질문하고, 교사와 학생 사이에 적극적인 상호작용이 일어나는 강의법이다. 이러한 대화식 강의에서 주고받는 질문은 교수·학습에 학생들의 관심을 유발시키게 된다. 학생의 질문이나 교사의 질문에 대한 대답은 학생이 강의내용을 이해하고 있는 정도를 확인하는 데 특히 효과적이다(김경태, 2010).

조직적인 강의를 위해서는 강의노트가 필수적이다. 강의노트는 강의의 내용과 소재를 산문체 형식으로 작성하거나 핵심적 용어를 나열한 것이어도 좋다. 산문체 형식은 필요한 정보를 거의 모두 포함하는 장점이 있으나 전체의 내용을 일목요연하게 보여주기는 어렵다(Chiappetta & Koballa, 2006). 그래서 경험이 많은 교사일수록 핵심적 용어의 목록 형식을 선호한다. 차트·OHP·괘도·파워포인트 등 시청각 자료를 활용해 강의노트의 내용을 학생들에게 직접 보여 주면, 강의의 효과는 더욱 높아진다.

3) 강의법의 진행절차 및 장단점

강의는 〈표 4-1〉에서 기술된 것과 같이, 소개–제시–이해점검–통합–검토 및 끝내기의 순서로 진행하면 순조롭다(Eggen & Kauchak, 2006). 구체적으로 강의의 첫 단계에서는 학생들의 학습동기를 유발하고 강의의 내용을 소개한다. 즉, 간단한 문장이나 질문을 통하여 수업에 학생들의 관심과 흥미를 불러일으키고, 학생들에게 학습과제나 수업의 목표를 알려 주어서 학생들이 강의의 내용을 미리 인지하도록 한다. 강의의 본체는 그 교수·학습의 요체로서 다양한 시청각 자료를 활용하여 수업의 내용을 설명하는 제시 단계이다. 설명이 진행되는 단계에서 학생들이 수업 중 이해한 정도를 점검하고 그들의 선행지식이 심화된 정도를 확인한다. 형식적 강의에서는 주요 개념을 가능한 상세하게 말하며 강의의 내용을 평서문으로 요약하고, 대화식 강의에서는 질문을 통하여 요약한다. 강의의 마지막 부분에서는 핵심적 내용이나 일반화로 강의의 내용에 관한 결론을 내리게 된다.

표 4-1. **강의중심 교수·학습의 일반적 절차**

단계	교수·학습 기능	교수·학습 활동
소개	학생들의 주의를 집중시킨다. 배경지식을 활성화한다.	선수학습을 검토한다. 선행조직자를 제시한다.
제시	배경지식을 제시한다. 교수·학습 내용을 설명한다.	교수·학습 과정안으로 작성한 강의의 내용을 설명한다.
이해점검	형성평가로 이해하고 있는지 여부와 그 정도를 점검한다.	간단한 질문으로 교수·학습한 내용을 이해했는지의 여부와 정도를 확인한다.
통합	선행지식과 학습내용을 연결시킨다. 인지적 평형화에 도달한다.	선행지식을 정교화하거나, 인지구조를 변화시켜 인지적 평형상태에 도달한다.
검토 및 마무리	과제를 제시하고, 형성평가를 실시한다. 수업을 마무리한다.	교수·학습의 결과를 검토하고, 요약하며, 수업을 끝낸다.

강의는 배경지식 외에 내용을 효과적으로 전달하는 기술, 대화와 같은 의사소통 경험, 스킬 등을 통한 교수내용 지식들에 의해서도 좌우된다. 일반적으로 강의는 교수자 또는 학습자가 제시한 하나의 생각을 여러 가지 방법과 전략으로 설명하고, 설득력이 있는 예를 제시하며, 모형과 비유법을 적절하게 활용할 줄 알고, 학습자들이 어렵게 느껴지는 학습부분을 효과적으로 인식시키는 방법이다. 교수자주도형의 강의법은 교

수자의 지식이나 정보를 전달하는 해설이나 설명에 의해 수업이 이루어지므로 학습자들의 커뮤니케이션 수준을 고려하는 것이 매우 중요하다. 교수자의 측면에서 강의법에 관한 긍정적인 효과성은 〈표 4-2〉, 강의법의 가치를 살펴보면 〈표 4-3〉과 같다(이성호, 2006; 조용개 외, 2011).

표 4-2. 강의법의 긍정적인 효과성

- 교수자주도형의 전통적 강의는 교수자를 매개로 하여 이루어지기 때문에 교수자가 주의를 기울이면 생동적이고 융통적이며, 교수자와 학습자 모두에게 강화를 제공할 수 있는 효과적인 방법이다.
- 교수자는 지식의 광범위한 범위를 탐색하여 이를 삶의 기본목표, 행동양식과 관련지을 수 있으며, 학습자에게 이해와 관심을 적극적으로 유도할 수 있다.
- 교재는 하나의 언어체계로 설명을 제공하지만 교수자는 필요시 언어, 비언어적 표현으로 자료를 반복하여 사용할 수 있으며, 교재에 포함되지 않은 최근의 자료와 복잡한 자료를 적시적기에 효과적으로 제시할 수 있다.
- 교수자는 인쇄자료에서 제공되는 것과는 다른 기준과 개관, 그리고 비판을 교수자 기준에서 제시할 수 있다.
- 교수자는 자신의 독특한 강의기술로 학습자들에게 인쇄자료보다 훨씬 더 즐겁고 흥미로운 자료를 제공할 수 있으며, 자신의 열정도 전달할 수 있다.
- 교수자주도형의 전통적 강의 교수 · 학습 방법은 교수자들이 효과적으로 강의를 한 학습자로부터 받은 주의집중에 의해 심리적 보상을 받을 수 있으며, 학습자들은 교수자가 부여하는 유머, 연기, 논리, 열정 그리고 관심에 의해 상호강화를 제공할 수 있다는 점에서 유용하다.

표 4-3. 강의법의 가치

- 교수 · 학습의 목적에서 볼 때 강의법은 특정한 태도나 가치를 고취하기 위해 설득력 있는 웅변적 교수가 필요할 때 효과적이다. 전달하려는 메시지를 얼굴표정, 눈빛, 몸의 동작 등과 목소리의 특성이 어울려서 생동적인 목소리로 전달할 때 그것은 더욱 설득력을 갖게 된다.
- 교수 · 학습의 내용 측면에서 볼 때, 교수자주도형의 강의법은 매우 효과적인 경우가 있는데, 예를 들어 아직 교재에 쓰여 있지 않은 새로운 정보나 자료, 사고 등을 설명할 때, 내용이 복잡하거나 혼란스러운 것을 체계 있게 정리하여 전달할 필요가 있을 때 또는 내용이 세분화되고 상호복합적으로 연계된 구조로 이루어져 있어서 그 요소요소를 하나하나씩 설명하며 풀어 나갈 필요가 있을 때 교수자주도형의 전통적 강의법은 효과적으로 사용될 수 있다.
- 교수자주도형의 전통적 강의법은 개인의 독특한 특성을 가진 학습자들에게 적절한 교수법으로 밝혀

지고 있다. 교수자가 언제나 모든 것을 확실히 해 주어야만 심리적으로 편안함을 느끼는 학습자들, 내성적인 학습자들, 심리적으로 경직되어 있고 융통성이 없으며, 근심 걱정이 많은 학습자들, 맹종이나 순응형의 학습자들에게 교수자주도형의 강의법은 다른 교수방법보다 효과적이다.

한편 교수자주도형의 전통적 강의식 교수 · 학습방법은 교수자가 강의법에 익숙하지 않거나 효과적으로 사용하지 못한다면, 학습자는 주의를 집중하기 어렵고 학습자를 능동적으로 학습활동에 참여하도록 하는 데 어려움이 발생한다. 또한 대집단으로 이루어지는 경우가 많아서 학습자들게 개인적으로 필요성을 충족시키기 어려우며, 지도하는 교수자의 개인적 역량에 의존할 가능성이 매우 높다. 이러한 교수자주도형의 강의법이 지닌 단점에 대해 살펴보면 〈표 4-4〉와 같다(조용개 외, 2011).

표 4-4. **강의법의 단점**

- 학습자들이 교육이 필요하다는 인식이 없다면 학습의욕이 떨어지고 효율도 오르지 않는다.
- 교수자와 학습자 간에 질의응답을 할 때 학습자 개개인에 대한 상호작용과 자극은 전반적으로 약한 편이다.
- 학습자들이 수동적 태도에 놓이기 쉽고, 학습에 임하는 적극적인 자세를 기대하기 어렵다.
- 학습자들의 인지적 능력에 따라 교육을 이해하는 정도가 다르다.
- 학습자들은 머리로 이해하는 단발적인 교육으로 끝나고 행동으로 연결되지 않는 경우가 발생한다.
- 교수자가 강의식 학습자들에게 관심 있는 자료를 제시하지 않는다면, 학습자들의 흥미와 동기를 유발하기 어려울 수 있다.
- 학습자의 개성과 능력이 일반화되어 무시되는 경우도 있으며, 교재 읽기에 치우치는 경향을 보이기도 한다.

이와 같은 교수자주도형의 전통적 강의의 장점과 단점을 고려할 때, 효과적인 강의법의 사용을 위하여 교수자는 기계적, 주입적인 태도를 취하거나 개인의 욕구나 흥미, 능력을 무시하고 자주성, 창의성의 발달을 저해하는 등의 오류를 범하지 않도록 주의해야 한다. 따라서 교수자는 강의가 오랜 시간 동안 계속될 경우 강의 전체에 대한 내용을 개력적으로 설명하여, 그 개요를 이해하게 하고, 강의내용을 요약하여 듣는 사람에게 미리 나누어 주는 것도 효과적인 방법이다. 또한 교수자는 학습자의 학습태도를 관심 있게 관찰하여 강의속도를 조절하고 학습자가 생각할 시간적 여유를 갖게 하는 기술이 필요하다. 학습자가 강의를 이해하고 있는가도 면밀히 살펴 가며 진행해야 한다. 수시로 강의의 형태를 변형하여 학습자 간에 토의를 하게 하거나 시청각 교구를 활용하는 것도 효과적이다.

4) 교수자의 능력

앞에서 살펴본 바와 같이 강의식 교수·학습방법에서 효율적인 강의가 이루어지기 위해서는 강의를 담당하고 있는 교수자의 개인적 역량이 매우 중요하다고 할 수 있다. 따라서 학습자에게 좋은 학습결과를 이끌어 내기 위해 교수자에게 요구되는 능력은 〈그림 4-3〉과 같다(김문섭 외, 2019; 정혜선, 2005).

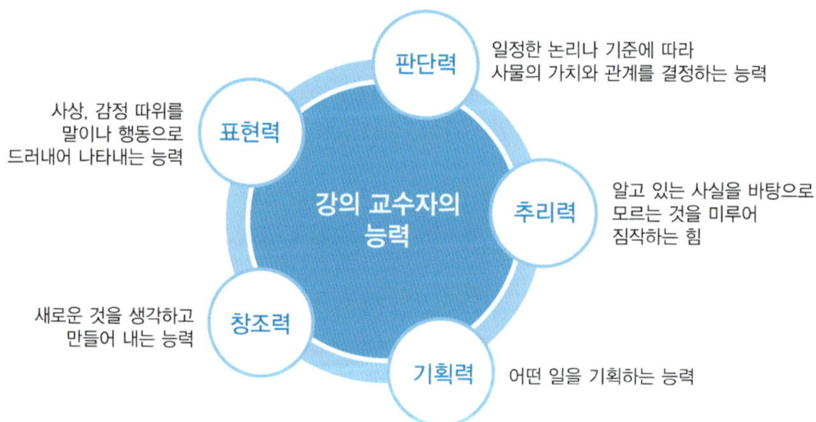

그림 4-3. 강의 교수자에게 요구되는 능력

(1) 판단력

교수자에게는 섬세하고 정확한 판단력이 요구된다. 섬세한 교육적 판단력은 학습자의 심리적이고 정신적인 상황을 섬세하게 직감할 수 있는 통찰력이라고도 할 수 있다. 때론 교수자는 객관적 상황분석은 물론이거니와 학습자의 심리적인 측면까지도 고려하여 종합적으로 판단하고 행동해야 한다.

(2) 추리력

교수자는 추리력(추론력)을 지녀야 한다. 인간은 새로운 문제에 직면했을 때 그것을 해결하고자 여러 가지 궁리를 하기 마련이다. 그러나 그것은 무에서 유를 창조하는 직업이 아니다. 과거의 경험이나 지식을 동원하여 뇌 안에서 다양한 형상을 그려 가며 문제를 해결하기 위한 답을 도출해 내는 작업이다. 따라서 교수자가 추리력을 보다 발달시키기 위해서는 경험적인 지식을 포함한 '풍부한 지식'을 갖추는 것이 중요하다. 지식이 많으면 많을수록 다양한 형태의 추론이 가능해지기 때문이다.

(3) 기획력

교수자는 기획력을 지녀야 한다. 프로그램에서 사람들의 흥미를 끄는 것은 기획력에 달려 있다. 이는 강의라는 하나의 과정을 만들어 가는 과정에서도 필수적인 능력이라고 할 수 있다. 어떻게 학습자들로 하여금 강의에 흥미를 가지고 참여하게 할 것인지는 교수자의 기획력에 달려 있다고 해도 과언이 아니다.

(4) 창조력

교수자는 창조력을 지녀야 한다. 창조력이란 기초적인 지식을 쌓아 올려 그것을 바탕으로 여러 가지 형태로 추론을 행한 끝에 나타나게 되는 것이다. 교수자는 풍부한 지식을 쌓은 후 추론을 통한 사고체계를 몸에 익히면서 창조력의 폭을 넓혀 가야 한다.

(5) 표현력

교수자에게 필요한 능력 중 표현력도 있다. 다른 사람 앞에서 발표를 한다는 것은 상당히 어려운 일임에 틀림이 없다. 그러나 올바른 훈련을 통해 적절한 표현력을 기른다면 교수자 스스로가 자신감을 가질 수 있음은 물론이고 학습자들이 강의를 이해하는 데에도 큰 도움이 될 것이다.

이러한 능력들은 학습자들이 교수자에게 인간적 매력을 느끼거나 강의에 대한 신뢰를 형성하는 데 영향을 미친다. 따라서 유능한 교수자의 자질과 역량강화를 위해 다음과 같은 자기진단평가표〈표 4-5〉, 교수자로서의 자기점검〈표 4-6〉을 활용하여 체크하는 방법이 있다(김문섭 외, 2019).

표 4-5. 자기진단평가표[1)]

내용	전혀 그렇지 않다	그렇지 않다	그저 그렇다	그렇다	매우 그렇다
1. 강의하기 전에 미리 학습자에 대해 조사한다.	①	②	③	④	⑤
2. 강의를 위해 교안을 작성한다.	①	②	③	④	⑤
3. 강의 시 사용하기 편리하게 교안을 작성할 수 있다.	①	②	③	④	⑤
4. 미리 강의 연습을 한다.	①	②	③	④	⑤
5. 강의 연습을 할 때 녹음을 하거나 비디오 촬영을 한다.	①	②	③	④	⑤
6. 학습자의 질문을 예상하고 그에 대한 답변을 준비한다.	①	②	③	④	⑤
7. 학습자의 주의를 집중시키면서 강의를 시작할 수 있다.	①	②	③	④	⑤
8. 강의 시 몸이 굳어 있거나 강단에 기대지 않는다.	①	②	③	④	⑤
9. 강의를 하면서 자연스러운 제스처를 사용한다.	①	②	③	④	⑤
10. 학습자와 시선을 맞추려고 노력한다.	①	②	③	④	⑤
11. 학습자들 앞에서 편안하게 말할 수 있다.	①	②	③	④	⑤

1) 점수 채점결과, 85점 이상 매우 훌륭함, 70점 이상 훌륭함, 50점 이상 보통, 30점 이상 약함, 30점 미만 아주 약함으로 해석함.

내용	전혀 그렇지 않다	그렇지 않다	그저 그렇다	그렇다	매우 그렇다
12. 강의 시 목소리는 떨리거나 더듬지 않고 안정적이다.	①	②	③	④	⑤
13. 상황에 따라 음성을 다양하게 구사할 수 있다.	①	②	③	④	⑤
14. 강의를 하는 동안 학습자의 행동을 잘 조절할 수 있다.	①	②	③	④	⑤
15. 학습자와 상호작용을 쉽게 이끌어 낼 수 있다.	①	②	③	④	⑤
16. 학습내용을 체계적으로 전달할 수 있다.	①	②	③	④	⑤
17. 학습내용의 전달과 정리를 위해 시각자료를 이용한다.	①	②	③	④	⑤
18. 시각자료는 단순하고 읽기 쉽고 효과적이다.	①	②	③	④	⑤
19. 강의의 속도와 흐름을 조절할 수 있다.	①	②	③	④	⑤
20. 정해진 강의시간을 지킨다.	①	②	③	④	⑤

표 4-6. **교수자로서의 자기점검**[2]

구분	내용	전혀 그렇지 않다	그렇지 않다	그저 그렇다	그렇다	매우 그렇다
언어적 표현	1. 발음이 정확한가?	①	②	③	④	⑤
	2. 말하는 속도가 적절한가?	①	②	③	④	⑤
	3. 목소리 크기가 적절한가?	①	②	③	④	⑤
	4. 내용에 따라 목소리의 높낮이를 잘 구사하는가?	①	②	③	④	⑤
얼굴표현	5. 얼굴 표정은 부드러운가?	①	②	③	④	⑤
	6. 미소를 띠고 있는가?	①	②	③	④	⑤
	7. 모든 학습자를 골고루 둘러보는가?	①	②	③	④	⑤
	8. 시선은 자료와 학습자에게만 두고 있는가?	①	②	③	④	⑤
몸동작	9. 자세는 바른가?	①	②	③	④	⑤
	10. 몸동작이 자연스럽고 적절한가?	①	②	③	④	⑤
	11. 긴장하지 않고 적절하게 움직이고 있는가?	①	②	③	④	⑤
	12. 긍정적인 느낌을 줄 수 있는 태도를 취하는가?	①	②	③	④	⑤

2) 점수 채점결과, 85점 이상 매우 훌륭함, 70점 이상 훌륭함, 50점 이상 보통, 30점 이상 약함, 30점 미만 아주 약함으로 해석함.

구분	내용	전혀 그렇지 않다	그렇지 않다	그저 그렇다	그렇다	매우 그렇다
강의 진행	13. 강의에 열의가 느껴지는가?	①	②	③	④	⑤
	14. 강의속도와 흐름은 적절한가?	①	②	③	④	⑤
	15. 강의시간 조절은 잘하고 있는가?	①	②	③	④	⑤
강의 구성	16. 강의에 시작이 있는가?	①	②	③	④	⑤
	17. 강의에 끝맺음이 있는가?	①	②	③	④	⑤
	18. 강의에 숨 돌릴 여유가 있는가?	①	②	③	④	⑤
	19. 강의가 호기심을 유도하는가?	①	②	③	④	⑤
	20. 가장 중요한 내용이 부각되는가?	①	②	③	④	⑤

2. 학습동기유발

앞에서 전통적인 강의법이 효율성을 거두기 위해서는 강사에게 요구되는 능력이 매우 중요하다고 하였다. 또한 강의법에 있어 중요한 요인이 학습자들의 학습동기이다. 학습자들의 동기를 높이기 위한 방안으로 켈러(Keller, 1999)의 ARCS 동기모형에 대해 살펴보면 다음과 같다(조선정, 2018).

1) 학습동기의 정의 및 중요성

학습동기에서 동기(motivation)란 움직인다는 'Movere'라는 라틴어에서 유래되었다. 인간의 행동을 일으키는 근원적인 힘(energizer)으로 이해되고 있는 동기는 기능과 행동의 조절자(regulator)로서의 기능을 한다. 동기에 대한 가장 일반적인 정의는 "행동을 시작시키고, 방향을 결정하며, 끈기와 강도를 결정하는 힘"이라고 할 수 있다(김아영, 2010). 동기란 행동의 활성을 높이고 행동의 방향을 정해 주는 인간행동의 에너지이고, 심리적 요인으로써, 비유를 한다면 자동차의 엔진과 핸들의 기능으로 비유할 수 있다. 즉, 에너지와 방향이 동기개념의 핵심적 요소라고 할 수 있다. 켈러(1999)는 동기는 노력의 방향과 세기이며 동기에 대해 3가지 준거, 즉 첫째, 켈러의 ARCS 동기모형은 학습자들의 동기문제를 분석하여 필요한 동기전략을 제공한다. 둘째, 학습자들의 동기분석을 강조하며 켈러의 동기인 방향과 세기인 주의집중, 관련성, 자신감, 만족감 4가지를 사용하여 진행을 한다. 셋째, 켈러는 대상자, 학습자들의 분석을 통해서 주의집중, 관련성, 자신감, 만족감의 방향과 세기가 결정된다고 주장하였다.

켈러의 동기이론의 이론적 배경은 동기 및 수행의 거시모형(Macro Model of Motivation and Performance)라고 불리는 틀〈그림 4-4〉을 통해 동기에는 지접적인 노력이 학업수행에 영향을 준다는 것을 알 수 있다.

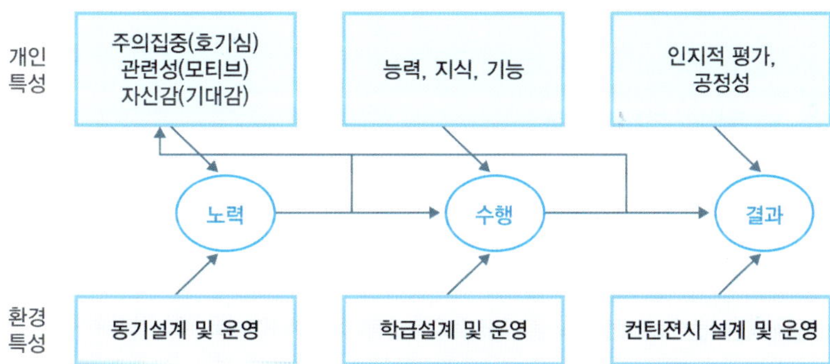

그림 4-4. **켈러의 동기와 수행 거시 모델**

첫째, 노력과 수행을 중간에서 시작해 자신감(기대감)으로 향하는데 학습자 본인이 노력하면 성공할 수 있다는 생각을 가질 때 성공에 대한 기대감이 증가한다.

둘째, 수행과 결과 사이에서 시작해 자신감으로 향하는데 학습자가 피드백을 어떻게 받아들이느냐에 따라 달라진다.

셋째, 켈러는 학습자의 자신감은 본인 스스로의 노력과 본인의 능력으로 인해 결과를 얻었다고 생각하면 높아진다고 볼 수 있다고 본다.

학교에서의 공부는 최소한 일정 시간 동안 학생들에게 여전히 지루하거나 중요하지 않는 것일 수 있다. 이러한 학생들에게 교사가 지속적으로 학습동기를 자극해 주고 수업이 마무리될 때까지 유지하도록 지도하여 지식을 구체화하고 학습능력을 길러 심화할 수 있도록 해야 하며, 켈러(1987)는 ARCS 동기론은 학습자들을 학습에 몰두하도록 하기 위한 것으로 수업효과를 목적으로 하는 것은 아니라고 주장한다. 또한 학교를 벗어나서도 긍정적이고 유의미한 동기를 학습자가 스스로 목표를 생성하고 달성할 수 있도록 교사가 지도를 해야 하며, 학습동기 이론이 수업에 있어서 영향이 상당 부분을 차지하기 때문에 학습동기는 중요하며, 특히 학습자가 스스로 손을 움직여 자신의 감정을 표현하거나 창의적인 사고를 통해 사물을 여러 각도에서 보는 시도를 하거나, 작품을 감상활동 하는 등 다양한 활동을 하게 된다.

2) ARCS 모형의 구성요소

ARCS 모델이란 켈러가 만든 동기설계의 대표적인 모형으로 학습동기를 유발, 지속시키기 위해 학습환경의 동기적 측면에서 설계하는 문제해결접근법으로, 켈러는 동기란 노력의 방향과 세기라고 주장을 했는데, 그 동기의 방향과 세기는 4가지 동기요소인 주의집중(Attention), 관련성(Relevance), 자신감(Confidence), 만족감(Satisfaction)의 상호작용에 의해 결정된다고 했으며, ARCS 모델 이름은 이 4가지 동기요소의 각각을 줄인 말이다. 이 4가지 범주들은 인간이 완전히 동기유발 되기 위한 요건으로 각 범주는 또 다시 하위범주를 포함하여 동기를 좀 더 구체적으로 나타낼 수 있다. 하위 범주는 〈표 4-7〉과 같다(조선정, 2018).

표 4-7. **ARCS 모델의 구성범주**

주의집중	관련성	자신감	만족감
지각적 각성 탐구적 각성 변화성	목적 지향성 모티브 일치 친밀성	학습요건 성공기회 개인적 통제	내재적 강화 외재적 보상 공정성

(1) 주의집중(Attention)

학습을 이루기 위해서는 학습자들이 주의집중을 해야 하는데 아무리 좋은 수업을 설계했다 하더라도 학습자들의 주의집중이 없다면 학습효과가 없을 것이다. 주의집중은 학습자를 위해 일관성, 신기함, 변화성의 적절한 균형을 갖는 것이 중요하다(조은경, 2015). 즉, 아무리 좋은 수업전략도 반복하면 학습자에게 지루함을 주게 되는데 이러한 지루함을 줄이기 위해서 교사는 학습자들을 위해 수업의 집중력을 높일 수 있는 변화를 주기 위한 노력을 해야 한다. 주의집중의 하위 구성요소는 지각적 각성, 탐구적 각성, 변화성이며, 자세한 설명은 〈표 4-8〉과 같다.

표 4-8. **주의집중 하위 구성요소**

구분	내용
지각적 각성	학교에서 교사들이 주의집중하기 위해 많이 쓰는 방법으로는 학습자들이 좋아하는 연예인의 이름을 언급을 하거나, 만화, 영상, 다이어그램, 그 외에 다른 시각적 보충교재를 사용함. 교사와 학습자가 끊임없이 시선을 교류하고, 학습자가 수업에 호기심을 가지도록 함.
탐구적 각성 (호기심 각성)	수업을 유지하기 위해서는 학습자에게 좀 더 심화된 호기심을 기지도록 함. 학습자들에게 수수께끼를 풀고 있다는 느낌을 주어야 호기심 각성을 잘함.
변화성	교사의 변함없는 억양은 학습자들의 수업을 지루하게 만듦. 이렇듯 수업 안에서 교사가 억양, 목짓 등의 변화를 주지 않는다면 지루하기 때문에 변화를 주는 것이 중요함.

즉, 주의집중은 학습자에게 영상이나 소리 등의 매체를 활용하여 집중을 시키며, 수

업에 들어간다는 신호를 주는 것과 같다. 주의집중이 되지 않으면 학습자들의 몰입이 되지 않기 때문에 교사가 수업시간에 집중할 수 있도록 시각적, 청각적으로 활용하여 유도를 한다.

(2) 관련성(Relevance)

학습동기를 결정하는 데 강력한 요인이 된다. 수업시간에 학습자들의 호기심이 유발되었다 하더라도, 학습자들이 "왜 이 수업을 해야 해요?"라는 말을 하면 교사는 학습자들에게 수업에 대한 납득을 하도록 해야 한다. 배우는 학습내용이 아무런 가치가 없다고 느껴진다면 학습자들의 동기는 소멸되기 때문에 학습자의 관심사나 경험과 관련 있는 상황, 비유, 사례연구 등을 사용한다. 관련성의 하위 구성요소는 〈표 4-9〉와 같이 목적 지향성, 모티브 일치, 친밀성이다.

표 4-9. **관련성 하위 구성요소**

구분	내용
목적 지향성	학습자들이 목표를 설정하고 달성하기 위해 노력하는 것. 학습자가 분명한 목적을 가지지 않았거나, 수업내용과 목적 사이에 관련이 없다면 학습자들은 흥미를 잃음. 목적이나 실용성을 제시하기 어려운 학습과제일 경우 목적을 제시해 주기 위한 게임, 시뮬레이션 등 학습형태를 이용하는 것이 좋음.
모티브 일치	교사가 학습자들이 흥미와 관련성을 많이 느끼는 것을 알고, 그들의 이름을 부르고, 학습자와 시선을 맞추는 등 그들과 온화한 대화를 하도록 함. 다양한 학습자들의 욕구를 충족시켜 주기 위해 게임처럼 협력적 집단 활동과 개인 경쟁이 섞여 있는 수업전략을 활용하여 수업이 좀 더 흥미롭고 새롭게 느껴지도록 해야 함.
친밀성	학습자들에게 경험이나 가치와 관계 있는 구체적인 용어, 보기, 개념, 친밀한 과정 등을 사용하는 것. 학습자들에게 친밀한 인물, 그림을 사용하거나, 흥미를 느끼는 주제를 선택함.

즉, 관련성은 학습자들의 욕구를 충족시키는 것으로 수업에서 배운 내용이 다음에 쓸 수 있다는 점을 교사가 설명해 주어 학습자들이 필요성을 느끼도록 유도를 해야

하며, 학습자의 경험과 수업내용을 연결시켜 친밀한 예문을 들거나 학습자 각각의 배경지식을 활용하도록 교사가 유도를 한다.

(3) 자신감(Confidence)

학습자들이 수업시간에 과제를 수행하면서 중요한 것은 자신감이라고 할 수 있다. 학습자들은 과제를 수행하는 데 실패와 불안에 대한 공포를 가지고 있는데 교사들은 이러한 학습자들의 실패에 대한 불안을 줄여 주도록 노력하고, 학습자가 성공에 대해 적극적인 기대를 하도록 도와줌으로써 자신감을 높이도록 한다. 적정 수준의 도전감을 주면서 노력에 따라 성공할 수 있다는 자신감을 심어 주는 것이 높은 동기유발 및 유지의 요소가 된다. 자신감에 해당되는 하위 구성요소는 〈표 4-10〉과 같이 학술요건, 성공기회, 개인적 통제로 나눌 수 있다.

표 4-10. **자신감 하위 구성요소**

구분	내용
학술요건	교사가 목표를 학습자가 이해할 수 있도록 자세히 설명을 하고, 학습자들에게 어떤 지식이나 기술을 기대하는지 알려 주고 수업시간에 해야 될 점을 강조한다면, 학습자들이 성공에 대한 노력에 집중을 할 수 있기 때문에 자신감을 심어 줄 수 있음.
성공기회	학습자들이 과제에 성공에 대한 기대를 하게 만듬. 단순한 과제에서 어려운 과제 순으로 하거나 학습자들의 역량수준에 맞는 적절한 도전수준을 만들어 주거나 만족스러운 반응을 확인해 주는 피드백을 제공해야 함.
개인적 통제	학습자가 성공에 대한 기대감을 스스로 가지면 자신감이 강하게 나타나는데 과제가 너무 쉽거나 운이 따라서 해결됐다거나, 누군가의 도움, 개인적 호의 때문에 성공했다고 믿는다면, 학습자들의 자신감은 향상되지 않음. 교사의 도움을 받아서 한 것이 아닌 학습자의 노력으로 과제를 해결했다는 점을 상기시켜야 함.

즉, 자신감은 학습자들이 과제를 수행하는 데 중요하며, 하고자 하는 마음을 키울 수 있도록 교사가 도와주어야 한다. 성공가능성 여부를 짐작하도록 학습자에게 제시해

야 하며, 학습목표 전반적인 부분과 평가기준을 제시, 적절한 피드백이 이루어져야 한다. 성공의 기회를 학습자들에게 교사가 제시하여 난이도를 단계적으로 상승하게 하여 쉬운 과제를 먼저 실시하여 학습자들이 부담을 가지지 않고 수업에 임하도록 한다. 다시 말해, 학습자 스스로 개인의 수준에 맞게 난이도를 조절하도록 하여 학습자가 수행해 나가도록 교사가 여러 가지 수준에 맞는 선택지를 제시하여 실시한다.

(4) 만족감(Satisfaction)

만족감은 학습자가 수업을 통해 학업성취에 대해 긍정적인 느낌을 가지는 것이다. 학습자들이 수업과제를 진행하고 나서 과제의 결과물에 대한 만족감을 느끼는 것이 중요한데, 중요한 이유는 학습자가 결과에 대해 만족한다면 학습동기는 계속 유지될 것이며, 학업수행에도 영향을 미치기 때문이다. 결과물의 만족감은 학습자가 내적동기를 가지고 임했을 때 크게 느낀다. 이러한 만족감의 하위 구성요소는 〈표 4-11〉과 같이 내재적 강화, 외재적 보상, 공정성으로 구성되어 있다.

표 4-11. 만족감 하위 구성요소

구분	내용
내재적 강화	학습자가 어려운 과제를 달성할 때 내재적 자존심에 대한 언어적 강화(칭찬)를 하거나, 과제에 대한 피드백 제공, 숙달한 학습자가 과제를 숙달하지 못한 다른 학습자를 도와줄 수 있는 기회를 제공함.
외재적 보상	수업내용과 관련된 즉석 게임을 하여 상품을 주거나, 학습자가 학업을 성취했을 경우 학습자들이 원하는 사탕과 같은 간식을 주거나 진심 어린 긍정적 피드백 등을 줄 수 있음. 그러나 외재적 보상은 자주 사용하면 강화의 가치를 잃어버리기 때문에 아주 드물게 사용함.
공정성	공정성 문제를 해결하기 위한 가장 좋은 방법은 수업 초기에 안내한 수업목표와 잘 맞게 했는지, 결과에 대한 부분을 학생들과 토론을 하고 일관성을 가지고 평가함.

즉, 만족감은 유발된 동기를 유지하는 기능이 있으며, 모의상황을 통한 연습문제를

제시하여 학습자들이 적용할 수 있는 기회를 제공하도록 하며, 긍정적인 수업 분위기를 위해 필요하지만 적절한 균형을 맞추어야 한다. 수업의 목표와 내용이 일관성을 유지하며 학습자들에게 평가가 적절히 진행되었는지를 교사가 제시해야 한다. 특히 미술과 같은 예술은 평가부분에서 학습들이 불만을 가지고 있어 적절한 동기가 유발되었다 하더라도 평가에서 불공정성이 있다고 하면 동기가 유지되지 않는다. ARCS 동기론의 과정질문과 주요 지원전략은 〈표 4-12, 표 4-13〉과 같다.

표 4-12. ARCS의 과정질문

구분	항목	과정질문
주의집중	지각적 각성	흥미를 끌기 위헤 무엇을 할 수 있을까?
	탐구적 각성 (호기심 각성)	탐구하는 태도를 어떻게 유발할까?
	변화성	주의집중 유지를 위해 적절한 변화를 어떻게 줄 수 있을까?
관련성	목적 지향성	학습자의 요구를 어떻게 최적으로 충족시켜 줄 수 있을까?
	모티브 일치	최적의 선택, 책임감, 영향을 언제, 어떻게 제공할 수 있을까?
	친밀성	수업과 학습자의 경험을 어떻게 연결시킬까?
자신감	학술요건	성공에 대한 긍정적 기대감을 어떻게 키워 줄 수 있을까?
	성공기회	자신의 능력에 대한 믿음을 향상시킬 수 있는 학습경험을 어떻게 제공할까?
	개인적 통제	학습자가 자신의 성공이 스스로의 노력과 능력에 의한 것이라고 어떻게 알 수 있는가?
만족감	내재적 강화	새로 배운 지식, 기능을 사용하도록 의미 있는 기회를 어떻게 제공할까?
	외재적 보상	학습자의 성공에 대해 외적 강화를 어떻게 제공할 수 있을까?
	공정성	학습자가 자신의 성취에 대해 긍정적인 느낌을 가지도록 어떻게 도와줄 수 있을까?

표 4-13. ARCS의 주요 지원전략

구분	항목	주요 지원전략
주의집중 동기유발 전략	지각적 각성	① 시청각 매체의 활용 ② 비일상적인 내용이나 사건 제시 ③ 주의 분산의 자극 지양
	탐구적 각성	① 능동적 반응 유도 ② 문제해결 활동의 구상 장려 ③ 신비감의 제공
	변화성	① 간결하고 다양한 교수형태 사용 ② 일방적 교수와 상호작용적 교수의 혼합 ③ 교수자료의 변화추구 ④ 목표-내용-방법의 기능적 통합
관련성 동기유발 전략	친밀성	① 친밀한 인물 혹은 사건의 활용 ② 구체적이고 친숙한 그림의 활용 ③ 친밀한 예문 및 배경지식의 활용
	목적지향성	① 실용성에 중점을 둔 목표 제시 ② 목적지향적인 학습형태 활용 ③ 목적의 선택가능성 부여
	부합성 강조	① 다양한 수준의 목적 제시 ② 학업성취여부의 기록체제 활용 ③ 비경쟁적 학습상황의 선택가능 ④ 협동적 상호 학습상황 제시
자신감 동기유발 전략	학습의 필요조건	① 수업의 목표와 구조의 제시 ② 평가기준 및 피드백의 제시 ③ 선수학습 능력의 판단 ④ 협동적 상호 학습상황 제시
	성공의 기회	① 쉬운 것에서 어려운 것으로 과제 제시 ② 적정 수준의 난이도 유지 ③ 다양한 수준의 시작점 제공 ④ 무작위의 다양한 사건 제시 ⑤ 다양한 수준의 난이도 제공
	개인적 조절감	① 학습의 끝을 조절할 수 있는 기회 제시 ② 학습속도의 조절 가능 ③ 원하는 부분에로의 재빠른 회귀 가능 ④ 노력 가능하고 다양한 과제의 난이도 제공 ⑤ 노력이나 능력에 성공 귀착

구분	항목	주요 지원전략
만족감 증대를 위한 전략	자연적 결과	① 연습문제를 통한 적용 기회 제공 ② 후속학습상항을 통한 적용 기회 제공 ③ 모의상황을 통한 적용 기회 제공
	긍정적 결과	① 적절한 강화 계획의 활용 ② 의미 있는 강화의 강조 ③ 정답을 위한 보상 강조 ④ 외적 보상의 사려 깊은 사용 ⑤ 선택적 보상체제 활용
	공정성	① 수업목표와 내용의 일관성 유지 ② 연습과 시험 내용의 일치

Chapter

05

반성적 사고와 반성적 저널쓰기

배울내용

1. 반성적 사고 ● 2. 반성적 저널쓰기
3. 반성적 저널쓰기의 사례

학습목표

1. 반성적 사고의 필요성을 이해한다.
2. 반성적 사고의 정의를 파악한다.
3. 반성적 사고의 특징을 설명할 수 있다.
4. 반성적 사고의 유형을 설명할 수 있다.
5. 반성적 저널의 정의 및 기능을 파악한다.
6. 반성적 저널쓰기의 목적 및 유형을 설명할 수 있다.
7. 반성적 저널쓰기의 방법과 촉진요소를 숙지한다.
8. 반성적 저널쓰기의 사례를 통해 현장의 적용방법을 모색해 본다.

교수자주도형 평생교육 교수 · 학습방법의 종류에는 강의법과 학습동기유발, 반성적 사고와 반성적 저널쓰기, 브레인스토밍과 질문법 및 유의미학습과 인지전략 등 다양하다〈그림 4-1 참조〉. 교수자주도형 평생교육 교수 · 학습방법의 종류에서 강의법과 학습동기유발은 4장에서 살펴보았고, 본 장에서는 반성적 사고와 반성적 저널쓰기에 대해 살펴보고자 한다.

1. 반성적 사고

1) 반성적 사고의 필요성

반성적 사고는 교사가 교육을 일상적인 생활로 받아들여 체제에 순응하는 것을 막아주며, 교사를 단지 지식의 전달자가 아닌 교육과정의 내용을 재편성하는 교육의 주체가 될 수 있도록 하는 기능을 가지고 있는 사고를 의미한다. 또한 자신의 행위를 되돌아보며 내적 점검 및 평가를 도와주고 일과 중에 일어나는 교사의 상호작용이나 교육적 행위 등을 교실의 맥락 속에서 비판적으로 탐구하고 분석하여 다양한 교육상황에서 융통성 있게 대처할 수 있도록 하는 기능을 가지고 있다(박영수, 2015).

교육은 학습자의 이해를 전제로 이루어지는 활동이기 때문에 교사는 학습자중심의 평생교육 교수 · 학습활동이 이루어질 수 있도록 성인학습자에 대해 탐구하고 반성하는 자세를 갖추고 있어야 한다. 이는 최근 전자미디어 속에서 살아온 학습자들이 교사와 서로 다른 문화를 경험하고 있기 때문이다. 또한 교사와 학생은 같은 사회 속에서 만나고는 있지만 서로 다른 시대 속에서 다른 경험을 가지고 성장하였기 때문에 교사는 학습자와 상호작용을 하는 과정에서 어려움을 겪는 경우가 많기 때문이다.

이러한 어려움을 극복하기 위해 교사들은 정규기관의 교육을 바탕으로 기초적인 교사교육이 이루어진 후에도 평생교육현장에서 끊임없는 숙달의 과정을 거쳐야 한다. 이는 교사의 질적 향상이 성공적인 경험만을 기초로 이루어지는 것이 아니라 실패의 경험 후에 그에 대한 반성적인 사고를 통해 새로운 지식을 쌓아 감으로써 가능해지는 것이기 때문이다(조혜경 외, 2017). 이처럼 교사로서의 역할을 효율적으로 수행하기 위해서는 이론적 지식뿐만 아니라 실천적 지식이 요구된다고 할 수 있다.

2) 반성적 사고의 정의

듀이

교사교육에서 반성적 사고에 대한 연구는 듀이(Dewey)의 『How We Think(1933)』에서부터 시작되었다고 할 수 있다. 인간이 생각하는 사고의 특성들에 관심을 가져온 미국의 교육학자 듀이에 의해 반성적 사고라는 개념이 정립되었으며, 그 이후 많은 학자들에 의해 연구되어 온 개념 중의 하나이다(임부연 외, 2014). 듀이(1933)는 반성적 사고를 "일상적인 의식의 흐름(stream of consciousness)과 구별되는 훈련될 수 있는 사고이며, 어떤 믿음이나 소위 지식의 형태에 대해 지지하는 근거와 결과를 자신의 신념에 비추어 적극적이고, 끈기 있게, 그리고 깊이 있게 생각하는 것"으로 정의하였다. 듀이 이래로 많은 교사교육자들이 자신들의 학습경험을 돌이켜 생각해 보고, 그것이 자신의 교수방법에 어떤 영향을 미치는지 생각해 볼 기회를 가져야 한다고 주장해 왔다(조혜경 외, 2017).

반성적 사고가 무엇인가를 한마디로 간략하게 정의하기는 어렵지만 숀(Schön)은 반성적 사고의 형태를 행위 중의 반성적 사고와 행위 후 반성적 사고 두 가지로 구분하였다(염지숙 외, 2018). 교실환경이 불확실하고 복합적이기 때문에 합리적인 교수기술을 갖춘다고 해서 교실에서 발생하는 다양한 문제들을 해결을 할 수 있는 것은 아니라고 주장하면서(조혜경 외, 2017), 전문적인 교사는 '행위 중의 반성(reflection-in-action)'을 통해 형성되고 발전된다고 보았는데, 이는 수업상황을 진행하는 중에 하는 반성을 바로 행동으로 옮기는 과정을 말한다. 예를 들어, 교사가 수업을 마친 후에 자신의 수업에 대해 되돌아보는 것이 아니라 교사가 수업 중에 학습자들의 반응을 보고 교수방법이나 내용을 적절하게 선택하는 것이라 할 수 있다. 따라서 행위 중의 반성은 수업 중 반성을 교실 맥락에 연결시키는 일이라고 하였다. 또 다른 하나는 '행위 후 반성(reflection-on-action)'으로 수업을 마친 후 수업시간의 행동에 대해 언어적으로 또는 비언어적인 사고의 형태로 일어나는 것이다(염지숙 외, 2018). 반성적 사고에 대해 학자들이 내린 정의를 살펴보면 〈표 5-1〉과 같다(이솔, 2019).

표 5-1. 반성적 사고에 대한 정의

구분	내용
Dewey(1933)	반성적 사고를 끊임없이 변화되는 환경 속에서 맹목적인 충동을 통제하고 바람직한 습관을 유지하도록 하는 능동적인 사고이며, 이는 경험의 결과로 얻어지는 후천적인 것으로 단숨에 형성되는 것이 아니라 꾸준하며 지속적인 사고과정을 바탕으로 형성되는 것이다.
Schön(1987)	과거로부터 학습되고 체계화된 지식이 교사의 상황에서 괴리감을 불러일으킬 때, 교사의 경험 속에서 불편한 감정이나 교육적 딜레마를 인지하는 반응으로부터 반성적 사고가 시작된다.
Rodgers(2002)	자신의 문제해결과정에서 어떤 점이 잘못되었는지, 무엇을 수정해야 하는지를 살펴보게 하는 근본적인 사고 체계이다.
Van Manen(1991)	반성은 교육이론에서 필수적인 개념으로 어떤 의미에서 반성은 단지 '사고'의 또 다른 단어일 뿐이며, 교육분야에서의 반성은 신중함, 선택, 행위에 대한 대안적 과정을 결정하는 것 등과 같은 함축적 의미를 담고 있다. 이처럼 반성적 사고는 단지 '사고'를 가리키는 것이 아니라 선택해야 할 것들에 대해 신중하고, 대안적인 과정을 고려하는 사고이다.
한국교육과정학회(2017)	반성적 사고는 인간의 마음속에 스치고 지나가는 일상적인 의식의 흐름과는 구별되며, 자신의 마음이 작동하는 과정을 성찰함으로써 체계적이고 논리적으로 진행되는 높은 수준의 사고이다.

3) 반성적 사고의 특징

교사의 반성적 사고의 특징을 정리하면 다음과 같다(박준영, 2009; 신혜원, 2017; 이솔, 2019; 이주한, 2012; 임부연 외, 2014; 정윤경, 2016). 첫째, 반성적 사고는 상황과 문제를 의식적으로 구조화하여 사고 간에 서로 상호연계성을 가지게 하는 특징이 있다. 우리가 평소에 흔히 하는 사고인 공상이나 수면 중에 꿈을 꾸는 것과 같은 사고는 의식적으로 일어나는 것이 아니라 불규칙하며 우발적으로 일어난다. 이에 비하여 반성적 사고는 관념 속에서 무질서하게 따로 떨어져 있는 사고들이 공통된 목적에 따라 연결될 수 있다는 점에서 일반적인 의식과 다르다고 할 수 있다. 따라서 어떤 관념이 우연에 의해서 결과를 낳는 것이 아니라 공통된 목적에 따라 일정한 질서 속에서 어느 하나가 다른 하나로 연유되며 이것이 다음에 오는 것을 결정하고, 다시 그것으로부터 또 다른 하나가 연결되는 연속적인 고리의 과정을 이룬다. 이러한 사고의 과정을 거치면 논리적이며 정당한 사고가 될 수 있다. 이에 듀이는 반성은 단순히 아이디어의 연속(sequence)이 아니라 그것의 결과(consequence), 즉 지속적인 순서를 의미하며, 다시 말해, 각 아이디어는 적절한 결과로서 다음에 오는 것을 결정하고, 각 결과는 역으로 그 전에 오는 것에 의존하거나 그것을 참조하게 된다고 주장한다.

둘째, 반성적 사고를 할 때 자신의 '경험'과 연결지어 반추를 함으로써 매우 구체적으로 사고하는 과정을 보이는 것이 특징이다. 실제로 반성적 사고를 통해 자신의 경험에서 사고를 숙고하게 되고, 이전에 비해 보다 나은 행동을 위해 자신의 행동을 수정하는 것과 같은 일련의 과정을 거친다. 경험한 사건이 진정한 의미의 경험으로 완성되기 위해서는 지각, 판단, 유추와 같이 일련의 느낌을 통해 반성적 사고를 이끌어 가게 되는 것이다. 즉, 반성적 사고는 인간의 단순한 경험을 지적으로 세련되게 하고 인간을 지성적으로 변화시켜 주는 중요한 능력이라는 것이다.

셋째, 반성적 사고는 비지성적인 활동을 통제하는 성격의 특성을 가지고 있다. 충동적이거나 우연에 일어난 사고를 지성적인 행동으로 전환시킴으로써 인간의 비지성적인 활동을 통제한다는 것이다. 지성적인 행동은 인간이 미래를 전망하게 하고 미래의 목표를 달성하기 위해 세운 계획에 따라 행동할 수 있도록 만든다. 또한 반성적 사고는 인간에게 주어진 고난이나 방해되는 대상을 극복할 수 있는 힘을 부여한다. 우리는 살아가면서 무수히 많은 문제를 경험하게 되고, 힘든 순간들을 직면하게 된다. 이러한 상황에서 반성적 사고는 주어진 어려운 문제들을 극복할 수 있도록 하는 지성적인 행동을 하게 함으로써 우리에게 자유를 얻게 해 준다. 이처럼 반성적인 사고의 통제적인 특징은 우리가 지성적인 활동으로 검증된 증거에 근거하고 있는 믿음과 그렇지 않은 믿음을 구분하여 학생들에게 제공할 수 있게 한다. 이는 반성적 사고가 의식적인 목적에 따라 효율적으로 판단하고 행동할 수 있도록 비지성적인 활동을 통제하는 특징이 있기 때문이다.

넷째, 반성적 사고는 뚜렷한 목표 지향성이라는 특성을 가지고 있다. 반성적 사고는 보통 일상적인 생활 속에서 해결해야 할 문제가 있는 상황에서 일어난다. 우리가 일상적으로 자주 사용하는 "곰곰이 잘 생각해 봐"라는 표현을 보면, 여러 요소들을 심사숙고하여 명료하게 정리된 상태로 가다듬어야 한다는 의미가 들어 있음을 알 수 있다. 이러한 과정에서 우리는 지적인 혼란을 경험하고 지적인 혼란을 이성적인 사고로 정리하여 문제를 해결하고자 하는 목표를 가지게 된다. 이는 복잡한 문제사태(관련된 여러 관념)를 숙고의 과정을 통해 잘 정리된 상태(최종 목표)를 향하여 적절히 조절한다는 의미이다. 이처럼 분명하지 않은 사고를 정리의 과정을 거치면서 분명하고 뚜렷한 사고로 바뀌게 되면 자신의 사고에 대해 자신감이 확고해지고 자기능력에 대한 믿음이 강해진다.

다섯째, 반성적 사고는 과학적이며 실험적인 탐구성의 특징을 가지고 있다. 이에 듀이(2011)는 "어떤 신념이나 가정된 지식은 그것을 지탱하고 있는 근거와 그것이 지향하는 이후의 결론에 비추어 능동적이고, 지속적이며, 주의 깊게 숙고"함으로써, 근거 없는 불확실한 신념을 명확한 근거에 기초한 확실한 신념으로 보았다. 이처럼 과학적인 탐구성에 대해 듀이는 불확실한 상황을 확실한 상황으로 변형하는 조절 혹은 지도된

활동으로, 이 활동을 통해 원래의 불확실한 상황이 갖고 있던 다양한 요소들이 전체적으로 통합된 상태로 전환되는 것과 마찬가지로 불확실한 상황의 여러 특질과 관계가 확실한 상황으로 변형될 수 있다고 주장하고 있다. 이와 같이 불확실한 문제상황을 확실한 상황으로 변화시키는 활동인 탐구성은 사고를 과학적으로 분석하도록 촉진시킨다. 이러한 촉진은 교사가 반성적 사고를 통해 의심스럽고 곤란한 사태를 처리하기 위해 해결책을 제시할 수 있도록 한다.

여섯째, 반성적 사고는 교사생활에서 기존에 자신이 행했던 교육적이지 않은 습관적인 행동과 관습적인 행동에서 벗어나게 한다. 교사의 교수행위가 기계적, 관습적 행위가 아니라 교사 자신의 교수행위가 문제해결의 과정이자 탐구과정임을 강조하며 교사는 반성적 사고를 통해 자신의 교수행동을 분석하고 개선할 수 있다는 것이다. 따라서 교사를 단편적인 이론적 지식과 기술을 습득해야 할 대상으로 보는 것이 아니라 탐구자로서 바라볼 수 있게 하는 특징이 있다.

일곱째, 교사 교육 부분에서 오랫동안 문제점으로 지적되어 온 이론과 실천가의 괴리를 반성적 사고를 통해 극복할 수 있다. 교사가 현장에서 하게 되는 행위 중의 반성은 새로운 앎을 갖게 하고 이것을 실천에 옮겨 검증하는 과정에서 실천적 지식을 갖게 하므로 교실에서 나타날 수 있는 다양하고 복잡한 상황에서 교실의 상황에 맞게 적용할 수 있는 사고를 가질 수 있도록 도와준다. 반성적 사고는 실제 가르치는 행위 속에서 일어나며 더 나은 교사가 되기 위해 교수행동에 대해 끊임없이 사고하게 하도록 도와준다. 우리가 일반적으로 알고 있는 전통적 이원론에 따른 사고는 사고와 행위를 이분법적으로 구분하는 데 비해, 반성적 사고는 행동과 사고의 긴밀한 상호작용 속에서 이루어지는 특징이 있다.

여덟째, 반성적 사고는 다양한 방법들을 생각해 내는 창의적인 생각을 가능하게 하고, 의식적으로 행동할 수 있도록 도와주는 기능을 갖고 있다. 충동적이거나 고정된 사고에서 벗어나 우리의 행동에 따른 결과 사이의 관계를 인식할 수 있게 함으로써, 우리가 미리 예측을 하고 행동할 수 있도록 해 준다. 또한 행동에 따른 결과에 대해서도 지적인 반성을 하게 함으로써 미래에 일어날 수 있는 실패나 좋지 않은 상황을 피할 수 있도록 해 준다.

4) 반성적 사고의 유형

반 마넨(Van Manen, 1977)은 반성적 사고의 유형을 기술적, 해석적, 비판적 반성으로 구분하였다. 기술적 반성은 학습목표에 따라 구조화된 지식이나 기술을 경제적, 효율적, 효과적으로 달성하기 위한 목적달성에 관심을 둔다. 해석적 반성은 교실에서 발생하는 문제를 해결하거나 특정 결정을 내릴 때, 자신과의 대화적 반성을 통해 교육학적 가치나 원리에 기초를 두어 평가하는 데 관심을 둔다. 비판적 반성은 교실문제, 학습, 발달 등에 대한 의사결정에 있어 정의, 평등, 평화, 행복 등과 같은 도덕적, 윤리적 가치에 따라 비판적으로 반성하며 교육정책에도 관심을 기울임으로써 교수행위의 잠재적 가치를 고려하는 것이다.

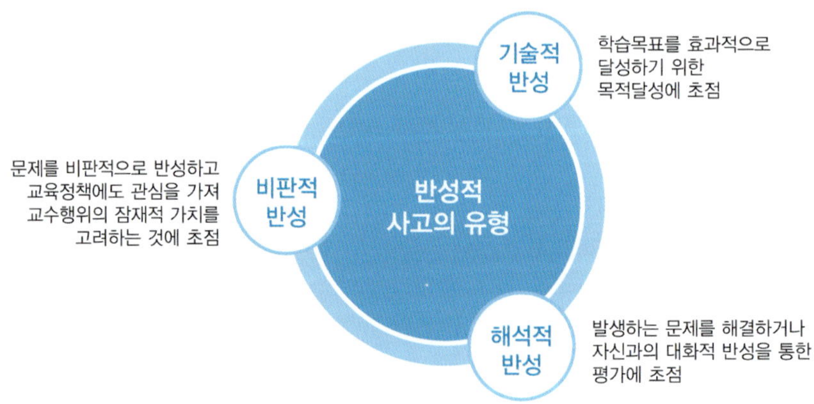

그림 5-1. 반성적 사고의 유형

반 마넨(1977)은 기술적 합리성에 초점을 주어 교육의 경제성, 효율성, 효과성을 추구하는 협소한 기술적 분석을 비판하였다. 반성적 가르치기에 대한 최근 연구의 지향점은 비판적인 반성적 실천이다. 비판적인 반성적 실천은 교육현장의 문제에 대한 비판적 사고를 통한 의식적인 이해와 문제의 원인을 변화시키는 실천행위를 강조하는 개념으로 본다. 따라서 반성의 지향점이 기술적 반성에 머무르기보다는 실천적 반성, 잠재적 가치를 고려하는 비판적 수준으로 심화 확장되어야 한다고 주장하였다(이솔, 2019).

(1) 1단계: 기술적 반성(Technical Rationality)

반성적 사고의 첫 단계에서는 교육의 목적보다도 수단과 방법론적인 것에 초점을 둔다. 즉, 수업의 목적을 달성하는 데 효과적이지 못했던 자신의 기술적인 문제점을 개선하는 데 중점을 누고 있나. 예를 들이, 기술적인 문제점이라 하면 학습자에게 질문을 던져 학습자의 입장을 고려하여 행동을 바꾸는 것이 아니라 교사가 직접 수업을 하면서 느낀 점(자신의 수업 커리큘럼에 적합하다고 생각하는 원칙, 이론) 혹은 교육현장에서 근무(담임, 다른 업무, 학생 지도)하면서 들었던 생각들을 교사 스스로 질문을 던지고 답하는 과정을 통해 자신에게 편리하고 효율적인 것을 선택해 나가는 것이다.

이 수준에서는 주어진 목적을 달성하기 위한 교육적인 지식과 교사로서 가져야 할 기본적인 원칙들을 고려하는 사고를 하게 된다. 하지만 교사가 기술적으로 적용할 수 있는 원리들은 많지 않다. 예를 들어, 간혹 수업을 하면서 '오늘 수업 참 효과적이었다'라는 생각이 들 때, 수업이 잘 이루어진 교육적인 원리와 방법에 대한 효과성을 검증하는 데 근거를 충분히 뒷받침할 수 있는 능력이 없다. 또한 실세도 학습자를 고려하지 않기 때문에 학습자의 학습성과를 높이는 데 효과적이라는 것을 증명하는 데 어려움이 있다. 왜냐하면 이는 지극히 교사 개인적인 초점에서 이루어지기 때문이다.

대안적이고 상충적인 교육원리와 방법들이 존재할 때, 교사는 기존의 교육학적인 이론을 고수하는 것이 아니라 상황과 변수를 고려할 수 있는 경험적이고 넓은 사고를 할 수 있어야 한다. 교사가 되기 전까지 학습한 기존의 교육적 이론이 외부적인 환경과 학습자에 따라 달라질 수 있는 요소들을 고려하는 더 유연한 사고가 필요하다.

(2) 2단계: 해석적 반성(Practical Action)

교사는 교육으로부터 습득한 기존의 교육적 지식과 신념이 모순을 일으킬 때 새로운 대안을 찾게 된다. 이때 기존의 것과 새로운 대안 중에서 어느 것이 더 교육적으로 가치가 있는지에 대한 고민을 하게 된다. 이처럼 교사가 교육적인 선택을 해야 할 상황에 놓일 때, 자신이 가지고 있는 가치 있는 신념을 바탕으로 교육적 가치가 더 높다고 판단되는 것을 선택하는 것을 말한다.

이 사고 단계에서는 자신의 본성과 교육적인 경험에 따라 선택을 하게 되는데, 개인적인 경험과 문화적인 경험, 개인적인 편견이나 의미를 명확히 하는 과정이 전제되어 있다. 자신의 경험을 통해 교육적인 가치를 고민하고 기존에 학습한 이론과는 다른 자신만의 교육적 이론을 형성해 나가는 과정이기 때문에 자신의 실천적인 경험이 필수 조건이라고 할 수 있다. 또한 교사는 교사가 기존에 받은 교육적인 이론에서 벗어나 교육과정을 받는 학생들을 중심으로 고정된 사고를 하는 것이 아닌 해석적인 관점으로 유연하게 바라본다. 일반적으로 정립된 이론이 아닌 자신의 교육경험을 통해 학생들 중심으로 해석적인 이해가 이루어지는 것이 특징이다.

(3) 3단계: 비판적 반성(Critical Reflection)

비판적 반성은 단순히 교육적 상황뿐 아니라 사회적인 이슈를 반영하여 반성적 사고가 이루어지며 교육적인 효과의 관점에서 더 나아가 사회·문화적인 요소와 교사의 교수 실천행위 안에 도덕적·윤리적 기준을 고려한 관점이 포함되는 사고단계이다.

이 단계에서 교사들은 학급에서 일어나는 여러 가지 상황과 그에 영향을 미치는 교육적, 사회적, 정치적, 경제적 조건들을 연관시켜 생각한다. 또한 비판적 반성은 수단 및 목적과 더불어 사회적 배려(social compassion)와 정의(justice)와 같은 윤리적 · 도덕적 측면을 고려한다. 이러한 반성은 사고를 이끌어 내는 본질적 요소로 교사의 경험, 신념, 사회 · 정치적 가치가 포함되어 있다.

교육의 이상적인 목표는 사회적인 합의가 불평등으로부터 자유로워지는 것으로 정의, 평등, 자유를 근간에 두고 자기결정권 내에서 교육이 이루어지는 것을 말한다. 비판적 반성은 억압하는 권위에 대한 제도나 기존의 교육지침에 대해 끊임없이 질문을 던지는 것을 말한다. 따라서 함께 살아가는 교사와 학생 사이에서 특정한 사회적인 역할과 사회구조를 규정하는 것이 강제적으로 이루어지지 않고 자율적인 규범 속에서 이루어진다고 할 수 있다. 이러한 이유로 교육종사자들과 학생들 사이에 억압적인 우월감이나 성적인 차별, 불평등이 존재하지 않는다.

특히 비판적 반성을 하는 교사는 편견이나 고정관념을 넘어서 보다 넓은 차원의 정의, 공평, 민주와 배려 등의 가치를 교수행위에 포함시키려는 자기 성찰적 자세를 나타낸다. 교사가 교육 현상을 사회 · 문화적인 관점으로 바라보았을 때, 사회적인 통념을 습관처럼 수용해 왔던 것에 대해 의문을 가지며 왜곡이 없는 교육적인 모델에 대한 이상향을 가지고 있다. 이처럼 사회적으로 이루어진 교육적인 합의가 불평등으로부터 자유로워지는 것이며 그에 따른 자기결정권을 가진 상태에서 교육이 이루어지도록 늘 의식한다. 따라서 우리가 가지고 있는 지식에 대해 근본적인 질문을 던지는 것이다. '내가 가지고 있는 이 지식이 정말 맞는가?', '이것이 정말 가치 있는가?' 이러한 질문은 사회적인 통념으로 인한 주입과 편견, 다수에 의해 만들어진 것들에 대해 충분한 숙고를 통한 본질적인 물음이다.

2. 반성적 저널쓰기

1) 반성적 저널의 정의 및 기능

반성적 저널이란 교사 자신의 수업에서 경험한 것이나 느낌, 생각 등을 자유로운 형식으로 기록하는 것으로 자신의 주관적인 생각을 기록한다는 점에서 일기와 비슷하기도 하지만 일기가 개인적인 내용을 적은 것이라면 반성적 저널은 개인적인 차원에서 더 나아가 전문성을 가진 교사로서의 사건을 기록한다는 점에서 차이가 있다(노승희, 이영진, 2017).

이러한 반성적 저널은 다양한 기능을 갖고 있다. 즉, 반성적 저널은 자신에 대한 성찰에 도움을 줄 뿐 아니라 수업을 비판적으로 탐색하고 분석하며 반성할 수 있도록 하고(이경화 외, 2017; Zeichner, 1983) 교사의 가치관, 교사로서의 장·단점과 잠재력에 대해 객관적으로 이해하도록 하며, 이론과 실제를 통합하고 미래의 개인적, 전문적 발달을 계획할 수 있도록 도와준다. 그런 의미에서 반성적 저널은 교사의 사고를 들여다볼 수 있는 창이 된다고 할 수 있다(Davis, 2006).

또한 반성적 저널을 통해 교사들은 그들이 느끼는 문제점이나 곤혹스러운 점을 글로 씀으로써 명확하게 표현할 수 있고 수업과정과 내용을 돌이켜 봄으로 수업에서의 잘된 점이나 문제점을 인식하여 문제의 해결책을 찾거나 새로운 교수 아이디어를 생각해 내는 계기를 마련할 수 있다(최희경, 박선호, 2006).

이 외에 교사들이 반성적 저널을 통해 스스로 관심 있고 흥미 있는 부분에 대한 관련 지식과 정보를 찾게 되고, 그것은 궁극적으로 교사의 자기효능감을 높이게 해 준다. 더 나아가 반성적 저널로 교사의 경험이 재구성되고(이화진 외, 2007), 경험을 재구성하는 수단으로 반성적 저널을 사용할 때 반성적 저널은 이론과 실제를 연결하는 중요한 도구가 된다. 그리고 교사가 기록한 반성적 저널을 반복적으로 읽어 봄으로써 이전에 기록한 내용과 현재의 생각 사이의 변화를 살펴보는 과정을 통해 교사의 반성적 사고가 향상될 수 있는 것이다.

이렇게 많은 기능을 가지고 있는 반성적 저널을 작성해 봄으로써 교사의 반성적 사고능력이 향상되고 그것은 교사전문성에 긍정적인 영향을 줄 수 있다.

2) 반성적 저널쓰기의 목적 및 유형

반성적 저널쓰기는 다양한 수준에서 여러 가지 목적으로 사용되는데, 교사교육에서는 일반적으로 다음의 세 가지 목적을 위하여 사용되고 있다. 이 유형들은 반성적 저널이 사용되는 시기와 쓰이는 목적에 따라 상호 보완될 수 있다(김정민, 2018).

(1) 개인의 경험을 재구성하기 위한 반성적 저널

개인의 경험을 재구성하기 위해 작성하는 반성적 저널쓰기는 가장 보편적인 형식으로 교사 개인이 자신의 경험을 자유로운 형식으로 기록하는 것이다(이화진 외, 2007). 경험을 재구성하는 수단으로 저널을 사용하는 경우에서 반성적 저널은 현장의 경험이 이론적 틀에 맞추어 분석될 수 있기 때문에 이론과 실제를 연결할 수 있는 역할을 한다. 이러한 목적의 저널쓰기는 예비교사의 교육실습에서 많이 활용되고 있다.

반성적 저널이 교사의 경험을 재구성하는 목적으로 사용될 때 교사들은 반성적 저널을 반복하여 읽어 봄으로 이전에 기록한 반성적 저널의 내용과 현재 기록한 반성적 저널의 내용 사이에 나타난 변화를 알아볼 수 있다. 예를 들어, 교육실습을 하는 동안 예비교사는 반성적 저널을 작성할 때 단순히 자신의 수업내용을 기록하는 것이 아니라 자신의 경험을 전반적으로 재구성하여 작성하고 이전에 작성해 놓은 반성적 저널들을 반복하여 읽음으로 수업에 대한 새로운 아이디어를 얻을 수도 있고 똑같은 사건이 다시 발생되었을 때 새롭게 대처할 수도 있다. 이러한 과정을 통해 교사는 반성적 사고를 높일 수 있다.

(2) 다른 활동의 기초 자료제공을 위한 반성적 저널

반성적 저널은 교육 관련 세미나의 기초자료로도 활용될 수 있다. 왜냐하면 반성적 저널은 교사 개인의 구체적인 경험으로부터 추상적인 의미나 이론을 추출해 낼 수 있는 기초를 제공하기 때문이다. 따라서 반성적 저널이 세미나의 기초자료로 활용될 때 최대의 효과를 얻기 위해서는 반성적 저널에 나타난 여러 가지 사건의 내용을 다양한 시선과 각도로 분석할 수 있는 이론을 제시하고 세미나에 참석한 교사들이 그 내용에 대해 토론할 수 있도록 해야 한다. 그러한 과정을 통해 교사들은 같은 사건을 두고도 다양한 의견을 내놓을 수 있고 토의를 하면서 새로운 교육적 지식을 얻을 수도 있다. 이렇게 같은 환경에 있는 교사들이지만 서로 다른 동료 교사들의 다양한 경험을 통해 여러 가지 문제점을 해결할 수 있는 아이디어를 얻을 수 있다.

(3) 수업 피드백을 위한 반성적 저널

교사들은 서로 다른 동료 교사들과 작성한 반성적 저널을 서로 읽어 보면서 수업 피드백의 목적으로 반성적 저널을 사용할 수도 있다. 같은 문제점을 안고 있는 교사들끼리 서로의 반성적 저널을 읽어 보며 문제의 해결점을 찾기 위해 반성적 저널을 활용할 수도 있으며, 초임교사와 경력교사가 서로 의사소통을 하기 위한 도구로 반성적 저널을 활용할 수 있다. 이러한 과정에서 반성적 저널은 교사들이 교육현장에서 경험하는 다양한 사례들을 서로 공유하면서 문제해결의 범위를 넓혀 가고 상호주관성을 발달시킬 수 있게 된다.

이렇게 반성적 저널쓰기는 반성적 사고능력의 향상 이외에 다양한 목적을 가지고 있다. 따라서 반성적 저널쓰기가 단순히 수업을 돌이켜 적는 것에 그치지 않고 다양한 목적을 달성하는 데에 도움이 될 수 있게 활용되어야 한다.

3) 반성적 저널쓰기의 방법

반성적 저널을 작성하는 방법은 특별한 주제나 형식을 제시하지 않고 자유롭게 작성하는 비구조적 방법과 저널의 주제를 제시해 주고 단계를 지정해 주는 구조적인 방법이 있다(김정민, 2018). 비구조적인 저널쓰기는 저널쓰기에 대한 개념이 확실한 사람에게 적절한 방법이며 특별한 형식을 정해 놓은 것 없이 교사가 자유롭게 저널을 쓰는 것이다. 이러한 방식은 교사들의 사고를 제한하지 않고 교사에 따라 다양한 내용을 자유롭게 전개할 수 있다는 장점이 있지만 글쓰기 자체를 어려워하거나 주제선정을 하는 데 시간이 오래 걸리는 사람에게는 비구조적인 방법보다 구조적인 저널쓰기가 적합하다고 할 수 있다. 이처럼 비구조적인 저널쓰기를 어려워하는 교사들에게는 자신이 경험한 경험에 대한 의미와 분석을 기술하도록 안내하고, 앞으로 교사가 취해야 할 행동과 그에 따른 평가를 작성하도록 제안해 줄 수 있다.

구조적인 방식은 작성 틀이 정해져 있어 비교적 작성하기가 다소 쉽다는 장점이 있다. 하지만 각 교사들이 근무하는 환경에 따라 다양한 관점에서 사고하는 것을 제한할 위험성이 있다. 또한 사고의 범위가 가르치는 일의 기술적인 면을 넘어서 교육의 윤리 · 도덕적인 차원이나 거시적인 부분을 고려하지 못하는 경향이 있다.

반성적 사고를 촉진시키는 방법으로는 반성적 저널쓰기, 수업활동의 분석, 장학제도, 장학협의회, 전문가와의 대화, 교수행동 연구, 멘토링 등 다양한 전략이 있는데, 이 중 반성적 저널쓰기는 시간과 공간의 제약이 적어 업무량이 많은 교사들에게 효율적인 방법 중의 하나이다. 또한 쓰기라는 영역은 의식과 무의식 사이의 사고 교환을 자극하여 추상적인 것을 구체적으로 변환시켜 분석을 가능하게 한다(Holly, 2008). 이처럼 반성적 저널쓰기를 통해 교사는 자신이 직면한 문제를 인식하고 문제에 따른 가설을 설정한 후, 현장에서 가설검증을 함으로써 반성적 능력을 향상시킬 수 있다.

4) 반성적 저널쓰기의 촉진요소

현재까지 꾸준히 강조되어 오고 있는 글쓰기의 효과적인 교수전략 중 하나가 바로 피드백 전략이다. 반성적 사고는 개인이 기억을 떠올리는 것에서 그치는 것이 아니라 자신의 생각, 느낀 점, 사회적 관계 등을 토대로 자신의 경험과 이해를 전반적으로 구성하는 것(OECD, 2005)이라는 정의에 비추어 볼 때, 저널을 작성하는 교사는 자신의 수업을 관찰한 것을 기록할 뿐만 아니라, 그에 대해 다시 분석하는 일련의 과정을 통해 교사로서의 필요한 요소를 체계화하는 등의 절차를 거치게 된다(이현정, 구혜현, 2013). 즉, 피드백은 교사가 겪는 갈등이나 문제에 대해 다양한 시각을 갖게 하여 깊이 있는 생각을 할 수 있게 도와주는 동시에 정서적 안정감을 주므로 높은 수준의 반성을 도울 수 있다고 본다. 하지만 일반적으로 자유롭게 반성을 하라고 하는 경우, 잘못된 방향으로 반성이 이끌어질 수 있거나 불필요한 반성이 이루어질 수 있으므로 반성의 방법에 대해 세밀하게 구안되는 것이 매우 중요하다.

반성적 사고를 촉진하는 다른 요소로는 교사공동체 모임을 들 수 있다. 교사공동체 모임은 전통적인 교사연수의 한계를 극복하는 대안과 교사의 전문성 신장을 위한 새로운 접근방식으로 학교교육의 질을 향상시킬 수 있는 근본적인 대안으로 주목받고 있다. 즉, 교사공동체 모임은 전문적인 교사들이 모여 자신의 교육적 신념과 가치에 대해 함께 이야기를 나눔으로써 비판적으로 바라볼 수 있게 하는 기능을 가지고 있다. 또한 교사공동체 모임은 상하관계 안에서 이루어지는 장학이나 교원평가보다는 동료들과의 협동이나 관계를 통해 서로 간의 사고를 자극할 수 있다.

5) 반성적 저널쓰기에 필요한 태도

교사들이 반성적 저널쓰기를 할 때에는 반성적 사고에 필요한 태도인 개방적인 태도, 책임감, 최선을 다하는 태도를 가져야 한다(Dewey, 1933). 개방적인 태도란 한 사건을 다양한 관점에서 바라보는 것이며, 그로부터 나온 여러 가지 해석은 문제해결의 지름길이 될 수 있다. 책임감과 최선을 다하는 태도는 같은 맥락으로 볼 수 있는데, 교사가 반성적 저널을 전문성 향상의 수단으로 생각하여 반성적 저널을 쓸 때의 진솔하고 진지한 태도를 의미한다. 반성적 저널을 쓰는 이유는 교사의 반성적 사고능력을 향상시켜 교사의 전문성을 높이기 위함이다. 따라서 교사들이 개방적인 태도, 책임감, 최선을 다하는 태도를 가지고 반성적 저널을 작성할 때, 반성적 저널을 작성함으로써 얻을 수 있는 효과가 더욱 커질 수밖에 없다(김정민, 2018).

6) 반성적 저널의 한계점

반성적 저널은 다양한 효과성을 가지고 있는 반면 한계점도 지니고 있다. 첫째는 교사가 반성적 저널을 쓸 때 시간이 많이 소요된다는 것이다. 교사의 전문성 향상을 위해 반성적 저널을 쓰는 것이 중요하지만 교사는 수업 외에 행정적 업무도 많기 때문에 교사가 따로 시간을 들여 반성적 저널을 작성한다는 것이 쉬운 것은 아니다. 둘째, 반성적 저널로 교사의 모든 사고를 볼 수 있다고 규정하기는 어려운 한계점이 있다. 성인의 발달 특성상 다른 사람에게 평가를 받는다거나 비난을 받을 소지가 있는 경우 의식적이나 무의식적으로 그 내용을 숨기고자 하는 경향이 있기 때문에 반성적 저널에 교사의 솔직한 생각과 의식들이 모두 담겨져 있을 것으로 규정하기는 힘들다는 것이다. 따라서 반성적 저널을 연구자료로 사용하고자 할 때에는 교사들이 진솔하고 진정성 있는 반성적 저널을 쓸 수 있도록 연구자가 반성적 저널에 대한 정보를 충분히 준다거나 구체적으로 가이드라인을 제시해 주는 것이 효과적이다(김정민, 2018).

3. 반성적 저널쓰기의 사례

반성적 저널쓰기의 사례를 살펴보면, 반성적 저널 양식과 팁에 대한 내용은 〈표 5-2〉, 유아교사의 반성적 저널은 〈표 5-3〉, 피드백을 위한 반성적 저널은 〈표 5-4〉, 기술적 반영을 위한 저널은 〈표 5-5〉, 반성적 저널에서 나타난 교사와 영유아의 변화는 〈표 5-6〉과 같다.

표 5-2. 반성적 저널 양식과 팁

차시		날짜	

- **반성적 저널 작성 tip!**
  1. 나의 생각을 적는 것으로써 아래 세 가지를 포함하는 것을 추천
     1) 발생한 어떤 사건 – 사건에 대한 설명
     2) 그 사건이 발생한 이유 및 의미 – 사건에 대한 분석
        (왜 그런 상황이나 일이 일어났을까?, 왜 그럴 수밖에 없었을까? 등)
     3) 개인적으로 그 사건으로부터 배운 것 – 사건에 대한 평가

  2. 학교에 근무 중일 때 혹은 수업 직후 느낀 점들 메모하기(키워드 중심)

  3. 미루지 않고 바로바로 쓰는 것이 가장 중요!
     (저널 쓰는 시간을 따로 만들어 시간을 정해 놓고 쓰는 것을 추천!)

출처: 이솔(2019). 반성적 사고에 기초한 저널쓰기를 바탕으로 현직음악교사의 반성적 사고 과정 탐색. 이화여자대학교 교육대학원 석사학위논문.

표 5-3. 유아교사의 반성적 저널

<table>
<tr><th colspan="2">일시</th><td>2018. 09. 07. 금요일</td><th>담당 연령</th><td>만3세</td></tr>
<tr><th colspan="2">상호작용 목표</th><td colspan="3">타인의 이야기를 끝까지 들을 수 있도록 한다.</td></tr>
<tr><td>나의 상호작용</td><td>✔ 등원시간~자유선택놀이
□ 오전간식
□ 대소집단활동
□ 실외 활동
□ 점심시간
□ 특별활동
□ 낮잠시간
□ 오후간식
□ 귀원시간
□ 기타( )</td><td colspan="3">A가 나에게 "선생님 그림 좀 그려 줘요" 하고 왔다. 나는 유아들의 가방을 정리하고 있었다. 내가 A에게 "선생님이 지금 친구들 가방을..."이라고 이야기하였다. A는 내가 '선생님'이라고 말을 하는 순간 뒤돌아서 미술영역으로 걸어갔다. 나는 A를 불러 "A야 왜 그냥 갔니?" 하고 말하자 A는 나에게 말하지 않았다. 나는 다시 A에게 "선생님이 무슨 말을 했는지 기억하니?" 라고 묻자 A는 고개를 가로저었다. 그러자 나는 "A야. A가 선생님의 이야기를 끝까지 듣지 않고 그냥 가 버려서 너무 속상했어"라고 말하며 "A가 선생님의 이야기를 끝까지 들어주고 갔으면 좋겠어" 하고 이야기를 하였다. A는 고개를 끄덕이고 바로 미술영역으로 돌아갔다.</td></tr>
<tr><td colspan="2">상호작용 분석</td><td colspan="3">A유아는 타인의 이야기를 듣기 어려워하고, 자신의 이야기는 꼭 들어주길 바라는 성향의 유아다. 특히 교사에게 그림을 그려 달라고 부탁을 자주 하는데, 내가 아침에 유아들의 짐을 정리할 때 부탁하는 편이다. 그래서 자주 거절당하거나 미뤄지는 경우가 잦았다. 이 상호작용에서도 유아가 거절당할 것을 미리 예측하여 교사의 이야기를 듣지 않고 이동한 것이라 생각된다. 나는 이야기를 끝까지 듣지 않고 이동한 유아에게 내가 속상했었다는 감정을 표현하고 어떻게 행동하면 좋을지 이야기를 하여 유아가 스스로 반성할 수 있게 지도하였다.</td></tr>
<tr><td colspan="2">발전적 방안</td><td colspan="3">유아가 타인의 이야기를 경청하는 태도를 보일 때 칭찬을 해 주고, 교사의 상황에 대한 내용과 유아가 교사의 이야기를 듣는 태도에 대해서도 자주 이야기를 해 주어야겠다.</td></tr>
<tr><td colspan="2">나를 위한 격려</td><td colspan="3">화를 내지 않고 자신의 감정을 언어로 표현한 것이 좋았다.</td></tr>
<tr><td colspan="2">나의 기분 및
상호작용 점수
(______점 / 100점)</td><td colspan="3">★상호작용을 했던 당시 나의 기분은? →30
★나의 상호작용 만족 점수는? +50
★저널을 작성한 후 나의 기분은? →50</td></tr>
</table>

출처: 문보경(2019). 교사의 반성적 저널쓰기가 교사-영유아의 상호작용에 미치는 영향. 한양대학교 교육대학원 석사학위논문.

표 5-4. **피드백을 위한 반성적 저널**

일시	5월 2일 금요일
오늘 이야기	〈민우의 오늘 이야기〉 오늘은 수학 공부했어요. 문제를 풀었어요. 어려웠어요. 잘하고 싶어요. 그런데 잘 안돼요. 공부는 좋았어요. 수업 시간에 조용히 있었어요. 더웠어요. 그래도 잘 참았어요. 학생도 잘 참아야 고등학교에 가요. 민우는 그래서 학교생활 잘하고 있어요. 민우는 학교에 가는 게 좋아요.
피드백	민우야, 수학 공부 하는 게 어려웠구나. 그래도 잘 참고했다니 너무 대견하구나. 민우야, 잘하고 싶은 마음이 굴뚝같지? 선생님도 그런 마음은 있는데도 잘 안 될 때는 정말 안타까웠단다. 민우 마음을 이해해. 민우야, 그래도 잘 참고 계속 열심히 학교생활을 하다가 보면, 고등학생도 될 거고, 또 민우가 원하는 꿈들을 이룰 수 있게 될 거야. 민우는 학교에 오는 것을 좋아하니까 모든 것이 점점 더 좋아질 거야. 민우야, 잘하자!

출처: 박귀주(2008). 반성적 대화 저널쓰기가 발달 장애 학생의 글쓰기와 문제행동에 미치는 효과. 단국대학교 특수교육대학원 석사학위논문.

표 5-5. **기술적 반영을 위한 저널**

일시	기술적 반영
1월 10일	나름의 생각엔 과학수업은 첨단을 달려야 할 것 같다는 생각이 들어서 보여 줄 수 있는 수업을 하였다. 리모컨을 사용하여 파워포인트를 넘기고, 실물 화상기를 사용하여 학생들의 보고서를 보여 주고, 플래시를 사용하여 흥미도 유발시키고, 또 시범실험을 보여 주면서 나름의 있어 보이는 수업을 하였다.
2월 5일	만약의 경우를 생각해서 시간이 남을 경우 조금 더 보충할 내용을 가지고 가야할 것 같다.
2월 12일	조별로 꼼꼼하게 지도하는 것이 필요한데, 내가 부족하였던 탓에 미처 거기까지 손길이 미치지 못했던 것이었다.
3월 4일	어제 교수방법과 교재연구를 한 결과 참관을 해 볼 때, 학생들의 입장이 아닌 내가 가르친 입장에서 생각해 보는 좋은 시간이었다.
3월 5일	2학년 수업은 기체의 성질 중 보일의 법칙에 관한 내용이었는데 시범실험을 이용해 학생들의 흥미를 자아냈다. 어찌 보면 수업내용이 단조로워 보일 수도 있으나 그 강의식 안에서 내가 학생들에게 자발적으로 참여하고, 흥미를 느낄 수 있도록 교재연구를 더 열심히 했다.
3월 8일	여러 가지 산과 염기의 내용인데 중간중간 빈칸도 만들고, 중요한 실험은 그림도 넣어가면서 학생들이 최대한 보기 쉽게 만들었다.
3월 12일	실험은 딱히 할 것이 없어서 대기의 오염과 관련된 신문기사들을 복사해 가서 학생들에게 나누어 주면서 같이 읽어 보았고, 그러면서 대기오염에 관하여 한번 더 깊게 생각해 보는 시간을 가졌다. 그리고 대기오염의 관한 개념을 자세히 설명하면서 내가 수업을 할 때에는 자료해석에 초점을 맞추어서 그래프와 여러 가지 표를 해석하는 데 주안점을 두었다.
3월 15일	보일-샤를의 법칙은 6개의 그래프를, 즉 시험에 잘나오는 그래프를 자세히 주를 이루며 설명해 주었고, 그리고 대기오염에 관한 내용에서는 먼저 대기오염과 관련된 신문기사를 발췌하여 인쇄를 통한 유인물로 학생들에게 직접 읽어 보고 살펴봄으로써 대기오염에 관한 심각성과 그리고 그에 관한 대강의 내용을 살폈다.
4월 2일	실제 실험을 하여 보여 주고 토의하게 하였다면 좀 더 학생들의 흥미를 유발시키고 주의집중도 잘 되었을 법한데, 시험기간이기도 하고 그런 실험보다도 문제풀이를 계속시켜 시험을 잘 칠 수 있도록 하는 데 오늘 수업은 주안점을 두었던 것 같다.
5월 1일	오늘 두 반을 수업했는데 가장 많이 느낀 것은 정말 반마다 분위기가 너무나도 다르다는 것이다. 그리고 그 편차가 너무 커서 학생들의 특성, 반의 특성을 잘 파악해서 반마다 학습전략을 조금씩 다르게 짜야 한다는 것을 느꼈다. 물질의 특성 파트인데 대학에서 했던 실험들, 일상생활의 예들이 딱 생각이 나서 이야기를 해 주었더니 정말 좋아하고 일단 수업의 참여도가 좋았던 것 같다.

출처. 최원수(2009). 교육 실습 기간에 예비 과학교사가 작성한 웹기반 반성저널 분석. 대구대학교 대학원 석사학위논문.

표 5-6. **반성적 저널에서 나타난 교사-영유아의 변화**

<table>
<tr><td colspan="3" align="right">※ 두 줄: 교사의 변화,
※ 한 줄: 영유아의 변화</td></tr>
<tr><th colspan="3">A 교사의 저널</th></tr>
<tr><td>2018년 9월 17일
교사가 스스로 그릴 수 있도록 칭찬해 주고 그리는 방법을 도와주었으나, 유아 스스로 만족하지 않아 계속 자신의 그림을 부끄러워하고 있다. 또래에게 소개해 주고 그림에 대한 교사의 구체적인 칭찬을 통해 긍정적인 경험을 제공해야겠다.</td><td>→</td><td>2018년 8월 17일
'못생겼다'거나 '안 예뻐'라는 말을 자주하는 A에게 친구의 작품 중에 어떠한 것에 그런 감정을 느꼈는지 물어보았다. 나는 일부러 B가 만든 것을 구체적으로 설명하였고, A가 친구의 물건 중에 마음에 드는 것을 찾고 이야기를 할 수 있도록 유도해 주었더니 유아가 단점보다는 장점을 찾아보려는 행동을 보였다.</td></tr>
<tr><td colspan="3">교사는 자신의 사고가 완강한 유아에게는 "잘 그렸네, 예쁘게 그렸던데"라는 추상적인 상호작용이 받아들여지지 않는다는 유아의 특성을 파악하여, 객관적이고 구체적으로 격려하는 변화의 모습이 나타났다. 유아도 교사의 이런 상호작용으로 친구의 물건을 자신의 주관적인 생각이 아닌 객관적으로 바라보려는 행동으로 변화하였다.</td></tr>
<tr><th colspan="3">B 교사의 저널</th></tr>
<tr><td>2018년 7월 27일
습득한 몇몇의 영아가 교사와 친구들에게 물을 뿌리며 즐거워하였다. 교사도 함께 물을 받던 호스로 아이들에게 물을 뿌려 주며 즐거운 시간을 가졌다. 하지만 아직 그 상황에 적응하지 못한 한 아이가 하지 말라고 엉엉 울었다. 많은 아이들이 함께 놀이하고 있어서 그 아이가 우는 것을 대충 달래 주고 조금 조용한 영역에서 소꿉놀이를 하고 놀 수 있게 해 주었다.</td><td>→</td><td>2018년 8월 1일
상황을 조금 지켜본 뒤에 교사가 괜찮다고 하고 안아서 발부터 담가 볼 수 있도록 하였다. 수영장 안에 들어가자 아니라고 울다가 멈칫하면서 괜찮다는 것을 인식한 후에는 점차 안정되면서 누구보다 신나게 물놀이를 즐기고 교사에게 물도 뿌리며 활동하였다.</td></tr>
<tr><td colspan="3">교사는 바쁜 하루 일과 속에서 아이의 마음을 충분히 달래 주지 못한 자신의 모습을 되돌아보며 영아가 물을 천천히 적응할 수 있는 기회를 제공해 주었고, 영아도 차츰 물에 대한 공포심을 극복하고 적극적으로 물놀이를 하는 모습으로 변화하였다.</td></tr>
</table>

출처: 문보경(2019). 교사의 반성적 저널쓰기가 교사-영유아의 상호작용에 미치는 영향. 한양대학교 교육대학원 석사학위논문.

Chapter

06

브레인스토밍과 질문법

배울내용

1. 브레인스토밍 ● 2. 질문법

학습목표

1. 브레인스토밍의 개념을 파악한다.
2. 브레인스토밍의 특징과 규칙을 설명할 수 있다.
3. 브레인스토밍의 진행방법을 숙지한다.
4. 전자 브레인스토밍을 이해한다.
5. 질문법의 개념을 파악한다.
6. 질문법의 특징을 설명할 수 있다.
7. 질문법의 분류를 숙지한다.
8. 소크라테스 질문법의 활용방안을 모색해 본다.

교수자주도형 평생교육 교수 · 학습방법의 종류에는 강의법과 학습동기유발, 반성적 사고와 반성적 저널쓰기, 브레인스토밍과 질문법 및 유의미학습과 인지전략 등 다양하다〈그림 4-1 참조〉. 교수자주도형 평생교육 교수 · 학습방법의 종류에서 강의법과 학습동기유발은 4장, 반성적 사고와 반성적 저널쓰기는 5장에서 살펴보았고, 본 장에서는 브레인스토밍과 질문법에 대해 살펴보고자 한다.

1. 브레인스토밍

1) 브레인스토밍의 개념

Brainstorming은 Brain과 Storming의 합성어로서 두뇌의 폭풍, 정신 착란 상태의 뜻으로 머릿속에서 생각들이 폭풍 치듯이 마구 떠오르는 것을 표현한 것이다. 1938년 미국의 BBOD 광고 회사 대리점의 오스본(Osborn, 1953)이 광고 회사 회의 중, 아이디어를 얻기 위해 비롯되어, 1953년 그의 저서 『상상공학(Applied Imagination)』에서 자세하게 소개되었다. 브레인스토밍 기법은 자유분방한 환경 속에서 참가자들이 새롭고 참신한 아이디어를 많이 발산하고 발산한 아이디어를 자유롭게 개선, 결합하고 발전시킬 수 있는 대표적인 발산적 사고기법으로, 오스본(1953)은 브레인스토밍 기법이 어떤 종류의 문제에도 유용하지만, 특히 학교 및 학급문제에 유용하다고 주장하였다. 여러 학자들이 주장하고 있는 브레인스토밍의 유용성은 〈표 6-1〉과 같다.

표 6-1. **브레인스토밍의 유용성**

구분	내용
Davis(1983)	브레인스토밍 기법은 사용절차가 간단하고 효과적이라 학교에서 창의적인 사고훈련을 하는 데 도움을 주고, 학교가 당면하고 있는 높은 결석률, 더러운 운동장 등의 문제들을 해결하는 데 사용하면 좋다고 하였다. 초등학교 저학년의 경우 다양한 연상 작용을 하며 자신의 아이디어를 표현하는 것에 즐거움을 느끼고 중학년, 고학년으로 올라갈수록 아이디어의 범위가 넓어지고 다양해지므로 자신의 아이디어를 구체적인 산물로 발전시키는 것에 더 즐거움을 느낄 수 있도록 해야 한다. 따라서 초등학교 저학년의 경우 다양한 발상에 초점을 둔다면 고학년으로 올라갈수록, 그리고 중, 고등학교로 학년이 올라갈수록 아이디어가 구체적인 산물(결과물)로 나타날 수 있도록 아이디어 실현과 관련된 종합적인 기술습득과 관련 정보의 종합 및 평가, 최종 산물(결과물)의 프레젠테이션 등 폭넓은 활동으로 발전시켜야 하고, 브레인스토밍 기법의 활동 시간도 학년이 올라갈수록 더 긴 시간이 요구된다.
Katz & Chard (1989)	프로젝트 기법의 주제망 형성하기 단계에서 교사와 학생이 함께 브레인스토밍 기법을 사용할 것을 제시하고 있다. 이는 브레인스토밍 기법 활동 과정에서 어휘 창출과 언어적 표현기회가 많이 주어져 프로젝트 접근법이 어휘력 증진과 언어 표현능력의 증진을 가져온다고 보고 있기 때문이다.
Osborn (1953)	개인의 특정한 아이디어는 그 개인뿐 아니라 집단 내의 다른 참가자들에게도 연쇄반응 및 연합작용을 일으켜 이와 같은 활동을 하지 않은 집단에 비해 아이디어 산출이 증대된다고 보았다.

브레인스토밍은 머리에서 즉각 떠오르는 아이디어를 수집하고 자유롭게 생각하도록 격려하여 짧은 시간에 좋은 아이디어를 내는 방법이다. 이러한 브레인스토밍 기법은 몇 가지 창의적 사고기법 가운데 가장 오래된 것이며, 또한 현재까지 가장 광범위하게 사용되고 있다. 브레인스토밍 기법의 교육적 기능을 살펴보면 〈표 6-2〉와 같다(Osborn, 1968).

표 6-2. 브레인스토밍 기법의 교육적 기능

- 모든 참가자가 다 같이 동일한 입장에서 하고 싶은 말을 다 할 수 있도록 보장되기 때문에 정서적 안정감이 길러진다.
- 성취감을 맛볼 수 있는 기회가 많기 때문에 열등감이 줄어들고 긍정적 자아개념이 형성되어 적극적인 생활을 할 수 있게 된다.
- 다른 사람의 의견을 경청하는 태도가 길러짐으로써 인간관계가 원만히 발달하게 된다.
- 항상 새로운 문제를 탐구하며, 새로운 지식, 사상, 경험을 얻기 위해 노력하는 태도가 길러진다.

브레인스토밍은 혼자서 할 수도 있지만 집단발상법으로서 더 효과적이다. 즉, 어떤 한 집단에 속해 있는 사람들이 빠른 시간에 많은 아이디어를 낸다는 것에 역점을 둔 아이디어 발상법이라고 할 수 있다(하주현, 2006).

2) 브레인스토밍의 특징과 규칙

오스본(1953)은 브레인스토밍의 전제로 모든 사람은 창의적인 재능을 가지고 있다고 가정한다. 그는 사고하는 마음을 두 개의 요소로 구분하였다. 즉, 판단하는 마음(Judicial Mind)과 창의적인 마음(Creative Mind)으로 나누었다. 판단하는 마음은 분석, 비교, 선택하는 것이고, 창의적인 마음은 아이디어를 시각화하고 예언하며 산출하는 것이다. 태어날 때는 모든 사람이 창의적인 재능을 가지고 있으나, 성장하면서 점차로 그 재능은 판단에 의해 제한된다. 판단은 때로는 창의성을 방해한다. 오스본에 따르면, 개인은 나이가 들어감에 따라 더 판단적이 되어 가는데, 이는 대부분의 일상 상황이 창의성보다는 판단이 관여하게 만들기 때문이다.

브레인스토밍 할 때 기억해야 할 중요한 규칙은 회의 시 산출된 아이디어에 대한 평가를 차후로 미루는 판단유예라고 할 수 있다(이경화, 유경훈, 2014). 브레인스토밍은 기본적으로 많은 아이디어를 얻기 위함이라는 전제를 가지고 시작하는 것이므로 집단에서 생성된 아이디어에 대한 비판과 평가는 그다음 나올 아이디어에 영향을 미친다.

다시 말해, 오스본(1953)은 아이디어의 발상을 증대시키기 위하여 평가 및 비판의 배제(Deferment of Judgment), 자유분방(Free Wheeling), 아이디어의 양의 추구(Quantity Yield Quality), 아이디어의 결합 및 개선(Combination & Improvement)의 4가지 규칙이 중요하다고 하였다. 오스본(1953)이 주장하고 있는 브레인스토밍 규칙은 〈표 6-3〉과 같다(전은수, 2017; 한은영, 2016).

표 6-3. 브레인스토밍 규칙

구분	내용
비판배제	아이디어에 대한 평가는 나중까지 유보한다. 아이디어를 제시한 후 바로 평가를 하게 되면 발상이 서해되므로 다른 아이디어의 경로가 막혀 버릴 수도 있다. 즉, 타인의 의견이나 아이디어에 대해 판단하지 않는다.
자유분방	아이디어는 엉뚱하고 자유분방한 것일수록 좋다. 즉, 자유롭게 의견이나 아이디어를 낸다. 이는 많고 좋은 아이디어 목록을 얻기 위해서 엉뚱한 의견을 가시는 것도 장려된다. 새로운 지각을 통해서 혹은 당연하다고 생각해 오던 가정을 의심하는 것으로부터 더 나은 답을 줄 수 있는 새로운 방법이 떠오를 수 있다.
아이디어의 양의 추구	아이디어의 수가 많을수록 좋다. 즉, 질보다 양을 추구한다. 이는 '양이 질을 낳는다(quantity breeds quality)'는 격언을 따라 문제해결을 꾀하는 것으로 발상의 다양성을 끌어올리는 규칙이다. 많은 숫자의 아이디어가 제시될수록 효과적인 아이디어가 나올 확률이 올라간다는 것을 전제로 두고 있다.
결합 및 개선	다른 사람이 제안한 아이디어를 조합시켜 향상된 또 다른 아이디어를 만들 수 있다. 즉, 타인의 아이디어나 의견을 결합하여 새로운 아이디어와 의견으로 개선한다. 이는 1+1이 3이 될 수도 있다는 슬로건에 따라, 아이디어들을 연계시키는 것으로써 더 뛰어난 성과를 얻을 수 있다고 여긴다.

브레인스토밍 기법의 첫 번째 규칙인 비판배제(Deferment of Judgment)는 판단유보, 비판엄금 등과 같은 단어로 사용되며, 아이디어 발상과 산출의 흐름을 저해하는 평가 및 비판은 마지막 단계까지 배제해야 한다는 것이다.

두 번째는 자유분방(Free Wheeling)으로 자유로운 사고를 환영하며 어떤 의견을 발언해도 좋다는 뜻이며, 자유로운 분위기 속에서 어떤 아이디어를 발언하면 웃음거리가 될 수도 있다는 규제와 압박감에서 벗어나 보다 참신하고 새로운 아이디어를 낼 수 있다는 것이다.

세 번째 규칙의 아이디어의 양의 추구(Quantity Yield Quality)는 아이디어의 질보다 양을 추구한다는 것으로 많은 아이디어 속에서 질 좋은 아이디어가 나올 확률이 높다는 것이다.

네 번째 규칙인 결합 및 개선(Combination & Improvement)은 자신의 아이디어뿐 아니라 타인의 아이디어까지 개선하고 결합하는 과정을 거쳐 더 좋은 아이디어로 만들 수 있다는 것이다.

이러한 네 가지 규칙에 의해 실제 브레인스토밍 활동을 진행할 때 다음과 같은 점을 고려해야 한다(한은영, 2016).

첫째, 다른 사람의 의견을 경청하는 자세가 중요하다. 이는 타인의 의견을 바탕으로 더욱 새로운 아이디어들이 산출될 수 있기 때문이다. 둘째, 타인의 아이디어에 새로운 아이디어를 덧붙여 발표하는 것을 격려하는 자세가 필요하다. 브레인스토밍 활동은 기본적으로 많은 아이디어를 얻는 것을 전제로 하고 있기 때문이다.

오스본(1953)은 자유로운 발상과 비판을 가하지 않고 다른 사람의 발상을 자기 발상의 도약판으로 활용하는 브레인스토밍 조건하에 집단은 개인보다 더욱 독창적이고 또 유용한 아이디어를 더 많이 발상해 낼 수 있다고 주장하였다. 또한 브레인스토밍은 규칙을 잘 따라야 아이디어의 양이 2배 정도 되기 때문에 규칙을 잘 이해하고 적용하는 것은 브레인스토밍에 있어서 무엇보다도 중요하다. 브레인스토밍의 규칙을 잘 적용하기 위해서는 충분한 연습과 훈련이 필요하다.

3) 브레인스토밍의 진행방법

브레인스토밍의 참가 인원수에 대해 오스본(1953)을 비롯하여 많은 연구자들은 6명보다 작거나 10명을 넘으면 좋지 않다고 하였다. 따라서 브레인스토밍 유경험자의 구성 집단인 경우 적합한 인원은 6~7명으로 보는데, 왜냐하면 이럴 경우에 서기(기록자)의 아이디어 작성 속도 유지가 가능하기 때문이다.

일단 브레인스토밍을 시작하면 가까이에 있는 주제를 생각해야 한다. 또한 처음 시작할 때에는 완전히 터무니없는 아이디어를 적어도 2~3가지 정도 생각하려고 노력해야 한다. 나중에 실행할 수 있는지는 고려할 필요가 없다. 브레인스토밍의 기법을 실제 교육현장에서 활용할 때에는 다음과 같은 세부사항 및 절차에 유의하여 진행하도록 한다(김준경, 2009; 한은영, 2016).

표 6-4. 브레인스토밍 적용 시 유의사항

- 가능한 원형으로 모여 앉는다.
- 짝수보다는 홀수의 인원으로 구성한다.
- 한 집단의 구성원은 6~7명 정도가 적당하다.
- 교사는 수업을 주도적으로 이끌지 않고 학생을 중심으로 수업을 진행하고 학생 중 기록자를 두어 참가하는 학생들이 표현한 아이디어들을 고른 사람들이 보고 검토할 수 있도록 칠판이나 큰 종이에 기록한다.
- 시간의 제한을 두어 한 사람에 편중되어 이끌지 않도록 한다.
- 참여 학생들 모두 아이디어를 낼 수 있도록 동일한 기회를 주어 참여의욕을 높인다.

원형으로 둘러앉는 것은 서로 아이디어를 생성하고 공유하기 위해 학생들의 적극적인 참여를 유도하기 위한 것이다. 또한 브레인스토밍 기법을 진행할 때 리더의 역할이 중요하다고 할 수 있는데 먼저, 규칙을 설명하고 참석 인원 전원이 볼 수 있는 곳에 게시해 두어야 하며, 원칙 위반 시 손박자치기보다나 미리 준비해 둔 벨을 눌러 암묵의 충고를 할 수 있게 한다. 처음부터 끝까지 자유롭고 유쾌한 분위기가 조성되도록 하고 주제에서 이탈하지 않도록 시간을 미리 정해 두는 것이 더 효과적이다(김진용 외, 2015). 실제 브레인스토밍을 이용해 아이디어를 생성한 결과는 〈그림 6-1〉과 같다.

그림 6-1. **브레인스토밍의 예**

출처: 한은영(2016). 창의적 사고기법을 활용한 창작무용 학습지도안 개발 연구: 브레인스토밍, 스캠퍼, 마인드맵을 기반으로. 성균관대학교 일반대학원 석사학위논문.

그리고 브레인스토밍 기법은 문제확인, 집단구성, 문제제기 및 진행의 순서로 이루어지며, 브레인스토밍의 일반적인 진행 절차는 〈표 6-5〉와 같다(전은수, 2017).

표 6-5. **브레인스토밍 기법의 일반적인 진행 절차**

구분	내용
문제확인	교사는 어떤 문제를 해결해야 할 것인지를 확인하여 집단구성 시 고려한다.
집단구성	집단을 구성하고 지도자와 기록원을 정하게 한다.
문제제기	문제를 명확하게 제시한다.
진행	브레인스토밍 규칙 4가지를 숙지하게 한 후 진행한다.

이러한 브레인스토밍의 일반적인 사용 방법은 다음과 같다(한은영, 2016). 첫째, 집단의 크기는 5명에서 10명까지가 이상적이다. 즉, 집단이 너무 작으면 아이디어의 절대양이 부족하고, 집단이 너무 크면 통제가 어려우므로 적절한 수의 집단의 크기 선정이 필요하다. 둘째, 진행자(facilitator)와 서기(recorder)의 선발이 필요하다. 이때 서기는 참

여자 모두가 같이 볼 수 있도록 큰 칠판을 활용하여 참여자들의 모든 아이디어들을 기록한다. 셋째, 진행자는 회의에 앞서 정확한 문제에 대한 정의를 내려야 한다. 문제가 정확하게 정의되어야 참여자들 역시 문제를 올바로 이해하고 집중하여 아이디어를 낼 수 있기 때문이다. 넷째, 참여자는 문제의 해결안을 자유롭게 제시하되, 가능한 많은 아이디어를 낼 수 있도록 한다. 다섯째, 일정량의 아이디어가 나오면 휴식을 취한 뒤 타당성과 실현가능성 등의 기준에 따라 우수 아이디어를 선별한다. 이러한 브레인스토밍의 장점은 〈표 6-6〉, 단점은 〈표 6-7〉과 같다.

표 6-6. 브레인스토밍의 장점

구분	내용
주제의 다양성 (Variety of subject)	브레인스토밍은 쉽게 실행할 수 있고, 다양한 주제를 가지고 실행할 수 있다. '무엇이 옳은지, 어떠한 대안을 선택해야 하는 것이 좋을지'와 같은 판단을 필요로 하는 주제가 아니라면, 어떠한 주제를 가지고도 브레인스토밍을 할 수 있다. 집단의 작은 의사결정부터 큰 의사결정까지 복잡하지 않은 절차를 통해 팀의 구성원들과 아이디어를 공유할 수 있다.
시너지 효과 (Synergy effect)	브레인스토밍은 아이디어의 질보다 양에 초점을 맞춘 것으로 집단의 구성원들은 즉각적으로 생각나는 아이디어를 제시할 수 있다. 그렇기 때문에 브레인스토밍은 다량의 아이디어를 도출해 낸다. 구성원들은 본래 자신이 가지고 있던 기존의 아이디어를 개선하여 더욱 발전된 아이디어를 창출할 수 있다. 다른 사람의 의견을 참고하여 창의적으로 조합할 수 있기 때문이다. 또한 여러 가지 발상들이 모여 수정되고 개선하는 방안을 거치면 대단한 아이디어가 도출될 수도 있다. 즉, 본인은 무심코 제시하였을지 모르는 의견도 다른 사람들에게는 우수한 아이디어를 도출해 내는데 좋은 참고가 될 수 있고, 그러한 아이디어들이 모여 새롭고 유용한 아이디어가 창출될 수 있다.
표현의 자유 (Freedom of speech)	브레인스토밍은 비판과 비난을 자제하는 것을 원칙으로 삼고 있기 때문에 집단의 구성원들이 비교적 부담 없이 의견을 표출할 수 있다. 브레인스토밍을 하면서 제시된 아이디어에 대한 비판은 추후의 비판적 단계까지 유예된다. 즉, 브레인스토밍은 아이디어를 표출하고 확장하는 데 초점을 맞추는 것이기 때문에 참여자들은 비교적 자유롭게 자신의 의견을 제시할 수 있는 분위기와 환경 속에서 다양하고 독특한 아이디어들을 도출하고 표현할 수 있게 된다.
효율적 시간관리 (Time management)	브레인스토밍은 발상 시간의 조정이 가능하다. 회의마다 임의로 발상 시간을 늘리거나 줄일 수 있기 때문이다. 즉, 브레인스토밍은 발상 시간이 정해져 있으므로, 이

구분	내용
	이디어 회의의 시간 관리가 효율적으로 이루어진다. 보통 회의에서는 어떤 사람은 적극적으로 의견을 표출하는 반면, 어떤 사람은 거의 말을 하지 않는다. 이런 경우 말이 많은 사람이 자신의 주장만을 이야기하여 예정 시간을 훌쩍 넘기는 일이 종종 발생하기도 한다. 하지만 브레인스토밍을 할 때에는 이러한 문제의 해결이 가능하다. 주어진 발상시간 내에 아이디어를 생각해 보고, 모든 참여자들이 자유롭게 말할 수 있기 때문이다. 뿐만 아니라 브레인스토밍은 혼자서도 얼마든지 할 수 있다. 타이머 등을 준비하여 발상의 시간을 정하고, 생각나는 아이디어를 정리할 수 있다. 이렇게 하면 혼자서 미리 생각해 보는 것이기 때문에 업무시간을 효율적으로 관리할 수 있다. 하지만 브레인스토밍이 제대로 이루어지지 않으면 오히려 시간낭비를 불러일으킬 수 있으므로, 체계적인 과정 속에서 이루어져야 한다.

표 6-7. 브레인스토밍의 단점

구분	내용
산출 방해 (Production blocking)	브레인스토밍은 타인의 이야기를 경청하도록 되어 있기 때문에 타인의 이야기를 들으면서 자신의 사고를 방해하여 개인이 제대로 된 아이디어의 산출을 방해할 수 있다. 브레인스토밍 집단이 커질수록 자신의 아이디어를 표현하는 데 방해 또는 지연될 가능성이 높으므로 개인의 역량을 온전히 발휘할 수 없게 된다. 또한 제한된 시간 내에서 아이디어를 산출해야 하기 때문에 창의적인 아이디어를 충분히 설명할 시간을 갖지 못해 좋은 아이디어가 사장될 가능성도 있다. 또한 집단 내에 집단적 성향을 가진 사람이 많은 경우, 일치를 강요하는 압력이 있을 경우, 자신의 의견을 왜곡하여 발언하기도 한다.
평가 불안 (Evaluation apprehension)	브레인스토밍 집단 내에 권위 인물이 존재하거나 집단 성원들이 사회적 상호작용에 대해 불안을 느낄 때 훨씬 적은 아이디어가 생성된다. 이는 권위적 인물 또는 상급자가 자신의 아이디어에 대하여 부정적 평가를 내릴 것에 대한 두려움에서 파생된다. 어떠한 아이디어를 말할 때 상급자 혹은 동급자 내에서 자신의 역량에 대한 부정적 평가를 받기를 꺼리기 때문에 아이디어를 낼 때 자기 검열을 하는 사람이 생기기도 한다. 또한 대다수의 의견과 유사한 아이디어를 제안하는 '강화 현상'이 나타나기도 한다.
무임승차/태만 (Free riding/ Social loafing)	아이디어들이 집단수준에 합해지기 때문에 다른 구성원들의 노력에 단순히 무임승차하게 될 가능성이 존재한다. 링겔만 효과(Ringelmann effect)가 나타날 가능성이 크다. 링겔만 효과는 집단 속에 참여하는 개인의 수가 늘어날수록 성과에 대한 1인당 공헌도가 오히려 떨어지는 현상, 즉, 집단 속에 참여하는 개인의 수가 늘어날수록 1인당 공헌도가 오히려 떨어지는 현상이 발생하는 것이다. 이는 혼자서 일할 때보다 집단 속에서 함께 일할 때 노력을 덜 기울이기 때문에 나타나는 현상이다.

구분	내용
시간 낭비 (Wasting time)	브레인스토밍은 보통 사람들이 빡빡한 마감시한이나 높은 중압감하에서는 제대로 일을 하지 못한다고 생각하기 때문에 넉넉한 시간을 보장해 준다. 하지만 브레인스토밍 시 아이디어에 대한 기준이나 목적이 불확실하거나, 목표에 대한 성취동기가 없는 구성원들이 브레인스토밍을 할 경우 과도한 시간이 투자되어 오히려 작업효율성이 떨어질 수 있다. 또한 너무 많은 인원이 브레인스토밍에 참여할 경우 주제에 벗어나거나 혼란스러워질 우려도 있으며, 그렇게 될 경우 오히려 시간의 낭비가 일어날 가능성이 있다.

4) 전자 브레인스토밍

전자 브레인스토밍(E-Brainstorming)은 기존 브레인스토밍 기법을 바탕으로 정보통신 인프라를 활용하여 시공간의 제약을 극복한 아이디어 발상기법이다. 즉, 정보통신 인프라의 발달에 따라 지식유통의 진입 장벽이 완화되고, 이를 활용하여 기업 내부 및 외부의 역량 활동을 극대화하기 위한 시도가 이루어지고 있는데, 이는 조직 내 집단지성(collective intelligence)을 활용하는 사례라고 할 수 있다. 이와 같이 전자 브레인스토밍을 통해 기업성과 창출에 활용하려는 대표적인 사례들로서 IBM의 Innovation Jam(Bielland and Wood, 2008), Linux OS(위키피디아, 2009), Pixar의 Brain Trust(Catmull, 2008) 등이 있다. 특히 IBM의 'Innovation Jam'은 특정 주제에 대해 사내뿐만 아니라 사회구성원까지 대상을 확대하여 토론하는 정보통신시스템이다. 최근에는 국내에서도 이와 유사한 개념으로 삼성전자의 'MOSAIC', 현대자동차의 '벤처프라자', LG전자의 '아이디어LG', SK의 '플래닛X' 등 대기업 중심의 다양한 사례들이 있다(전경련, 2014). 기존의 전자 브레인스토밍이 연구개발 목적의 외부자원 활용에 초점을 맞추고 있는 반면, 최근의 전자 브레인스토밍은 연구개발 이외의 영업, 마케팅 등 다양한 측면서에 내부자원 활용 극대화를 통해 기업 내 숨겨진 자산을 발굴하는 네 활용되고 있다. 전자 브레인스토밍의 특징은 〈표 6-8〉과 같다.

표 6-8. **전자 브레인스토밍의 특징**

- 비록 브레인스토밍이 온라인상에서 일반적으로 사용가능한 기술인 이메일이나 상호작용이 가능한 웹사이트에서 수행할 수 있지만, 그 외에 맞춤화된 컴퓨터 소프트웨어를 개발하기 위한 노력을 해서, 수작업으로 하는 브레인스토밍 과정을 대체하거나 향상시킬 수 있다.
- 애리조나 대학의 Group Systems나 미네소타 대학의 Software Aided Meeting Management(SAMM) 같은 초기 보고서에는 방에 설치된 컴퓨터 지원회의 같은 새로운 컴퓨터 네트워크 기술의 이점이 언급되어 있다. 이러한 전자회의시스템(EMS)을 사용할 때, 집단의 구성원들은 동시에, 그리고 독립적으로 컴퓨터 터미널에 아이디어를 첨부한다. 그 소프트웨어는 그 아이디어들을 목록화하여 스크린 중앙에 보이게 한다. EMS의 또 다른 요소는 아이디어를 범주화하고, 중첩된 것을 제거하고, 평가하고 우선순위를 토론하거나 대비되는 아이디어를 보여 주는 것 등이 있다. EMS는 컴퓨터 네트워크와 인터넷 프로토콜을 통해 브레인스토밍의 시간의 자율성, 장소의 다양화에 기여한다.
- 갈루페(Gallupe) 등과 같은 옹호자가 전자 브레인스토밍은 저항이 발생한다는 점, 그리고 이해를 평가하는 부분 등 많은 일반적 브레인스토밍의 문제점을 보완한다고 주장한다. 이러한 긍정적 효과는 집단이 더 클수록 증가한다. 이 긍정적 효과를 통해 모든 종류의 아이디어들이 원래의 형태에서 전자적으로 변환할 수 있고, 더 많은 아이디어와 논쟁거리를 유발한다. 전자 브레인스토밍은 큰 조직을 일반적이고 전통적인 브레인스토밍보다 영역에서 더 큰 주제로 브레인스토밍을 하기에 용이하도록 한다.
- 컴퓨터 지원 브레인스토밍은 전통적 브레인스토밍 방식과 비교했을 때, 극복해야 할 문제들이 있다. 예를 들어, 아이디어들이 자연적으로 틀에 사로잡힌다는 것이다. 구성원은 직접 말로 브레인스토밍할 때와는 다르게 응답을 기다릴 필요가 없다. 몇몇 소프트웨어 프로그램들은 만들어진 모든 아이디어들을 보여 준다. 아이디어를 보여 줌으로써 브레인스토밍 하는 사람들이 이를 인지하고, 이 아이디어들이 사람들을 자극하기 때문에 그들의 생각은 이미 생산된 아이디어의 방향을 따르게 된다. 또한 사회적인 신호(표정이나 언어 등)와 같은 잠재적인 요소에 영향을 받지 않는다. 전자적 브레인스토밍 기술들은 손으로 적어 내는 브레인스토밍 기술보다 더 많은 아이디어들을 생산하고, 개개인에게 그들의 관심을 아이디어에 맞출 수 있게 도와준다. 더 많은 아이디어들을 생산하는 것은 브레인스토밍 하는 사람들이 다른 참가자들의 아이디어나 응답을 따라 하거나 반복하는 것을 피하려고 하는 것처럼, 다른 사람의 아이디어에 집중을 해 불필요한 중복을 하지 않는다.
- 몇몇의 웹기반 브레인스토밍 기술들은 참여자에게 아바타 사용을 통한 익명성을 보장한다. 이 기술은 또한 사용자에게 일반적으로 1~2주의 기간을 더 로그인하게 하고, 참가자들에게 그들의 아이디어와 답변을 올리기 전에 '이해할 시간'을 부여한다. 이 기술은 특히 신제품개발 영역뿐만 아니라, 아이디어의 수집과 평가가 필요한 그 어떠한 영역에서 사용할 수 있다.
- EMS의 한계는 한번에 처리해야 할 양을 넘어서 너무 많은 아이디어들이 나온다는 것이다. 또 사람들은 각각의 개인이 얼마나 많은 아이디어들을 생산하는지를 분석함으로써 그들의 성과를 다른 사람과 비교한다는 것이 또 다른 한계이다.

2. 질문법

1) 질문법의 개념

질문법(Questioning techniques)은 오랜 역사를 가진 교수법의 하나로 소크라테스시대부터 수업의 기법으로 사용되어 왔다. 질문법은 교수자와 학습자가 서로 질문하고 이에 대한 답을 주고받는 방법이다. 질문법은 교사의 질문에 대한 학생의 답변, 학생의 질문에 대한 교사의 답변이라는 과정을 거친다. 질문법은 평생교육의 역사에서 매우 오랫동안 효과적인 교육방법으로 인식되어 왔다. 질문은 학습자의 인지적 수준 및 학습의 효과와 밀접한 관계가 있다고 믿고 있다. 이처럼 교수자가 전통적인 방식으로 단순히 정보나 지식을 학습자에게 전달하는 것 이외에도 학습자에게 좋은 가르침을 제공할 수 있는 교육방법이 바로 질문법이다. 전통적으로 가르침의 이미지는 주로 이야기하는 것(telling)이었다. 즉, 다양한 질문방법을 활용하여 원하는 자료를 효과적으로 유도해 낼 수 있는 질문법을 마련하고 그것을 질문지에 반영하도록 한다. 질문할 때에는 자연스럽게 대화를 나누듯 질문을 이어 나가야 하고, 또 하나의 질문방법에 얽매이지 않고 임기응변으로 그때그때 다양한 질문법을 동원해 가면서 해야 한다(김문섭 외, 2019).

자비스(Jarvis, 1995)는 교육현장에서 질문법을 실천한 교육가로 위대한 철학자인 소크라테스를 꼽았다. 소크라테스는 교수자의 역할을 학습자가 태어날 때부터 가지고 태어나서 그에게 잠재되어 있는 지식을 그가 의식할 수 있도록 끌어내 주는 것이라고 하였다. '질문'은 중요한 기술이다. 그러나 좋은 질문을 하기는 어렵다. 따라서 관점을 바꿔 생각하게 하는 질문을 하는 습관을 들이는 것이 중요하다.

2) 질문법의 특성

질문은 의미 있는 수업전략의 하나이다. 모든 교사는 수업을 할 때 질문을 하고 학생들은 또 질문에 대한 답을 한다. 학생에게 하는 질문은 여러 가지 지적 기능을 발달시키기 위한 수업전략의 기초로 모든 질문에는 목적이 있을 뿐 아니라 학생들의 대답 또한 일정한 형식을 갖추고 있다. 질문을 잘한다는 것은 곧 잘 가르친다는 것을 의미하며, 질문은 학생들이 알고 있는 것을 확인하는 방법 이상의 의미를 지니고 있다.

질문법에는 다른 두 가지 형태의 특성이 있다. 그 첫 번째 유형은 학습자로 하여금 의식적 학습이 일어나기 이전에 학습한 것이나 암묵적 지식을 기억하게 하고, 계획된 순서대로 준비된 질문을 함으로써 미리 결정된 결론에 도달하는 것이다. 두 번째 유형은 짧은 질문과 답으로 구성된 시험을 실시하여 기억하게 하는 것이다. 교수자는 질문법을 효과적으로 진행하기 위해 질문의 유형과 순서를 세심하게 구성한다. 학습자로 하여금 교재의 한 부분이나 한 구절을 읽을 때도 깊이 생각하고 더 많이 사고하도록 일깨워 줄 수 있는 질문목록을 만들 필요가 있다. 좋은 질문은 분명하고, 직접적이고 상대방이 쉽게 이해할 수 있게 간결해야 하며, 숨겨진 의도가 없이 상대방이 질문받는 내용을 정확하게 이해할 수 있도록 해야 한다. 그리고 투명하고 비판적이지 않아야 한다. 또한 어떤 질문을 하든 관심의 초점은 상대방에게 이익이 되는 것이어야 하고 상대방을 계속 생각하게 만드는 방향성과 현재 지향적이어야 하는 특성이 있다(김문섭 외, 2019).

이와 같이 교수자가 하는 질문은 학습자의 호기심을 일으켜 관심을 집중시키는 데 효과적이다. 또한 질문을 통해 학습할 내용의 중요한 포인트를 강조하고 성찰을 촉진하며 적극적 학습(active learning)을 증진하는 유용한 교육방법이다. 그러므로 즉흥적인 질문을 하기보다는, 미리 세심하게 준비된 질문리스트를 작성하고 질문에 대한 답을 찾는 과정을 통해 학습목표에 도달하도록 하는 것이 중요하다.

3) 질문법의 분류

질문법에는 개방형 질문과 폐쇄형 질문으로 분류할 수 있다. 개방형 질문과 폐쇄형 질문을 구체적으로 살펴보면 〈표 6-9〉와 같다(김문섭 외, 2019).

표 6-9. **개방형 질문과 폐쇄형 질문**

구분	내용
개방형 질문	개방형 질문(open questions)은 응답에 대한 특정구조를 제시하지 않고 응답자가 자유롭게 응답하도록 하는 질문방식이다. 학습자로 하여금 지각의 장을 넓게 하고 여러 가지 견해, 생각, 감정을 표현하게 하며 감정, 사고, 실제와의 접촉을 깊게 하는 형식이다. 개방형 질문의 장점은 자신의 생각을 자유롭게 표현할 수 있고, 오해를 제거하며 친밀감을 높일 수 있다는 점이다. 또한 교수자가 질문에 대해 제한된 지식을 가지고 있으며, 응답자에게 광범위한 반응을 얻고 싶거나 응답의 범위가 클 것으로 기대될 때, 자발적인 응답에 관심이 있을 때, 응답자의 동기를 좀 더 파고 들어가 보고 싶을 때에 유용하다. 하지만 개방형 질문의 단점은 응답의 거부율이 높을 수 있고, 한 질문에 시간이 많이 걸리며, 자료를 분석하는 단계에서 처리에 어려움이 있다. 결론이 아닌 특정한 견해를 가지게 된 과정을 알고 싶다면 개방형 질문이 적합하다. 개방형 질문은 질문에 대해 응답자들이 알고 있는 정도와 응답자의 정보부족을 확인할 수 있기 때문이다. 또한 응답자들이 조사 주제에 대해 생각하고 있는 견해를 확실히 정하지 않았을 경우에 적합하다.
폐쇄형 질문	폐쇄된 질문(closed questions)은 교수자가 제시한 목록에서 응답자가 선택하도록 하는 질문의 형식이다. 지각의 장을 단절시키고 냉정한 현실이나 사실 자체에 대한 대답만을 요구하며, 감정, 사고, 실제와의 접촉을 부분적으로 제한시키게 된다. 폐쇄된 질문의 장점은 조사작업과 분석작업이 용이하고, 짧은 시간에 많은 양의 정보를 추출할 수 있다는 점이다. 단점으로는 어쩔 수 없이 하나를 고르게 함으로써 편의가 생길 수 있어 신뢰성과 타당성을 검토한 정밀한 사전검토를 거쳐야 한다는 점이다. 폐쇄된 질문은 응답자의 견해 중 찬성 또는 반대를 알고 싶을 때와 질문 주제의 인지 여부, 응답자들이 조사 주제에 대해 생각하고 있는 정도를 파악할 때 유용하다. 개방형 질문보다 응답자의 동기가 약해도 되며 응답거부가 적다.

개방형 질문과 폐쇄형 질문의 차이를 살펴보면, 첫째, 개방형 질문은 생각을 자유롭게 표현하는 반면, 폐쇄형 질문은 자신의 견해와 비슷한 것 하나를 선택해야 한다. 둘째, 개방형 질문은 추가설명을 요구할 수 있고 오해 제거가 가능하지만 폐쇄형 질문은 그럴 수 없다. 셋째, 개방형 질문은 시간이 많이 걸리지만 폐쇄형 질문은 짧은 시간에

많은 정보 추출이 가능하다. 넷째, 개방형 질문은 분석단계에 어려움이 있으나 폐쇄형 질문은 분석과정이 비교적 용이하다. 다섯째, 개방형 질문은 조사자와 상관없으나 폐쇄형 질문은 조사자가 제시하는 응답범주가 영향을 미친다. 여섯째, 개방형 질문은 응답 거부율이 높지만 반면 폐쇄형 질문은 응답 거부율이 적다.

4) 소크라테스식 질문법

소크라테스는 문답을 통해 사람의 무지를 깨닫게 한 것으로 유명하다. 그러나 소크라테스는 스스로 철학적인 글을 쓰지는 않았으며, 그의 생애와 사상은 플라톤(Plato)의 『대화편』이라고 부르는 35편의 책과 크세노폰(Xenophon), 아리스토파네스(Aristophanes), 그리고 아리스토텔레스(Aristoteles)의 당대 다른 사람들의 기록을 통해서만 전해진다(김태우, 2015). 이들 『대화편』에서 소크라테스는 주된 대화상대자로 등장하여 대화상대자들에게 질문하며 대화를 이끌어 간다. 이런 『대화편』의 대화를 '소크라테스적 대화'라고 하며 이것들을 통해 소크라테스 대화법을 알 수 있다. 그리고 소크라테스는 많은 시민들에게 질문을 던지며 철학적 대화를 하였다. 그는 확정된 진리를 전해 주는 것이 아니라 대화상대자에게 질문을 던지는 방식으로 대화를 하였으며, 이를 통해 대화상대자는 스스로 내가 알고 있다는 것이 옳지 않다는 '무지'를 깨닫도록 하였다. 소크라테스의 대화법은 무지를 깨달음으로써 철학의 참뜻에 다가가도록 하는 것으로 대화와 토론을 통하여 깨달음을 이끌어 내는 방법이라 하여 '산파술'이라고 불린다.

아이디어를 깊이 있게 탐구하는 데 효과적인 방법이 소크라테스식 질문법이다. 고대 그리스의 철학자인 소크라테스는 깊이 있는 질문에 단련되도록 하는 연습이 학생들에게 논리적으로 자신의 사고를 살펴보고, 그 사고의 타당성을 판단할 수 있게 해 준다고 믿었다. 소크라테스식 질문법은 모든 교사들에게 유용한 도구로 모든 학년에 활용가능한 방법이며 프로젝트를 진행하는 동안 다양한 시점에서 활용할 수 있다. 학생들이 자기 자신의 사고와 자신들에게 주어진 질문에 대한 사고를 통해 내용을 사고, 토론,

논쟁, 평가, 분석하는 동안 고차원적 사고력이 발휘된다. 교사는 학생들의 독립적인 사고를 향상시키며 자신들이 배우고 있는 내용을 완전히 자기 것으로 만들 수 있게 해 준다. 소크라테스식 질문법의 유형을 살펴보면 〈표 6-10〉과 같다(김성옥, 2013).

표 6-10. 소크라테스식 질문법의 유형

구분	내용
탐색형 질문	대화의 논제를 찾아가는 과정에서 상대방에게 짧게 묻는 유형의 질문이다. 탐색형 질문은 본격적으로 '앎'에 대해 따지기 전에, 상대방이 무엇에 관해 앎을 가지고 있는지 알아보기 위한 예비단계로 준비하는 것이다. 누구에게든지 무언가를 말해 보라고 하면, 은연중에 그것에 대한 또는 그것과 연관된 '앎'이 드러나게 된다. 따라서 소크라테스식 질문법에서는 이러한 '앎'을 논의의 출발점으로 삼는다.
정의(定義)를 요구하는 질문	탐색형의 질문에서 시작한 추세를 잡게 되면 소크라테스는 그다음 단계의 질문을 던진다. 이것은 '~란 무엇인가?' 하는 식으로 상대방에게 무언가를 정의할 것을 요구하는 질문이다. 정의형 질문에서는 핵심은 '~을 ~답게 만드는 것은 무엇인가?'이다. 여러 개별적인 것들이 있다는 것은 충분한 답이 되지 못한다. 이것은 직관적인 앎의 영역에 있는 것이 아니라 여러 개별적인 것을 통해 드러나지만 그것 자체는 아니고(그것들은 그림자에 불과하기 때문이다), 그 너머에 있는 것이다.
논박(엘렌코스)형 질문	대립적인 것 사이를 자유자재로 오가면서 상대방의 주장의 모순을 드러내는 질문이 논박형 질문이다. 이것은 여러 개의, 길게 묻지만 여기에 대해서는 짧게 대답해야 하는 유형의 질문들로 일련의 질문들이 제시되며, 상대방은 일련의 대답 과정에서 모순된 결론에 도달할 것이다. 즉, 대화상대방이 처음에 P라는 진술을 하였다면, 일련의 질문을 통해 Q, R이라는 진술을 하게 되고, 이것은 곧 –P라는 귀결에 연결되는 것이다. 그런데 P와 –P가 동시에 참일 수는 없으므로 대화상대방은 자신의 진술이 모순된 것임을 깨닫게 되는 것이다. 소크라테스은 이것이 앎으로 이끌리는 계기가 되도록 상대방에 대해 상당한 배려를 하고 있다.
유도형 질문	여러 개의, 길게 묻지만 여기에 대해서는 짧게 대답해야 하는 유형의 질문들로, 일련의 질문들이 점점 참된 앎을 향해 다가가도록 조직된다. 탐색형 질문의 결과 상대방이 무엇을 알기는 하는데 그 앎이 무엇인가에 대해 막상 소크라테스의 질문을 받게 되자 스스로의 힘으로는 해명하지 못하겠다고 솔직하게 고백하는 사람이 등장하는데, 소크라테스는 이런 사람을 그냥 외면하지 않고 아주 친한 친구처럼 대화를 이끌어가면서 그가 참된 앎으로 가까이 다가갈 수 있도록 이끌었다.
흔들기형(딴죽 거는 장난형) 질문	상대방의 생각을 흔드는 질문이다. 소크라테스는 상대방이 제대로 된 앎을 가지고 있다고 보이더라도, 상대방의 그 앎을 시험하기 위해 질문을 하기도 하였다. 질문의 목적은 상대방의 내면에 그 앎이 올바른 확신으로 자리 잡고 있는지, 자신의 행동을 이끌 만큼 힘 있고 강력한 것인지를 확인하기 위함이다.

소크라테스의 대화법에서의 구체적인 질문의 예는 〈표 6-11〉에 제시되어 있으며, 이와 같이 교사가 학습자에게 질문을 할 때는 주어진 정보나 전제에서 출발하여 어떤 논의 형태를 통해 결론을 이끌어 주어야 하며, 이러한 질문은 학습자의 생각을 계발할 수 있도록 돕는 질문법이라고 할 수 있다(홍성호, 2018).

표 6-11. **소크라테스의 질문**

소크라테스 질문	질문의 예	질문의 성격
생각을 명료화시키는 질문	좀 더 자세히 설명해 줄 수 있겠니?	설명
	예를 들어 볼 수 있니?	예를 들기
	~이 무슨 뜻이니?	정의
	~는 무엇을 의미하니?	예 제시
	그것이 어떤 도움이 될까?	지지
	누구 물어볼 질문이 있니?	탐구
증거 · 이유 원인을 탐색하는 질문	~하는 걸 어떻게 알았니?	가정
	왜 ~라고 생각하니?	논증
	반대 예를 들어 볼 수 있니?	반대의 예
	~에 대한 증거를 가지고 있니?	증거
	이유가 뭐라고 생각하니?	이유
관점 및 시각의 다양성을 탐색하는 질문	다른 관점(생각)이 있을까?	고찰
	이 두 가지 생각이 다른 점은 무엇일까?	구분
	누군가 ~라고 제안(제시) 한다면?	대안적 관점
	너와 다른 생각을 갖는 사람은 뭐라고 말할까?	반대주장
	다른 방법이 있을까?	관점의 재진술
시사점 및 결과를 탐색하는 질문	일반적인 규칙이 있니?	규칙 일반화
	전에 말한 것과 같은 생각이니?	일관성
	그 다음에 무슨 일이 일어날까?	결과
	그것의 결론은 무엇일까?	결론
	나중에는 어떻게 될 것 같니?	시사점
	그것이 진실인지 어떻게 알 수 있을까?	진실검증
질문에 대해 다시 질문	그것은 어떤 질문이니?	분석
	~에 대해 질문 있니?	질문
	그 질문이 우리에게 도움이 될까?	연관성
	우리 중 누구 대답이 질문에 더 가깝니?	결론 내리기
	지금까지 토론한 것을 말해 줄 수 있니?	요약

소크라테스의 대화법에서 토론을 촉진하기 위한 사고를 확장하는 방법에 대해서 피셔(Fisher, 1998)는 다음과 같이 제안하고 있다(홍성호, 2018).

첫째, 교사가 질문한 후 최소한 3초의 생각할 시간을 제공하여 주제에 대해 생각할 시간을 갖는다. 둘째, '왜', '예를 들 수 있니?', '같은 생각이니 또는 다른 생각이니?' 등 학습자가 말한 다음 뒤에 이어 질문함으로써 생각을 명료화시키고 확장하게 한다. 셋째, 교사는 판단을 보류하고 학습자의 대답에 동의하는지 반대하는지 말하지 않고 비평가적 태도로 반응한다. 넷째, '생각이 다른 사람?', '~와 같은 생각인 사람?'과 같이 의견 조사를 하거나 '그것을 듣고 우리는 어떻게 질문을 할까?'와 같은 질문에 초대하는 등의 진체집단의 반응을 격려한다 다섯째, 반대 관점을 제시하고 그 관점에 대한 이유를 대도록 한다. 여섯째, 학습자가 다음 말할 사람을 지명할 수 있도록 한다. 일곱째, 토의 전 · 중간 · 토의 후에 학습자 자신의 질문을 격려한다. 여덟째, 대안적 관점을 고려하도록 다양한 반응을 격려한다.

Chapter

07

유의미학습과 인지전략

배울내용

1. 유의미학습 ● 2. 유의미학습법의 수업모형
3. 유의미학습의 활용방안

학습목표

1. 유의미학습의 개념을 파악한다.
2. 유의미학습의 조건을 설명할 수 있다.
3. 유의미학습의 유형을 설명할 수 있다.
4. 포섭과 소멸적 포섭을 이해한다.
5. 유의미학습의 원리를 숙지한다.
6. 선행조직자의 개념과 유형을 파악한다.
7. 선행조직자의 수업모형을 계획할 수 있다.
8. 유의미학습의 활용방안을 모색해 본다.

교수자주도형 평생교육 교수 · 학습방법의 종류에는 강의법과 학습동기유발, 반성적 사고와 반성적 저널쓰기, 브레인스토밍과 질문법 및 유의미학습과 인지전략 등 다양하다〈그림 4-1 참조〉. 교수자주도형 평생교육 교수 · 학습방법의 종류에서 강의법과 학습동기유발은 4장, 반성적 사고와 반성적 저널쓰기는 5장, 브레인스토밍과 질문법은 7장에서 살펴보았고, 본 장에서는 유의미학습과 인지전략에 대해 살펴보고자 한다.

1. 유의미학습

오스벨

데이비드 폴 오스벨(David P Ausubel)은 미국의 심리학자로 교육심리학, 인지과학, 그리고 과학교육 학습분야에 중요한 기여를 했으며, 새로운 정보를 뇌에 새기는 의미학습을 주장하였다. 오스벨은 새로운 지식을 배우는 것은 이미 알려진 것에 달려 있다고 믿는다. 즉, 지식의 구축은 학습자가 이미 가지고 있는 개념을 통해 사건과 사물을 관찰하고 인식하는 것에서 시작된다. 그리고 학습자는 독서 등을 통하여 개념 네트워크를 구성하고 추가함으로써 배운다. 오스벨의 이론은 학습자가 교육환경에서 언어적 · 문자적 표현으로부터 많은 양의 의미 있는 자료를 어떻게 배우는지에 관한 것이다.

오스벨에 따르면, 학습은 정보를 받는 동안 발생하는 최상급, 대표성, 그리고 결합과정의 종류에 기초한다. 학습의 주요과정은 새로운 자료가 기존 인지구조의 관련 아이디어와 연관되는 포섭(subsumption)인 셈이다. 기존의 인지구조는 지금까지의 모든 학습경험의 잔여물이라고 볼 수 있다. 이것은 단순히 핵심 아이디어를 강조하는 개요와 요약이 아니며, 기존의 인지구조는 추상화와 일반성으로 제시된다. 이렇게 해서 새로운 학습자료와 기존의 인지구조 사이에 가교가 만들어지는 것이다. 그래서 새로운 지식을 습득하는 데는 배경지식이 중요한 것이다.

1) 유의미학습의 개념

오스벨(1918~2008)은 유의미학습을 주창한 미국의 교육심리학자이다. 그의 이론에 따르면, 학습에 가장 큰 영향을 미치는 가장 중요한 하나의 요소는 학습자가 이미 알고 있는 것이며, 교사는 이를 확인하고 그것에 따라 학생들을 가르쳐야 한다는 것이다(심재호, 2017). 즉, 학습자의 인지구조에 존재하는 요소(사전지식)가 유의미한 학습에 있어 무엇보다 중요하다는 것이다. 즉, 새롭게 배울 내용들은 이미 형성되어 있는 학습자의 인지구조와 관련지어질 때 학습자에게 의미가 새롭게 부여되어 유의미한 학습이 된다는 것이 오스벨이 사용한 핵심개념이다.

이런 의미에서 오스벨은 유의미학습이란 '새로운 학습과제가 학습자가 가진 기존의 인지구조에 포섭(subsumption)되며 구조적으로 연결되고 이러한 과정에서 이루어지는 학습'이라는 정의하고 있다. 즉, 유의미학습이 일어나면 학습된 논리적 정보가 학습자의 인지구조 내에 통합되어 학습자만의 고유한 의미로 전환되고, 이렇게 학습된 내용은 학습자의 인지에 구조화되어 무조건적인 암기학습으로 저장된 내용보다 장기적으로 기억되며, 후속 학습에 전이 및 응용이 가능하여 지식의 확장을 유도하게 된다는 것이다.

따라서 이러한 유의미학습이 일어나기 위해서는 학습자의 사전지식과 학습내용 사이에 잠재적인 관계성을 가져야 한다. 즉, 교사는 새로운 학습내용과 기존의 지식이 조직적으로 연결될 수 있도록 계열성 있게 수업을 구성하도록 하며, 학생들은 주어진 학습자료와 기존의 지식 간의 관련성을 발견하고 학습내용의 유사점과 차이점을 조정하고 탐색할 수 있는 능동적인 학습자세를 가져야 한다.

2) 유의미학습의 조건

유의미학습의 조건에는 다섯 가지, 즉 유의미한 학습과제, 인지구조, 유의미한 학습태세, 관련정착의미 및 심리적 의미가 있다.

(1) 유의미한 학습과제

유의미한 학습이 되기 위해서는 학습과제가 기존의 인지구조와 관련되는 것이어야 한다. 즉, 학습과제는 논리적인 의미성(논리적 유의미가)을 갖고 학습자의 인지구조와 관련을 맺을 수 있도록 조직되어야 하며, 또한 효과적인 유의미학습이 일어나기 위해서는 교사가 학습과제를 학습자가 이해하기 쉽도록 정리하고 구조화하여 제시해야 한다(신명희 외, 2017).

오스벨은 유의미한 학습이 이루어지기 위해서는 학습과제가 실사성(substantiveness)과 구속성(nonarbitrariness)을 지녀야 한다고 주장하였다. 실사성이란 어떤 과제나 개념을 어떻게 표현하더라도 그 고유한 의미는 변하지 않는 것을 의미한다. 다시 말해, 실사성은 그 구조와 내용을 어떤 식으로 표현하든지 간에 고유의 의미와 본성은 변하지 않는 불변적이며 절대적인 특성을 의미한다. 즉, 사용하는 부호나 기호에 영향을 받지 않는 법칙, 개념, 명제, 이론 등에 내재되어 있는 본질적 속성을 말한다. 예를 들어, '평생교육이란 인간의 삶의 과정에서 생존능력을 증대시키고 삶의 질을 향상시키기 위한 평생의 과정을 통해서 이루어지는 한 사회의 모든 형태의 형식적 · 비형식적인 학습활동을 의미한다'는 '인간의 삶의 질을 향상시키기 위해 평생 동안 이루어지는 형식적 · 비형식적인 학습활동을 평생교육이라고 한다'라고 다르게 표현하더라도 고유한 의미는 변하지 않는데, 이런 경우 실사성을 지녔다고 한다. 반면 '쓰하'라는 무의미한 철자를 '하쓰'라고 바꾸어 표현할 경우 완전히 새로운 과제로 전환되며, 이러한 경우 실사성이 없다고 한다.

구속성은 임의적으로 맺어졌던 관계가 시간이 지날수록 하나의 관습으로 굳혀져 그

의미가 임의로 변하지 않는 것을 말한다. 예를 들어, '책'이라는 단어는 실제의 책과는 무관하여 임의적으로 맺어진 관계이다. 하지만 '책'이라는 단어가 실제의 책을 지칭하는 부호가 되고 의미 상의 관습적인 관계가 성립하게 되면 임의적으로 변경시킬 수 없게 되는데 이러한 성질을 구속성이라고 한다(안효진, 2019).

이처럼, 학습과제가 실사성과 구속성을 가질 때 학습자는 학습과제를 자신의 인지구조와 의미 있게 관련지을 수 있으며, 이때 그 학습과제는 논리적 유의미가(logical meaningfulness)를 갖게 된다(김경옥, 2001). 이를 그림으로 표현하면 〈그림 7-1〉과 같다.

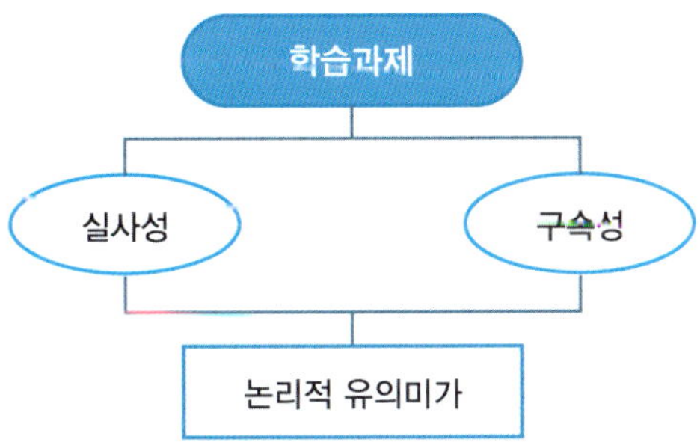

그림 7-1. 논리적 유의미가

(2) 인지구조

앞에서 살펴본 학습과제가 아무리 논리적 유의미가를 갖추었다고 하더라도, 다시 말해, 구속성과 실사성을 갖추었어도 각 개인마다 깨닫는 인지내용이 다 똑같을 수는 없는데, 이것을 학습자의 인지구조 변인이라고 부른다.

오스벨은 인지구조를 '어느 한 시점의 학습자가 유용하게 사용할 수 있는 원리, 이론 및 개념 등으로 이루어진 학습자의 현재 지식체계'라고 정의하였다. 구체적으로 학습과제가 논리적 유의미가를 갖추고 있다고 하더라도 학습자의 인지구조 안에 관련된 내용이 없다면 그 학습과제는 유의미학습 과정이 적용될 수 없고, 적용이 된다고 해도 그것은 기계적 암기학습에 불과할 뿐이라는 것이다. 따라서 인지구조는 새로운 개념이 정착할 수 있는 발판을 제공하며, 새로운 개념은 이러한 인지구조에 포섭된다. 이처럼 학습과제의 본질뿐만 아니라 그와 관련된 인지구조 역시 유의미학습의 결정적 요인이 된다. 그러므로 유의미학습이 제대로 실현되기 위해서는 학습과제가 논리적 유의미를 가지면서, 그 학습과제를 연결지을 수 있는 학습자의 인지구조도 있어야 한다. 이러한 두 가지 조건이 충족될 때, 그 학습과제는 학습자에 대한 잠재적 유의미가를 가지고 있다고 할 수 있다.

다시 말해, 인지구조(cognitive structure)는 학습자의 의식에 존재하는 개념 혹은 아이디어가 통합적, 위계적으로 조직된 집합체를 말한다. 새로운 학습내용이 학습자의 인지구조에 포섭되면, 학습이 촉진되고 사전지식은 새로운 지식을 포섭하여 넓혀 가게 된다(전성연, 2004).

(3) 유의미한 학습태세

앞서 제시한 유의미학습을 위한 조건(유의미한 학습과제와 인지구조)이 갖추어졌다면, 다음으로 학습태세를 가져야 한다. 학습태세는 학습자에 대해 잠재적 유의미학습을 위한 '특정 학습법을 통하여 학습과제와 인지구조를 연결 지으려는 학습자의 의도 또는 성향'이라고 정의한다.

어떤 학습과제에 대해 학습태세를 갖추고 있을 때, 그 학습과제가 학습자에 대해 심리적 유의미가를 갖는다고 표현한다. '심리적 유의미가'란 기호나 명제와 같은 형식을 빌려 표현된 진술에 대해 개인이 인식하고 있는 현상적인 특성 또는 개인이 구성한 실제적인 의미를 뜻한다. 일반적으로 논리적 유의미가는 과학지식 체계 안에 있는 교과서의 기본구조 내용과 학습과제의 본질적 성격을 의미한다. 이에 반해, 심리적 유의미가는 실제로 학습자가 파지(retention)하고 있는 실용적 의미를 뜻한다. 따라서 유의미학습의 경우 학습과제와 학습자가 파지하고 있는 인지구조 사이의 상호작용을 통해 일어나고, 심리적 유의미가가 유의미학습 과정을 통해 얻어질 수 있다는 점을 고려할 때, 학습자의 심리적 유의미가는 개인의 선행경험이나 인지구조에 따라 다르게 얻어질 수 있는 것이다.

다시 말해, 유의미한 학습태세(meaningful learning set)란 특정한 학습방법을 통해 학습과제를 인지구조에 연결하고자 하는 학습자의 마음이나 성향, 의도를 말하는 것으로 유의미한 학습이 일어나기 위해서는 학습자가 학습과제에 대해 학습자가 유의미하게 학습하려는 태도와 자세를 가져야 한다(신명희 외, 2017).

(4) 관련정착의미

관련정착의미란 학습자의 인지구조 내 이미 형성되어 있는 것으로 학습과제와 관련될 수 있는 상위개념으로서의 일반적인 아이디어를 의미한다. 유의미학습 과정에서 관련정착의미는 새로운 학습내용과 인지구조가 관계를 맺을 수 있는 근거를 제공하며, 파지(retention)과정에서 새로운 의미가 정착될 수 있도록 해 준다. 따라서 유의미학습이 일어나기 위해서는 주어진 학습과제나 내용이 실사성과 구속성을 지니며 논리적 유의미가를 형성하는 것 외에 학습자가 그 학습에서 요구하는 관련정착의미를 가지고 있어야 한다. 이러한 조건이 갖춰지면 그 과제는 잠재적 유의미가를 지니게 된다(윤기옥 외, 2013).

(5) 심리적 의미

심리적 의미는 새로운 학습과제에 대한 유의미학습이 이루어진 후 기존 지식과 어떤 관련성을 가지는지를 변별할 수 있거나 다른 관점으로 해석할 수 있거나 응용할 수 있게 되었음을 의미한다. 앞서 서술한 내용을 종합하여 유의미학습 모형을 도식화해 보면 〈그림 7-2〉와 같다.

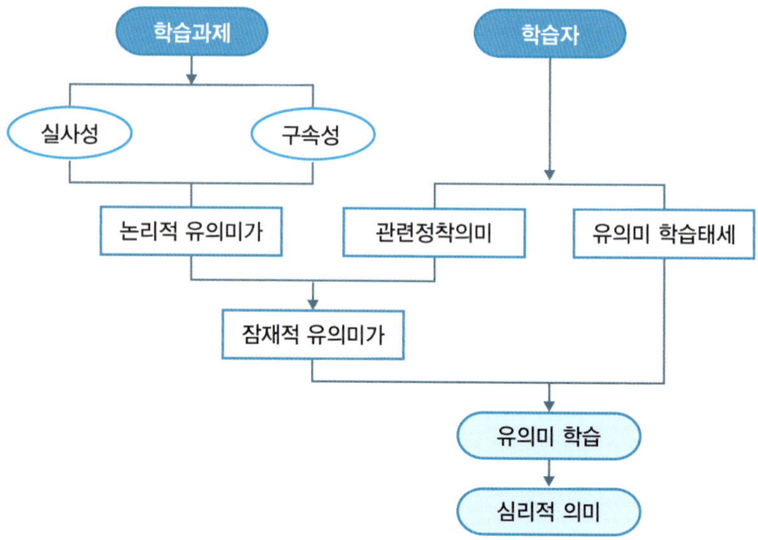

그림 7-2. **오스벨의 유의미학습 체계도**

3) 유의미학습의 유형

오스벨은 학습의 유형을 크게 수용학습, 발견학습, 기계적 학습, 유의미 학습의 네 가지로 구분하여 설명하였다. 이러한 네 가지의 학습유형은 다시 지식을 획득하는 방법에 따라 수용학습과 발견학습으로 구분하고, 학습자의 인지적 영역의 통합 방식에 따라 기계적 학습과 유의미학습으로 구분된다(경하영, 2016). 오스벨이 정의한 학습유형과 각 학습이 일어나게 되는 과정을 살펴보면 〈표 7-1〉과 같다.

표 7-1. **학습의 유형과 학습과정**

학습유형		학습과정
수용학습	유의미 수용학습	주어진 학습과제와 학습지도 자료가 내면화되는 과정으로 잠재적 유의미가를 획득하여 학습자의 인지구조에 유의미하게 연결될 때 이루어진다.
	기계적 수용학습	주어신 학습과제와 학습지도 자료가 잠재적 유의미가를 갖지 않거나 이를 내면화하더라도 관련개념(관련정착의미)이 없어 단순한 자의적 암기가 될 때 이루어진다.
발견학습	유의미 발견학습	학습자가 스스로 발견한 학습과제와 학습지도 자료가 학습자의 인지구조에 유의미하게 연결될 때 이루어진다.
	기계적 발견학습	학습자가 스스로 발견한 학습과제와 학습지도 자료가 잠재적 유의미가를 갖지 않거나 이를 내면화하더라도 관련개념(관련정착의미)이 없어 단순한 자의적 암기가 될 때 이루어진다.

(1) 수용학습과 발견학습

수용학습(reception learning)은 학습과제나 학습자료 등 학습될 모든 내용이 최종적인 형태로 학습자에게 제시되는 학습방법을 의미한다. 수용학습에서는 학습자가 개념을 스스로 해석하고 발견하는 과정이 생략되고, 제시된 학습내용을 인지구조에 내면화하고 통합하여 지식을 습득하게 된다(이영주, 2000). 수용학습은 설명식, 강의식 학습으로 정의되는데, 이러한 교수방법은 교사가 주도하는 강의가 무조건적인 암기를 유도하고 학생들의 학습태도가 수동적일 수 있다는 비판적 견해와 상충된다. 하지만 결정적으로 설명식 학습(수용학습)에서도 학생들은 적극적이고 능동적일 수 있다. 다만 이러한 능동적인 수업이 이루어지기 위해서는 교사의 체계적인 수업설계가 필요하며 학생들은 주어진 학습자료를 기존의 지식과 계통적으로 조직할 수 있어야 한다.

발견학습(discovery learning)은 수용학습과는 대조적으로 주어진 자료를 근거로 하여 인지구조에 내면화되는 학습사태가 일어나기 전 새롭게 학습할 내용이나 개념, 원리를 학습자가 스스로 탐구하여 발견하는 학습을 의미한다(이석하, 2015). 발견학습은 학습의 결과보다는 사고과정에 중점을 두어 학생들이 학습의 최종 형태를 스스로 발견하고 조직해야 한다. 이러한 학습방법은 지식을 발견하고 탐구하는 과정에서 상상력과 사고력을 증진시키고 배움에 대한 보상적 가치를 충족시킬 수 있다. 하지만 지식을 체계적으로 습득하기 어려우며 학습원리나 구조를 이해할 때까지 학습해야 한다는 발견학습의 특성상 수업기간이 충분히 확보되어야 한다. 또한 학생들이 학습에 대한 내적 동기가 강하고 새로운 학습내용을 받아들이기 전, 그에 관련된 일반적 원리나 개념에 관한 지식이 수반되어야 한다는 점에서 발견학습은 이러한 조건을 충족하지 못한 학생들에게는 적합하지 않다.

(2) 기계적 학습과 유의미학습

오스벨의 학습이론은 기존의 인지구조와 새로운 학습내용을 의미 있게 연결 짓는 과정을 설명하는 것이다. 이러한 과정을 유의미학습(meaningful learning)이라고 하며, 이와 반대로 개념을 의미 있게 관련짓지 못할 경우를 기계적 학습(rote learning)이라고 주장하였다(전성연, 2004).

기계적 학습이란 기존의 인지구조와 새로운 학습내용이 관련개념으로 연결되지 않을 때, 학습할 내용을 임의적으로 암기하게 되는 학습방법을 의미한다. 기계적 학습은 기존의 인지체계와 연관성이 없고 이해기반의 학습이 아니기 때문에 학습된 정보가 기존의 인지구조와 연합되지 않은 채 분절된 단편적인 모습으로 저장된다. 이러한 학습내용은 기존의 지식체계와 의미 있게 연결되지 않기 때문에 쉽게 망각이 일어난다는 특징을 가진다(권낙원, 김동엽, 2019). 이러한 기계적 학습은 학습과제의 논리적 유의미가나 유의미한 학습태세가 결핍될 경우 일어나게 된다.

유의미학습이란 기계적 학습과 반대로 여러 개념들, 혹은 기존의 인지구조와 새로운 정보 및 학습개념이 상호 연관성을 지니게 될 때 일어나는 학습이다. 유의미학습은 새로운 정보가 학습자의 정립된 기존 인지체계와 통합되어 구조화되며 지식이 개별화되지 않고 통합적으로 저장된다. 이런 이유로 지식이 대부분 소실되지 않고 후생학습에 적용할 수 있는 일반화된 지식으로 개념이 확장될 수 있다.

유의미한 학습이 일어나게 되는 학습유형은 유의미 수용학습과 유의미 발견학습이다. 유의미 수용학습은 기존 지식과 새로운 학습내용의 개념들 간의 관계성을 인지할 때 나타나게 된다. 교사에 의해 제공된 학습자료나 학습과제가 기존의 지식과 관련성을 가지고 하위개념인 새로운 학습내용이 학습자의 인지구조 내 상위개념과 통합되는 내면화가 이루어질 때, 유의미 수용학습이 일어나는 것이다.

4) 포섭과 소멸적 포섭

오스벨은 학습현상을 설명할 때, 자극이나 반응보다 포섭 또는 동화의 과정으로 설명하였다. 여기에서 포섭이란 유의미한 학습자료가 기존의 인지구조에 통합되는 것, 즉 동화되거나 일반화되는 과정을 의미한다. 따라서 포섭한다는 말은 학습한다는 말과 같은 의미라고 할 수 있다(김은주, 2000).

> 개념이 개념 속에 포함되는 일반적 속성을 추상화한 것이라면, 포섭 역시 하위에 있는 사례 또는 사상의 속성을 포섭하는 것이다. 포섭자는 인지구조와 마찬가지로 위계성을 지니고 있다. 이러한 의미의 포섭자를 상정하면 학습이나 망각의 설명은 대단히 용이해진다.

포섭하는 모양에 따라 다음과 같이 몇 가지 포섭유형으로 나눌 수 있다. 첫째는 인지구조 내에 있는 정착의미가 주어진 명제보다 더 포괄적이며 일반적인 경우를 나타내는 종속적 관계(subordinate relationship)이다. 즉, 포괄성이 낮은 하위개념이 인지구조 속의 포괄성이 높은 관련의미에 연합되고, 분리력(dissociability)을 상실하면서 흡수되어 들어가는 것이다. 이는 다시 파생적 포섭(derivative subsumption)과 상관적 포섭(correlative subsumption)으로 나누어진다. 파생적 포섭이란 하나의 하위명제가 이미 학습자가 가지고 있는 관련정착의미의 특수 사례이거나 직접적 파생물로서 관련정착의미를 지지하고 예시해 주는 경우의 포섭관계를 말한다. 상관적 포섭이란 새로운 학습자료가 이미 학습자가 가지고 있는 관련정착의미를 연장, 정교화, 수정 등의 성격을 지니면서 일어나는 포섭을 말한다.

둘째는 관련정착의미가 주어진 명제보다 덜 포괄적이고 덜 추상적인 경우에 이루어지는 상위적 관계(superordinate relationship)이며, 이 경우에는 정착의미가 명제의 의미에 동화되는 상위적 포섭이 일어난다. 상위적 포섭은 처음에는 종속적 포섭과정과 마찬가지의 과정을 거친다. 즉, 학습내용이 상위개념이라도 인지구조내의 관련의미 속으로 포섭되어 들어간다. 그러나 상위의미가 반복되어 학습되는 동안 그 관계가 바뀌어 학습내용의 의미가 항상성을 가지게 되어 인지구조 내의 하위개념들이 새로운 상위개념 속으로 포섭된다. 상위적 포섭은 종속적 포섭과 다르지만 근본적으로 포괄성의 수준이 낮은 의미가 포괄성의 수준이 높은 의미 속으로 포섭되어 간다는 점에서는 같다.

셋째는 두 변인의 포괄성과 일반성이 동등한 병위적 관계(combinational relationship)이며, 이 경우에는 두 변인이 수평적인 관계를 유지하면서 서로가 서로를 포섭하는 병위적 포섭이 일어난다.

유의미학습에서 가장 전형적으로 바람직한 포섭은 종속적 포섭이다. 종속적 포섭 중에서도 특히 파생적 포섭의 경우, 새로운 학습자료가 포섭자의 특수 사례이므로, 이러한 자료의 새 의미형성은 신속하게 이루어질 수 있다. 포섭자가 새 학습자료보다 포괄성과 일반성이 더 크기 때문이다. 반면에 나머지 유형의 포섭에서는 새로운 학습자료의 의미를 형성하기가 용의하지 않거나 시간이 오래 걸린다. 왜냐하면 새 학습자료를 안정적으로 받아들일 수 있는 더 포괄적인 내용이 학습자의 인지구조 내에 존재하고 있지 않기 때문이다.

학습의 역은 망각이다. 오스벨은 망각을 "소멸적 포섭"으로 설명하였다. 소멸적 포섭이란 학습자료가 일단 포섭된 후 포섭된 자료가 기존의 인지구조와 비슷하게 되거나 혹은 일체가 되어 나중에는 분리하기 힘든 상태에 이르는 것을 말한다. 이러한 통합 뒤의 소멸은 포섭과정에서 정상적으로 일어나는 과정이다.

유의미학습된 개념이 학습자의 기억 속에 영원히 망각되지 않고 보존된다고 말할 수는 없다. 그러나 유의미적으로 학습된 항목은 보다 의도적으로 망각된다. 왜냐하면 망각도 또한 포섭과정의 연장으로 이루어지기 때문이다. 오스벨은 망각은 '최소 공배수까지 기억의 축소가 이루어진다'고 하였다. 즉, 아무리 잊어도 최소한 보다 포괄적인 항목(최소 공배수)은 파지하게 된다는 것이다. 지금까지 제시한 포섭과 포섭과정을 정리해 보면 〈표 7-2〉와 같다(이재준, 2012).

표 7-2. **포섭과정의 종류와 특성**

종속적 포섭과정	인지구조 내의 정착의미가 새롭게 주어진 명제보다 포괄적이고 일반적일 경우를 나타낸다. 즉, 포괄성이 낮은 하위개념이 포괄성이 높은 인지구조 속 관련의미에 흡수되어 분리력을 상실하는 것이다.	파생적 포섭	하위 명제가 학습자의 인지구조 속 관련정착의미를 지지하고 예시해 주는 경우를 말한다.
		상관적 포섭	새로운 학습자료가 완료된 학습의 관련 정착의미를 정교화, 연상, 수정 등의 성격을 지니면서 일어나는 경우이다.
상위적 포섭과정	새로 획득한 의미가 기존의 관련 정착의미보다 더 포괄적이고 더 추상적인 경우이다(종속적 포섭과는 상이한 과정).		
병위적 포섭과정	두 변인인 관련정착의미와 새로운 의미가 비슷한 수준의 포괄성을 가지고 있을 때 두 변인 사이에 수평적인 관계가 유지되고 상호작용하며 서로서로를 포섭하는 경우이다.		

5) 유의미학습의 원리

유의미학습의 원리는 점진적 분화의 원리, 통합조정의 원리, 선행학습 요약·정리의 원리, 내용의 체계적 조직의 원리, 학습준비도의 원리 및 선행소식사의 원리로 구분할 수 있다〈그림 7-3〉.

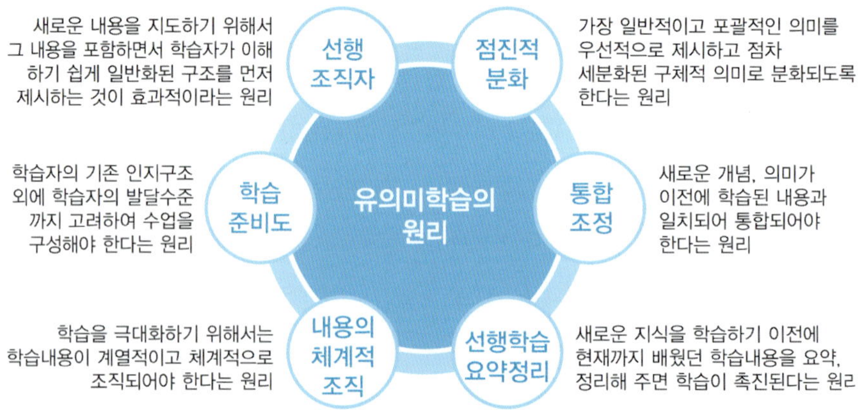

그림 7-3. **유의미학습의 원리**

(1) 점진적 분화의 원리

점진적 분화의 원리란 학습내용에서 가장 일반적이고 포괄적인 의미를 우선적으로 제시하고 점차 세분화된 구체적 의미로 분화되도록 한다는 원리이다. 이는 개개의 사실을 먼저 제시하여 추상화에 이르게 하지 않고 가장 추상적인 개념이나 의미를 먼저 제시하여 점진적으로 세부적인 내용을 포섭해 나가도록 하는 것을 의미한다(변영계, 2018). 예를 들어, 평생교육방법은 교수자중심 평생교육방법과 학습자중심 평생교육방법으로 분류되고, 교수자중심 평생교육방법은 강의법과 학습동기유발, 반성적 사고와 반성적 저널쓰기, 브레인스토밍과 질문법 및 유의미학습과 인지전략 등으로 분류된다. 이처럼 평생교육방법이라는 상위개념은 조금 더 세부적인 하위개념의 의미로 분화되며, 이 원리를 통해 학습자는 독립적으로 존재하던 아이디어를 서로 연관시켜 이해할 수 있다는 것이다.

(2) 통합조정의 원리

통합조정의 원리란 새로운 개념, 의미가 이전에 학습된 내용과 일치되어 통합되어야 한다는 원리이다. 즉, 사전에 제시된 학습자료 및 과제와 새로운 학습내용 간의 유사점과 차이점을 인식시켜 불일치를 사전에 조정한다는 것이다. 통합조정의 원리는 점진적 분화의 원리와 연결되어 나타나는 후속적 원리이다. 학습될 내용이 점진적 분화의 원리에 입각하여 제시되면 새로운 아이디어가 이전에 학습된 내용에 의식적으로 연결되어 조직되고 통합된다는 것이다. 이러한 학습원리에 바탕을 둔 학습자료는 학습자의 인지구조 내에 조직적으로 구축된다.

(3) 선행학습 요약 · 정리의 원리

선행학습 요약 · 정리의 원리란 새로운 지식을 학습하기 이전에 현재까지 배웠던 학습내용을 요약, 정리해 주면 학습이 촉진된다는 원리이다. 즉, 새 과제의 학습에 임할 때 현재까지 학습해 온 내용을 요약 및 정리를 해 주면 학습이 촉진되는데, 이는 인지구조 내에 있는 기존의 개념이 명료해져서 안정성을 가지게 되면, 새 학습과제에 대한 변별력이 증가하기 때문이다. 이를 위해 요약 및 정리를 하는 방법에는 해당 학습과제의 반복과 확인, 교정, 명료화, 차등 연습 및 복습 등이 있다.

(4) 내용의 체계적 조직의 원리

내용의 체계적 조직의 원리란 학습을 극대화하기 위해서는 학습내용이 계열적이고 체계적으로 조직되어야 한다는 원리이다. 즉, 학습내용을 체계적, 계열적으로 조직하면 학습효과를 극대화시킬 수 있다는 원리이다. 계열화된 새 학습과제는 그 자체로서도 해결해야 할 과제이면서 동시에 관련정착의미로 작용하여 후속학습에 영향을 미쳐 학습의 효율성을 높여 줄 수 있다.

(5) 학습준비도의 원리

학습준비도의 원리란 학습자의 기존 인지구조 외에 학습자의 발달수준까지 고려하여 수업을 구성해야 한다는 원리이다. 학습준비도란 단순한 유전적 성향만을 일컫는 것이 아니라 모든 선행적 경험과 선행학습을 종합하여 개인의 인지구조와 인지능력 형성에 영향을 미치는 모든 것이라고 할 수 있다. 이것은 누가적이며 발달적 성격을 가진다.

(6) 선행조직자의 원리

오스벨은 내용의 구조를 학습자 입장에서 받아들이기 쉽게 지도해야 의미 있는 학습이 이루어진다고 하였다. 따라서 새로운 내용을 지도하기 위해서 그 내용을 포함하면서 학습자가 이해하기 쉽게 일반화된 구조를 먼저 제시하는 것이 효과적이다. 이처럼 지도하려는 내용을 포함하는 일반화된 구조를 선행조직자라고 부른다. 따라서 선행조직자(advance organizer)란 새로운 학습과제의 학습에 대한 전진적 증진효과는 최대화하고 전진적 금지현상은 최소화할 수 있도록 인지구조를 조정하는 방법이며, 새 학습과제로 들어가는 도입부에 제시되는 학습자료이다. 즉, 새로운 학습내용을 인지구조에 정착(anchoring)시키기 위한 매개체인 선행조직자를 활용하여 유의미적인 학습을 유도해야 한다는 원리이다.

2. 유의미학습법의 수업모형

1) 선행조직자

오스벨은 새로운 과제가 학습되고 기억되는 것은 그와 관련된 개념이나 원리가 학습자의 인지구조에 얼마나 존재하느냐에 달려 있다고 설명한다. 즉, 제시되는 학습과제가 학습자가 갖고 있는 기존의 인지구조와 상충하거나 관련을 맺지 못하면 학습되거나 기억되지 못하게 된다는 것이다. 따라서 교사는 새롭게 학습할 내용에 대한 개념적 근거로서의 역할을 수행하는 무언가를 사전에 제시할 수 있어야 한다.

선행조직자란 학습자가 경험하지 못했던 새로운 학습과제가 쉽게 정착되고 수용될 수 있도록 학습과제 제시에 앞서 제공되는 과제보다 일반적이고 추상적이며 포괄적인 높은 수준의 자료로, 새로운 학습내용이 학습자가 이미 알고 있는 사전지식과 연관시키는 것을 돕기 위해, 본 학습이 시작하기 전 교사가 학습자에게 제공하는 일종의 도입문이다. 다시 말해, 선행조직자는 학습자의 사전지식 및 이전 학습내용과 새로운 학습내용을 연결하는 연결고리로서의 역할을 수행하는 것이다. 따라서 선행조직자는 그 자체가 중요한 학습내용이 되며, 또한 선행조직자를 충분히 이해함으로써 후속 학습과제를 수행할 수 있기 때문에 선행조직자는 학습자에게 친숙한 개념이나 명제, 적합한 비유와 예시를 활용하여 구성하는 것이 효과적이다.

2) 선행조직자의 유형

선행조직자는 기능에 따라 설명조직자(expository organizer), 비교조직자(comparative organizer)로 구분되고, 제시하는 형태에 따라 설명식 조직자(expository advance organizer), 그래픽 조직자(graphic organizer)로 분류된다. 선행조직자의 유형에 대한 설명은 〈표 7-3〉, 유형에 대한 예시는 〈표 7-4〉와 같다(안효진, 2019).

표 7-3 **선행조직자의 유형**

구분	내용
설명조직자	설명조직자는 가장 높은 추상성을 가진 기본 개념들로 구성되며, 학습자의 인지구조에 관련지식이 존재하지 않아 생소한 학습과제를 제시할 때 과제를 이해하기 위한 개념적 근거를 제공한다.
비교조직자	비교조직자는 관련정착의미가 학습과제가 유사하여 학습자가 비교적 친숙한 내용을 학습하게 될 때 사용되는 선행조직자로, 새로운 개념을 기존의 인지구조에 통합시키거나 유사개념 간의 차이점을 인지하고 구분하기 위해 제공된다.

구분	내용
설명식 조직자	설명식 조직자는 새로운 학습내용을 구술이나 문자를 이용하여 제시하는 직접적인 기술의 선행조직자이며(같은 곳), 어떤 것을 수행하기 위한 방법을 순차적으로 전개하거나 일반적인 개념을 요약 및 정리하여 설명하게 될 때 사용된다.
그래픽 조직자	그래픽 조직자는 학습내용을 시각적으로 표상하기 위해 그림의 형태로 표현하여 사용되는 선행조직자로, 학습내용이 생소하거나 복잡한 관련성을 지니고 있을 때 그래픽 조직자를 활용하면 친숙성을 부여하고 학습내용들 간 관계를 일목요연하게 제시하여 효과적인 학습이 가능하게 된다.

표 7-4. 선행조직자의 유형과 예시

<table>
<tr><th>분류</th><th>유형</th><th colspan="2">예시</th></tr>
<tr><td rowspan="3">기능</td><td>설명조직자</td><td colspan="2">디자인이란 분명한 목적을 가지고 조형을 실제화하기 위해 계획, 도안하는 것을 의미한다.</td></tr>
<tr><td rowspan="2">비교조직자</td><td>시각디자인</td><td>제품디자인</td></tr>
<tr><td>평면적인 시각 정보를 표현하는 디자인</td><td>입체나 조형을 표현하는 디자인</td></tr>
<tr><td rowspan="2">제시형태</td><td>설명식 조직자</td><td colspan="2">– 디자인 실습과정 및 순서 –
1. 자료조사와 분석을 수행한다.
2. 아이디어를 구상한다.
3. 아이디어를 시각적으로 표현(스케치)한다.
4. 그래픽 툴로 디자인을 최종 완성한다.</td></tr>
<tr><td>그래픽 조직자</td><td colspan="2">+ LG = LG
심벌마크 로고타입 시그니처</td></tr>
</table>

출처: 안효진(2019). 특성화 고등학교 로고 디자인 교육에서 유의미 학습법을 활용한 수업과정 연구. 국민대학교 교육대학원 석사학위논문.

3) 선행조직자 구성 시 유의점

유의미학습을 위한 선행조직자를 제시할 때는 〈표 7-5〉와 같은 사항을 유의하여야 한다(안효진, 2019).

표 7-5. **선행조직자의 구성 시 유의사항**

- 선행조직자는 학습과제에 속한 학습자료와 구분되면서 포괄적인 아이디어인 조직자를 학습자가 있는 그대로 받아들일 수 있도록 구성하여야 하며, 선행조직자는 학습자료보다 높은 추상성과 일반화의 정도가 높다는 것을 명확히 인지하여 조직되어야 한다.
- 어떤 유형의 선행조직자이든 개념이나 명제가 분명하고 주의 깊게 설명되어져야 한다. 따라서 교사와 학생 모두 조직자를 탐구할 필요가 있으며, 이는 중요한 특징을 설명하고 예를 제시하는 것을 말한다. 선행조직자는 학생들이 조직자를 지각하고 이해하며 조직하는 자료와 명료하게 관련을 짓도록 구성되어야 하며, 선행조직자에 포함된 언어나 아이디어는 학습자에게 친숙한 것이어야 한다. 또한 다양한 배경에서 설명하고 반복하는 것이 좋다.
- 통합적인 인지구조를 개발하기 위해 학습자가 주어진 학습과제와 선행조직자에 관련된 이전의 학습내용이나 지식, 경험을 떠올릴 수 있도록 자극해야 한다.

4) 선행조직자 수업모형

오스벨의 유의미학습 이론은 선행조직자 수업모형으로 구체화된다. 구체적으로 선행조직자 수업모형은, 1단계 선행조직자의 제시, 2단계 학습자료의 제시, 3단계 인지구조의 강화의 총3단계의 활동으로 구성된다. 그리고 각 활동은 학습자의 인지구조에 새로운 학습자료를 명료하고 안정성 있게 조직시키는 데 목적을 둔다. 따라서 학생들은 새로운 학습자료를 자신의 경험과 기존의 인지구조에 관련시키고 새로운 지식을 비판적으로 수용함으로써 학습과제를 수행해야 한다.

조이스와 웨일(Joyce & Weil, 1992)은 오스벨의 유의미학습에 근거한 선행조직자 수업모형을 〈표 7-6〉과 같이 제시하고 있다.

표 7-6. **선행조직자 수업모형**

단계	교수 · 학습활동
1단계 선행조직자 제시	• 수업목표를 명료화하기 • 선행조직자 제시하기 (정의적 속성 확인/예시/내용제시/반복) • 관련지식과 경험 일깨우기

단계	교수 · 학습활동
2단계 학습자료 및 과제제시	• 학습자료 제시 • 주의집중 유지하기 • 조직을 명료화하기 • 학습자료의 논리적 순서 명시하기
3단계 인지구조의 강화	• 통합조정의 원리 사용하기 • 능동적 수용학습 촉진하기 • 학습내용의 비판적 접근 촉진하기 • 명료화하기

이 세 단계는 교사와 학생이 함께 구성하는 것이 가장 이상적이지만 전체 수업과정에 이 모든 수업기술을 사용하는 것은 불가능하다. 따라서 학습상황, 시간, 주제에 따라 적절한 기법을 선택적으로 활용하는 것이 바람직하다(권낙원 외, 2018).

(1) 선행조직자 제시

이 단계에서는 수업목표 명료화하기, 선행조직자 제시하기, 관련지식과 경험 일깨우기의 교수·학습활동이 이루어진다.

수업목표의 명료화는 학생들의 학습동기 유발과 주의집중을 유도하며 학습목표에 도달하는 데 그 목적을 두며, 또한 교사에게는 학습자에게 수업과정에 대한 방향을 제시하고 수업계획을 명료화하는 데 도움이 된다.

선행조직자는 학습자료 혹은 학습과제와 마찬가지로 지적으로 탐구해야 할 또 다른 학습자료라고 할 수 있으며, 따라서 도입단계에서 흔히 제시되는 이전 학습의 요약자료 혹은 강의내용과 구분되어야 한다(Joyce & Weil, 1992). 선행조직자를 제시할 때 교사는 학습자가 선행조직자의 정의적 속성을 확인하고 탐색할 수 있도록 해야 하며, 학습내용에 예시를 부연하고 반복적으로 설명하여 이해를 도와야 한다.

마지막으로 선행조직자가 제시된 다음, 교사는 학습자가 선행조직자, 학습과제와 관련된 사전지식과 경험을 상기시킬 수 있도록 유도하여 학습내용이 인지구조에 통합될 수 있도록 해야 한다.

(2) 학습자료 및 과제제시

두 번째 단계에서는 학습자료 및 과제가 제시된다. 학습과제는 강의, 토론, 필름, 실험, 실습, 경험, 독서 등 다양한 형태로 제시될 수 있으며, 이 단계에서는 두 가지 절차가 중요하다. 첫 번째는 학습자의 주의집중을 유지시키는 것, 두 번째는 전반적인 학습방향을 잡을 수 있도록 학생들이 학습자료의 논리적 구조를 명백히 이해할 수 있도록 하여 아이디어들이 어떻게 연관되어 있는지 논리적인 순서를 명시하는 것이다(윤기옥 외, 2013).

(3) 인지구조의 강화

이 단계는 수업과정에서 배웠던 학습내용들이 학습자의 인지구조에 의미 있게 정착될 수 있는 교수·학습활동으로 전개된다. 먼저 새로운 학습자료가 기존 인지구조에 통합되고 조정되는 통합조정의 원리를 이용하게 되는데, 이러한 학습을 촉진시키기 위한 방법은 다양하다. 교사는 선행조직자를 상기시키고 정확한 정의를 반복 설명해야 하며, 학습자는 새로운 학습자료의 중요한 특성을 요약해 보거나 또는 다른 관점에서 검토해 보거나, 학습자료가 어떻게 선행조직자를 뒷받침하는지를 설명해 볼 수 있다(윤기옥 외, 2013).

능동적인 수용학습은 학습자에게 새로운 학습자료가 선행조직자 및 이전 학습내용과 어떻게 관련되는지 검토하도록 하거나 학습자료와 상반된 자료나 경험, 지식과 연관시켜 보게 함으로써 촉진시킬 수 있다.

학습자료에 대한 비판적 접근은 학습자가 주어진 새로운 학습자료에 내재된 가정이나 추론에 대해 판단하고, 이전 학습내용과의 모순점을 조화시켜 보도록 함으로써 촉진된다(Joyce & Weil, 1992).

마지막으로 교사가 지금까지 배운 학습내용이 인지구조에 의미 있게 연결될 수 있도록 부가적인 설명과 질문을 통하여 학습내용을 명료화하며 수업을 마무리한다.

3. 유의미학습의 활용방안

학습자는 기존의 지식기반과 연결되면 보다 효과적으로 새로운 지식을 습득할 수 있고, 눈에 띄는 고유한 정보를 기억하면서 의미학습이 일어나게 된다. 즉, 학습자는 기존의 지식기반에서 확장되거나 이전에 습득한 정보를 토대로 하는 새로운 정보를 수집하는 것이다. 학습자는 인지구조에서 직접 새로운 정보를 얻을 수 있고 기존 지식기반 내의 개념 사이의 관계를 확인하면서 익힐 수 있다. 이것은 기존의 지식기반 계층구조에서 정보를 이리저리 옮기는 것에서부터 아이디어를 서로 연결하여 새로운 의미를 창조하는 것까지 다양한 방법으로 달성될 수 있다. 학습자들에게 의미학습이 일어나게 하려면 다음과 같은 과정이 필요하다.

1) 새로운 지식을 관련 개념과 연관시켜라

의미 있게 배우기 위해서는 학습자가 새로운 지식을 이미 알고 있는 관련 개념과 연관시켜야 한다. 새로운 지식은 학습자의 기존 지식구조와 상호작용해야 한다. 이를 의미학습이라고 하는데, 암기학습과 대비될 수 있다. 암기학습은 상호작용 없이 기존의 지식구조에 새로운 정보를 통합하는 것이다. 하지만 의미학습은 개념 간 연계성을 인식하기 때문에 장기기억으로 전이되기가 쉽다. 의미학습에서 가장 중요한 요소는 새로운 정보가 어떻게 배경지식에 통합되는가이다. 오스벨은 지식은 계층적으로 조직되어 있으며, 새로운 정보는 이미 알려진 것과 관련될 수 있는 정도까지 의미가 있다고 믿는다.

2) 문제해결을 통해 정보를 발견하라

문제해결의 측면에서 정보를 발견하게 되면 새로운 정보는 기존의 정보와 통합이 가능하다. 평생교육방법론의 경우 교수자중심 교수 · 학습과 학습자중심 교수 · 학습과 같은 일반적인 과정에 따라 점진적으로 분화되어 기술되고, 평생교육경영론의 경우 원리나 현상에 대한 단편적인 내용이 아닌 평생교육경영론의 주요 이론에 따라 목차가 구성되어 있다. 문제해결을 중심으로 정보를 구성하여 새로운 정보를 차별화와 비교를 통하여 의미학습이 가능하게 하고 있다. 즉, 일반적인 아이디어는 먼저 제시된 후 세부성과 구체성 측면에서 점진적으로 차별화되고, 새로운 아이디어와 오래된 아이디어를 비교하고 상호 참조함으로써 이전에 제시된 정보와 새로운 자료가 통합되어야 한다. 따라서 문제해결을 위해 학습을 하게 되면 훨씬 효과적으로 의미학습을 할 수 있다.

3) 새로운 지식을 분류하는 것으로 시작하라

학습자가 전반적인 개요를 파악하는 것부터 시작하는 학습을 한다면, 오스벨이 '진행형 차별화'라고 부르는 프로세스를 거치게 되어 일반적인 것에서 구체적인 것으로 확장하게 된다. 이를 통해 학습자는 학습의 내용을 자동으로 분류하고 해당 내용이 인지구조에서 어디에 속하는지 파악할 수 있다. 예를 들어, 평생교육방법론에서 교수자중심 교수 · 학습방법을 다룬다는 것을 알려 주면, 이를 기반으로 하기 위해 즉시 자신의 교수자중심 교수 · 학습방법의 지식에 접근해 적용할 수 있다. 학습자가 이미 수집한 다른 정보와 구별하기 시작할 수 있도록 책에서 더 많은 세부 정보를 제공한다. 이렇게 하면 학습자는 수업을 하면서 핵심과 개념들을 연결한 다음, 그것들을 쉽게 잊혀지지 않도록 구체화할 수 있다.

4) 배경지식을 활용하라

학습자는 새로운 지식을 기존의 인지구조에 연결할 때 가장 효과적으로 정보를 수집한다. 새로운 지식을 효과적으로 얻으려면 배경지식이 필요하다는 것이다. 배경지식은 이해력과 장기기억을 향상시킬 수 있다. 학습자들은 장기기억 은행의 배경지식에 의존해 새로운 지식을 습득할 기회를 가지며 새로운 지식은 굳건한 배경지식을 만드는 쌍방향의 길이다. 새로운 지식에 배경지식을 적용하면 거기서 새로운 개념과 아이디어를 찾을 수 있다. 또한 새롭고 친숙한 생각들이 배경지식에 의해 비교되고 대조되는 과정에서 매우 중요한 인지적 연결이 만들어진다.

5) 실제생활에서 문제를 해결하는 발견학습도 필요하다

의미학습은 학습자가 새로운 정보를 습득하고 장기기억으로 저장하는 데 도움이 되는 반면, 발견학습은 학습자가 다양한 상황에서 정보가 어떻게 적용될 수 있는지를 이해할 수 있도록 한다. 현실 세계에서, 학습자들은 자신들의 지식을 시험하기 위해 필기시험을 치루지 않는다. 대신, 학습자들은 어려움을 극복하고 실제 생활 문제를 해결하기 위해 광범위한 환경에서 새로운 정보를 적용해야 한다. 따라서 학습자가 정보를 학습하고 있을 뿐만 아니라 외부에서도 해당 정보를 적용할 수 있는지 끊임없이 확인해야 한다.

6) 새로운 지식을 개인화하여 의미학습을 강화하라

학습자가 자신의 마음속 인지구조 안에서 배운 것과 이미 알고 있는 것 사이의 연결을 만들 수 있을 때 의미학습은 강화된다. 학습자들은 새로운 지식을 기존의 지식에 묶고 그것을 기억하여 나중에 그것을 끌어낼 수 있어야 한다. 이 학습과정을 의미 있게 만드는 가장 효과적인 방법 중 하나는 개인화하는 것이다. 과거의 경험에 초점을 맞춘 문제해결활동을 통합하고, 그들의 감정을 촉발하는 이야기를 통합하는 것이 바로 개인화이다. 주제를 배우는 것의 이점을 강조하고 아이디어나 개념과 관련되도록 돕는, 자신의 실제 사례를 적용하는 것이다.

PART 3

학습자중심 평생교육 교수 · 학습방법

Chapter

08

참여식 교육법과 경험학습

배울내용

1. 참여식 교육법 ● 2. 경험학습

학습목표

1. 교육 패러다임의 변화를 설명할 수 있다.
2. 참여식 수업법을 숙지한다.
3. 토의(토론)학습을 숙지한다.
4. 콜브의 학습이론을 이해하고 활용방안을 모색해 본다.
5. 데일의 경험원추모델을 이해하고 활용방안을 모색해 본다.

4차 산업혁명과 정보화기술의 발달로 지식정보화 사회가 도래하면서 학생들은 지식을 습득하기 위해 교사에게만 의존하지 않게 되었다. 즉, 인터넷과 스마트기기에 의해 네트워크로 결합한 사회가 되면서 교육 패러다임도 급변하는 사회에 맞게 변화하고 있다. 구체적으로 학교교육은 기존의 지식습득을 위한 교사중심 강의식 수업에서 벗어나 수업 내 학생들의 상호작용을 늘리고, 습득한 지식과 기능을 응용하여 자신의 선택에 따라 창의적으로 문제를 해결하는 능력을 갖춘 인재를 양성하는 것에 목표를 두고 있다(최호정, 2021).

따라서 학생의 역할은 수동적으로 교사가 획일적으로 전달하는 지식을 암기하는 것에서 학생들이 주체적으로 배우고, 학습한 지식을 응용하며, 자신의 학습활동에 책임을 지는 것으로 변화하고 있다. 이 과정에서 교사는 학생들이 지식을 잘 습득할 수 있도록 가르치는 역할에서 나아가 학생들이 교육활동 내에서 스스로 지식을 구성할 수 있도록 안내자와 조력자의 역할을 하게 된다(박상준, 2020). 백영균 등(2015)은 〈그림 8-1〉과 교육 패러다임의 변화를 설명하고 있다.

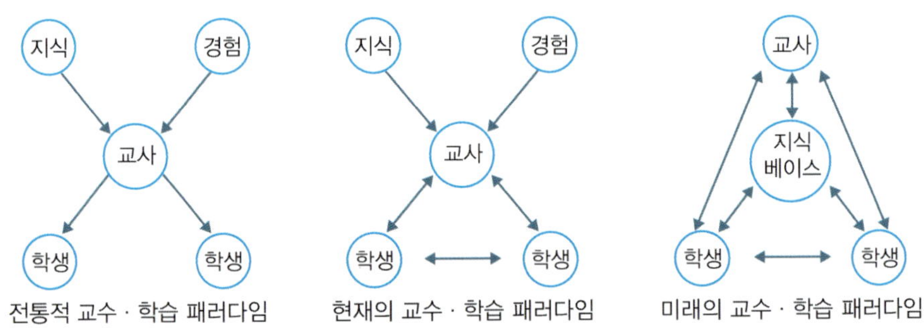

그림 8-1. **교육 패러다임의 변화**

전통적 교수·학습 패러다임에서 교사는 주로 지식과 경험을 전달하며, 학생은 교사에게서 전달받은 지식과 경험을 수동적으로 이해하게 된다. 수업의 목표는 지식과 기술습득 및 학업성취도 향상 등의 인지적 영역에 중심을 두며 평가는 결과 중심의 성적 산출로 이루어진다. 학생들은 경쟁적인 학습환경에 놓이며 더 좋은 결과를 얻기 위해 노력하게 된다. 교사는 중간 수준의 학생을 기준으로 한 번만 수업내용을 전달하기 때문에 수업을 따라가지 못하는 학생들은 낙오되거나 수동적으로 변하기 쉽다(박상준, 2020; 최호정, 2021).

현재의 교수·학습 패러다임은 교사를 통해 제공된 지식과 경험으로 학생들이 상호작용하는 과정에서 지식의 구성이 이루어진다. 과거의 패러다임과 유사하게 교사가 지식과 경험을 제공하지만, 수업방법으로 학생중심의 탐구학습, 협력학습, 토의학습 등을 활용하게 되면서 학생중심의 수업방법으로 전환이 일어나고 있다. 이 단계에서는 수업내에서 학생들의 협력이 강조되며 교사는 인지적 영역과 더불어 학생들의 정의적인 부분의 향상을 위해 노력하게 된다.

미래의 교수·학습 패러다임에서는 지식베이스가 수업에서 가장 중심 역할을 하게 된다. 정보화사회에서는 검색을 통해 다양한 지식과 정보를 얻을 수 있어 학생들은 폭넓은 지식을 습득할 수 있으며, 수업의 목표는 자기주도적으로 지식을 습득하는 능력과 지식의 맥락을 이해하고 응용하는 것으로 변하게 된다. 변화되는 교육 패러다임에 따라 교사는 〈표 8-1〉과 같은 역할을 하게 된다(최호정, 2021).

표 8-1. 패러다임의 변화에 따라 요구되는 교사의 역할

교사의 역할	내용
촉진자, 안내자	• 학생들의 개성과 능력이 발현되고 신장될 수 있도록 안내 • 수업내 학생들에게 자율성을 부여하고 스스로 학습을 통해 통찰력과 이해력을 향상하도록 함
자아실현인	• 방대한 지식과 정보로 인해 지식의 독점 공급자가 될 수 없음을 인식 • 스스로 자신을 개발하고 발전시켜 나가는 역할을 수행·자아를 실현해 가는 모습을 통해 학생들에게 교육적 효과를 제공
학습자	• 학생에 대해 끊임없이 배워 가고 이해하기 위해 노력 • 지속적인 자기혁신 및 전문적 신장을 위해 노력
연구자	• 교수활동을 둘러싼 맥락에 대한 연구를 통한 교육상황을 개선하기 위한 노력

이처럼 현재와 미래의 사회에서는 교수자주도형에서 학습자주도형으로 바뀌고 있으며, 앞으로 더욱 이런 현상이 두드러질 것으로 예상할 수 있다. 이러한 학습자주도형 교수 · 학습방법은 교수자주도형 수업방식인 전통적 강의식 교수방법[1]과 달리 〈그림 8-2〉에서 보는 것과 같이 학습효과를 높이기 위해서 학습자중심으로 학습자 스스로 자발적, 자기주도적 학습을 주관할 수 있으며, 학습과정에서 학습자의 능동적 참여를 이끌 수 있는 교수방법 중의 하나이다(정진, 2015).

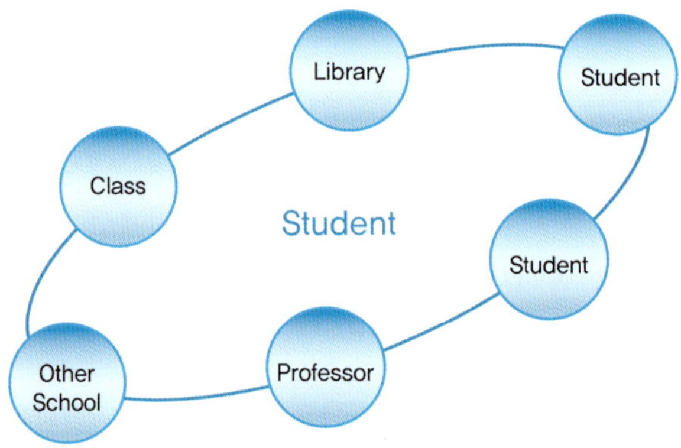

그림 8-2. **학습자주도형 평생교육**

학습자주도형 평생교육 교수 · 학습방법의 종류에는 참여식 교육법과 경험학습, 발견학습과 자율적 협동학습, 자기주도학습, 멘토링과 코칭, 게임기반 학습과 액션러닝, 문제중심학습과 창의적 문제해결학습 등 다양하다고 할 수 있다〈그림 8-3〉.

1) 전통적인 교수방법이 안고 있는 문제점을 크게 세 가지로 구분하여 살펴보면, 첫째, 교수방법이 형식적이고 기계적인 절차에 따라 전개된다는 것이다. 교사는 일정한 목표를 향해 융통성이나 유연성 없이 획일적으로 표준화된 절차를 답습하게 된다. 둘째, 교사와 학생의 관계는 지배와 통제의 관계로 귀결된다는 것이다. 셋째, 가르치는 행위는 교수학습의 과정보다는 결과를 위주로 하여 주입식 교육을 야기시킨다는 것이다. 어떻게 가르치고 배우느냐보다는 무엇을 가르쳐서 무엇을 배우도록 하느냐를 중점으로 하는 정보 또는 지식 중심의 교수방법이다. 이런 상황에서는 학생 개인의 특성은 무시되고 학급 또는 학교라는 전체집단을 위주로 하게 된다.

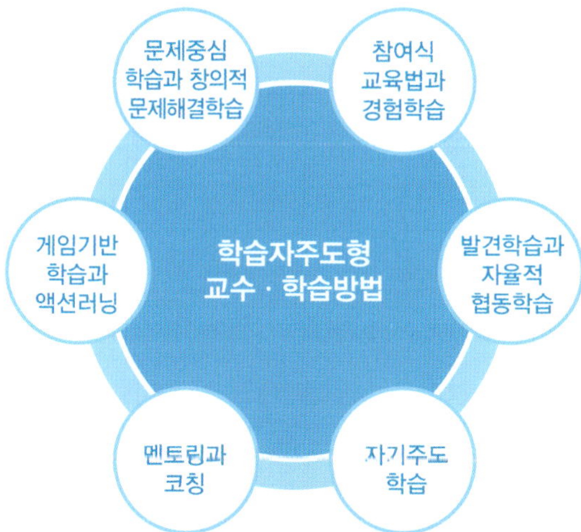

그림 8-3. **학습자주도형 평생교육 교수 · 학습방법의 종류**

〈그림 8-3〉의 학습자주도형 평생교육 교수 · 학습방법의 종류 중에서 본 장에서는 참여식 교육법과 경험학습에 대해 자세하게 살펴보고, 나머지 학습자주도형 평생교육 교수 · 학습방법은 9장(발견학습과 자율적 협동학습), 10장(자기주도학습), 11장(멘토링과 코칭), 12장(게임기반 학습과 액션러닝), 13장(문제중심학습과 창의적 문제해결학습)에서 구체적으로 살펴보고자 한다.

1. 참여식 교육법

1) 참여식 수업법

학습자주도형 참여식 수업의 궁극적인 목적은 학습의 실천을 통한 지식의 현장적용이라고 할 수 있다. 따라서 교수자는 지식만을 전달하는 형태에서 벗어나 학습자들의 자발적인 학습활동을 촉진시킬 수 있는 능력을 가진 촉진자로서의 역할을 해야 하며, 학습목표를 달성하기 위해 문제를 제공하고 그 문제를 해결하기 위한 구성원들의 자발적 참여를 원칙으로 해야 한다(김승현, 2014). 성인교육이라는 것은 사회변화를 탐구하기 위한 연구자가 집단행동을 하는 대상으로서의 학습자가 되고, 그 학습자가 다시 집단행동을 위하여 필요한 방법을 가르치는 교수자가 되는 과정, 즉 참여연구방법과 같은 것으로서 이는 궁극적으로 사회변화의 방법을 뜻한다.

학습자주도형의 참여식 수업법은 성인을 대상으로 하는 대학뿐만 아니라 최근 초·중·고등학교 및 평생학습 수업에 있어서 참여 형태의 다양한 학습방법들이 이루어지고 있고 이는 앞으로 더욱 확산될 전망이다.

김승현(2014)은 학습의 능동적 주체로서 학습자의 위상을 확고히 세우기 위해서는 당연히 학습해야 하는 것을 강조할 것이 아니라 어떻게 실행할 것인가의 방법을 제시하는 것이 필요하다고 주장한다. 학습자가 진정한 학습을 하기 위해 학습자가 갖추어야 할 능력으로 소집단의 대화에서의 소통능력이 중요하다. 이것은 학습이라는 것이 개인적으로 인지하는 과정이 아니라 공동체 내에서 사회적으로 의미를 형성해 가는 과정으로 보아야 한다는 것으로, 이는 사회적 구성주의의 관점에 기반한 것이라고 하였다. 지식의 사회적 구성 측면에서 말하기와 듣기와 같은 언어적 상호작용, 특히 그중에서 학습자 상호 간의 의사소통은 학습의 주요한 대상이 된다고 하였다. 그리고 정진(2015)은 학습자주도형의 참여식 수업전략을 수업에 적용해 본 후 〈표 8-2〉와 같은 효과성이 있다고 주장하고 있다.

표 8-2. 참여식 수업전략의 효과성

- 학습자주도형의 참여식 수업은 첫 수업부터 보다 빨리 교수자와 학습자들 간의 인간관계를 형성하는 데 도움이 된다.
- 학습자주도형의 참여식 수업에서 학습자들이 행동하며 학습하는 방법은 배움을 형성하는 데 도움이 된다.

- 다양한 활동으로 인한 반복적인 학습방법은 배운 것을 오래 기억하게 하는 배움의 요소이다.
- 학습자가 주도하여 참여함으로써 학습자들의 학습동기유발과 학습내용에 대한 이해를 돕고, 집중력을 높일 수 있는 재미있는 수업으로 이끌 수 있다.
- 참여로 인한 학습이 학습자들에게 교사가 될 수 있는 가능성과 목표를 구체적으로 심어 주고 배움의 목적을 가지게 하여 교사로서의 태도와 철학을 형성하는 데 변화, 성장을 가져온다.

한편 학습자들이 수업에 직접 참여하여 경험하는 교육의 효과성을 논함에 있어, 듀이(1938)는 진리와 지식은 받아들여진 조작 또는 주어진 아이디어보다 관찰과 경험에 의해 나온나고 주장하면서 경험학습의 중요성을 강조하였다

2) 토의(토론)학습

어떤 공통된 문제에 대해 구성원의 협력적 사고를 통해 최선의 해결책을 협의하고 도출하는 담화의 과정을 토의라고 한다. 즉, 토의는 주어진 문제에 대해 서로 다른 의견들을 객관적으로 비교하고, 더 나은 해결책을 찾기 위해 의견을 조율하는 것이다. 이때 서로의 의견을 존중하고 합리적인 문제해결에 이르는 의사소통과정을 걸치게 된다. 토의의 일반적인 과정은, 첫째, 토의문제의 제시, 둘째, 토의문제의 분석, 셋째, 해결안 제시, 넷째, 최선의 해결안 선택, 다섯째, 실행방안 모색의 단계를 거치는데 토의의 목적과 유형에 따라 달라질 수 있다.

일반적으로 토의는 의사소통을 전제로 하므로 대화의 일종이라고 볼 수 있지만 문제상황을 전제로 하는 협동적 의사결정과정을 거치게 되므로 협력하고 문제해결을 한다는 점에서 대화와 구분된다고 할 수 있다. 다시 말해, 토론학습은 공동적 의문에 대한 집단적인 문제제기이다. 학습자들은 그들에게 문제가 되는 몇 가지 의문을 함께 해결하게 되는데, 그것은 그들이 이해하고 평가하고 결정할 필요가 있는 것들이다. 그것은 그들 자신의 문제이고, 그것에 대한 좋은 답을 필요로 하기 때문에, 그 문제에 대한

다양한 시각을 듣기 원한다. 또한 학습자들은 만족할 만한 답을 얻기 위해, 대안으로 모든 제안들을 면밀히 조사한 후 더 나은 것을 위해 자신들의 관점을 기꺼이 변화시키려 한다.

학습자들은 토론의 문제에 대해서 생각과 감정과 판단을 형성하면서 공동적으로 문제제기를 할 뿐 아니라, 상호협조적으로 노력을 경주하면서, 그리고 상호보완적인 의견교환과 영향을 끼침으로써, 함께 참여한다. 따라서 토론학습은 집단적 상호작용의 한 특정 형태로서, 구성원들은 함께 공통 관심사에 대해 의문을 제기하고 답을 얻기 위해 서로 다른 관점들을 교환, 검토함으로써 논점이 되는 문제들에 대한 지식이나 이해, 평가나 판단, 그리고 결정, 결의 혹은 행동 등을 조장하는 것을 말한다.

토의의 유형으로는 패널토의(토의 참가자들이 주제에 대하여 자유 토의를 하고, 토의가 끝난 후에 청중이 참여하여 질문을 하거나 의견을 제시하는 방식의 토의), 심포지엄(어떤 논제에 대하여 다른 의견을 가진 두 사람 이상의 전문가가 각각 의견을 발표하고 참석자의 질문에 답하는 형식의 토론회), 포럼(사회자의 지도 아래 한 사람 또는 여러 사람이 간략한 연설을 한 다음, 청중이 그 내용에 대하여 질문하면서 토론을 진행하는 방식), 원탁토의(각 분야를 대표하는 여러 사람이 둥근 탁자에 둘러앉아 어떤 문제에 대하여 검토하고 협의하는 것), 회의 등이 있으며, 토의에서 참여자들은 각자의 배경지식을 바탕으로 문제를 분석하고 자신의 견해를 피력하게 된다.

이런 과정에서 참여자들은 서로 의견을 나누고 조율하는 과정에서 협력적 사고를 통해 문제해결에 이르게 된다. 문제분석, 의사소통의 과정에서는 개인의 말하기 전략과 듣기 전략, 합리성, 비판성, 균형성 등을 바탕으로 한 협력적 사고와 참여자들의 열린 태도가 토의에서 중요한 역할을 하게 된다. 토의(토론)의 효과성을 높이기 위한 토의(토론)의 원리는 〈표 8-3〉과 같다(김정숙, 2016).

표 8-3. **토의(토론)의 원리**

- 토의(토론)은 주요 주제와 하위 주제들이 연결되는 열린 구조를 지향한다. 토의(토론)은 형식적이고 구조화되어 있으며, 토론 참여자의 지식, 이해, 판단을 발달시킨다는 전에서 일상대화와 구분된다.
- 토의(토론)은 선형(linear)이 아니라 순환적(recursive)이다. 학습자들은 본래 관심 있는 주제나 하위 주제에 되돌아감으로써 새로운 아이디어로 접어들거나 다른 아이디어에 반응하며, 자신의 아이디어를 지속적으로 수정해 나간다. 만약 특별한 간섭이나 시간적 제약이 없다면 토론을 통하여 참여자들이 만족할 수 있을 때까지 계속될 수 있다.
- 토의(토론)은 학습자들이 사회적 상호작용을 하면서 서로 의미를 구축하도록 도와준다. 즉, 토론을 통해 사회적 지식구성이 가능하다. 학습자 상호 간 및 교수자와 학습자 간에 정의적 인간관계를 형성하고 사회적 구성을 이끈다. 토론은 집단 역동성에 크게 의존하며 집단의 동질성, 응집력, 의사소통의 유형, 지도성 등에 따라 다른 결과를 나타낼 수 있다.
- 토의(토론)은 새로운 아이디어의 교환과 의식적으로 반영하는 과정이 반복적이면서 순환적으로 일어나므로 학습참여자들은 기존에 갖고 있던 지식에 고착되지 않고 참여자 스스로 지식을 정화시킬 수 있게 된다.

토의법은 근본적으로 교수자와 학습자 간, 그리고 학습자 상호 간의 상호작용을 전제로 한다. 따라서 토의법의 교육적 가치는 인지적 측면에서 학습자들에게 타인으로부터 새로운 정보를 획득하고 배울 기회를 제공한다는 점, 심리적으로 집단 속에서 수용감, 소속감 또는 유대의식을 느끼도록 하여 집단에 대한 긍정적인 태도를 형성해 준다는 점, 여러 가지 사회기능과 태도를 배양시켜 줄 수 있다는 점 등이다.

2. 경험학습

경험학습은 경험을 통해 현재를 적응해 나가는 지식의 창조과정으로 볼 수 있다. 경험학습에 대해 대해 콜브(Kolb, 1984)는 '경험의 전환을 통해 지식을 창조하는 과정'으로 자비스(Jarvis, 1987)는 경험학습을 '경험을 지식, 기능 및 태도로 전환시키는 과정'으로, 머지로우(Mezirow, 2000)는 '경험의 의미를 새롭게 수정하여 해석하는 과정'으로 정의하였다. 그리고 조미영(2011)은 '경험학습을 경험이 구성하는 그 내재적 특성을 통해 인간 성장과 함께 사회에 적응 및 변화해 나가는 과정'으로, 현영섭(2004)은 '경험학습은 경험을 통해서 학습자가 자신이 직면한 문제나 문제가 되는 상황을 파악하고 이런 문제나 상황을 해결하기 위한 해결책을 찾아서 해결을 시도하고 시도의 경험을 기반으로 해결책을 평가 또는 수정하는 가운데 새로운 지식의 형성, 새로운 행동의 획득, 새로운 세계관의 형성을 이루게 되는 학습'으로 정의하고 있다(이영아, 2012).

이처럼 경험학습의 과정에 반성 또는 비판적 반성의 과정이 함께 진행되며, 이는 경험학습을 발생시키는 원동력이 된다. 경험학습의 과정을 모형화한 콜브(1984)의 모형에 대해 살펴보면 다음과 같다.

1) 콜브의 학습이론

콜브

콜브에 의해 개발된 경험학습이론의 핵심은 크게 네 가지, 즉 구체적인 경험, 그 경험에 대해 성찰, 숙고하기, 추상적 개념을 개념화하기 및 새로운 지식을 실험해 보기이다. 그에 의하면, 가장 통합적이고 완전하며 효과적인 학습자는 네 가지 주된 학습양식(단계)을 모두 사용하며, 개인의 유전적 차이, 개인적인 경험, 사회적인 기대 등에 따라서 네 가지 학습양식 단계 중 한 단계를 자신의 주된 학습유형으로 발달시키는 경향이 있다고 주장한다.

(1) 콜브의 학습유형 모형

콜브의 연구는 피아제(Piaget)의 인지발달이론을 기초로 하고 있다. 그러나 아동에 관심을 두는 피아제의 연구에 비해, 콜브는 성인학습에 관심을 두고 있다. 그의 이론은 적극적인 학습을 하게 하는 요인이 될 수 있다. 왜냐하면 경험학습은 학습자가 그들의 경험으로부터 학습하는 방법을 발견하도록 해 주고 자신의 발달에 알맞은 경험학습능력을 사용하게 해 주기 때문이다. 다시 말해, 콜브는 경험으로부터 시작된 형태의 학습, 혹은 인지적인 것으로부터 시작하여 그 뒤 경험을 거쳐서 검증된 형태의 학습을 강조하고 있다(Kolb, 1984; Jarvis, 1987).

콜브는 학습스타일 검사지 목록(LSI)를 개발하면서〈표 8-4〉, 4가지의 학습스타일의 순환주기가 순환적으로 일어나는 경험적 학습 순환주기로 제시하였다. 즉, 학습자는 구체적인 개인적 경험에서 얻은 개념들을 넓은 관점에서 관찰과 성찰을 통하여 추상적으로 개념화와 일반화시키고 그것을 새로운 상황에서 검증하고 수정하며, 그 결과는 다시 새로운 경험을 이끄는 순환적인 학습사이클을 이룬다는 것이다〈그림 8-4〉.

표 8-4. 콜브는 학습스타일 검사지 목록(LSI)

다음은 귀하의 학습스타일을 진단하기 문항입니다. [안내]에 따라 유형별로 9문항 각각에 대하여 해당하는 점수를 기입한 후 총점을 적어 주십시오.

[안내]
1점: 문항이 가장 당신 같지 않은 경우, 2점: 문항이 때때로 당신 같은 경우
3점: 문항이 거의 항상 당신 같은 경우, 4점: 문항이 가장 당신 같은 경우

구분	문항	점수			
구체적 경험	1. 어떤 일에는 참여를 싫한다.	1	2	3	4
	2. 새로운 경험을 즐긴다.	1	2	3	4
	3. 내 감정을 다스리기를 좋아한다.	1	2	3	4
	4. 있는 그대로의 상황과 사람을 받아들인다.	1	2	3	4
	5. 배짱이 있다.	1	2	3	4
	6. 내가 볼 수 있고, 만질 수 있는 구체적인 것들을 좋아한다.	1	2	3	4
	7. 현장학습을 좋아한다.	1	2	3	4
	8. 무언가를 할 때 주로 감정에 의존한다.	1	2	3	4
	9. 열정적이고 활동적이다.	1	2	3	4

구분	문항	점수			
반성적 관찰	1. 무언가를 행하기 전에 충분한 시간을 갖는다.	1	2	3	4
	2. 중요한 문제를 논할 때 문제의 모든 측면을 두루 살핀다.	1	2	3	4
	3. 눈으로 보는 것을 즐긴다.	1	2	3	4
	4. 내 주변에 일어나는 일들에 대해 항상 의식하는 편이다.	1	2	3	4
	5. 질문이 많다.	1	2	3	4
	6. 관찰하기를 좋아한다.	1	2	3	4
	7. 사물에 대해 생각하고, 심사숙고하기를 좋아한다.	1	2	3	4
	8. 무언가를 할 때 주로 내가 관찰하는 것에 의존한다.	1	2	3	4
	9. 보통 조용하고 약간 물러선 자세를 취한다.	1	2	3	4
추상적 개념화	1. 내가 좋아하는 것에 대해 특별하다.	1	2	3	4
	2. 문제를 분석하고 그것을 각각의 부분들로 나누는 것을 좋아한다.	1	2	3	4
	3. 아이디어를 생각하는 것을 좋아한다.	1	2	3	4
	4. 무언가를 평가하는 것을 좋아한다.	1	2	3	4
	5. 논리적이다.	1	2	3	4
	6. 사상과 이론들을 좋아한다.	1	2	3	4
	7. 미래에 대해 생각하기를 좋아한다.	1	2	3	4
	8. 무언가를 할 때 주로 내 생각에 의존한다.	1	2	3	4
	9. 매사에 인과관계를 밝히는 경향이 있다.	1	2	3	4
능동적 실험	1. 유용한 사물을 좋아한다.	1	2	3	4
	2. 무언가를 작업 해 보는 것을 좋아한다.	1	2	3	4
	3. 직접 무엇인가 되어 보는 것을 즐긴다.	1	2	3	4
	4. 위험을 무릅쓰는 모험을 좋아한다.	1	2	3	4
	5. 열심히 일하고, 어떤 일이든 완성해야만 직성이 풀린다.	1	2	3	4
	6. 적극적인 것을 좋아한다.	1	2	3	4
	7. 내가 한 일의 결과를 보는 것을 좋아한다.	1	2	3	4
	8. 내 힘으로 무언가를 시도해야 마음이 놓인다.	1	2	3	4
	9. 매사에 책임감이 있다.	1	2	3	4

표 8-5. **자신의 콜브의 학습스타일 점수 기록하기**

구분	점수산출	평균점수
구체적 경험	총 획득점수(　　　　)/9	
반성적 관찰	총 획득점수(　　　　)/9	
추상적 개념화	총 획득점수(　　　　)/9	
능동적 실험	총 획득점수(　　　　)/9	

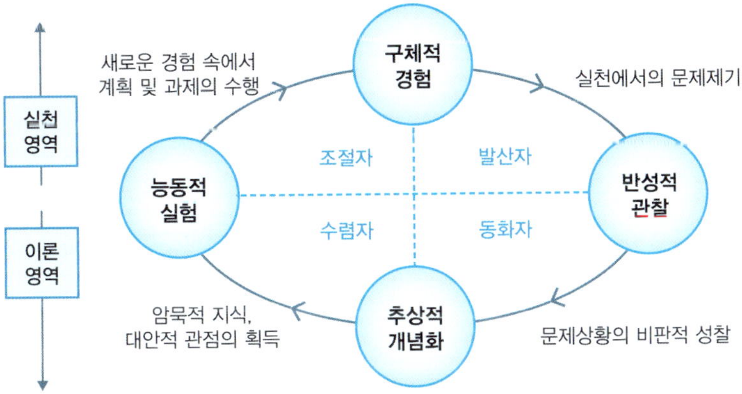

그림 8-4. **학습사이클과 학습양식**

〈그림 8-4〉에서 보는 것과 같이, 콜브는 구체적 경험(Concrete Experience: CE), 반성적 관찰(Reflective Observation: RO), 추상적 개념화(Abstract Conceptualization: AC), 능동적 실험(Active Experimentation: AE)의 네 단계로 학습사이클이 구성되며, 학습에 있어서 상황에 따라 네 가지 단계 중 적당한 것을 강조할 필요가 있다고 주장한다. 또한 이것은 어느 특정한 단계에서만 일어나는 것이 아니라 주기적으로 돌아가면서 일어나게 된다. 이 네 가지 단계를 사세히 살펴보면 다음과 같다(이영아, 2012).

① 구체적 경험

구체적 경험은 느끼면서 배우는 단계이다. 새로운 경험에 개방적이며 어떤 문제에 직면했을 때 체계적인 접근보다는 느낌에 의존하는 경향이 강하다. 경험을 바탕으로 한 학습접근방식을 나타내며, 이 단계를 선호하는 학습자는 다른 사람들과의 개인적인 관계에 따라 학습의 정도가 달라진다. 즉, 학습을 할 때 동료들에게 더욱 끌리며 권위에는 덜 끌리는 성향이 있다. 그리고 이 단계의 학습자들은 구체적 경험의 단계를 선호하는 동료 학습자들과의 피드백과 토의에서 가장 많은 이익을 얻을 수 있다. 학습의 과정에서 사람과 관련되거나 특정한 경험을 통하여 학습하며 느낌과 사람에 민감하다.

② 반성적 관찰

반성적 관찰은 관찰하면서 배우는 단계이다. 학습에 대해 잠정적이고, 중립적이며, 반성적인 접근을 하는 것을 나타내며, 이는 다양한 관점에서 개념과 상황을 이해하려 하고, 학습상황에서 주의 깊은 관찰을 통하여 판단을 내리는 것으로 나타난다. 따라서 학습자들은 의사결정 이전에 다양한 관점에서 신중한 관찰을 중요시하고 객관성과 신중한 판단력을 가지고 학습에 참여하게 된다. 또한 세심한 관찰을 통해서 지식의 의미를 이해하고 관찰결과로부터 의미를 도출한다. 이 단계의 학습자들은 인내력이 있고 객관적이지만 반드시 행동을 취하는 것은 아니다. 따라서 이 단계의 학습자들은 형식적인 학습상황을 선호하고 내향적인 성향이 있다. 그리고 학습 시에는 판단을 내리기 전에 주의 깊은 관찰을 하며 다양한 관점에서 사물을 보고 그 의미를 찾는다.

③ 추상적 개념화

추상적 개념화는 생각하면서 배우는 단계이다. 논리적인 사고와 합리적인 평가에 의존하는 분석적이고 개념적인 학습접근방식을 나타내며 어떤 문제나 상황을 이해하는 느낌보다는 논리나 개념을 활용한다. 특히 이 단계의 학습자는 체계적인 계획에 의존하고 어떤 문제를 해결하기 위하여 이론과 개념을 개발한다. 이 단계를 선호하는 학습자는 사물보다 상징에 더 이끌리는 성향이 있으며 사람에게는 끌리지 않는다. 그들은 이론과 체계적 분석을 강조하는 학습상황에서 가장 성공적인 학습이 이루어지며 가끔 연습실이나 모의실험 같이 구조화되어 있지 않은 발견학습 접근방식에는 좌절을 느끼거나 아무런 혜택도 갖지 못한다. 학습 시에는 개념을 논리적으로 분석하여 체계적으로 계획을 세우며, 한 상황에서 지적인 이해에 따라 행동한다.

④ 능동적 실험

능동적 실험은 실제 행동하면서 배우는 단계이다. 이 단계는 실험에 의존하는 능동적이고 실천지향적인 학습방식을 나타내며, 어떤 상황을 변화시키거나 영향을 주는 시도를 해 보는 활동적인 형태를 취한다. 학습자는 어떤 상황을 지켜보는 것이 아니라 그것을 직접 시도해 보는 데 관심이 있다. 그들은 프로젝트나 숙제 또는 소집단 토의 같은 것을 하고 있을 때 가장 성공적인 학습이 이루어지며, 강의 같은 피동적인 학습상황을 싫어하고 성격은 외향적인 성향이 있다. 학습 시에는 위험 상황을 무릅쓰고 어떤 일을 감행함으로써 어떤 일을 끝까지 완성하는 능력이 있으며 행동을 통하여 사람과 사건에 영향을 주게 된다.

이상에서 살펴본 바와 같이, 콜브의 학습모형은 학습자들이 정보를 '인식'하고 '처리'하는 데 있어서 나타내는 경향을 주축으로 하고 있다. 다시 말해, 학습경험을 어떻게 습득하고 정보를 어떻게 인식하느냐와 학습경험을 어떻게 다루고 정보를 어떻게 처리하느냐의 두 가지 차원을 기본 전제로 하고 있는 것이다. 학습자들은 이러한 두 가지 차원을 기초로 학습을 수행하는 데 있어서 독특한 선호도를 가지게 된다. 즉, 학습을 경험하거나 정보를 인식하는 방법에 있어서 구체적이거나 추상적인 방법 중 한 가지를 선호하게 되며, 또한 인식된 정보를 처리하거나 변형시키는 과정에서 반성적인 관찰이나 능동적인 실험 중 한 가지를 선호하는 것이다.

따라서 학습유형은 학습자가 이 네 단계를 조합함으로써 정보를 인식하고 처리하는 과정이 학습자가 선호하는 특성에 따라 다르게 나타나는 형태로 정의되며, 좌표상의 위치에 따라 발산자(diverger), 동화자(assimilator), 수렴자(converger), 조절자(accommodator)

로 구별된다〈그림 8-5〉.

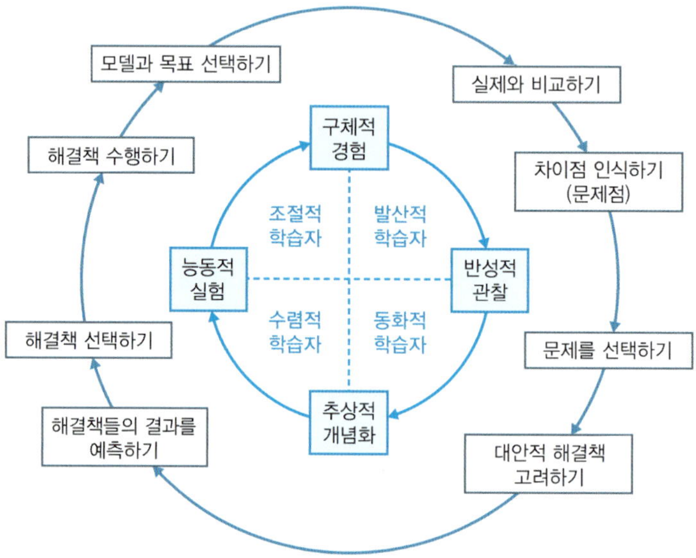

그림 8-5. 콜브의 학습사이클과 학습유형

(2) 학습유형의 형태

콜브는 〈그림 8-5〉와 같이, 학습유형을 발산자, 동화자, 수렴자 및 조절자로 구분하고 있는데, 이것에 대한 조나센과 그라보스키(Jonassen & Grabowski, 1995)의 각 학습양식에 따른 특징을 살펴보면 다음과 같다.

① 발산자

발산자는 구체적 경험과 반성적 관찰에 뛰어나므로 다양한 관점으로 구체적인 상황을 관찰하는 학습을 선호하며, 폭넓은 영역의 정보를 수집하는 데 유능한 유형이다. 즉, 다각도로 구체적인 상황을 관찰하는 학습을 선호하므로 아이디어 산출을 요구하는 상황에서 가장 큰 성과를 올린다. 그러나 결정을 내려야 하는 문제상황이나 이론 및 일반화에 집중해야 하는 경우에는 적합하지 않은 편이다.

② 동화자

동화자는 추상적 개념화와 반성적 관찰에 뛰어나다. 즉, 다양한 정보를 통합하고, 그것을 이론적 모형으로 조직하는 능력이 뛰어나며 귀납적 추론과 분산되어 있는 관찰들을 통합하여 설명하는 상황에서 뛰어난 능력을 발휘하는 유형이다. 이론이 논리적으로 정연하고 정확한 것이 훨씬 더 중요하므로 이론이나 계획이 사실과 맞지 않은 상황에서 동화자는 사실을 무시해 버리거나 재조사하는 경향이 있다.

③ 수렴자

수렴자는 학습에 있어 발산자와는 반대되는 성향으로 학습능력을 주로 추상적 개념화와 능동적 실험에 의존하고 있으며, 자신의 아이디어들을 실제로 적용한다. 개념과 이론에 대한 분석 및 종합을 선호하여 가설 · 연역적 추론을 통해 해당 지식을 특수한 문제에 집중시키는 방법으로 지식으로 구축해 가며, 해결안이 존재하는 전통적인 지능검사와 같은 상황하에서 학습을 잘하는 유형이다. 문제상황에서 결정하는 능력이 뛰어나고 체계적이면서 과학접근을 시도하므로 수학이나 과학과 같은 분석적이고 추상적인 과제에 적합하다. 그러나 직관적 사고와 구체적인 과제를 기피하고 관찰을 선호하지 않는다.

④ 조절자

조절자는 학습행위에 있어 동화자와는 반대되는 강점을 지니고 있으며, 구체적 경험과 능동적 실험에서 학습을 잘한다. 따라서 새로운 경험을 하는 상황에서 집중을 하기 때문에 나른 세 학습양식에 속한 사람보다는 더 위험을 부담하는 경향을 보이며, 자신을 적응시켜야 하는 긴박한 상황에서 뛰어난 능력을 보이는 경향이 있다. 이론이나 계획이 사실과 부합되지 않는 상황에서는 계획이나 이론을 폐기해 버리는 경향이 있다.

콜브의 분류에서 정보 지각방식과 정보 처리방식은 느낌, 사고, 관찰, 행동의 전반적인 인성적 특성과 관계가 있다. 여기서 제시된 학습양식 유형은 정보가 표면적으로 처리되는지 혹은 심층적으로 처리되는지와 같은 사고의 깊이에 따라 분류된 것은 아니다. 학습자가 학습에서 문제를 해결할 때 관찰하며 여러 입장의 생각을 조망하는지 혹은 생각보다 행동하며 실천에 옮기는지, 체계적 사고를 통해 정돈된 사고를 전개시켜 가는지 혹은 상상력을 통해 폭넓게 문제를 해결해 가는지와 같이 인성적 특성을 반영한 교수학습과정에서의 문제해결유형을 제시한 것이라고 할 수 있다. 학습양식에 따른 학습자특성 및 학습전략과 과제에 대해 살펴보면 〈표 8-6〉과 같다.

표 8-6. 학습양식에 따른 학습자특성 및 학습전략과 과제

구분	학습자특성	학습전략과 과제
발산자형	• 구체적 경험과 반성적 관찰 • 현상을 직관적으로 보며, 많은 생각들을 일반화 • 폭넓은 문화에 흥미 • 통합적 설명과 감정에 기반	• 개별화된 학습 • 개방된 과제 • 감성적, 감정적 과제 • 예시 및 원인 추론
동화자형	• 추상적 개념화와 반성적 관찰 • 논리적이고 정확하며, 이론적 모델을 세우는 데 익숙 • 귀납적 추론이 가능하며, 행동보다 사고와 이해에 초점	• 정보 조직과제 • 개념적 모델 세우기 • 이론 및 실험과제 • 실험설계 및 분석과제 • 원인이나 확실한 사실 확인하기
수렴자형	• 추상적 개념화와 능동적 실험 • 문제해결능력과 의사결정능력이 뛰어나고 감정에 치우치지 않음. • 생각하는 것을 실제로 적용하는 능력	• 새로운 방식 창안 과제 • 최고의 해결책 선택하기 • 의사결정 과제 • 자료의 타당성 찾기
조절자형	• 구체적 경험과 능동적 실험 • 행동과 결과에 기반을 두어 생각하고 계획을 세워 수행 • 새로운 경험을 즐기고 기회를 찾으려 하며 위험을 두려워하지 않음	• 비구조적인 과제 • 목적과 관련된 과제 • 상호협력 과제 • 자율적인 기회 제공하기 • 신뢰할 수 있는 관계 형성하기

2) 데일의 경험원추모델

데일

데일(Dale, 1900~1985)은 미국의 교육학자로서 시청각 수업에 영향을 미친 인물이다. 그는 1960년대 학습자가 듣고, 보고 관찰하는 것보다 경험을 통해 더 많은 정보를 획득한다는 이론을 제안하였다. 데일은 호반(Hoban)의 구체성 대 추상성에 따른 매체 분류를 발전시켜 〈그림 8-6〉의 '경험의 원추(cone of experience)'라는 모형을 제시하였다.

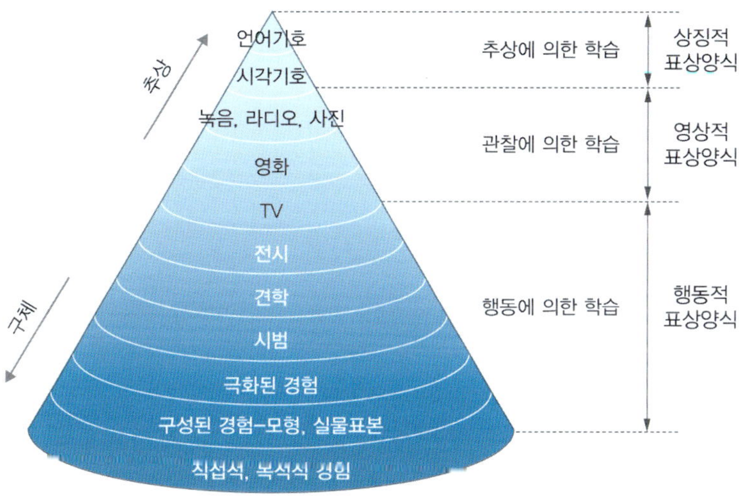

그림 8-6. 데일의 경험원추모형과 학습경험

구체적으로 학습경험을 학습자가 목적의식을 가지고 실제로 직접 경험해 보는 단계, 시청각 매체를 통하여 간접경험을 해 보는 단계, 언어와 시각 기호의 관찰과 사용을 통한 학습의 3단계로 나누어 설명하고 있다. 각 단계에 해당하는 매체를 구체적인 것에서 추상적인 것의 순서로 원추의 틀 안에서 위계적으로 배열하였으며, 많은 구체적인 경험은 보다 추상적인 경험의 학습에 도움이 된다고 주장하였다.

데일의 경험의 원추모델은 브루너(Bruner)가 수업활동을 행동적, 영상적, 상징적 표상단계로 구분한 이론과 맥락을 같이 한다(9장 참조). 직접적 경험은 브루너의 행동적 단계, 매체를 통한 간접경험은 영상적 단계, 언어와 시각기호 등 추상의 표상양식에 의한 경험은 상징-추상적 단계에 해당한다. 데일의 경험원추모형을 수업에 적용한다면, 교수매체 활용 시 구체성이 높은 매체를 먼저 사용한 다음 추상적인 매체를 사용하여 수업의 효과를 높일 수 있다. 다시 말해, 인지적으로 아직 발달이 충분하지 않은 어린 학생에게는 구체적인 매체의 사용이 바람직하고, 발달의 성숙도에 따라 추상적인 매체를 제시하는 것이 바람직함을 시사한다. 호반은 단순히 시각자료만을 분류하였고 데일은 시각자료와 청각자료를 함께 분류하였다.

데일의 학습(경험)의 원추모형에 의하면, 학습자는 2주 후에는 학습자가 읽는 것의 10%를 기억하고 들은 것의 20%를 기억하며, 직접 본 것의 30%를 기억한다고 한다. 나아가 보고 들으면 50%를 기억할 수 있고, 더 나아가 학습자가 직접 참여할 때는 말한 것의 70%, 말하고 활용한 것의 90%를 기억할 수 있게 된다〈그림 8-7〉.

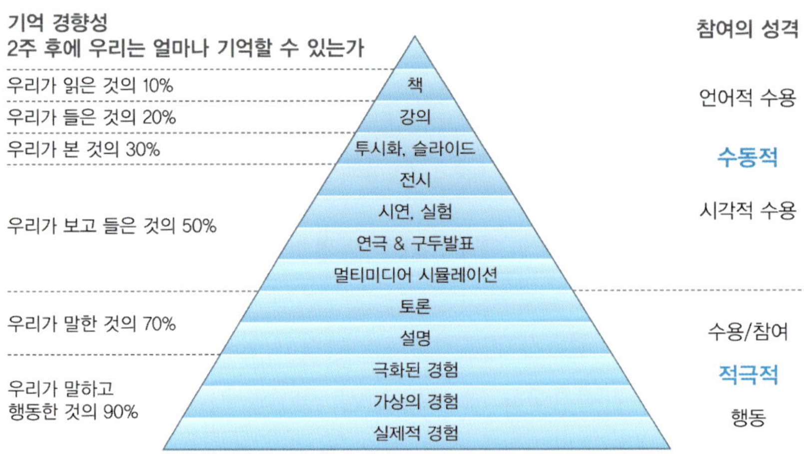

그림 8-7. 데일의 경험원추모형

이처럼 경험은 학습에서 매우 중요한 역할을 한다. 경험에 의한 학습 또는 경험을 통한 학습을 경험학습이라고 한다. 여기서 경험이라고 함은 객관적으로 실제로 존재하는 대상에 대하여 개인이 지각을 통해 얻어지는 산물이다. 교육적 맥락에서 경험학습이란 교수자로부터 전달되는 지식을 학습자가 수동적으로 수용하고 축적하는 전통적 교육방법과 달리 진보적인 교육철학에서 강조하는 행위에 의한 학습으로서 학습자가 능동적으로 참여하고 실행하는 방법을 기반으로 하는 교육활동이다. 김한별(2014)은 평생교육에서 경험학습의 의미를 〈표 8-7〉과 같이 표현하고 있다.

표 8-7. **평생교육에서 경험학습의 의미**

크리티코스(Criticos, 1993)가 지적한 것처럼 효과적인 경험학습은 경험의 가치보다는 경험에 대한 학습자의 성찰의 질적 수준에 따라서 더 많은 영향을 받는다. 물론 자신의 관점에 순조롭게 조응하는 경험을 새로운 정보로서 그대로 수용하고 기억하는 것처럼, 경험을 매개로 하는 학습에는 성찰이 개입하지 않는 경우도 충분히 있을 수 있다. 그러나 성인학습 영역에서는 미래를 위하여 경험내용을 단순히 기억하고 수용하기보다는 성찰활동을 통해 경험의 의미와 가치를 재구조화하는 것에 보다 많은 관심을 가진다.

성인학습자를 대상으로 하는 경험학습은 생활 가운데 접하게 되는 다양한 경험에 대해 학습자 각자가 지니고 있는 가치관, 신념, 문화, 환경 등을 바탕으로 배운 것에 대한 의미를 재해석하고 내면화하는 과정을 다룬다. 따라서 의도되지 않은 일상적인 여건에서 성인이 자기 스스로 인지적, 정의적, 행동적 영역에서 자신 변화에 기는 학습과정에 더 많은 관심을 가지게 된다. 그에 따라 경험에 대한 학습자의 인지적, 정의적 의미 해석에 대한 노력이 중요하게 부각되는데, 이러한 의미의 해석활동을 성찰이라고 한다. 경험을 바탕으로 이루어지는 인간의 변화 및 성장과정으로서 이해될 수 있다는 것이다.

김한별(2014)은 이러한 점에서 성인학습에서의 경험학습은 개인과 환경의 상호작용을 통해 형성되는 경험으로부터 출발한다고 하였다. 학습자 개인의 경험과 환경의 상호작용을 통해 학습이 이루어지는 구성주의적 수업방식으로는 토의(토론)학습, 대화학습, 문제중심학습, 소집단학습, 협동학습 등을 들 수 있다.

- **호반의 시각보조자료**

호반은 최초로 교수매체의 분류기준을 제시한 학자이다. 호반은 동료들과 시각적인 보조자료들을 구체적인 것부터 추상적인 것에 이르기까지 순차적으로 배열하였다. 시각자료는 그 자료가 보여 주는 사실성에 따라 그 가치가 정해진다고 주장하고, 추상적인 내용을 사실적으로 구체적으로 제시하여 학생들의 이해를 돕기 위한 방안으로 교육과정의 시각화를 주장하였다. 호반은 『교육과정 시각화』라는 저서를 통해서 학습자에게 언어자료(좌뇌와 연결)와 시각자료(우뇌하고 연결)를 제공해야 한다고 하였다. 피아제(Piaget)의 인지적 발달단계에 기초한다면, 초등학생은 구체적 조작기에 해당이 되고, 중 · 고등학생 및 성인은 형식적 조작기에 해당이 되므로 교육매체도 학습자의 인지적 수준을 고려하여 제시하는 것이 바람직하다. 호반과 그의 동료들에 의하면, 학습자의 이전 경험과 심리적 차이를 고려하여 자료와 교수방법을 제공하는 것이 필요하다는 것이다.

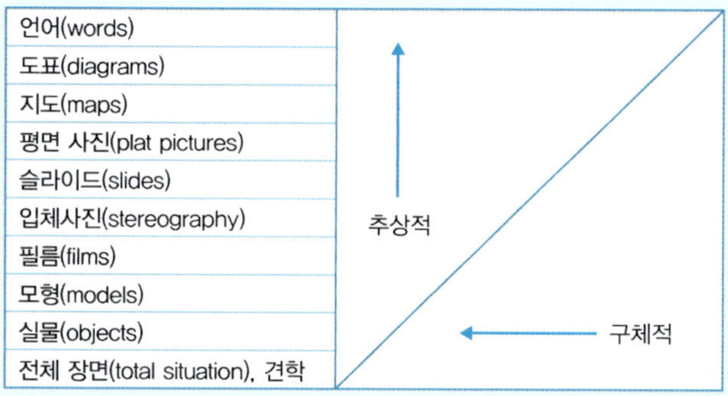

그림 8-8. 호반의 시각보조자료

Chapter

09

발견학습과 자율적 협동학습

배울내용

1. 발견학습 ● 2. 자율적 협동학습

학습목표

1. 발견학습의 개념을 숙지한다.
2. 발견학습의 구성원리를 설명할 수 있다.
3. 발견학습의 과정을 파악하고 활용방안을 모색해 본다.
4. 자율적 협동학습의 개념을 숙지한다.
5. 자율적 협동학습의 특징을 설명할 수 있다.
6. 자율적 협동학습의 모형을 파악하고 활용방안을 모색해 본다.

학습자주도형 평생교육 교수 · 학습방법의 종류에는 참여식 교육법과 경험학습, 발견학습과 자율적 협동학습, 자기주도학습, 멘토링과 코칭, 게임기반 학습과 액션러닝, 문제중심학습과 창의적 문제해결학습 등 다양하다고 할 수 있다〈그림 8-3 참조〉. 학습자주도형 평생교육 교수 · 학습방법의 종류에서 참여식 교육법과 경험학습은 8장에서 살펴보았고, 본 장에서는 발견학습과 자율적 협동학습에 대해 살펴보고자 한다.

1. 발견학습

브루너

브루너는 나선형 교육과정을 주장하였는데, 이는 학년이 올라갈수록 동일 주제에 대한 내용을 반복하고 심화하는 교육과정을 의미한다. 즉, 현재 우리나라의 교육과정은 학생의 지적 발달에 맞춰 기본 개념이나 원리를 반복적으로 학습하면서 양적인 팽창이나 질적인 심화를 추구하는 나선형 교육과정이다. 이러한 학문중심 교육과정에서는 이 선정기준을 각 학문에 내재해 있는 전이가 높은 지식이라고 보고, 이러한 지식을 '지식의 구조'라고 주장한다. 또한 교육과정사적인 맥락에서 보면, 학문중심 교육과정은 경험중심 교육과정에 대한 심각한 회의에서 비롯되었다. 경험중심 교육과정의 구성방식에서는 지식의 체계성이 소홀히 취급되었고, 따라서 학문적 · 체계적인 사고와 연구를 하는 데 필요한 능력을 소홀히 취급하는 비판이 나타났다. 이에 대한 대응으로 교육과정이 보다 학문적 지향을 가져야 한다는 주장이 커지게 된 것이다. 이와 같은 학문중심 교육과정의 특징은 다음과 같다.

첫째, 교과내용은 '지식의 구조'를 중심으로 조직한다. 여기서 지식의 구조는 학문의 이면에 숨어 있는 기본적 생각, 지식의 기본개념, 지식의 기본원리, 지식의 핵심개념 등과 동의어로 쓰이는 개념이다. 브루너에 의하면, 교육과정은 각 교과의 전문가들이 각 교과가 나타내고 있는 지식의 구조를 가장 명백히 표현할 수 있도록 그 지식을 체계적으로 조직해 놓은 것이다. 이 지식의 구조는 학습의 전이를 용이하게 하고, 낱낱의 사실들을 구조화된 전체에 비추어 보게 함으로써 그 사실들을 쉽게 이해할 수 있게 하고, 잊어버리지 않게 한다.

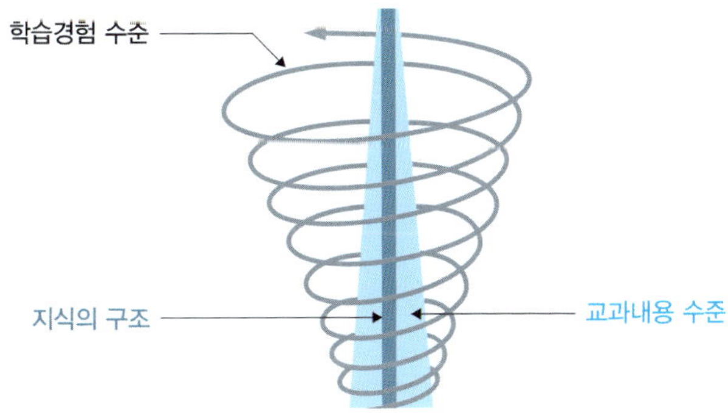

그림 9-1. **나선형 교육과정**

둘째, 교육과정을 나선형으로 조직한다. 이것은 초등학생부터 고등학생에 이르기까지 지식의 구조를 가르치는 데 다만 그 수준을 달리해야 한다는 것이다. 브루너는 학년이나 발달의 정도에 관계없이 학생들의 사고방식에 맞게 그들이 이해하는 말과 자료를 써서 가르치면 어떤 교과내용도 이해할 수 있다고 한다. 나선형 교육과정에서는 교과가 가장 완벽한 상태를 가상하고 일찍부터 그 교과에 담겨진 기본개념을 학생들의 사고방식에 알맞게 가르치며 학년의 진전에 따라 점차 심화하고 확대해 나간다.

셋째, 탐구과정을 중시한다. 학문중심 교육과정에서는 교육과정을 각 학문에 내재해 있는 지식탐구과정의 조직이라고 정의하고, 교과를 가르칠 때 그 교과에 내재해 있는 기본원리 · 핵심개념을 교사가 찾아내어 이것을 학생들에게 제시하고 주입하는 것이 아니라 학생들로 하여금 해당 분야의 학자가 한 것과 같은 '눈'과 '방식'으로 이를 찾아내도록 한다.

브루너는 이러한 나선형 교육과정을 바탕으로 발견학습을 주장하였다. 이러한 브루너의 이론의 핵심은 학습이란 능동적인 과정이며, 학습자가 그들의 과거나 최근 지식을 바탕으로 새로운 아이디어나 개념들을 구성한다는 것이다. 즉, 학습자는 자신의 인지적 구조(schema)가 경험에 대한 의미와 구조를 제공하고 이것들이 개인으로 하여금 주어진 정도 이상으로 변화할 수 있도록 한다는 것이다(김재현, 2001). 따라서 브루너 이론의 원리는 세 가지로 요약할 수 있는데, 첫째, 수업은 반드시 학습자들이 스스로 배우고자 하는 학습(학습 의욕)과 배울 수 있는(준비성) 경험과 생활 맥락에 관련지어져야 한다는 점이다. 둘째, 수업은 학생들에 의해 쉽게 성취될 수 있도록 반드시 구조화되어야 한다. 그리고 마지막으로 수업은 반드시 추상적인 사고를 촉진할 수 있어야 하고 주어진 정보 이상을 추구할 수 있어야 한다는 것이다.

1) 발견학습의 개념

브루너에 의해 제안된 발견학습이란 학생들이 교사의 설명에 의해 지식을 습득하는 것이 아니라 사실이나 문제의 파악, 가설의 설정, 가설검증과 확인, 실제에의 적용 등의 과정의 추리와 직관을 통해 학생 스스로 지식을 발견하고, 한 교과의 기본적인 지식의 구조를 이해해 나가는 과정이라는 것이다(김준권 외, 2012). 그러므로 교수 · 학습의 과정에서 지식습득의 결과보다는 과정을 중요시한다. 이를 위해 브루너는 학습자들에게 스스로 개념 간의 관계를 발견할 수 있도록 기회를 부여하는 것이 중요하다고 보았다(임채식 외, 2013). 즉, 교사가 학습자들에게 일련의 문제를 제시하게 되면 학습자들은 그 문제와 유사한 문제들을 해결하였을 때 사용했던 법칙이나 방법으로 주어진 문제를 탐구하게 된다. 따라서 교사는 과학자들이 어떤 개념이나 이론을 발견하였을 때 사용하였던 사고과정과 유사한 탐구사고를 할 수 있도록 지도해야 한다. 그 결과 학습자들은 그 속에서 여러 개념 간의 관계를 발견하게 되며, 자료를 재조직하거나 분류하게 된다.

2) 발견학습의 구성원리

발견학습이란 학습자에게 교과를 최종적인 형태로 제공하는 것이 아니라 그 최종형태를 학습자 스스로 조직하도록 요구되는 상황에서 일어나는 학습으로 정의될 수 있다(이인학 외, 2012). 브루너의 발견학습과 관련된 주요 개념인 학습경향성, 지식의 구조, 지식의 계열화, 강화 등을 살펴보면 다음과 같다(윤지혜, 2013).

(1) 학습경향성

교수·학습 활동에서 우선적으로 고려해야 할 사항은 학습자로 하여금 학습하고자 하는 의욕을 가지게 해야 한다는 것이다. 아무리 좋은 교수방법을 가지고 교수·학습 활동을 전개해 나간다 할지라도 학습자의 학습동기가 유발되지 않는다면, 그것은 교수 활동만 있을 뿐 학습활동은 보장하지 못한다. 즉, 학습활동이 이루어지기 위해서는 학습자 자신이 학습하고자 하는 의욕이 우선적으로 생겨나야 하는데, 이를 학습의 경향성(predisposition to learn)이라고 한다. 따라서 학습자가 학습하고자 하는 의욕이 생기도록 교사는 구체적인 탐구활동들을 마련해야 한다. 학습경향성과 관련된 교수변인에는 탐구의 자극, 탐구의 유지, 탐구의 방향성 등이 있다〈표 9-1〉.

표 9-1. **학습경향성과 관련된 교수변인**

구분	내용
탐구의 자극	학습자가 학습의욕을 가지고 탐구를 하기 위해서는 적절한 수준의 불확실성을 가진 문제 및 상황을 제시하여 학습자를 자극하는 것이 필요하다. 학습자의 사고를 자극하기 위해서는 너무 어려운 과제나 너무 쉬운 과제를 제시하지 말고, 적절한 수준의 모호성을 지닌 과제를 제시해야 한다. 이러한 최적 수준의 모호성이 학습자의 학습경향성을 불러일으키고 학습을 지속해 가는 데 도움이 된다.
탐구의 유지	자극된 학습자의 탐구의욕은 학습목표가 달성될 때까지 유지되어야 한다. 이를 위해 교사는 학습자가 학습의 과정에서 실패에 대한 불안감을 갖지 않도록 해 주어야 한다. 학습자의 학습활동을 통해 탐구되고 발견된 것이 비록 사소한 것이라도 그를 격려함으로써 탐구활동을 지속시킬 수 있다. 이와 같은 교수활동을 위해서는 허용적이고 민주적인 분위기에서 수업이 이루어져야 한다.
탐구의 방향성	교사는 학습자가 가능성을 탐색할 때 방향성을 제시해 주어야 한다. 가능성 탐색의 방향성을 주기 위해서는 학습과제가 어떤 목표를 향해 나아가고 있다는 것과 진행 중인 학습활동이 그 목표와 관련된다는 것을 학생들이 알도록 해야 한다. 따라서 교사가 수업목표를 분명하게 제시해 주는 것이 학습자의 방향성 탐색에 도움을 주는 요인이 된다.

(2) 지식의 구조

브루너의 교수이론에서 가장 핵심이 되는 개념이 바로 지식의 구조이다. 지식의 구조(the structure of knowledge)란 일종의 분류체계로, 특정 학문을 구성하고 있는 가장 기본적인 아이디어, 개념, 원리, 법칙 등을 말한다(김진아, 2008). 즉, 해당 지식을 성립시키는 일반적인 원리나 기본적 관념으로서 이를 토대로 다양한 사실적 지식이 파생되어 새로운 영역을 개척할 수 있는 것을 의미한다. 브루너는 학교에서 가르쳐야 할 것은 지식의 내용이 아닌 지식의 구조라고 주장한다. 즉, 지식의 구조화는 학습자의 수준이나 과제의 특성에 따라 다르게 조직하여 제시할 수 있으며, 지식의 어떠한 방식으로든 쉽게 조작하여 누구에게나 가르칠 수 있다는 것이다. 지식의 구조화에 내포되어 있는 하위개념인 표상양식(mode of representation), 경제성(economic) 및 생성력(power)을 살펴보면 〈표 9-2〉와 같다(윤지혜, 2013).

표 9-2. 지식의 구조화의 하위개념

<table>
<tr><th>구분</th><th>내용</th></tr>
<tr><td>지식구조의 표상양식</td><td>브루너는 어떤 영역의 지식이라도 세 가지 표상양식인 행동적 표상(enactive representation), 영상적 표상(iconic representation), 상징적 표상(symbolic representation) 등의 방법으로 나타낼 수 있다고 보았다. 행동적 표상은 학습자가 직접 경험한 것이나 알고 있는 사실을 적절한 행위와 동작을 통해서 표상하는 것을 말한다. 영상적 표상은 간접적인 그림이나 영상 또는 모형을 사용하여 이해하는 것이며, 상징적 표상은 언어나 기호 등을 사용하여 언어적 진술이나 공식을 통해 추상적이고 상징적으로 이해하는 것이다.
<table>
<tr><th>표상양식</th><th>평형의 예</th></tr>
<tr><td>상징적 표상</td><td>$m_1 \times a = m_2 \times b$
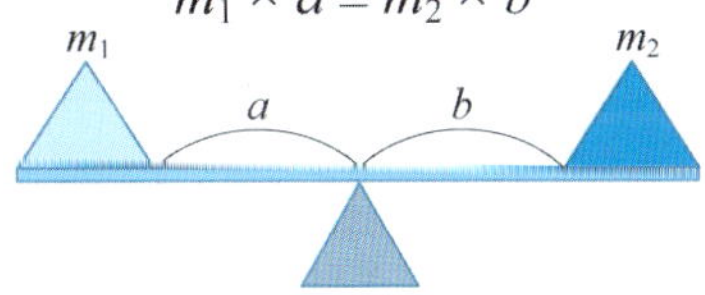</td></tr>
<tr><td>영상적 표상</td><td>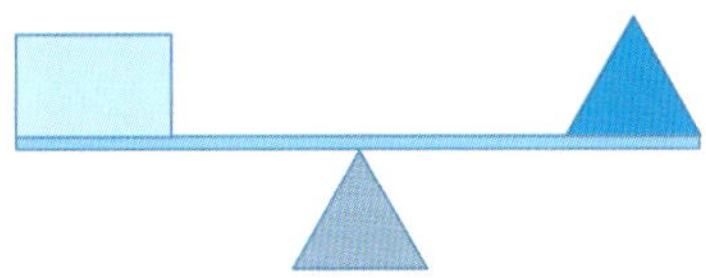</td></tr>
<tr><td>행동적 표상</td><td>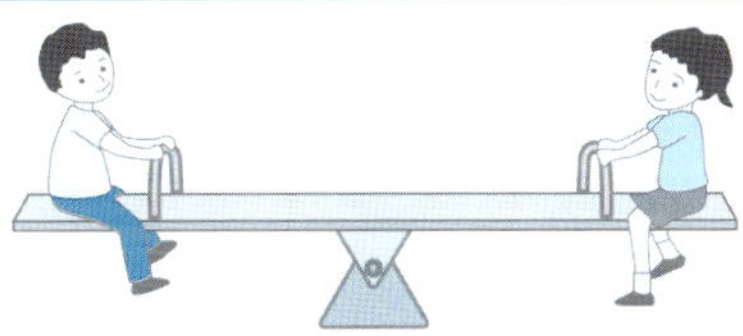</td></tr>
</table>
</td></tr>
<tr><td>지식구조의 경제성</td><td>지식구조의 경제성이란 어떤 문제를 해결하기 위해 학습자가 소유해야 할 최소 정보의 양을 말한다. 지식의 구조는 한 학문의 기본적인 아이디어, 개념, 원리, 법칙을 뜻하기 때문에 지식의 구조를 중심으로 하는 학습은 경제적이라고 이야기할 수 있다. 이는 많은 사실적 지식들을 요약하여 개념, 원리법칙으로 학습하기 때문이다. 표상양식과 관련하여 가장 경제성이 높은 표현은 상징적 표현이다.</td></tr>
<tr><td>지식구조의 생성력</td><td>특수한 구조가 학습자로 하여금 일련의 명제나 지식이 그와 관계되는 새로운 명제나 지식의 결과를 찾아내게 하거나 발생시키는 용이성의 정도를 말한다. A, B, C가 있을 때 'A>B'이고, 'B>C'라는 관계에서 'A가 가장 크고, B는 두 번째로 크며 C가 가장 작다'는 결과를 알 수 있다. 한편 이와 같은 결과의 생성은 처음부터 'A>B>C'와 같은 구조의 관계에서 훨씬 빠르고 쉽게 도출될 수 있으므로 보다 생성력이 있다고 할 수 있다.</td></tr>
</table>

(3) 지식의 계열화

계열(sequence)이란 학습할 과제를 제시해 주는 순서와 관련이 있다, 즉, 학생들이 학습내용을 이해, 변형, 전이하는 데 도움이 될 수 있도록 학습과제를 순서대로 조직하여 제시하는 원칙을 말한다. 계열화의 특징은 일반적으로 단순한 내용에서 복잡한 내용으로 혹은 구체적인 내용에서 추상적인 내용으로 조직해 나가는 것이다. 하지만 브루너가 제시하고 있는 일반적인 계열화는 지식의 구조화의 표현방식의 순서를 의미한다. 이러한 지식의 일반적인 계열화를 바탕으로 브루너는 다음과 같은 기본 가정을 제시하였다. 첫째, 모든 학습자에게 통용되는 고정적인 계열은 없다. 최적의 계열화란 학습경험이나 능력수준 등과 같은 학습자의 특성에 따라 달리 적용되는 것으로 학습자의 개인차를 고려하여 제시되는 계열화가 가장 적당한 것으로 본다. 둘째, 최초의 지식이나 정보에 대한 학습에서는 가능한 행동적 표상, 영상적 표상, 상징적 표상의 순서로 계열화하는 것이 바람직하다. 이와 같은 가정을 통해, 지식의 계열화는 학습자의 특성이나 과제특성에 부합되어야 하며, 상황에 따라 이러한 계열을 적절히 혼용하는 것이다. 즉, 어떤 학습자는 지식의 이해를 위해 행동적 표상이, 또 다른 학습자는 영상적 표상이 필요할 수 있다는 것이다.

(4) 강화

브루너는 학습증진을 위해 적절한 강화의 필요성을 주장하였다. 강화란 학습결과에 대해 보상해 주는 것을 말한다. 발견학습에서 강화가 효과적인 것은 자기학습의 결과를 확인하고 거기서 만족을 맛보는 내적 보상에 의한 의욕 및 내적 동기 때문이다(이상헌 외, 2013). 따라서 학습자가 스스로 탐구해 가는 발견학습에서 교사는 학습자의 학습정도를 수시로 확인해 줌으로써 학습자의 방향이 올바르게 나아갈 수 있도록 해야 한다. 이러한 과정에서 교사는 학습자의 학습정도에 대한 적절한 피드백을 해 주는 것이 중요하며, 긍정적인 성과에 대해서는 칭찬해 주고, 부적절한 성과에 대해서는 교정적인 정보를 제공해 주어야 한다.

3) 발견학습의 과정

발견학습의 주요개념인 학습경향성, 지식의 구조, 지식의 계열화, 강화, 즉 네 가지의 수업원리를 통합하여 교육현장에 적용한 교수방법이 바로 발견학습이다. 발견학습의 과정은 구체적으로 6단계〈그림 9-2〉, 즉 탐색 및 문제파악, 가설 설정, 실험 설계, 실험 수행, 가설 검증 및 적용단계로 구분할 수 있지만 일반적으로 4단계, 즉 탐색 및 문제파악, 가설의 설정, 원리의 발견(실험설계, 실험수행 및 가설의 검증) 및 원리의 적용으로 구분할 수 있다(윤지혜, 2013).

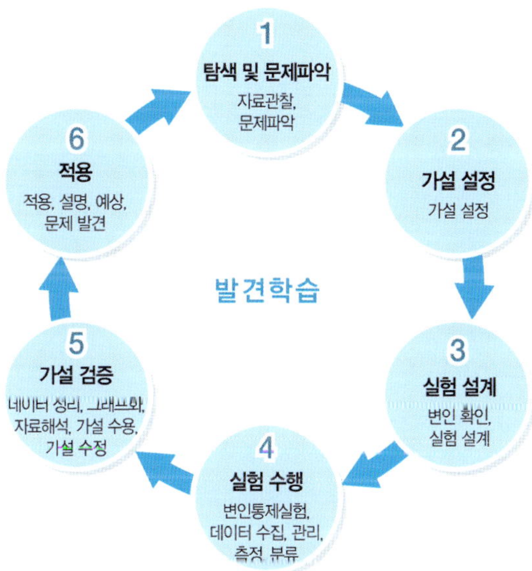

그림 9-2. 발견학습의 과정

(1) 탐색 및 문제파악

교사는 발견할 과제를 학습자에게 명확히 파악시키는 것으로 문제의식을 분명히 가지고 의욕적으로 학습하도록 돕는다. 이 단계에서 파악되어야 할 과제는 문제해결학습에서와 같이 생활에 직결된 과제가 아닌 교과의 구조로, 이 단계에서 교사는 과제파악에 어느 정도 필요한 자료를 제시한다. 이것은 곧 문제해결학습에서와 같이 현실적 장면에서 일어나는 문제 중에서 학습자의 관심을 끄는 것만이 아니고 교사가 의도한 과제가 곧 학생의 과제가 될 수 있는 상황으로 구성해야 한다. 이렇게 제시된 자료를 학습자들은 주의 깊게 관찰하고 이미 가지고 있는 경험을 이야기하거나 교사의 생생한 설명을 들으며 문제장면을 고찰한다. 이때 중요한 것은 학생들이 학습의욕과 문제의식을 가지고 제시된 자료나 구체적인 사실에 적극적인 관찰을 할 수 있도록 하는 것이다.

(2) 가설의 설정

이 단계에서는 제시된 자료와 추가 자료를 수집하여 임시로 해결방안을 설정한다. 이는 발견학습에서 특히 중요한 부분으로 직관적 사고에 의한 창조적 가설이 착상되는 단계이다. 이때 무엇이라고 분명히 설명하기 어렵지만 문제해결의 단서가 되는 생각이 바로 직관적 사고인데, 이 직관적 사고가 논리적 사고로 구축될 때 창조적 발견이 가능하게 된다. 이때 중요한 점은 교사의 적절한 조언과 학습자 개인 및 집단에서 진행되는 의견교환이라고 할 수 있다.

(3) 원리의 발견(실험 설계, 실험 수행, 가설 검증)

이 단계는 사실의 분석과 가설의 종합적 확인이 이루어지며 체계적으로 중요한 사고가 진행되는 단계이다. 두 번째 단계까지 거쳐 온 가설은 아직 주관적인 상념에 지나지 않는다. 이러한 가설을 객관적으로 타당화시킴으로써 사고의 본질이 이루어지게 되는 것이다. 즉, 가설의 논리적 모순을 수정함과 동시에 사실에 비추어 가설이 갖고 있는 그릇된 점을 수정해야 한다. 이러한 양면을 시정하는 것은 논리적 사고의 분석과 종합에 의해서 전체 형상의 윤곽이 확정되고 내부의 상호관계가 분명하게 파악되며 객관적인 원리를 발견하게 한다. 이를 위해 교사는 부족한 점을 보완해 주고 사고의 진행을 도와주지만 앞의 단계보다는 적은 개입을 해야 한다.

(4) 원리의 적용

이 단계는 발견된 원리를 실제로 활용하고 자신의 것으로 정착시키기 위해 구체적으로 현실적 장면에 적용, 활용하는 지식의 전이단계로, 원리를 보다 명확하게 이해하고 적용하거나 연습하는 것이 필요하다. 따라서 교사는 총괄평가에 활용 여부를 포함시켜 학습자들의 지식의 활용 및 적용결과를 관찰하고 지도해야 한다.

2. 자율적 협동학습

협동학습은 학습능력이 다른 학습자들로 소집단을 구성하여 공동의 학습목표 달성을 위해 협동하는 수업방식이라고 할 수 있다. 즉, 협동학습은 공동의 목표를 달성하기 위해 서로 다른 능력을 가진 학생들이 모둠을 구성하여 모둠원 전체가 공동의 과업에 참여하는 학습으로 모둠원들이 역할분담, 학습내용 공유 및 토의 등의 상호작용을 통해 합의된 결과를 도출하는 학습으로 정의한다. 따라서 현대사회에서 협동학습의 중요성은 교육 전반에 걸쳐 퍼져 있다고 할 수 있다. 이러한 많은 연구자들에 의해 협동학습 모델, 즉 지소모형, 성취과제 분담모형(Student Teams-Achievement Divisions: STAD), 자율적 협동학습(co-op co-op), 웹기반 협동학습(SNS 기반 협동학습) 등이 개발되었는데〈그림 9-3〉, 이러한 협동학습에는 본질적으로 〈표 9-3〉과 같은 요소들이 포함되어야 한다.

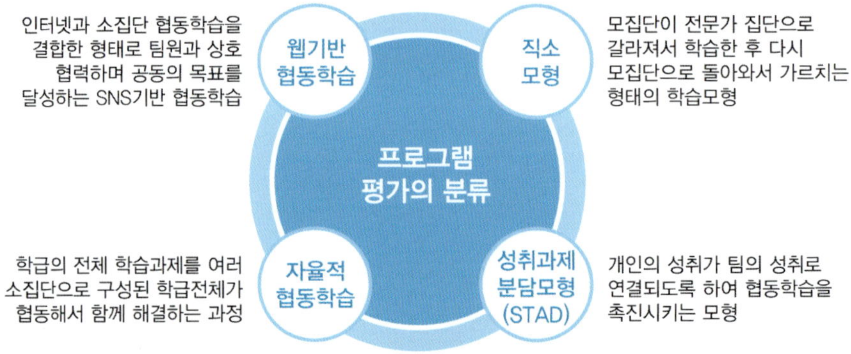

그림 9-3 협동학습의 종류

표 9-3. 협동학습에 포함되어야 하는 요소

- 긍정적인 상호작용이다. 이는 상호의존적인 목적의 공유, 과업의 독립성, 분할된 학습자원과 홍보 등을 통해 성취될 수 있다. 독립된 과제의 수행은 상호의존할 수밖에 없는 상황을 만들 수 있다.
- 학습자들 사이의 면대면 상호작용을 요구한다. 면대면 활동을 통해 상호표정을 살피고, 대화를 할 수 있기 때문에 서로 긍정적 상호작용을 할 수 있다.
- 개인의 책무성이다. 자신의 과업을 충실히 이행하고 이를 서로 공유하여 도움을 제공할 때 학습자 개개인의 학습성과는 극대화될 수 있다.
- 협동학습에서 학습자들은 학습공동체 안에서 서로 대인관계를 형성하고 유지할 수 있는 능력이 필요하다. 이러한 사회적 인간관계능력은 집단적 산출물을 제시할 수 있는 조건이 된다.

협동학습 경험은 지각된 교수자의 지원을 매개로 하여 내재적 동기와 학업성취에 영향을 미치는 것으로 나타났으며, 이것은 다시 학습자들의 학업성취에 긍정적인 영향을 미치는 것으로 나타났다(신태섭, 박용한, 2013). 뿐만 아니라 협동학습을 통해 도덕적 판단력, 도덕적 민감성, 도덕적 동기화, 도덕적 품성 등에서도 긍정적인 변화가 있었으며, 학습자의 학습태도에서 자아개념, 학습태도, 학습습관, 자기주도력, 학업성취도에서도 긍적인 효과가 있는 것으로 나타났다(박인숙, 정은주, 2015; 최지영, 2013).

1) 자율적 협동학습의 개념

자율적 협동학습은 1985년 케이건(Kagan)이 개발한 모형으로 학급에서 정한 학습주제를 수행하기 위하여 모둠별 협동학습과 학급 전체 협동을 통해 과제를 해결하는 구조의 협동학습이다(정문성, 2004). 이 학습에서는 교사가 제시한 포괄적 주제에 대해 학급 전체가 토론과정을 거쳐 학습주제를 직접 선정하고 주제를 세분화한다. 이질적으로 구성된 모둠은 흥미에 따라 모둠주제를 선택하고, 각 모둠별로 구성원은 모둠주제를 완성하기 위한 소주제를 선택한다. 구성원별 소주제를 바탕으로 모둠주제를 완성하고, 각 모둠주제가 함께 모여 학급 전체의 학습주제를 달성하도록 하는 구조이다.

자율적 협동학습은 모둠 내 협동뿐 아니라 모둠 간 상호협동을 통하여 학급 전체의 학습주제를 달성하도록 되어 있는 협동적 프로젝트(CP) 유형으로 교과에 상관없이 적용할 수 있으며, 일반적인 절차를 제안해 주는 접근법이다. 이러한 접근법은 협동학습을 다양한 분야에서 창의적으로 적용할 수 있는 장점이 있지만 협동학습을 효과적으로 운영하기 위해서는 교사가 협동학습의 철학이나 기본 원리를 잘 인식하고 있어야 가능하다(전성연 외, 2007).

2) 자율적 협동학습의 특징

자율적 협동학습은 학습자의 학습주제에 관한 자연적인 호기심, 지적 능력, 표현력을 이끌어 내고 발달시키는 것에 있으며, 그 과정에서 경험한 것을 서로 나누는 것 자체에 의미를 두고 있다. 따라서 학습자의 참여에 대한 외적 보상을 제공하는 것보다 활동 그 자체를 학습의 가장 중요한 요소로 본다.

모둠 내 협동과 모둠 간 협동을 통해 학급 전체의 학습주제와 관련해서 서로 학습정보를 공유하고 협동하여 완성하는 구조적 특징이 있다. 이는 모둠 내 협동을 바탕으로 모둠 간 경쟁을 하는 팀성취분담학습(STAD)이나 팀경쟁학습(TGT) 같은 협동학습과 달리 집단구성원들이 함께 학습하여 이해의 폭을 넓힐 기회를 최대한 제공할 뿐 아니라 학급 전체가 각 집단의 협동을 통한 결과물을 공유할 수 있도록 하여 다른 집단과 함께 이득을 얻게 된다.

이러한 특징을 바탕으로 한 자율적 협동학습의 장점은, 첫째, 교사가 제시한 포괄적 학습주제의 범주에서 학습자가 학습주제를 직접 선택한다는 점이다. 학습주제를 학급 토론을 통해서 선정하고 학습자는 학습주제와 관련하여 선호하는 모둠주제별로 모둠을 구성하거나 혹은 모둠별로 모둠주제를 선택한다. 또한 모둠 내에서 각 구성원이 소주제를 선택하게 된다. 이처럼 학습주제와 모둠주제, 소주제에 대한 선택은 학습자의 호기심을 자극하고 자율성을 갖도록 하여 학습자의 내재적 동기를 유발시키는 데 효과적이다.

둘째, 모둠 구성원들이 개별 책무성을 갖도록 한다는 점이다. 학급 전체의 학습주제를 분업하여 모둠별로 모둠주제를 정하고 그 구성원들이 각자 하나의 소주제를 선택하여 조사하게 되므로 학급의 개개인이 조사해야 할 소주제가 모두 다르고 구성원 개인에서 모둠으로, 모둠에서 학급 전체로 묶어서 하나의 모둠발표 자료를 구성하게 되므로 개별 책무성을 높일 수 있다는 것이다.

셋째, 학습자의 고차원적인 사고력 신장에 도움이 된다는 점이다. 학급 전체의 학습주제와 모둠주제, 소주제를 정하는 과정에서 토론의 원리와 방법을 이해하고, 구성원과의 의사소통을 통해 폭넓은 사고를 할 수 있다(전성연 외, 2007).

3) 자율적 협동학습의 모형

자율적 협동학습의 기초는 학급 전체가 학습주제를 중심으로 모둠 안에서 협동하도록 교실을 구조화하는 것이다. 모둠 내, 모둠 간 협동적인 분위기를 조성하기 위해 케이건(2002)은 10단계로 이루어진 자율적 협동학습의 모형을 제시하였다(김유진, 2017).

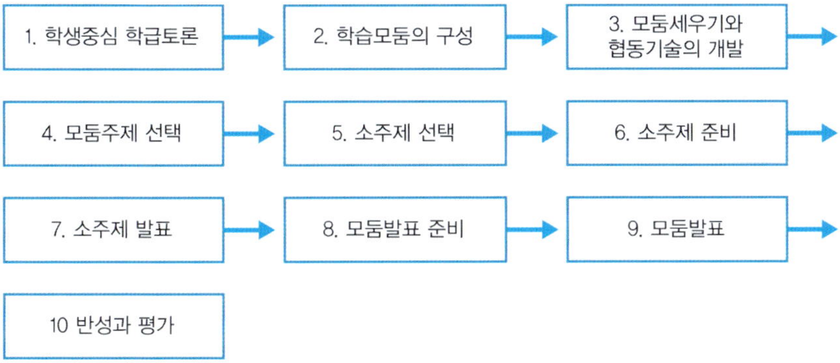

그림 9-4. **자율적 협동학습의 10단계**

(1) 1단계: 학생중심 학급토론

교사는 수업의 포괄적 주제를 제시하고 학습자가 이와 관련된 개인적 흥미를 발견하도록 격려한다. 포괄적 주제를 중심으로 학급토론을 통해 학급전체가 완성할 학습주제를 선택하도록 한다. 토론 전 주제에 대한 다양한 자료를 활용하여 학습자의 호기심을 자극하도록 한다. 토론의 목적은 학습자가 주제에 대하여 공부하도록 하는 데 있는 것이 아니라 주제에 대한 학습자의 호기심을 유발시켜 능동적 참여를 보이도록 하는데 있다. 따라서 자율적 협동학습에서 학습이란 학습목표의 달성이 아니라 학습자가 학습주제에 대한 흥미가 보이는 과정이다.

(2) 2단계: 학습모둠의 구성

자율적 협동학습에서 모둠구성은 학습자가 추구하는 목표에 따라 모둠을 선택할 수도 있고 기준에 따라 배정받을 수도 있다. 모둠에서 긍정적 상호의존성을 높이기 위해서는 상황에 맞게 이질적 집단으로 구성한다. 그러나 만약 모둠을 학습자의 수행능력과 같은 특성으로 나누게 되면 협력적 분위기를 저해시킬 수 있다. 따라서 교사는 가능한 모둠 내 이질성을 통해 모둠 구성원 간 긍정적 상호작용과 자아존중감이 신장되도록 해야 한다.

(3) 3단계: 모둠세우기와 협동기술의 개발

모둠 구성원에게 모둠에 대한 정체성이 형성되기 전까지는 협동과정이 성공적으로 진행될 수 없으므로 모둠세우기가 필요하다. 모둠세우기는 구성원 간 서로 친화력을 높여 주고, 각 구성원들이 모둠 내에서 각자 가치 있는 존재라는 것을 느끼게 한다. 또한 구성원 간 신뢰감을 형성하게 하고 분업이나 사회적 역할, 효과적인 의사소통 같은 상호작용방법을 훈련시킨다.

(4) 4단계: 모둠주제 선택

모둠 구성원들이 함께 과제를 수행할 수 있을 정도로 신뢰감이 형성되고 의사소통 기술이 발달되었다면, 각 모둠에서는 토론을 통해 선호하는 모둠주제를 선택한다. 모둠별 토론 전, 교사는 적합한 모둠주제가 무엇이 있는지 보여 주고 모둠에서는 이를 참고하여 주제를 결정하도록 한다. 각 모둠이 주제를 선정하기 위하여 토론을 하는 동안 교사는 모둠을 돌아다니며 촉진자 역할을 한다.

(5) 5단계: 소주제 선택

모둠주제 선정 후, 모둠 구성원들은 모둠주제를 완성하기 위한 소주제를 선택하게 된다. 학습자가 소주제를 선택 시, 교사는 소주제가 학습자의 수준에 적절한지 또는 소주제를 수행하기 위해 필요한 자원이 충분하지를 파악하고 학습자의 소주제 선택에 도움을 주어야 한다.

(6) 6단계: 소주제 준비

이 단계에서 학생들은 각자 맡은 소주제에 대하여 모둠의 성패는 자신에게 달려 있다는 책임감을 갖고 가능한 많이 준비하도록 한다. 모둠 구성원들은 각자 다양한 방법으로 자신의 결과물을 만들고 준비하며 앞으로 그것을 다른 구성원과의 공유를 통해 모둠주제를 완성하게 된다는 것을 알게 될 때, 더 흥미를 느끼고 능동적으로 참여하게 된다.

(7) 7단계: 소주제 발표

모둠에서 각자 맡은 소주제를 완성한 후 다른 구성원들에게 자신이 학습하거나 만든 것을 발표한다. 소주제의 발표를 통해 토론할 수 있는 분위기가 조성되어야 하며 발표 과정에서 나타난 다양한 의견들을 종합할 수 있는 시간을 제공해 주어야 한다. 이처럼 자율적 협동학습 모형에서 학습이란 학생들 간 상호작용을 통해 발생하며, 이러한 과정을 통해 학생들은 자신이 맡은 소주제 완성에 대한 책임감을 가지게 된다.

(8) 8단계: 모둠발표 준비

소주제 발표에서 있었던 내용을 바탕으로 모둠발표를 준비한다. 이 단계에서는 모둠 구성원들이 발표한 소주제를 단순히 종합한 것 이상의 결과물을 만들게 된다. 한 모둠이 발표를 하면 다른 모둠이 그것에 대하여 피드백을 하기도 하고, 또 모둠발표를 위해 다른 모둠의 자료를 공유하기도 한다.

(9) 9단계: 모둠발표

모둠발표 단계는 학습에 대한 평가의 비중이 가장 큰 단계로 학생들이 보다 적극적인 자세로 참여할 수 있도록 하며, 발표 과정이 효율적이면서도 효과적으로 이루어질 수 있도록 한다.

(10) 10단계: 반성과 평가

반성과 평가를 통해 전체 학생들에 의한 모둠발표 평가뿐 아니라 모둠 구성원들에 의한 모둠 내 개인의 기여도 평가, 각 학생들의 소주제 발표나 모둠발표에 대한 교사의 평가 등이 이루어진다. 교사는 발표내용 및 과정에 대한 경험을 토론하도록 유도하여 사회적 관계 및 기술에 대해 반성해 볼 수 있는 기회를 제공한다(전성연 외, 2007).

Chapter

10

자기주도학습

배울내용

1. 자기주도학습의 이해 ● 2. 자기주도학습의 발달
3. 자기주도학습 프로그램

학습목표

1. 자기주도학습의 정의를 파악한다.
2. 교사주도학습과 자기주도학습의 차이점을 구분한다.
3. 자기주도학습의 구성요소를 설명할 수 있다.
4. 자기주도학습의 이론적 관점을 이해한다.
5. 자기주도학습 프로그램을 이해하고 현장의 적용방안을 모색해 본다.

학습자주도형 평생교육 교수 · 학습방법의 종류에는 참여식 교육법과 경험학습, 발견학습과 자율적 협동학습, 자기주도학습, 멘토링과 코칭, 게임기반 학습과 액션러닝, 문제중심학습과 창의적 문제해결학습 등 다양하다고 할 수 있다〈그림 8-3 참조〉. 학습자주도형 평생교육 교수 · 학습방법의 종류에서 참여식 교육법과 경험학습은 8장, 발견학습과 자율적 협동학습은 9장에서 살펴보았고, 본 장에서는 자기주도학습에 대해 살펴보고자 한다.

1. 자기주도학습의 이해

1) 자기주도학습의 정의

자기주도학습(self-directed learning)은 타인의 조력 여부에 상관없이 학습자 스스로 자신의 학습상태를 파악하여 학습목표를 설정하고, 학습에 필요한 인적 · 물적 자원을 확보하여 적절한 학습전략을 선택, 실행하며, 자신의 학습속도에 맞추어 학습을 조절하고 학습이 진행되는 동안 끊임없이 평가하고 점검하는 데 주도권을 갖는 학습방법을 의미한다(양명희, 2000). 최근 이런 자기주도학습은 학교현장 및 평생교육현장에서 학업성취를 높이는 방법으로 주목받고 있다. 자기주도란 학습자가 학습목표 달성을 위해 자신의 인지, 행동, 정서를 체계적으로 활성화시키고 유지하는 과정을 의미하며, 이러한 자기주도 과정을 학습에 적용하여 학습결과의 효과적인 증가를 가져오게 하는 경우, 이를 자기주도학습이라고 한다.

자기주도학습은 전통적인 학교에서의 학습방법과는 구분되는 것으로서 학교 밖의 성인학습자들에 의해 현재 진행되고 있거나, 또는 그들에게 적합한 학습의 형태로 제안되었다. 이렇게 자기주도학습은 학교 밖의 성인학습자들의 학습을 설명하기 위해 구안된 것이지만, 이제는 학교에서 학습의 적용과 논의가 될 정도로 범위를 확대하고 있다.

자기주도학습에 대한 연구는 1960년대 사회인지론자인 반두라(Bandura)에서 출발하였는데, 자기주도학습에 대한 학자들의 다양한 정의는 〈표 10-1〉과 같다.

반두라

표 10-1. **자기주도학습에 대한 정의**

구분	내용
Bandura(1986)	자기주도학습은 학습자가 자신의 학습을 스스로 안내할 뿐 아니라 자율적으로 학습하는 학습방법이다.
Tough(1971)	자기교수(self teaching 또는 self-instruction)에 대한 연구에서 학습자가 사전에 점검하고 결정할 사항을 목록화하여 교사의 도움 없이 학습하는 것이다.
Knowles(1975)	자기주도학습은 타인의 조력 여부와 관계없이 학습자 스스로 학습에 있어 주도권을 가지는 것이다. 즉, 학습자는 학습의 필요성을 진단하는 일부터 학습의 목표를 설정하는 일과 학습에 필요한 인적·물적 자원을 확보하는 일을 스스로 해결한다. 그리고 적절한 학습전략을 선택하여 적용시키며, 그 학습의 결과를 스스로 평가하는 데 학습자가 주도권을 가지는 것이다.
Zimmerman(1986)	자기주도학습은 학습자가 스스로 자신의 학습에 대해 인지적, 동기적, 행동적 측면에 적극적으로 참여하는 것으로, 학습자가 자기주도학습을 수행하는 동안 인지적, 동기적, 행동적 전략의 선택적 사용을 통해 스스로 학습능력을 향상할 수 있고, 학습자가 자신의 학습환경을 구성하며 학습의 양과 형태를 주도적으로 선택하는 주체가 된다.
Mandinach(1983)	자기주도학습은 메타인지적, 동기적, 행동적으로 학업성취를 촉진하여 학습에서 지식을 획득하는 과정이다.

이처럼 자기주도학습의 개념은 연구자들의 이론적 견해에 따라 다르게 정의되고 있지만 〈표 10-2〉와 같은 공통된 속성을 갖는다.

표 10-2. 자기주도학습의 공통된 속성

- 자기주도학습자는 자신의 학업성취를 향상시키기 위해 학습에 메타인지적, 동기적, 행동적 전략을 체계적으로 사용한다.
- 자기주도학습자는 학습 중에 학습의 효과를 알아보기 위해 자기지향적 피드백을 사용한다.
- 자기주도학습자는 특정한 자기주도학습 전략을 선택하여 사용하는 방법이나 이유를 설명할 수 있다.
- 자기주도학습의 학습과 동기는 상호연관성이 있는 과정이다.

〈표 10-1〉과 〈표 10-2〉에서 보는 것과 같이, 자기주도학습은 학습자를 보다 적극적인 존재로 바라본다. 적극적인 학습자란 스스로 학습의 목표를 설정하고 계획하며 자기점검과 자기평가를 통해 자신의 학습을 자각하고 자신의 학습에 통찰력과 확신을 갖는 자기주도학습자라고 할 수 있다. 그러므로 자기주도학습이란 학습자 스스로 학습을 시작하고 조절하며 유지해 가는 목적지향적인 활동이며, 자기주도학습을 잘하는 학습자는 유목적적이고 전략적이며 학습에 대한 지속력을 가지고 있다고 할 수 있다(Zimmerman, 1986).

2) 교사주도학습과 자기주도학습의 비교

교육현장에서 구성주의가 교육의 이념으로 받아들여진 이래 효율적인 교수·학습을 위한 연구들은 타인조절학습(Order-Regulated Learn: ORL)에 의존했던 전형적이고 수동적인 교육방식에서 능동적인 존재로서 학습자가 스스로 학습목표를 정하고 학습에 필요한 요소를 찾는 자율적인 자기주도학습(self-directed learning)으로 전환될 때 진정한 교육으로서 성공적인 학업성취를 할 수 있다고 주장한다. 교사주도학습과 자기주도학습의 차이를 비교해 보면 〈표 10-3〉과 같다(서은정, 2013).

표 10-3. **교사주도학습과 자기주도학습의 비교**

구분	교사주도학습	자기주도학습
학습자 자아개념	본질적으로 의존적인 존재	자기주도성을 가지기 위한 능력과 욕구를 가지고 있는 능동적인 존재
학습자 경험	학습자원으로서 교사의 경험보다 가치가 미흡함	전문가의 자원과 함께 학습의 풍부한 자원이 될 수 있음
학습준비도	성숙 수준이 동일한 학습자는 학습준비도가 같음	자신의 삶의 문제를 보다 적절하게 해결해야 하므로 개인에 따라 차이를 보임
학습지향성	교사중심지향, 학습경험은 내용의 단위에 따라 조직됨	과업, 문제중심지향, 학습경험은 과업수행이나 문제해결 학습과제 형태로 내용이 조직됨
학습동기	외적인 보상에 의한 학습	내적 동기에 의한 학습

〈표 10-3〉과 같이, 교사주도학습(teacher-directed learning)과 비교 설명한 내용을 토대로 자기주도학습의 의미를 명확하게 할 수 있다(Knowles, 1975). 그리고 자기주도학습(self-directed learning)을 자기조절학습(self-regulated learning)과 혼용하여 사용하는 경우가 많다. 자기조절학습은 학습자가 학습하는 과정에서 스스로 동기적·초인지적·행동적으로 학습에 참여하는 능동적이고 자율적인 학습으로, 학습과정을 자발적으로 계획·조직·조절·통제하면서 학습과정에 적극적으로 참여하는 능력으로 정의되고 있다(Zimmerman, 1986). 따라서 자기주도학습은 학습자의 자율적 의지를 강조하고 있고, 자기조절학습에서는 학습자의 자율적 통제권이 강조되고 있다.

롱(Long, 1992)은 학습자 스스로 학습을 성취해 나가는 데 주체가 되는 것은 학습자의 자율적 의지와 통제권이라고 밝히고 있으므로 자기주도학습과 자기조절학습의 핵심적 특성에는 큰 차이가 없다고 주장하였고, 핀트리히와 드 그루트(Pintrich & De Groot, 1990)는 자기주도학습과 자기조절학습을 유사한 이론으로 보고, 자기주도학습의 의미 속에 학습자의 학습계획, 학습상황의 조절 및 인지의 수정과 학습과제에 대한 노력의 관리와 통제, 그리고 학습자가 학습내용을 기억하고 이해하기 위해 사용하는 인지전략이 모두 포함된다고 하였다.

코너(Corno, 1986)는 학습내용에서 연합적인 망을 심화시키고 조작하며, 그 심화된 과정을 점검하여 개선시키려는 학습자의 자발적 노력을 자기주도학습으로 보았고, 짐머만과 스컹크(Zimmerman & Schunk, 1994)는 학습자가 학습목적을 이루기 위해 스스로 생성한 학습에 대한 사고, 감정, 행동이 있으며, 목표달성을 위해 이들을 체계적으로 실천하는 것을 자기조절학습이라고 정의하였다. 따라서 자기주도학습과 자기조절학습이라는 용어는 유사하게 사용되고 있으며, 자기주도학습은 자기조절학습의 개념을 포함하고 있는 개념으로 보는 것이 일반적이다. 자기주도학습에 대한 이론적 관점은 〈표 10-4〉와 같다(서은정, 2013).

표 10-4. 자기주도학습에 대한 이론적인 관점

구분	자기주도학습에 대한 관점
조작적 관점	스키너(Skinner, 1974)의 조작적 조건화의 원리에 기초를 둔 것으로 자기주도의 동기는 외부의 강한 자극이고 자기주도의 과정은 자기점검, 자기교수, 자기강화를 포함한다. 자기주도학습은 학습자 자신이 환경에 영향을 받는다는 사실을 바탕으로 주변 환경을 조작하고 그것의 영향을 받아 일어나는 학습이다.
현상학적 관점	자기주도의 동기는 자아실현에 있으며 자기평가, 계획, 목표설정, 자기점검, 부호화, 인출전략의 과정을 통해 자기주도학습의 기술이 발달된다. 이를 위해 자기지각, 자기점검, 자기평가와 자기체계 구조의 발달에 의존하는 학습이다.
의지적 관점	학습자의 의지로서 관심, 동기, 정서를 통제한다는 것으로 주의 통제, 부호화 통제, 정보처리과정의 통제, 정서 통제, 동기 통제, 환경 통제의 과정을 통해 학습이 이루어지게 된다.
사회인지 관점	학습결과에 대한 성취기대와 자기효능감에 자기주도학습의 기본동기가 있으며, 자기주도의 과정으로 자기관찰, 자기판단, 자기반응이 있으며, 이들의 상호작용(Bandura, 1986)에 의해 이루어지는 학습이다.
비고츠키적 관점	어른과 아동의 사회작용을 통해 아동이 스스로 자신을 통제하는 것을 배우기 시작하며, 이러한 사회적 상호작용이 내면화되어 잠재적 발달수준에 도달하게 되어 학습이 이루어지게 된다.
구성주의 관점	자기주도학습은 자신의 행동을 환경이나 지적과제에 적합하게 바꾸면서 발달하게 되는 것으로 자아유능감, 노력, 지적 과제, 도구적 전략으로 구성되어 학습이 이루어지게 된다.

〈표 10-4〉와 같이, 자기주도적 학습에 대한 이론적 관점, 즉 조작적 관점, 현상학적 관점, 사회인지적 관점, 의지적 관점, 비고츠키적 관점, 구성주의적 관점을 통해 자기주도학습의 특징을 분명히 알 수 있으며, 또한 자기주도학습은 교육의 목표, 학습의 과정, 교육의 목표인 동시에 학습의 과정으로 보느냐에 따라 다르게 정의될 수 있음을 알 수 있다(이지혜, 2009).

첫째, 자기주도학습을 교육의 목표로 보는 관점이다. 브룩필드(Brookfield, 1985)는 자기주도학습을 자아실현을 도모하는 학습자의 특징적인 학습방법으로 학습과정의 결과로서 기대되는 능력이나 학습자 내부의 의식변화라고 주장한다.

둘째, 자기주도학습을 학습의 과정으로 보는 관점이다. 놀스(Knowles, 1975)는 자기주도학습을 학습자가 스스로 학습의 필요성에 대한 진단부터 학습목표 설정과 학습에 필요한 인적·물적 자원을 확보하며, 적절한 학습전략 선택 및 적용, 학습결과 평가의 전반적인 과정이라고 주장하고, 롱(1992)도 자기주도학습을 스스로의 관리와 통제에 의해 학습상황에 집중하고 비교하고 대조하는 일을 하는 초인지적 행동의 과정이라고 정의하고 있다.

셋째, 교육의 목표인 동시에 학습의 과정으로 보는 관점이다. 캔디(Candy, 1991)는 자기주도학습을 학습자가 자신의 학습에 주도적으로 참여하고 계획하고 실천하는 것으로 선택 및 결정 등을 자율적으로 할 수 있는 자기관리능력의 향상으로 보고 있다. 또한 이러한 능력 향상을 위한 시도로 학습자에게 주도권을 부여함으로써 훈련할 수 있나는 과정의 의미도 포함하고 있다고 주장한다.

이러한 자기주도학습은 타인의 조력 여부에 관계없이 개별학습자가 스스로 주도권을 가지는 학습과정이다. 즉, 학습자는 스스로 학습목표를 설정하고, 학습자원을 확인하며 중요한 학습전략을 선택하고 학습성과를 평가하는 일련의 작업을 수행한다. 또한 자기주도학습은 학습내용을 기억하고 이해하는 인지전략, 자신의 인지에 대한 지식을 활용하는 초인지 전략, 목표를 향해 행동을 계속하려는 의지, 교사나 부모 및 친구들의 적극적인 도움, 효과적인 학습시간 관리, 목적지향성과 자기효능감 그리고 주어진 학습을 가치 있게 여기는 성취가치 등의 특징을 가지고 있다. 자기주도학습이 뛰어난 학습자는 이러한 특징이 두드러지고, 특징이 저조한 학습자에 비해 학업성취도 면에서도 우수하다. 다시 말해, 자기주도학습은 타인의 조력 없이 스스로 학습의 주도권을 가지는 학습의 과정이며, 자기주도학습자가 가지는 인지적 · 동기적 · 행동적 전략으로 자신의 학습활동 수준을 높이는 특성 등으로 정의되고 있다. 자기주도적 학습의 특성을 구체적으로 살펴보면 〈표 10-5〉와 같다.

표 10-5. **자기주도적 학습의 특성**

- 학습방법이나 과정으로서의 특성으로 학습자가 다른 사람의 조력을 받거나 받지 않던 간에 스스로의 학습을 위한 필요성을 명확하게 진단하고 학습의 목표를 설정하며, 학습을 위한 인적, 물적 자원을 알아보고 적절한 학습전략을 선택하여 학습의 결과를 평가하는 과정에서 자신이 주도적인 역할을 수행하는 학습이다.
- 교육 프로그램 측면으로의 특성은 주어진 학습과제를 달성하는 데 있어, 교사의 도움 없이 스스로의 속도로 진행시켜 나가도록 하는 훈련 설계로 본다.
- 학습에 대한 관심과 애정으로 개방적 믿음을 가지고 주도적으로 학습에 임하게 하는 것이다.
- 학습에 대한 강한 성취욕구와 호기심에 의한 내면적 동기로 학습에 참여하며 문제해결에 있어서 다양한 방식을 적용해 보려는 학습태도를 지니게 되는 것이다.

〈표 10-5〉에서 공통적으로 전제하고 있는 것은, 학습의 주도권이 학습자에게 있다는 것이며 학습자가 스스로 선택하는 자율성을 가진다는 것이다. 따라서 학습상황에서 학습자가 자신의 학습에 대해 주도적으로 계획하고 자발적으로 실행하며 스스로 평가하는 능력인 자기주도적 학습능력이 우수한 학생은 학습효과도 뛰어날 것이라고 가정한다.

3) 자기주도학습의 구성요소

자기주도학습이란 자기주도학습을 해낼 수 있는 학습자의 능력이라고 할 수 있다.

자기주도학습을 연구하는 학자들은, 이것이 조작과 관찰이 가능하고 검증이 가능하다는 전제하에서 자기주도학습의 구성요소를 파악하기 위하여 노력하여 왔다. 자기주도학습의 구성요소를 강조하는 요인을 중심으로 살펴보면 〈그림 10-1〉과 같다.

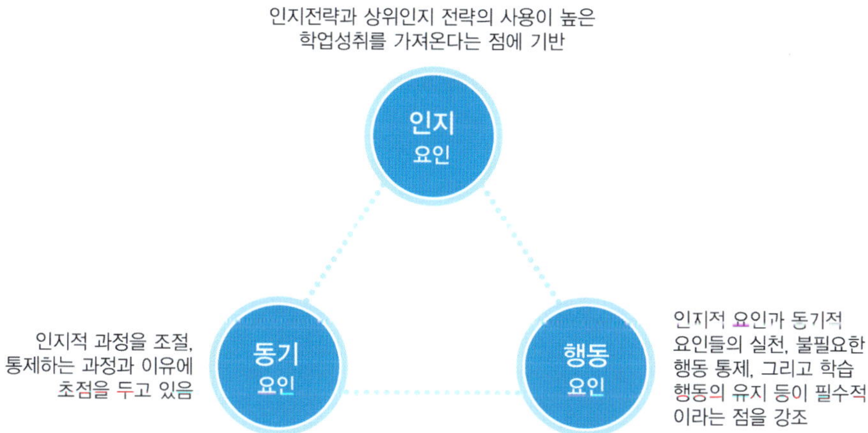

그림 10-1. **자기주도학습의 구성요소**

첫째, 인지적 요인에 중심을 둔 연구는 인지전략과 상위인지전략을 사용하면 할수록 높은 학업성취를 가져온다는 것에 초점을 두고, 자기주도학습에서 인지조절 노력이 핵심이라고 강조한다(Zimmerman & Martinez-Pons, 1986). 이러한 인지전략의 하위요인은 시연, 정교화, 조직화하기이며, 상위인지 전략의 하위요인으로는 계획하기, 자기점검하기, 수정하기를 강조하고 있는데, 전반적으로 상위인지 전략이 더 강조되고 있다. 인지적 요인의 세부내용은 〈표 10-6〉과 같다.

표 10-6. 인지적 요인의 세부내용

구분	항목	내용
인지 전략	정교화	학습자료를 의미 있게 하기 위하여 새 정보를 이전 정보와 관련시켜서 특정한 관계를 지니도록 하는 인지전략이다. 다시 말해, 정교화는 새로운 정보를 우리가 이미 알고 있는 어떤 것에 관련시켜 기억하려고 노력하는 것으로, 장기기억에 저장하는 데 매우 효과적인 방법이다.
	시연	단기기억에 있던 정보를 소리 내어 읽거나 되풀이하는 방법 등을 이용하여 정보가 사라지지 않도록 하는 전략으로 다른 인지전략에 비해 소극적이지만 매우 간단하면서도 교과내용에 집중하는 데에는 효과적인 기억전략이다. 일반적으로 어떤 정보가 단기기억에서 더 많이 시연될수록 장기기억으로 전환되기 쉽지만 내용이 학습자의 수준에 적절해야 하며 충분히 반복해서 시연해야 한다.
	조직화하기	기억해야 하는 정보를 서로 관련 있는 범주나 집단으로 묶어 분류함으로써 기억의 효율성을 높이는 전략을 조직화라고 한다. 인간의 뇌는 한 번에 기억할 수 있는 정보량에는 한계가 있기 때문에 조직화에 의해 정보를 체계화하면 짧은 시간 내에 더 많은 정보를 기억할 수 있게 된다. 조직화 전략으로는 주요개념을 중심으로 내용을 분석해 보거나 이들 간에 어떤 관계가 있는지 추론해 보기 등이 있다.
상위인지 전략	계획하기	계획하기란 어떤 정보나 학습내용의 처리과정을 어떻게 조절할 것인지에 대해 계획하는 것으로 문제를 해결하거나 학습목표에 성공적으로 도달하기 위한 전반적인 접근방법 등을 결정하는 것이다. 계획하기에는 학습자가 능동적으로 학습과정을 이끌어 가기 위한 절차와 단계들을 효과적으로 선택하고 배열할 수 있도록 목표를 설정하기, 정독하기 전 훑어보기, 문제분석하기 등이 포함된다.
	자기점검하기	자신의 이해정도 및 상태를 스스로 지속적으로 체크하는 인지활동으로 자기조절의 가장 중요한 요인이다. 자기점검하기 전략은 시험을 치루는 동안 문제를 푸는 속도를 의식한다든지 자신의 생각이나 이해가 어디에 있는지를 스스로 체크해 보는 활동이 여기에 포함된다. 자기점검하기는 과제의 난이도가 학습자의 수준보다 낮다고 하더라고 주의집중을 하고 자기를 평가하며 이해를 확인하는 등 의식적인 통제를 요구하기 때문에 메타인지의 핵심이기도 하다.
	수정하기	자신의 학습행동을 교정하고, 잘못 이해된 부분을 고침으로써 학습을 향상시키기 위한 것으로 학습 진행상 문제가 발생할 때 현재 사용하고 있는 전략을 수정하는 것이다. 수정하기에는 선택한 활동이 효과적인지 또는 효율적으로 진행되고 있는지를 계속적으로 확인하고 필요할 때 활동을 조정하도록 하는 활동으로 과제가 완성된 후에 일어나게 된다.

둘째, 동기적 요인에 중심을 둔 연구는 인지전략이 자기주도학습을 충분히 설명하지 못한다는 주장한다. 따라서 이들은 인지적 과정을 조절, 통제하는 과정과 이유에 초점을 두고 있으며, 목적지향성, 자아효능감, 성취가치, 시험불안, 목표설정과 같은 변인들을 자기주도학습의 주요 항목으로 제시한다(Pintrich& De Groot, 1990). 특히 1990년대 이후 사회·인지주의적 학자들에 의해 자기주도학습에서의 동기적 접근에 대한 연구가 시도되면서 동기와 학습의 관계를 규명하고자 하는 시도들이 이루어졌다. 이들은 학습자의 동기적 특성이 자기주도학습의 실천과 성공을 규정짓는 중요한 요인이며, 자기주도학습이 실패하는 가장 큰 원인을 동기의 부족으로 보고 있다. 즉, 효과적인 자기수도학습을 위해서는 학습자가 기울이는 노력의 양과 방향을 관리할 수 있어야 하고 과제에 참여하는 것에 동기화가 되어 있어야 한다는 것이다. 동기적 요인의 세부내용은 〈표 10-7〉과 같다.

표 10-7. 동기적 요인의 세부내용

구분	내용
자기효능감 높이기	자기효능감이란 과제를 수행할 때 자기 자신이 과제를 성공적으로 완수할 수 있다는 개인적인 신념을 뜻하는데, 과제수행이나 학업성취 상황에서 수행을 촉진시키는 중요한 개인적인 특성이다. 반두라(1977)에 의하면, 자기효능감은 학습행동을 일으키는 원천으로 학습자가 활동을 선택하고 지속적인 노력을 기울이는 데 중요한 영향을 미친다고 보았다. 자기효능감이 높은 학습자들은 낮은 학습자들에 비해 학업능력이 우수하고 학습에 대한 내재동기가 높으며, 어려운 과제에 대해서도 끈기 있게 도전하며 문제해결에 효율적인 인지전략을 사용한다.
학습과제에 대한 지향성 높이기	주어진 과제를 성공적으로 수행해 보고 싶다는 동기는 학습에 흥미와 과제에 대한 도전을 유도하며 학습에 대한 만족감과 긍정적 태도를 갖게 한다. 아킨슨(Atkinson)의 기대-가치 이론에 따르면, 학습과제를 지향하도록 하는 동기에는 성공가능성에 대한 지각과 성공에 대한 유인가가 영향을 미치게 되는데 특정 과제를 수행할 때 성공할 수 있을 것이라고 기대하는 사람은 그렇지 않은 사람에 비해 그 과제를 기꺼이 수행하고자 한다. 또한 성공가능성이 높은 과제보다 성공확률이 낮은 과제를 성공적으로 수행할 때, 더 큰 자부심을 경험하게 되는데 이러한 성공동기가 학습자로 하여금 과제에 대한 지향성을 높이고 성취하고자 하는 노력을 기울이게 만든다.

구분	내용
성취가치를 인식하기	성취가치란 동기의 가치요인으로 과제가 가지고 있는 중요성과 활용성의 가치, 내재적 가치로 구분된다. 학습자가 이 과제가 얼마나 중요하며 활용할 가치가 있는지 또 자신에게 흥미가 있을 때, 더 많은 노력과 오랜 지속력, 높은 수행능력을 보여 준다. 학습자의 성취가치를 높이기 위해서는 교사는 학습자들에게 가치 있는 학습과제가 제공되어야 하며 학습자들이 학습하고 있는 내용 그 자체뿐 아니라 다른 학습과도 연계되어 도움을 줄 수 있음을 충분히 인식할 수 있도록 해야 한다.

셋째, 행동적 요인을 강조하는 연구는 자기주도학습 과정에서 인지적 요인과 동기적 요인들의 실천, 불필요한 행동통제, 그리고 학습행동의 유지 등이 필수적이라는 점을 강조한다. 그들은 높은 동기가 행동적 실천을 충분히 설명하지 못한다는 이론적 근거를 제시한다. 따라서 행동통제, 도움구하기, 시간관리 등을 강조한다. 짐머만(2000)은 자기주도학습은 학습자의 의지에 따른 자율적인 학습활동이므로 학습자의 행동조절이 반드시 수반되어야 하며, 학습자가 스스로 자신의 행동을 통제하고 평가하는 자기통제를 통해 학습의 주체로서 책임감을 가질 수 있다고 하였다. 여기서 자기통제(self control)는 학습의지에 대한 통제로써 학습이 진행되고 있는 상황에서 목표를 성취하기 위해 다른 유혹에 직면했을 때 자신의 의지를 조절하고 통제할 수 있는 개인의 능력이다. 그리고 울프와 존슨(Wolfe & Johnson, 1995)의 연구에 따르면, 자신을 잘 통제할 수 있는 학생은 성적이 우수하고 개인적인 적응수준이 높은 것으로 나타났으며 만족지연 연구[1)](Mischel, 1988)에서도 자기통제는 상당히 안정된 특성으로 학업성취 및 장래의

1) 아이들의 동기부여에 관한 지연보상(참을성) 실험이 바로 '마시멜로 실험'이다. 이 실험은 1960년대에 미국 스탠퍼드대학교의 미셸(Mischel)과 그의 동료들이 4세 아이들을 대상으로 시행한 '즉각적 유혹을 견디는 학습'에 대한 실험으로 다음과 같은 방식으로 진행되었다. 먼저 유치원 교사가 마시멜로가 1개 있는 접시를 놓아 두고서 아이 혼자 방에서 15분 정도 기다리게 한다. 아이에게 '언제든지 원할 때 마시멜로를 먹어도 되지만, 선생님이 방으로 돌아올 때까지 마시멜로를 먹지 않으면 돌아와서 하나를 더 먹을 수 있다'고 알려 주고 아이를 기다리게 했다. 그러자 몇몇 아이들은 15분 동안 마시멜로를 먹지 않고 기다려서 2개의 마시멜로를 먹었고, 몇몇 아이들은 기다리지 못하고 마시멜로를 먹었다. 그리고 15년 후에 이들을 추적조사했을 때, 15분을 기다린 아이들은 그러지 않은 아이들에 비하여 미국 대학수학능력시험의 점수가 더 높았고, 사회성이나 대인관계가 좋았다. 또한 15분을 기다린 아이들 중에는 과체중이나 마약 남용 등의 문제를 가진 경우가 적었다. 이 실험결과는 어릴 때의 만족 지연(Delayed Gratification) 능력이 어른이 되었을 때 삶의 질을 결정함을 보여 주는 실험이다.

목표를 달성하는 것과 관련이 있는 것으로 나타났다. 행동적 요인의 세부내용은 〈표 10-8〉과 같다.

표 10-8. 동기적 요인의 세부내용

구분	내용
행동통제	자기주도학습에서 행동통제는 여러 어려움에 부딪혀도 포기하지 않고 학습을 계속해 나가는 능력으로 외적조건에 의해 통제되지 않고 자신의 의지와 전략으로 스스로 행동을 관리하며 통제하는 것을 의미한다. 행동통제는 학습자가 자신의 목표를 달성하기 위해 선택, 노력, 지속성, 도움추구 등을 포함하는 실제행동을 체크하고 조절하고 통제한다. 또한 복잡한 상황에서 보다 긍정적인 정서상태를 유지하고 긍정적으로 기대하며 능률적인 행동을 계획하는 데 도움을 준다.
도움구하기	학습의 과제를 완수하기 위해 학습자가 자신이 사용할 수 있는 주변의 자원을 적극적으로 사용하는 노력행동으로 자신의 힘으로는 해결하기 어려운 과제에 부딪쳤을 때 자신보다 더 잘 알고 있다고 여겨지는 사람들에게 도움을 요청하는 숙달지향적 전략행동이다. 도움구하기는 비고츠키(Vygotsky)가 제시한 근접발달영역의 개념에서 학습자가 자신의 학습을 위해 좀 더 적극적이며 능동적으로 행동하려는 의지로 의존지향적 행동과 구별되어야 한다. 교사는 학습자가 새로운 과제에 숙달되기 위해서는 질문을 하거나 도움을 요청하는 행동이 필요함을 격려해야 한다.
학습시간의 관리	효과적인 학습시간의 관리는 학습자가 학습목표를 설정하고, 과제를 효율적으로 성취하기 위해 우선순위를 설정하고, 시간과 자원을 사용하여 실천하는 마스터플랜이다. 학습시간 관리는 학업우수자들에게 관찰되는 특성으로 학습에 대해 시간계획을 세우고 과제에 맞게 시간을 배정하고 지속적인 자기관찰을 통해서 노력의 정도를 조절할 뿐만 아니라 자기효능감이나 학업만족도에도 영향이 미치는 학업성취의 중요한 변인이다.

2. 자기주도학습의 발달

학습의 발달 특성과 요구는 개인마다 다르다. 학습자의 수준 진단을 바탕으로 학습자의 특성을 반영하여야 하는 자기주도학습 연구를 위해 학습자의 자기주도학습의 발달에 대한 여러 연구, 즉 사회 · 인지적 관점과 구성주의 관점을 중심으로 살펴보면 다음과 같다.

1) 사회 · 인지적 관점

사회 · 인지적 이론가들에 의하면, 자기주도학습은 개인, 환경, 행동의 상호역동적인 작용에 의하여 형성되며, 이는 개인이 발달하는 동안 변화한다고 본다. 그리고 모델링 측면에서 보면, 나이가 어린 아동은 물리적 특성에 따라 관찰한 사건을 부호화할 수 있고, 좀 더 성숙한 아동은 정보를 상징적으로 드러낼 수 있을 뿐만 아니라 효과적인 정보처리능력, 지식, 기억전략 등을 발달시킨다. 따라서 점차 자기평가 방법을 성인의 직접적인 관여보다는 주위의 정보를 활용하며, 구체적 조작기가 되면 정보를 더 많이 수집하며 동료의 수행에 영향을 받게 된다고 주장한다.

사회 · 인지적 관점은 〈표 10-9〉와 같이 자기주도학습을 개인, 환경, 행동의 3가지 차원으로 구조화하고 자기효능감, 흥미, 메타인지 등과 같은 개인적인 요인뿐 아니라 환경과 행동적 요인의 상호작용을 주장함으로써 자기주도학습의 범위를 사회적인 차원으로 확장하여 이해한다는 데 의의가 있다.

표 10-9. 사회인지적 자기주도학습의 구조

영역	자기주도학습의 결정 요인		
	개인적 요인	행동적 요인	환경적 요인
요인	• 학생의 지식 • 메타인지 과정 • 목표 • 불안 • 자기효능감	• 자기관찰 • 자기판단 • 자기반응	• 모방 • 언어적 설득 • 사회적 지원 • 학습환경 구조화
학습 전략	• 조직과 변형 • 시연과 기억 • 목표설정과 계획	• 자기평가 • 자기강화 • 기록유지 • 자기점검	• 정보탐색 • 교과서, 필기, 시험지 복습 • 교사, 동료, 성인에게 도움구하기 • 환경만들기

2) 구성주의적 관점

자기주도학습의 구성주의적 관점은 크게 피아제를 중심으로 하는 인지적 구성주의 관점과 비고츠키를 중심으로 하는 사회·문화적 관점으로 구분된다.

(1) 인지적 구성주의 관점

피아제

인지적 구성주의 관점은 피아제의 이론에 근거한 것으로 인지발달이 자기주도학습을 결정한다고 본다. 피아제는 인지발달이란 인간이 환경과의 상호작용 속에서 환경에 적응해 가기 위해 인지구조를 끊임없이 재구성하면서 유연하게 변화시켜 세계를 이해하는 것이라고 주장한다. 다시 말해, 인간이 환경의 요구에 적응하는 과정에서 동화(assimilation)와 조절(accommodation)을 통해 환경과 인지구조와의 조화, 즉 평형상태(equilibrium)를 이루어 가는데, 이것이 자기주도학습의 동기가 되는 것이다.

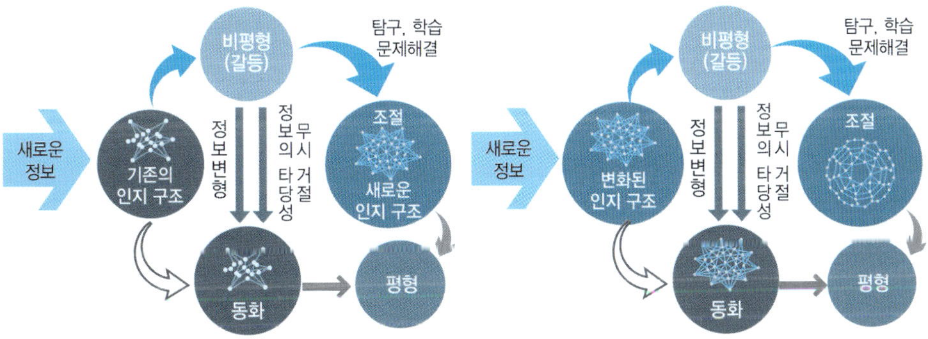

그림 10-2. 새로운 지식 창출에 있어 동화-조절-평형

피아제의 관점을 따르는 학자들은 자기주도학습을 인지과정 및 전략에 초점을 두고 협의의 정의를 내리기도 한다. 즉, 코너와 맨디나치(Corno & Mandinach, 1983)은 자기주

도학습을 학습자가 지식을 습득하는 과정 중에 사용하는 일련의 학습전략으로 설명하고 있으며, 보르코프스키(Borkowski, 1996)은 자기조절은 메타인지 활동의 최고수준이라고 말한다. 또한 파리, 립슨 그리고 윅슨(Paris, Lipson & Wixson, 1983)은 학습자가 학업성취를 높이는 데에는 인지전략에서 자기조절이 잘 이루어져야 한다고 강조한다.

핀트리히와 드 그루트(Pintrinch & De Groot, 1990) 역시 자기주도학습에는 여러 가지 정의가 존재하지만 학교교실 상황에서 성공적인 학업성취를 위해서는 상위인지전략, 통제요인, 인지전략이 특히 중요한 결정요인이라고 제시하였다. 첫째, 상위인지전략이란 학생들이 인지를 계획하고 점점, 조절하기 위한 전략이다. 둘째, 통제요인은 학업과제에 대한 학생들의 노력을 관리하고 통제하는 것이며, 셋째, 학습자가 학습하고 기억하며 이해하기 위해 사용하는 것이 인지전략 요인이다.

인지적 구성주의 관점에서의 자기주도학습은 학습자가 학습하는 과정에서 자신에게 가장 효율적인 학습전략을 선택하고 관리하며 평가할 수 있는 학습능력을 강조하고 구체적인 학습전략을 제시해 주었다는 데 의의가 있다.

(2) 비고츠키의 사회 · 문화적 관점

비고츠키

소련의 심리학자이자 교육학자인 비고츠키는 인간의 인지발달은 사회 · 문화적인 영향을 받았는데 사회 · 문화적인 의미는 학습을 통해 아동에게 내면화된다고 보는 것이다. 즉, 내면화란 역사적으로 축적된 외부지식을 아동이 유능한 타인과의 상호작용을 통해 내적으로 흡수하여 자발적으로 사용할 수 있는 상태로써 외적활동과 내적활동을 연결하는 매개가 언어라고 주장한다. 따라서 비고츠키는 언어를 외적 언어와 내적 언어로 구분하고 있는데 내적 언어 중 자기중심적 언어(inner speech)는 지식과 자기통제의 원천이 되는 자기조절의 핵심이 된다고 주장한다.

비고츠키에 의하면, 처음에 자기중심적 언어는 외적 언어에 의해 획득되지만 성장해 가면서 자기중심적인 언어가 내면화되어 내적 언어가 될 때 비로소 자기조절이 가능해진다고 설명한다. 그러므로 다른 사람과의 상호작용 속에서 일어나는 대화는 자기조절적 언어인 내적 언어로 획득하는 수단이 되기 때문에 자기조절에 있어 사회적 환경은 중요한 요소가 된다.

언어의 기능과 내적 언어의 중요성을 강조한 비고츠키 관점을 취하는 자기주도학습 연구자들은 자기조절이 언어를 통해 이루어진다고 보았으며, 개인의 자기조절은 타율적인 외부 언어가 자기중심적 언어를 거쳐 내적 언어로 내면화되는 과정에서 발달하게 되며 내적 언어는 학습자가 학습을 하는 데 있어 자기통제를 향상시키는 동기를 촉진하는 요인이면서 문제를 해결하는 전략이라고 본다. 또한 자기주도학습에서 사회화의 과정을 중요시하여 학교와 가정, 사회적 수업환경의 내재화를 강조함으로써 학습자의 자기주도학습을 지원할 수 있는 올바른 교육문화의 조성에 관심을 갖도록 하였다는 데 의의가 있다.

3. 자기주도학습 프로그램

자기주도학습이 효율적으로 이루어지기 위해서 교사의 역할이 변화해야 하며 적절한 학습의 목표와 내용 및 교수방법, 동료학습 집단 조직과 같은 환경 조성이 필요하다. 그리고 무엇보다도 선행되어야 할 것은 학습자가 자신의 필요와 요구를 정확히 알고 있어야 하며, 구체적인 학습목표를 선정하고 자신을 평가하는 것이다. 자기주도학습은 학자마다 정의가 다르지만 공통적으로 포함하고 있는 요소를 정리해 보면 〈표 10-10〉과 같다(서은성, 2013).

표 10-10. 자기주도학습의 요소

- 자기학습의 목적과 방법에 대한 타인의 통제로부터의 '독립성'이다.
- 학습과정 전체에 있어서 '주도성'을 갖는다. 학습자는 스스로 자기의 학습욕구를 진단하고 학습목표를 세우며 학습자원을 파악한다. 이어서 학습전략을 선택 · 실시하여 학습결과를 평가한다.
- 학습의 의미 이해와 학습을 통해서 실현되는 가치와 관련되는 학습을 스스로 선택할 수 있는 '자율성'을 갖는다는 점이다.

이에 자기주도학습 프로그램은 학습자가 학습에 대한 '독립성', '주도성', '자율성'을 가지고 학습목표를 설정하고 계획하며 환경을 구조화하여 학습목표를 실행하도록 설계된 것으로 학습자가 자신을 통제하여 자신이 스스로 전략을 적용하고 점검하고 피드백을 할 수 있도록 도와주어야 한다. 따라서 학습자를 둘러싼 다차원의 영역을 고려하여 자기주도학습과 학습의 향상을 이끌 수 있도록 개발된 것이라고 할 수 있다.

자기주도학습자는 자신의 학습목적을 달성하기 위해 적절한 학습전략을 적용하며(Zimmerman, 1989), 학습전략을 보다 많이 사용하고 학업성취가 높다(Zimmerman & Martinez-Pons, 1986)고 하였다. 즉, 학습자는 어떠한 학습전략을 사용하느냐에 따라서 학업성취와 자기주도학습의 수행정도가 달라질 수 있다. 그러므로 학습자가 스스로 학습에 대해 통제력을 가지고 자주적 학습태도를 갖기 위해서 자기주도학습 전략의 습득이 필요하다. 자기주도학습 전략의 종류는 〈표 10-11〉과 같다(서은정, 2013).

표 10-11. 자기주도학습 전략의 종류

범주	전략	내용
상위인지적 전략	1. 자기평가	학습의 질이나 진보정도를 학생 자신이 주도적으로 평가
	2. 조직과 변형	학습을 증진하기 위해 학생 자신이 주도적으로 학습내용을 내현적으로 재배열하거나 변경
	3. 목표설정과 계획	교육적인 목표나 하위 목표설정, 목표 관련된 활동의 순서를 계획, 시간계획과 완성
	4. 기록유지와 점검	사건이나 결과에 대한 노력

범주	전략	내용
	5. 시연과 기억	학생이 주도적으로 학습내용을 내적, 외적으로 암기하고 반복하는 방법 및 노력
	6. 노트 기록 복습	수업이나 다음 학습을 준비하기 위해 노트, 시험지, 교과서 등을 다시 읽고 복습하려는 노력
	7. 시험지 복습	
	8. 교과서 복습	
행동적 전략	9. 정보탐색	학습을 수행할 때, 비사회적 자원으로부터 과제정보를 찾기 위한 노력
	10. 환경의 구조화	보다 쉬운 학습을 위해 물리적 상황을 선택하거나 재배열
	11. 자기 결론화	성공과 실패에 대한 보상이나 변화에 대한 심상
	12. 도움구하기: 친구	친구, 선생님, 어른들에게 자기주도적으로 도움을 요청하는 노력
	13. 도움구하기: 교사	
	14. 도움구하기: 어른	

최근 정규 학교교육현장과 평생교육분야에서는 정형적이고 수동적인 교육에서 학습자의 능력을 극대화할 수 없음을 지적하면서 학습자의 능동적이고 적극적인 역할을 강조한 자기주도학습에 관심을 두고 있다. 일반적으로 자기주도학습은 인지, 동기, 행동을 구성요인으로 하는데, 인지에는 시연, 정교화, 조직화와 같은 인지전략과 자기를 점검하고 평가하는 상위인지전략이 포함된다. 동기에는 자기효능감과 성취기대와 같이 학습을 촉진하는 정서적인 측면을 포함하고 있으며, 행동에는 학습자가 자신에게 주어진 학습환경을 관리하고 조절하기 위한 전략 등을 포함하고 있다. 이러한 요인들은 학습자의 학업에 긍정적인 영향을 미침으로써 학업성취와 학습태도를 촉진할 수 있는 방법으로 평가받고 있다.

능동적인 존재로서, 자신의 행동을 조절하고 주도적으로 이끄는 주체로서의 학습자를 양성하기 위해서는 학습자의 수준에 따른 개별적 학습과정을 구성하고 다양한 교수·학습 방법과 매체를 활용하여 학습자가 스스로 과제를 수행하고 성취감을 갖을 수 있는 교육기회를 제공해야 할 것이다.

Chapter

11

멘토링과 코칭

배울내용

1. 멘토링 ● 2. 코칭

학습목표

1. 멘토링의 정의를 파악한다.
2. 멘토링의 유형을 설명할 수 있다.
3. 멘토링의 기능을 설명할 수 있다.
4. 멘토링의 운영을 파악하고 실제 현장에서의 적용방안을 모색해 본다.
5. 코칭의 기원과 정의를 파악한다.
6. 코칭의 기술을 숙지한다.
7. 국외 · 내 코칭 프로그램을 이해한다.
8. 평생교육에서의 코칭의 활용방안을 모색해 본다.

학습자주도형 평생교육 교수·학습방법의 종류에는 참여식 교육법과 경험학습, 발견학습과 자율적 협동학습, 자기주도학습, 멘토링과 코칭, 게임기반 학습과 액션러닝, 문제중심학습과 창의적 문제해결학습 등 다양하다고 할 수 있다〈그림 8-3 참조〉. 학습자주도형 평생교육 교수·학습방법의 종류에서 참여식 교육법과 경험학습은 8장, 발견학습과 자율적 협동학습은 9장, 자기주도학습은 10장에서 살펴보았고, 본 장에서는 멘토링과 코칭에 대해 살펴보고자 한다.

1. 멘토링

1) 멘토링의 정의

멘토라는 단어는 오디세이(odyssey)에서 처음 등장한다. 오디세우스가 트로이 전쟁에 출정하면서 아들 텔레마코스의 교육을 그의 친구인 멘토에게 맡긴다. 전쟁에서 오디세우스가 돌아오기까지 10여 년 동안 멘토는 왕자의 친구, 선생, 상담자, 때로는 아버지가 되어 잘 돌보아 주었다. 이후 멘토라는 이름은 '지혜와 신뢰로 한 사람의 인생을 이끌어 주는 지도자'의 의미로 사용하게 되었다. 멘토와 그 상대자인 멘티(mentee), 멘토리(mentoree) 혹은 프로테제(protege)로 형성되는 멘토링은 기업과 학교현장에서도 활발히 사용되기 시작하였다.

멘토링의 개념은 관계의 존재에 초점을 두는 정의로부터 그런 관계를 개인이나 조직에 활용하는 과정을 강조하는 용어로 다양하게 제시되어 왔다. 멘토링에 대한 학자들의 정의를 살펴보면 〈표 11-1〉과 같다(장은호, 2021).

표 11-1. 멘토링에 대한 정의

구분	내용
Noe(1988)	사람들이 사회활동과 조직생활을 하면서 형성하게 되는 다양한 관계 중에서 유능하고 경험이 많은 사람이 조직생활을 처음하는 사람에게 조직의 공식적 및 비공식적인 규범에 적응할 수 있게 조직의 업무와 연관된 문제를 해결할 수 있도록 도와주는 강하고 특별한 인간관계
Murray(2002)	멘토링을 기술이나 경험이 많은 사람을 기술이나 경험이 더 적은 사람과 의도적으로 짝지어 합의된 목표에 필요한 특정 역량을 키우고 개발하는 것
Bozeman & Feeney(2007)	멘토링을 수령자가 직무, 경력, 전문성 개발 등과 관련이 있다고 인식하는 지식, 사회적 자본 및 사회·심리적 지원을 비공식적으로 전달하기 위한 프로세스

그리고 멘토링의 기반 이론은 사회적 교환이론(social exchange theory)과 자원이론(resource theory), 그리고 커뮤니케이션 관점에서 멘토링 행동화 이론(mentoring enactment theory)을 통해 형성되고 있으며, 각각의 이론을 살펴보면 〈표 11-2〉와 같다.

표 11-2. 멘토링의 이론

구분	내용
사회적 교환이론	사회적 교환이론은 멘토와 멘티 간 상호의존성을 설명할 수 있는 이론적 토대를 제공한다. 사회적 교환이론에서 보면 멘티들은 인식된 비용과 편익의 획득에 기초하여 멘토링 관계를 유지하며, 호혜성(reciprocity)의 규범을 준수한다. 사회적 교환이론에서는 사람들이 편익과 보상이 비용보다 더 큰 경우 관계를 형성하기 시작한다고 주장한다. 법적제재를 받는 계약이라는 특성을 가지는 경제적 교환과는 달리, 자발적 행동인 사회적 교환은 편익을 인지하는 수준이 사람마다 유사하지는 않지만 공평할 것이라는 신뢰를 바탕으로 한다. 사회적 교환 관계에서 멘토가 자신의 지식과 경험을 남에게 돌려주고 싶은 단계로 발전하게 되면 미래 세대를 교육하고 지도하고자 하는 동기가 부여되는데, 멘토링이 그 수단이 될 수 있다고 주장한다.
자원이론	자원이론의 관점에서 멘토링 관계는 유형 및 무형 자원을 멘티가 획득하고 멘토는 해당 자원을 전달하는 것을 포함하고 있다. 이러한 자원은 단독으로 또는 일회성으로 얻기가 어려우며, 시간의 경과와 더불어 통합적이고 시너지 효과가 있는 방식으로 개발된다. 이러한 다차원적 사회 및 심리적 자원의 점진적인 개발을 자원 캐러밴(resource caravan)이

구분	내용
	라는 개념으로 설명할 수 있는데, 즉 자원 캐러밴을 통하여 서로를 보완하고 보강함으로써 문제해결과정에 직면했을 때 최적의 대응이 가능해진다고 주장한다.
커뮤니케이션 관점	멘토와 멘티는 의사소통전략과 목표지향적 대화의 형태로 도전적인 문제를 해결하면서 지속적으로 관계를 유연하게 유지한다. 이 이론은 멘토링 관계의 시작이나 지속적인 유지 및 보완 등에 대한 지침을 제공한다. 예를 들어, 멘토가 되어 달라고 요청하기보다는 특정 과제에 대해 도움을 요청하는 것이 더 효과적일 것이다. 멘토들은 멘티들을 알아갈 수 있고, 그 후 공감과 신뢰가 쌓이며 그 관계는 시간이 지나면서 멘토링으로 발전한다. 멘토들이 멘티들과 즉시 멘토링 관계를 맺지 않고, 멘티가 특정과제를 수행하는 결과를 평가해서 멘티에게 더 큰 이익을 제공할지를 판단할 수 있다.

메긴손 등(Megginson et al., 2008)의 연구에 따르면, 멘토링의 혜택 중 40%는 멘티에게, 33%는 조직에게, 27%는 멘토에게 실현된다고 주장한다. 이와 같이 멘토링이 학계와 실무계에서 관심을 받게 된 이유는 멘토링으로 인한 혜택의 크기가 멘토와 멘티 개인뿐만 아니라 조직도 상당한 영향을 미치기 때문이다. 효과적인 멘토와 함께하는 멘티는 보상, 승진, 경력 변동성 등에서 더 많은 혜택을 얻을 수 있다(Allen et al., 2004).

2) 멘토링의 유형

멘토링은 기업뿐만 아니라 공공기관, 교육기관, 단체 등 여러 조직에서 성과를 높이기 위해 중요한 수단으로 적용되고 있으며, 이러한 멘토링은 지난 20여년 동안 다양한 유형으로 진화 및 확장되었고, 멘토링의 유형은 멘토링 공식화의 정도, 멘토링 관계의 방향, 멘토링 관계에 참여하는 참가자 수에 따라 그 유형을 분류할 수가 있다(Gadomska-Lila, 2020).

(1) 공식적 및 비공식적 멘토링

공식적 멘토링과 비공식적 멘토링의 구분 기준은 공통의 목표, 관심 그리고 경력을 개발하기 위해 조직 내 연장자나 신입사원에 의해 자발적으로 결속되었는지, 반대로 멘토와 멘티 그리고 조직구성원 전원의 의사결정에 따라 인위적인 방법을 동원하여 구조적으로 맺어졌는지에 따라 구분(최현민, 2017)할 수 있으며, 그 특징은 〈표 11-3〉과 같다.

표 11-3. 공식적 및 비공식적 멘토링

구분	내용
공식적 멘토링	공식적 멘토링은 멘토 · 멘티를 기본단위로 조직 내 핵심 분야에 있어서 경험이 많은 전문가와 신입 구성원을 정기적으로 연결함으로써 조직지식을 이전하는 기법이다. 공식적 멘토링의 과정은 일반적으로 조직의 인사부서에서 멘토와 멘티의 매칭부터 종료까지 담당하게 되며 담당자는 조정자 역할을 한다. 멘티의 자발적 참여 확인, 멘토링 기간 설정, 멘토링 과정 모니터, 모임 주선, 멘토와 멘티 상담을 주로 담당하게 된다.
비공식적 멘토링	비공식적 멘토링은 참여구성원의 자발성을 전제로 상호 원하는 멘토와 멘티를 선택할 수 있어야 한다. 이렇게 비공식적 멘토링은 공식적 멘토링에 비해 자발적 선택과 상호 일체화를 이루기 때문에 관계에 있어서 친밀감과 친근감을 높이게 되며, 경력 관련 문제들을 넘어서 멘토와 멘티 사이에 개인적인 관심사, 욕구 그리고 가치관 등에 대해 보다 심도 있고 포괄적인 논의를 공유하는 경향을 가지게 된다.

클라우스(Klauss, 1981)와 크람(Kram, 1985)에 의하면, 공식적 멘토링은 멘토와 멘티 상호 간의 자발적인 선택에 의해서 성립된 관계가 아니기 때문에 멘토링 참여자의 개인적 몰입이 부족하여 내재적 동기부여가 줄어들 수 있다고 하였다. 또한 비공식적 멘토링에 비해 멘티가 성장하는 데에 있어 개인적인 노력을 덜 기울일 수 있으며, 공식적 멘토링은 대부분 6개월에서 1년 기간 동안 이루어지며 비공식적 멘토링에 비해 지속기간이 짧게 이루어진다고 하였다(Murray, 2006).

(2) 상사, 동료 멘토링 및 역 멘토링

멘토링은 전통적으로 경험이 많은 상급자와 경험이 적은 하급자 간의 상호작용 프로세스로 간주된다(Ragins & Cotton, 1999). 그러나 상사와의 관계뿐 아니라 동료 등과도 멘토링을 구성할 수 있다. 상사, 동료 멘토링 및 역 멘토링에 대해 살펴보면 〈표 11-4〉와 같다.

표 11-4. **상사, 동료 멘토링 및 역 멘토링**

구분	내용
상사 멘토링	상급자는 멘티에게 도전적이고 기술 개발에 도움이 되는 과제를 제공하며, 이러한 기회의 제공을 통해 직원들은 조직이 무엇을 중요시하는지 이해하고 조직의 규범과 특성에 적응하게 된다. 이러한 상사 멘토링(superior mentoring)은 직원들에게 조직적 가치와 목표에 대한 일방적인 정보교환이다.
동료 멘토링	동료 멘토링(peer mentoring)은 동료들이 서로를 지도, 조언, 멘토하는 관계를 맺는 유형이다. 동료란 동등한 위치에 있는 직원을 의미한다. 동료들은 유사한 업무를 수행하거나 비슷한 직급에 있거나 비슷한 급여를 받는다. 따라서 동료들을 찾고 연결하기가 더 쉬울 수 있다는 이점도 있다. 동료 멘토링은 직원이 다른 직원의 모범적인 행동을 인식하고 칭찬, 격려 또는 그 인식을 전달하는 사회·심리적인 기능을 하는 직원 간 교환역할을 한다.
역 멘토링	상대적으로 젊은 하급자가 멘토가 되고 나이와 경험이 많은 상급자가 멘티가 되어 지식을 공유하는 페어링 시스템이다. 이는 전통적 멘토링과는 정반대의 구조를 가지고 있다. 역 멘토링(reverse mentoring)은 상급자가 기술적 지식을 획득하고 최신 트렌드에 대해 배우고 다양한 문화에 대해 배울 수 있고, 젊은 세대를 이해할 수 있는 탁월한 도구라고 할 수 있다. 또한 신세대도 상급자를 통해 회사의 사업을 이해하는 통찰력을 기를 수 있다.

(3) 일대일 멘토링과 그룹 멘토링

멘티 수에 따라 멘토와 멘티가 한 명인 일대일 멘토링과 멘토가 여러 멘티와 동시에 관계를 가지는 그룹 멘토링으로 구분할 수 있으며, 자세한 내용은 〈표 11-5〉와 같다.

표 11-5. **일대일 멘토링과 그룹 멘토링**

구분	내용
일대일 멘토링	일대일 멘토링을 통해 개인적으로 필요한 지원을 받을 수 있으며, 이는 멘티의 요구사항을 고려하고 멘티의 진행 상황을 평가할 수 있도록 한다.
그룹 멘토링	그룹 멘토링은 다른 사람들과의 관계를 통해 전문적인 지식의 추가적 확장을 가능하게 하고, 더 큰 그룹에서 경험을 교환할 수 있는 기회를 만들며 인맥 네트워크를 구축하게 한다. 이에 더해 시간과 교육 비용을 절감할 수 있는 장점을 가지고 있다.

3) 멘토링의 기능

멘토는 멘티에게 정서적, 경력적 지원을 제공하고 역할모델로서 관계를 도와주는 인적 네트워크 중 하나로 볼 수 있다(Ensher & Murphy, 2011). 연구자들은 멘토링의 기능을 연구의 목적에 따라 다양하게 분류하고 있는데, 구체적인 내용은 〈표 11-6〉과 같다.

표 11-6. **멘토링의 기능**

구분	기능	내용
경력지원 기능	후원	멘티가 조직 내에서 바람직한 역할로 수평적 이동과 승진을 할 수 있도록 기회를 제공하는 기능
	노출 및 소개	조직 내에서 멘티에게 영향력을 행사할 수 있는 사람과 직접 접촉할 수 있는 기회를 제공하는 기능
	지도	멘티가 부여된 업무를 성공적으로 수행하고 다른 사람들로부터 인정을 받으며 경력목표를 달성하는 데 필요한 지식 및 기술을 전수해 주며, 피드백을 제공하고 직무목표를 달성하기 위한 전략을 제안해 주는 기능
	보호	멘티가 다른 관리자들과 마찰이 발생하거나 부정적인 영향을 받을 가능성이 있는 경우, 멘티의 평판에 위협을 가할 수 있는 불필요한 위험으로부터 멘티를 보호해 주는 기능
	도전적 업무부여	멘티에게 도전적인 업무를 부여하고 그에 필요한 기술훈련과 성과에 대한 피드백을 제공하여 멘티의 능력을 향상시키고 성취감을 높이는 기능
심리 · 사회적 기능	수용 및 지원	멘토와 멘티의 공유되는 신뢰를 바탕으로 상호 간의 호감과 상호존경을 통해 자아의식을 높이는 기능
	상담	자신에 대한 긍정적인 느낌을 저해시킬 가능성이 있는 개인적인 문제들에 대한 서로의 생각과 관심을 나눔으로써 심리적 안정, 만족감을 부여하는 기능
	우정	멘토와 멘티가 업무 또는 업무 외적으로 비공식적인 관계를 통해서 서로를 이해하고 호의적인 관계를 유지하는 기능
역할모형 기능	역할모형	멘티가 멘토를 바람직한 모델로 설정하고 멘토의 태도, 가치관, 행동을 닮을 수 있도록 하는 기능

(1) 경력지원의 기능

크람(1983)과 비아토(Viator, 2001)에 의하면, 경력지원 기능은 멘티가 본인의 역할을 적절하고 훌륭히 수행하는 데 필요한 방법을 습득하고 조직 내 경력개발 및 승진을 위해 사전에 준비하도록 도와주는 기능으로 설명하고 있다. 경력지원 기능은 후원(sponsoring), 노출 및 소개(exposure and visibility), 지도(coaching), 보호(protecting), 도전적인 업무부여(challenging) 등으로 구성된다.

표 11-7. **경력지원 기능**

- 후원은 멘토가 멘티에게 다양한 직무기회를 제공해 주거나 추천 등과 같이 승진 인사결정자에게 영향력을 행사하는 것을 말한다.
- 노출 및 소개는 멘토가 멘티의 능력과 업적을 다른 관리자들에게 보임으로써 경력발전의 기회를 증대시키는 것을 말한다.
- 지도는 멘티가 다른 사람들로부터 인정을 받고 경력목표를 달성하는 데 필요한 지식 및 기술을 멘토가 전해 주는 것을 말한다.
- 보호는 멘티의 평판을 위협하는 불필요한 위험을 줄여 주는 등 멘티에게 부정적인 영향을 미칠 가능성이 있는 경우에 이들로부터 멘토가 보호해 주는 것을 말한다.
- 도전적인 업무부여는 멘티에게 직무역할 중 성취감을 경험하도록 하여 직무에 대한 자신감을 갖게 하면서 업무수행 능력을 개발시켜 궁극적으로는 경력개발에 도움을 주는 것을 말한다.

(2) 심리 · 사회적 기능

심리 · 사회적 기능은 조직생활을 하는 데 멘티가 심리적 안정감을 가지게 하고 멘티의 개인적인 고민을 상담해 주며, 호의적인 관계를 형성하고 자신의 자아에 대한 명확성을 확립하도록 도와주는 기능이다. 또한 멘티는 자신감을 가지고 관리적 역할을 수행할 수 있도록 도움을 받는다. 이러한 심리 · 사회적 기능은 멘토와 멘티의 관계가 조직 내 · 외부에서 친밀감과 신뢰감을 바탕으로 인간적인 관계가 맺어질 때 더욱 강해진다(Viator, 2001). 여기에는 수용 및 지원(acceptance and confirmation), 상담(counseling), 우정(friendship) 등의 기능들이 있다.

표 11-8. **심리 · 사회적 기능**

- 수용 및 지원기능은 멘토가 멘티와의 신뢰를 바탕으로 멘티를 수용하고 지원해 주는 것으로 멘티도 멘토를 존경하고 인정해 주는 관계가 된다. 멘토는 멘티의 실수를 용납하고 해결방안을 제시해 줌으로써 심리적 안정감을 느끼도록 해 준다.
- 상담기능은 멘토가 멘티의 내적갈등과 고민을 진정으로 들어주고 해결방안을 제시해 주면서 심리적인 안정과 만족감을 갖도록 도와주는 것을 말한다.
- 우정기능은 멘토와 멘티가 업무상 공적인 관계를 떠나서 사적인 관계를 통하여 서로를 이해하고 호의적인 관계를 유지하는 것을 말한다. 멘토와 멘티 간의 우정은 경력상의 이점뿐만 아니라 정서적 지원을 제공하며, 사회적 이익을 통해 직무수행에 영향을 미칠 수 있다.

(3) 역할모형의 기능

초기의 멘토링 연구에서 역할모형의 기능은 심리 · 사회적 기능에 포함되었으나, 이후 여러 학자들에 의해 심리 · 사회적 기능과 분리되어 멘토링 기능의 한 부분으로 구분되었다. 버크(Burke, 1984)는 역할모형의 기능은 적극적 활동인데 심리 · 사회적 기능은 소극적 활동이라고 하였다. 역할모형의 기능은 조직 내 업무를 수행할 때 멘토가 멘티에게 역할전수자로서 바람직한 행동방식과 가치관, 태도 등을 전해 주고 멘티는 이를 닮아가는 것이라고 할 수 있다. 즉, 멘티가 멘토를 준거의 틀이나 바람직한 역할 모델로 설정하고 닮아 가는 과정으로 조직 내 역할수행에 효율성을 고양시켜 주는 기능이다. 이를 통해 멘티들이 겪게 되는 역할모호성 및 역할갈등에 따른 역할스트레스를 멘토의 조언과 행동으로 인해 극복할 수 있으며, 멘토에 대한 관찰 등을 통해 멘토의 가치관, 태도 등을 습득함으로써 조직에 잘 적응할 수 있도록 도와준다.

4) 멘토링의 운영

(1) 멘토의 역할

효과적인 멘토링이 이루어지기 위해서 멘토의 역할이 중요하다. 멘토를 지원하기 위한 실천지침은 다음과 같다(김문섭 외, 2019; 신용주, 2012).

표 11-9. 멘토를 지원하기 위한 실천지침

구분	내용
멘티의 이야기를 진심으로 경청한다	멘토에게서 가장 중요한 능력은 멘티의 이야기를 경청하는 것이다. 이를 통해 멘토는 멘토링을 진행하는 데 필요한 정보를 얻게 되는 동시에 멘티의 의사표현을 돕는다. 좋은 멘토는 오랜 시간을 경청하며, 멘티의 개인적인 이야기를 들어주면서 그의 목표를 상기시킨다.
멘토링의 관계를 체계적으로 설계한다	멘토는 조직의 상황을 고려하고 멘티의 발달수준에 적절한 멘토링 체계를 형성해야 한다. 이때 멘토는 멘티의 가치관을 존중하면서 멘티가 더 복잡하고 다양한 관점을 볼 수 있도록 한다.
멘티에 대한 긍정적인 기대를 표현한다	멘토가 "너는 할 수 있어. 난 네가 할 것을 믿어"라고 말해 주었을 때 멘티는 큰 자신감을 얻는다. 이처럼 멘티를 향한 긍정적 기대를 표현함으로써 변화를 일으킬 수 있고 멘티에 대한 신뢰와 확신을 보여 주는 것이다. 현명한 멘토는 멘티가 잘못한 것에 집착하지 않는 대신에 앞으로의 가능성에 대해 대화를 나눈다. 실제로 대부분의 멘티는 멘토가 자신의 결점을 지적하기보다는 잘한 것을 말해 줄 때 자신의 능력이 훨씬 향상되었다고 말한다.
멘티를 지지한다	성인학습자인 멘티는 학교를 떠나 있는 경우가 많으며, 학습을 시작하는 것과 학습환경에 대한 두려움을 가지고 있다. 멘토는 시간적 여유를 두고 필요한 정보와 도움이 될만한 자원에 대해 설명해 준다. 특히 멘토가 멘티의 권익을 지지하고 옹호하는 것은 중요한 역할 중의 하나이다.

(2) 효과적인 멘토링의 실시방법

효과적인 멘토링의 실시방법은 〈표 11-10〉과 같다(김문섭 외, 2019).

표 11-10. 효과적인 멘토링의 실시방법

구분	내용
과제를 부여한다	멘토는 멘티를 세심하게 고려하여 필요한 과제를 부여한다. 과제는 지식습득을 위한 것뿐만 아니라 멘티의 새로운 성찰과 성장을 촉진하는 것이 좋다.
비판적 사고의 기회를 제공한다	멘토는 멘티에게 사회적 관습에 대한 새로운 지각을 제공한다. 멘토링을 통해 멘티는 자신이 가져 왔던 신념과 가치가 다양한 관점 중의 하나라는 것을 깨닫게 된다.

구분	내용
가상적 사고를 격려한다	가상적 질문을 통해 현실의 제약을 벗어나 폭넓게 사고하는 훈련을 시도한다. 이처럼 추상적인 사고능력은 매우 중요한 학습도구이며 실제적 차원을 넘어서는 새로운 세계를 상상할 수 있는 능력을 키운다.
구체적이고 긍정적인 피드백을 제공한다	많은 멘토가 알면서도 자주 사용하지 않는 방법이 바로 구체적인 피드백을 제공하는 것이다. 대부분의 경우 멘토들은 칭찬과 격려가 멘토링에 효과적인 것을 인지하고 멘티에게 시도하지만, 구체적으로 멘티가 무엇을 잘했다고 칭찬하지 않는다. 그러나 칭찬과 격려는 구체적일수록 더 멘토링의 효과를 발휘한다. 따라서 멘티와 대화를 나눌 때 "어떤 아이디어가 좋았으며, 어떤 아이디어가 더 통찰적이었다"와 같이 무엇을 어떻게 잘했는지를 정확히 알려 주도록 한다.
이성 간에 문제가 발생하지 않도록 주의한다	이성 간에 형성된 멘토링 관계에서는 특별히 멘토는 말과 행동에서 신경을 써야 하며, 멘토가 유의해야 할 행동지침은 다음과 같다. • 기본적인 예절을 유지한다. 멘티의 옷차림, 비평, 성적인 행동, 상스러운 이야기나 농담, 불필요한 신체접촉 등은 하지 않는다. • 멘티의 불만처리정책에 대해 숙지한다. 멘토링 관계에서도 조직의 성희롱 관련 규칙이나 법규에 대해 숙지하여 저촉되지 않도록 한다. 상대방이 원치 않는 성적 의미의 언어적·신체적 행동은 모두 성희롱에 해당되므로 이러한 문제가 발생하지 않도록 모든 행동과 말에 주의한다. • 멘토링의 관계와 로맨틱한 관계를 혼돈하지 않는다. 교수자와 학습자, 멘토와 멘티 간의 로맨틱한 관계는 공식적으로 금지되어 있다. 따라서 멘토링의 관계와 개인의 로맨스는 구분하는 것이 원칙이다. • 오해의 소지를 미리 방지한다. 멘토의 과도한 열정적인 태도는 멘티에게 성희롱으로 받아들여질 수 있고 개인적인 관심으로 인식되기도 한다. 그러므로 멘토링을 진행할 때 사무실 문을 열어 놓거나 외부에서의 멘토링은 1:1로 하지 말고 소집단으로 진행한다.

(3) 멘토링 프로세스

일반적으로 멘토링 프로세스는 멘토와 멘티를 연결하는 과정, 멘토가 멘토링 활동을 전개하는 과정, 멘토링 활동성과에 대해 평가하는 과정으로 구분되며, 자세한 내용은 〈표 11-11〉과 같다(김문섭 외, 2019; 최병권, 2004).

표 11-11. **멘토링 프로세스**

구분		내용
1단계	멘토와 멘티를 연결하는 과정	멘토링에서 가장 중요한 요소 중 하나는 멘토와 멘티를 연결하는 과정이다. 이때 멘토링에 의한 시너지 효과(synergy effect)를 극대화하기 위해서 멘토의 강점, 약점과 멘티의 욕구, 요구가 적절하게 맞아야 한다. • 멘티의 의견을 최대한 존중 • 서로의 가치관과 성격 검토 • 멘토 선발과정에 다양한 방법 활용 예) 조직의 전 구성원을 대상으로 추천 의뢰
2단계	멘토링 활동 전개하는 과정	멘토와 멘티가 연결된 후에는 실제적인 멘토링 활동이 시작된다. 이때 가장 중요한 과제는 멘토와 멘티 간에 원활한 소통이 이루어져야 한다는 것이다. 멘토링은 대인관계를 기반으로 하는 학습과정이기 때문에 충분한 커뮤니케이션을 통해 서로의 입장을 이해하는 것이 중요하다. • 오리엔테이션으로 시작 • 첫 만남의 어색함 극복 • 상대방의 기대치 확인 • 멘토로서의 활동 강화 • 대화의 힘, 질문 적극 활용 • 정기적인 만남 유지 • 멘토링 활동 중 진지하게 고민하는 멘토, 발전하는 멘티가 되어야 한다.
3단계	멘토링 활동성과에 대한 평가	아무리 좋은 학습법이라도 그것에 대한 철저한 사후평가가 없을 경우 본연의 목적을 달성하기 어렵다. 따라서 학습법이 사람들의 태도나 행동에 의미 있는 영향을 주고 있는지 여부를 지속적으로 점검하고, 부족한 부분을 개선해 나가는 활동이 필요하다. 효율적인 멘토링 프로그램 평가는 다음 사항을 고려하여 실시한다. • 통계자료에 의한 평가 • 멘티의 조직목표 성취 정도 평가 • 멘토와 멘티 모두에게 질문지에 응답하도록 하여 그 내용을 평가함 • 평가에 기초하여 멘토링 프로그램의 반복 · 변경 · 폐지 · 확대 여부를 결정함 • 멘토링 프로그램이 조직에 끼친 영향이 무엇인가? 프로그램은 비용 효과적이었는가? • 멘토링 프로그램의 효율성을 높이기 위하여 어떠한 변화가 필요한가?

2. 코칭

1) 코칭의 기원과 정의

코칭의 어원은 15세기 헝가리 Kocs라는 도시에서 네 마리 말이 끄는 운송수단으로 사용된 마차(Kocsi)에서 유래하였다(배용관, 2020). 이를 영국에서는 코치(coach)라 불렀으며(Stern, 2004), 영국과 홍콩 등의 국가에서는 택시 혹은 작은 버스를 코치라고 부르고 있다. 이처럼 현재의 지점에서 고객이 목적지까지 안전하게 도착할 수 있도록 데려가는 운송수단을 뜻하는 코치(coach)에 접미사인 ing를 붙여 코칭(coaching)으로 발전하게 되었다. 즉, 현재 지점은 현재 상태를 의미하며, 목적지는 원하는 미래의 상태를 의미하는 것으로 코칭은 현재의 상태에서 원하는 미래의 상태로 변화와 성장할 수 있도록 가르치며 도와주는 교육과 훈련으로 의미가 발전하게 되었다(배용관, 2016). 이러한 코칭과 유사한 개념으로 훈련(training)[1], 상담(counseling)[2], 멘토링(mentoring)[3] 등을 들 수 있다. 개념들 간에 많은 부분이 서로 겹치고 혼용되어 사용되는 일이 많지만, 각기 특성, 목적과 과정, 추구하는 내용은 다르다(김영옥 외, 2019).

1) 훈련은 교육 참가자에게 특별한 지식과 기술을 전수하는 교육훈련과정이다. 훈련은 주로 고용자들이 업무에 필요한 기술을 제공하고 업무를 수행하는 데 있어서 마땅히 지켜야 할 규칙과 법규를 오리엔테이션하는 것에 초점을 둔다. 입사 초기나 새로운 기술을 익혀야 할 필요가 있을 때 실시하며 이는 선택사항이 아닌 필수과정이다. 성과가 좋은 기업이나 조직은 그들의 가장 큰 자산인 인적자원의 질과 양을 늘리기 위해 훈련을 지속적으로 실시한다. 훈련은 일시적이 아니라 항구적으로 계속되는 훈련과정으로써 점진적인 향상을 추구한다.

2) 상담은 업무수행에 영향을 미치거나 미칠 가능성이 있는 개인적인 이슈들을 풀어 나갈 수 있도록 돕는 활동이다. 상담에는 결혼이나 가족의 갈등 또는 약물남용 등 개인적인 문제 그리고 정서적 · 심리적인 장애요인들에 관한 문제들이 포함된다. 이와 같은 형태의 문제의 본질을 확실하게 밝히고 해결하기 위해 경영진은 외부의 전문적인 상담기관을 적극적으로 활용한다. 상담을 필요로 하는 대부분의 조직은 이러한 자신들의 요구사항이 충족될 수 있도록 방법을 찾아야 한다는 책임감을 느낀다. 대개의 경우, 상담은 선택사항이 아니다.

3) 멘토링은 인간적으로 성숙하고 전문 분야에서도 경험이 풍부한 경영관리자가 직원에게 자신의 지혜나 경험을 일대일로 전수하는 일련의 과정이다. 경영관리자는 직원의 좋은 친구, 아버지, 스승, 때로는 상담가의 역할을 수행한다. 전형적으로 조직문화에 대한 적응, 직업적인 성장, 직책에 대한 이해, 조직 내에서의 개인적인 네트워킹 문제를 다룬다. 멘토는 가르침을 받는 멘티로 하여금 안목을 갖고 방향을 설정하여 조직 내에서 기회를 얻을 수 있도록 도와준다. 멘토링은 개인이든 조직이든 양자 모두에게 매우 바람직한 방법이지만 필수적이라고는 강조할 수 없다.

최근 들어 많은 연구자들이 코칭에 대해 연구를 하고 있으며, 코칭의 정의를 코치 관점과 코치이 관점 그리고 학습 관점, 상호적인 학습과정, 관계구축 관점, 커뮤니케이션 관점으로 분류하고 있다(김진수, 2012; 손성화, 2020).

표 11-12. 코칭의 정의 분류

구분	내용
코치 관점	• 리더의 적극적인 지원과 피드백으로 조직 내 구성원들의 긍정적 행동과 성과 향상에 영향을 주는 것 • 코치이가 최대의 성과를 올리도록 코치가 코치이에게 영향력을 발휘하는 것 • 코치이가 스스로 성장하는 데 있어 효과적이기 위한 필요한 지식과 기회 그리고 수단을 제공하는 과정
코치이 관점	• 현재 있는 곳에서 개인 또는 그룹이 그들이 원하는 더 만족스러운 곳으로 나갈 수 있도록 초점을 맞추고 이끄는 기술 • 개인적 또는 직업적 목표를 성취하며 최적의 성과를 달성하고 유지하기 위해 코치이가 자신의 기술로 접근방식과 능력을 활용하고 개발하는 자체 생성적인 프로세스(역동성) • 코치가 조직구성원들의 역량과 성과를 높이기 위해 현재 기술을 향상과 새로운 기술습득으로 개인과 조직을 돕는 과정 • 코치이의 잠재력 및 직무수행 최대화를 위해 코치와 코치이가 상호작용하는 과정
학습 관점	• 최고의 상태를 유지하기 위한 코치이의 자기인식 • 코치이의 행동에 대한 집중과 개인적 성장과 의식적 선택을 발전시키는 맥락으로의 역동성
상호적인 학습과정	• 코치이의 잠재능력을 학습을 통해 최대로 스스로 발휘하도록 하는 것 • 구성원들의 성과와 역량을 높이기 위해 기존의 기술향상과 새로운 기술습득으로 개인과 조직을 도와주는 과정 • 코치가 코치이의 목적에 따라 일과 삶 속에서 효과를 높이기 위하여 학습을 지속할 수 있도록 하는 것
관계구축 관점	• 구성원들이 이룬 성과를 넘어설 수 있도록 권한을 개인과 팀에 위임하고 지속적으로 협력을 유지해 가는 것
커뮤니케이션 관점	• 조직에서 개인의 성장과 자기주도학습, 그리고 성과 향상을 촉진하는 것 • 문제해결 중심적, 결과 중심적, 체계적인 과정 • 리더가 토론이나 토의와 대화로 개입하거나 중재하여 구체적인 행동 또는 기능을 하도록 하는 것

〈표 11-12〉와 같이 코칭의 다양한 정의에 대해 살펴보면, 코칭은 코치이(피코치)의 성장을 지원하고, 코치이의 발전 가능성에 집중하며, 코치이 스스로 해답을 찾을 수 있도록 지원한다는 것을 알 수 있다. 이러한 연구를 종합해 볼 때, 코칭은 코치이의 발전 가능성에 집중해 코치이 스스로 문제를 해결하고 성장할 수 있도록 지원하며 지속적으로 피드백을 제공하는 과정중심적이고 목표지향적이며 행동지향적인 협력과정이라고 정의할 수 있다(이경호, 2014).

코칭은 1880년대 스포츠에서 시작되어 1970년대에 비즈니스에서도 적용되어 왔으며 최근에는 학교교육, 특히 평생교육현장에도 많이 사용되고 있는 개념 중의 하나이다. 현대사회 성인학습자들의 평생학습 참여동기는 다양하며, 학습자의 연령의 폭과 지적 수준 또한 편차가 매우 큰 것이 특징이다. 이러한 성인학습자들의 학습참여와 우수한 성과를 도출하기 위하여 구성주의 교수학습 프로세스에서 코치가 갖추어야 할 가장 기본적인 기술이 의사소통 코칭기술과 대인관계기술이라고 주장하고 있다(오인경, 2003). 구체적으로 교사들은 때때로 교육현장에서 학습자와 직접 만나면서 상호신뢰하는 관계를 만들어야 한다. 코칭에서 교수자인 코치와 코치이 간에 의사소통이 원활하게 이루어지지 않게 되면, 코치와 코치이 간에 신뢰형성이 어려울 수 있어, 교사인 코치의 의사소통능력은 학생인 코치이와의 관계형성에 아주 중요한 역할을 하고 있음을 알 수 있다(김주리, 2018).

미래 교육의 실천방안으로 일방적으로 가르치는 조직에서 학습자 스스로 학습하는 조직으로, 교수자중심에서 학습자가 주도하는 학습자중심으로, 혼자만의 학습에서 학습자와 학습자, 교수자와 학습자가 상호작용하는 협력학습으로 변화되어야 하고, 선형적 · 순차적 교육과정에서 벗어나 다차원적인 교수자와 학습자의 경험으로, 정형화된 학습에서 벗어나서 현장중심 문제해결 능력역량 강화로 교육의 패러다임이 변화되어야 한다(오장근, 2018). 이러한 학습을 촉진하고 지원하는 데 활용할 수 있는 교수 활용 도구로 코칭 프로세스가 소개되고 있다. 코칭은 효과적인 학습자중심이 교수역량이자 손색 없는 학습촉진 기술로 제안되고 있다. 즉, 미래의 평생교육현장에서의 학습자중심의 교수역량강화를 위한 평생교육 프로그램이 필요한 이유라고 할 수 있다. 미래 교육의 새로운 패러다임에 적합한 평생교육 교수자를 위한 교수역량 강화 도구로 코칭 역량이 대안이 될 수 있다.

2) 코칭의 기술

코칭의 기술은 코치의 역할 및 역량과 밀접하게 관련되어 있다. 이것은 코치로서의 성공적인 역할수행에 필요한 지식, 기술, 가치 및 태도 등의 내재적 특성과 함께 드러나는 행동을 의미한다(한허정, 2007). 이렇게 다양하게 논의되는 코칭기술 중에서 평생교육과 관련이 깊은 내용을 살펴보면, 〈표 11-13〉과 같다(박창규, 2015; 이희경, 2014; 정진우, 2005).

표 11-13. 코칭의 기술

구분	내용
경청기술	경청기술은 코치의 가장 기본이 되는 태도이다. 코칭에서의 경청은 '상대를 그대로 존중하는 마음으로 내 안의 공간을 상대에게 내어 주는 적극적인 태도'라고 정의할 수 있다. 이 공간을 통해 코치와 코치이가 연결되며 어떤 평가나 판단 없이 모든 것이 다 허용된다. 경청에서 중요시되는 것들로는 상대방 중심으로 듣기, 말과 맥락을 통째로 듣기, 말 속에 담긴 욕구를 듣기, 감정 듣기가 있다. 코치가 코칭을 진행하는 동안 코치이가 진정으로 원하는 것을 이해하기 위해서는 코치이의 입장에서 사실과 진짜 감정의 구분 및 숨어 있는 보이지 않는 욕구와 의미까지 이해해야 한다. 이때 적극적으로 코치가 경청하고 있음을 코치이가 알도록 언어적 반응(명료화하기, 반영하기, 바꾸어 말하기, 요약하기)과 비언어적 반응(적절한 끄덕임, 청취 자세, 시선 맞추기)을 통해 코치이와 소통을 해야 한다.
질문기술	질문기술은 코칭에서 중요한 비중을 차지한다. 질문을 통해 코치이가 자신의 문제에 대해 성찰하도록 촉진하고, 스스로 자기만의 해결방법을 찾을 수 있도록 도와준다. 이는 코치이의 문제해결력을 높여 주고 잠재력을 이끌어 줄 수 있다. 파워풀한 성찰 질문을 던질 수 있는 코치의 직관과 역량에 따라 코칭의 성공 여부가 달라질 수 있다. 코칭은 질문을 통해 새로운 시각을 갖도록 도움으로써 가능성을 찾도록 하는 기법을 논리적으로 체계화시켜 놓은 것이다. 질문은 답을 얻을 뿐만 아니라 동시에 사람을 성장시키는 수단이다. 코칭에서는 코치이가 자기 이슈에 대한 답을 찾는 과정으로서의 질문을 더 중요하게 다룬다. 질문

구분	내용
	기법으로는 짧고 간결하고 단순한 질문, 숨겨진 의도가 없는 투명한 질문, 초점을 맞추는 질문, 현재 표현을 활용하는 질문, “어떤 시도를 해 보았나요?”와 같이 의문사로 시작하는 열린 질문, 긍정적인 질문, 직관을 활용한 질문, 발견을 목적으로 하는 질문, 여유와 창조적 공간을 제공하는 침묵을 동반한 질문, 자신의 현존을 성찰하게 하는 영혼을 자극하는 질문 등이 있다. 이러한 질문을 통하여 코치이는 내면의 잠재력을 일깨워 관점 전환으로 문제를 해결하며, 자신을 가능성 있고 역량 있는 사람으로 인식하고 질문에 답하면서 그 문제를 더욱 명료화한다.
피드백기술	피드백기술은 코치이의 행동에 대해 미래지향적이고 긍정적인 반응을 함으로써 구체적인 동기를 부여한다. 피드백은 코치이의 자신감을 강화시켜 주는 칭찬과 인정이며, 발전적 피드백은 발전이 필요한 부분을 구체적인 행동으로 언급하게 개선할 수 있도록 도와주는 것이다.

3) 국외 코칭 프로그램

(1) GROW 모델

휘트모어(Whitmore, 2002)의 GROW 모델은 코칭 현장에서 일반적으로 가장 많이 활용되고 있는 코칭 대화 모델이다. GROW 모델은 목표에 초점을 맞추고, 코치이가 목표에 달성하지 못하게 하는 현실을 탐색하여 코치이의 무의식적 동기를 밝혀내는 것에 효과적이다. 또한 GROW 모델은 목표가 코치이의 목적과 능력에 부합하는지 여부를 확인하기 위해 코치를 지원하는 도구이며, 개별 코칭 장면과 코칭 과정에서 좋은 효과를 낼 수 있는 틀이다(Dexter et al., 2011).

GROW 모델은 4단계로 이루어진다. 1단계 목표설정(Goal)에서는 코치이의 이슈를 탐색하여 구체적인 목표를 수립하고, 2단계 현실점검(Reality)에서는 현재 상황을 탐색하여 목표달성의 장애물을 파악한다. 3단계 대안수립(Option)에서는 목표를 달성하기 위해 대안을 도출하고, 4단계 실행(Will)에서는 코치이의 실행내용을 점검하고 실행의지를 확인한다. 즉흥적인 코칭 현장에도 GROW 모델의 사용은 적합하나, 과도하게 단계별 프로세스를 따라서 사용하면 좌절감과 지루함을 초래할 수 있다. 또한 학습의 시작 시점에서 목표를 확정하는 데 치우치면 자유로운 사고를 저해하고, 창의력을 발휘하는 데 방해가 될 수 있다. GROW 모델의 단점은 자체 모델보다는 활용 방법에서 비롯된 것이나, 현명하게 사용된다면 유용한 도구가 될 수 있다(Fletcher, 2012). GROW 모델은 객관성과 실질적인 행동에 초점을 맞추며 프로젝트를 수행하거나, 새로운 습관을 만든다든지, 업무 능률을 향상하는 등의 외부적인 문제를 해결하는 데 효과적이다(Stoltzfus, 2008).

(2) CLEAR 모델

이 모델의 개발자인 호킨스(Hawkins, 2007)는 CLEAR 모델을 Contracting(계약), Listening(경청), Exploring(탐색), Action(행동), Review(정리)의 다섯 단계로 제시하고 있다. CLEAR 모델의 특징은 계약 단계를 강조하지만 목표설정의 단계가 생략되어 있다는 것이다. 대부분 유능한 코치들은 목표설정단계를 계약단계 혹은 탐색단계에서 적용할 것이고, 모델을 단순화하기 위하여 생략한 것이며, 실제적인 효과 검정이 가능하다(Dexter et al., 2011). CLEAR 코칭 모델은 계약단계를 거치면서 코칭을 시작하는데 계약단계는 정리단계 못지않게 아주 중요하다. 왜냐하면 효과를 극대화하기 위해 코치이를 집중하게 하며, 코칭 과정을 계속 이어 가도록 하기 때문이다(Dexter et al., 2011).

(3) OSKAR 모델

OSKAR 모델은 문제의 해결책에 중점을 두는 코칭 모델로 해결중심치료의 영향을 받아 만들어진 가장 대표적인 문제해결중심 코칭 모델이다(Jackson & McKergow, 2007). OSKAR 모델은 5단계로 이루어져 있으며, 첫 번째 단계인 Outcome(결과)는 도출될 결과를 선택하고, 두 번째 단계인 Scale(척도)은 결과를 측정하는 기준을 만들고, 세 번째 단계인 Know-how와 Resources(방법과 자원)에서는 모델수행을 위한 자원과 방법을 살펴보고, 네 번째 단계인 Affirm과 Action(재확인과 행동)에서는 수행할 일을 확인하고,

다섯 번째 단계인 Review(검토)는 더 나은 결과를 도출하기 위하여 검토하는 단계이다(Dexter et al., 2011). 이 모델의 특징은 목표보다는 결과를 중요하게 생각한다는 것이다. 여기서 결과는 목표와는 다른 것이며, 이것은 코치이가 코칭의 결과로 보고 싶은 것을 의미한다. 또 다른 특징으로 이 모델은 척도단계를 가지고 있다는 것이다. 코치는 선택질문을 통해 코치이가 감정, 사고, 행동에 대한 정도를 1점에서 10점으로 선택하게 함으로써 비교가 가능하게 할 수 있다(김주리, 2018). 이러한 이유로 감각적 사고형의 사람들에게 선호도가 높으며, 행동이 결합한 미래 중심 모델(Dexter et al., 2011)이다.

(4) ACHIEVE 모델

ACHIEVE 코칭 모델은 GROW 모델이 시발점이 되어 최고 코치들이 진행한 관행을 모아 기술하고 코칭 모델에 대한 연구 관찰과 분석의 결과로 개발되었다(Dembkowski & Eldridge, 2003). 이 모델은 모두 일곱 단계의 프로세스로 구성되어 있다. 즉, 1단계는 현재 상황 평가하기(Assesscurrent situation), 2단계는 현재 상황의 대안 도출하기를 위한 창의적인 브레인스토밍하기, 3단계는 목표설정하기(Hone goals), 4단계는 대안제안하기(Initiate options), 5단계는 대안평가하기(Evaluate option), 6단계는 유효한 활동계획하기(Valid action programme design), 7단계는 변화 기세 촉진하기(En courage momentum)로 진행된다(Dembkowski & Eldridge, 2003).

(5) SPACE 모델

인지행동 코칭은 두 가지의 기본 전제로 구성되어 있으며, 첫 번째는 인간이 스트레스 상황에 직면하게 되면 문제해결기술을 발달시킨다는 것이고 두 번째는 그러한 기술을 집목하는 것이 너 어렵다는 것이다(김주리, 2018). 인지행동 코칭은 코치이로 하여금 코치이가 목표를 성취할 수 있도록 다섯 영역에서의 코치이가 변화하도록 추구한다(Palmer & Szymanska, 2007). 인지행동 모델인 SPACE 모델은 사회적 상황(Social context),

행동(Action), 생리학(Physiology), 인지(Cognitive), 감정(Emotion)의 첫 글자를 적용하여 개발되었고, 이 모델은 코칭 프로그램의 발달, 평가목적을 위해 영역 간 연결을 명확하게 해 주는 교육도구로 사용될 수 있다(Edgerton & Palmer, 2005). 일반적으로 사례의 개념화는 코치이를 통해 발전하고 만들어지는데, 이는 코치이가 인지행동체계를 통해 코치이가 추구하는 이슈를 이해할 기회를 제공해 주면서 코치와 코치이가 협력적인 작업을 추진해 가는 것이다(Palmer & Szymanska, 2007).

(6) PRACTICE 모델

인지행동 코칭의 문제는 목표와 해결중심의 본질로 코치와 코치이가 필요하지 않다고 생각하면, 깊이 있는 인지평가와 개입에 많은 시간을 할애할 필요가 없다는 것이다(Palmer & Szymanska, 2007). 따라서 PRACTICE 모델은 이중시스템 접근으로 코치이로 하여금 그들의 목표를 성취할 수 있도록 돕기 위해 시도되는 심리적이며 실천적인 주제(issue) 모두에 중점을 둔다(김주리, 2018). 모든 장면에서 실천적 해결중심체계가 활용될 수 있다. PRACTICE의 프로세스를 총 일곱 개의 과정으로, 첫 번째는 문제의 정의, 두 번째는 현실적인 목표설정, 세 번째는 대안적 해결책 세우기, 네 번째는 결과 예상하기, 다섯 번째는 가장 실행 가능한 해결책 세우기, 여섯 번째는 선택된 해결책 실행하기, 일곱 번째는 평가이다(Palmer & Szymans, 2007).

코치이가 PRACTICE 모델을 단계별로 능숙하게 활용할 수 있다면, 코치이는 빠른 문제해결을 위하여 단축 모델을 사용할 것이라고 하였는데, 예로 STIR 모델은 문제선택, 해결책 구축, 해결책 실행, 결과검토로 구성되며, PIE 모델은 문제의 정의, 해결책 실행, 결과평가로 구성된다(Neenan, & Palmer, 2001).

(7) 보편적인 비이론적 모델(Atheoretical sequential model)

덱스터와 덱스터(Dexter & Dexter)는 광범위한 코칭 모델을 개발하였다. 정신분석에서 신경 언어 프로그래밍(Neuro Linguistic Programming)까지 매우 다양한 배경을 가진 사람들이 적용할 수 있는 코칭 모델을 개발하였다(Dexter et al., 2011). 보편적인 비이론적인 코칭 모델은 여섯 단계로, 사정(Assessment), 문제확인(Identifying Issues), 목표를 명확히 하고 정렬하기(Identifying & Aligning Goals), 전략 수립(Generating Strategies), 평가(Evaluation), 계약과 재계약(Contracting & Re-contracting)의 과정으로 진행된다(Dexter et al., 2011).

이 모델의 특징은 철저하며, 체계적인 접근으로 코칭 대화 과정, 그리고 그 과정을 효과적으로 운영하기 위한 요소들로 구성되어 있다는 것이다(김주리, 2018). 이러한 여섯 단계의 요소들이 없을 때는 코치와 코치이의 대화 과정이 효과적으로 진행될 수 없다. 보편적인 비이론적인 모델은 사정과 평가를 하는 데 도움을 주며, 증거를 기반으로 하는 코칭을 추구한다(Dexter et al., 2011).

(8) 초이론적 모델(Transtheoretical model)

프로차스카와 디클레멘트(Prochaska & DiClemente)에 의해 최초로 개발된 모델이 초이론적 모델이다. 이 모델은 다섯 단계로 인식 전 단계, 인식 단계, 준비 단계, 행동 단계, 유지 단계로 구성된다(Prochaska & DiClemente, 1992).

인식 전 단계에서 코치이는 변화의 가능성을 생각하지 않은 단계이며, 인식 단계는 코치이가 변화의 이익과 손해를 고려하여 양가감정(ambivalence)을 경험하는 단계이며, 준비 단계는 코치이가 행동을 준비하는 단계이며, 행동 단계는 코치이가 변화를 시도하는 단계, 유지 단계는 코치이의 성공적인 행동 변화가 일어나는 단계로 6개월 동안 유지되는 단계이다(Prochaska & DiClemente, 1992).

각각의 단계로의 이동은 인식 전 단계에서 곧바로 유지 단계로 가지 않으며, 전 단계로 회귀가 발생하고 더하여 유지 단계 이전에는 일반적으로 발생하는 단계를 통하여 나선형의 움직임이 장기간에 걸쳐 일어난다(Passmore & Whybrow, 2007). 변화에 대한 초이론적 모델은 인간이 행동을 변화시키기 위해 얼마나 준비하고, 얼마나 성공적인 변화가 지속될 수 있는지를 알 수 있는 모델이며, 개인들은 변화 주기의 일부이며, 필요한 단계를 통해서 변화가 진행되는 특징이 있다(Passmore & Whybrow, 2007).

4) 국내 코칭 프로그램

(1) 아시아코치센터(ACC)의 5R 모델

아시아코치센터(Asia Coach Center: ACC)의 5R 모델은, 1단계(관계)로 코칭 관계 형성 및 유지, 2단계(목표)로 주제 및 목표 발견, 3단계(현실)로 현실인식 및 장애물 발견, 4단계(자원)로 해결자원 및 방안의 도출, 5단계(책임)로 코치이의 실행계획 및 상호책임을 합의하는 내용으로 구성되어 있다(아시아코칭센터, 2019).

(2) 한국코칭센터의 CCU 5단계 대화 모델

한국코칭센터의 CCU(Corporate Coach U) 5단계 코칭대화 모델은 1단계는 현재의 문제점을 확인하는 초점 맞추기, 2단계는 미래 목표달성을 위해 대안을 찾는 가능성 발견하기, 3단계는 구체적인 실행계획 세우기, 4단계는 실행에서의 장애요인을 파악, 극복하는 장애물 제거하기, 5단계는 목표를 성취하는 마무리하기로 구성되어 있다(한국코칭센터, 2019).

(3) CMOE 8단계 모델

CMOE(Center for Management & Organization Effectiveness) 8단계 코칭 모델은, 1단계 지지하기, 2단계 주제 확인하기, 3단계 파급 효과 알게 하기, 4단계 계획 세우게 하기, 5단계 실천 약속 받아 내기, 6단계 변명에 대처하기, 7단계 결과를 명확히 하기, 8단계 포기하지 않게 하기이다(Stowell & Starcevich, 2002).

(4) CPA(C-PLUS Active) 모델

6단계로 진행되는 CPA(C-PLUS Active) 코칭 모델 프로세스는, 첫 번째 과정은 마음 맞추기, 두 번째 과정은 주제 세우기, 세 번째 과정은 강점 높이기, 네 번째 과정은 목표 세우기, 나섯 번째 과정은 목표 다지기, 여섯 번째 과정은 힘 북돋우기이다(도미향, 2014).

(5) TREASURE Talk 모델

TREASURE Talk 코칭 모델은 유아에게 의미 있는 성인이 놀잇감을 활용하여 함께하는 활동에서 언어적 비언어적 행동을 통하여 유아들이 자연스럽게 코칭이 이루이지도록 하는 코칭적 접근의 대화 모델이며, 이 모델은 의미 있는 성인이 유아들이 자신의 내재적 욕구를 잘 표현하며, 충족할 수 있도록 돕고 유아들 서로가 긍정적 상호작용 행동을 촉진시키기 위하여 코칭학과 긍정심리학을 바탕으로 개발되었다(이소희, 2014).

5) 평생교육에서의 코칭의 활용

학습 코칭이나 진로 코칭, 감정 코칭 등 최근 청소년들의 교육에 있어서 코칭을 이용한 교육이 많이 이루어지고 있으며, 이에 따라 코칭에 대한 정의도 다양하게 제시되고 있다(신미애, 2016). 최인숙(2019)은 코칭을 집체교육(training)과는 다른 고객을 현재 있는 지점에서 출발하여 원하는 목적지까지 안전하게 데려다 주는 이동 수행의 기능적 개별 서비스로 정의하였다. 코칭을 학습적인 면에서 이러한 정의와 연결해 보면, 개인의 능력이나 지식수준에 맞춘 개별적인 학습전략으로 학습을 촉진하고, 학생의 잠재능력을 최대한 끌어낼 수 있도록 수평적 파트너 관계에서 돕고, 학생 스스로 학습의 주체가 되어 생각하며 자기주도적으로 성장할 수 있도록 하는 것이라고 할 수 있다(양병현, 2009). 돕슨(Dobson, 2006)은 『The Learning Coach Approach』에서 학습에 대한 코칭기술로써 즉각적인 피드백, 학습활동의 촉진, 경험의 공유에 대해 언급하고 있다. 이러한 맥락에서 코치 교수자의 역할은 학습자가 학습활동에 참여할 수 있도록 격려하고 학습내용에서 학습자가 이해하지 못하는 지식의 구조를 학습자 수준에 맞추어 즉각적으로 피드백을 하고, 출발점 행동에서 부족한 부분에 대해 자신의 경험을 공유하며 안내해 주어 학습목표에 다가갈 수 있도록 함께 배우고 학습할 수 있도록 돕는 것이다(신미애, 2016).

학습 코칭은 학습자가 학습목표를 달성할 수 있도록 학습습관이나 공부방법을 체계적으로 관리해 주는 시스템으로, 학습에 어려움을 느끼는 학습자에게 효과적으로 학업능력을 향상시킬 수 있도록 하는 것으로 코치는 개인이 지닌 능력을 최대한 발휘하여 목표를 이룰 수 있도록 돕는 일이다(정현옥 외, 2010). 자신의 필요에 의해 스스로 학습하는 학습자는 내재적 동기를 가지고 있어 자기주도적으로 학습을 하는 것이 수월하지만 미래에 대한 준비과정으로 학습을 하는 학교 학생들은 수동적으로 학습을 하는 경향이 있다. 또한 코칭은 학습과 삶의 경험 사이에 능동적인 관계를 맺음으로 개인의 학습준비와 알고자 하는 요구에 목표를 두게 되며, 이는 성인학습에서의 목표지향적, 자기주도적 학습의 내용과 같다(Griffiths, 2005). 학습과 코칭의 관련성을 설명하는 모델에서 학습자의 학습요구가 학습결과와 목표달성에 영향을 준다는 사실을 볼 수 있다.

평생교육의 주 대상자인 성인들에게 코칭을 활용한 교수법으로 교육을 진행하려면 성인의 특성을 이해하는 것이 중요하다. 고려해야 할 요소들은, 첫째, 자아개념으로, 이는 주로 과거 경험에 근거한 자아개념과 자존감으로 학습상황에 긍정적으로 작용하고 학습방법에 영향을 미친다. 둘째, 불안과 스트레스로, 코치는 코치이의 스트레스를 인지하고 격려로 최적의 상태를 제공해야 한다. 셋째, 과거 경험으로, 코치는 코치이의 지식과 과거 경험을 존중해야 하며, 넷째, 코치는 코치이가 목표를 스스로 이룰 수 있도록 동기부여로 돕는 역할을 해야 한다는 것이다(Zeus & Skiffington, 2007).

성인대상 코칭에서 고려해야 할 여러 요인 중 평생학습과 관련된 요소는 동기부여와 자아개념이다. 자아개념은 자존감과 함께 과거 경험에 근거하는 것으로 학습방법에 영향을 미치며 학습상황에 긍정적으로 작용한다(박윤희, 2010). 코칭은 자발적이고 목표 지향적인 학습자들의 인생경험을 통하여 학습자를 이해하고 자기개발을 끌어내기 위해 매우 효과적인 학습방법이다. 성인을 대상으로 진행되는 교육은 과거 경험에 기반을 둔 자아개념과 동기부여에 따라 학습의 수용과 결과가 달라질 수 있으므로 세심한 배려와 관심이 필요하다.

Chapter

12

게임기반 학습과 액션러닝

배울내용

1. 게임기반 학습 ● 2. 액션러닝

학습목표

1. 게임기반 학습의 정의를 파악한다.
2. 게임기반 학습의 구성요소를 설명할 수 있다.
3. 게임기반 학습에 활용되는 게임의 종류를 파악한다.
4. 게임기반 학습의 특징을 설명할 수 있다.
5. 액션러닝의 정의를 파악한다.
6. 액션러닝의 구성요소 및 단계를 설명할 수 있다.
7. 교수 · 학습방법으로서의 액션러닝의 활용방안을 모색해 본다.

학습자주도형 평생교육 교수 · 학습방법의 종류에는 참여식 교육법과 경험학습, 발견학습과 자율적 협동학습, 자기주도학습, 멘토링과 코칭, 게임기반 학습과 액션러닝, 문제중심학습과 창의적 문제해결학습 등 다양하다고 할 수 있다〈그림 8-3 참조〉. 학습자주도형 평생교육 교수 · 학습방법의 종류에서 참여식 교육법과 경험학습은 8장, 발견학습과 자율적 협동학습은 9장, 자기주도학습은 10장, 멘토링과 코칭은 11장에서 살펴보았고, 본 장에서는 게임기반 학습과 액션러닝에 대해 살펴보고자 한다.

1. 게임기반 학습

1) 게임기반 학습의 정의

게임이란 재미를 목적으로 하며 참가자의 자발적인 참여로 사전에 제시된 주어진 가상의 문제를 해결하기 위해 게임 속 규칙에 따라 다양한 선택을 하는 활동으로 정의하고 있다. 게임은 놀이에 근본을 두고 있는 활동방식으로 놀이와 게임 모두 참여자가 활동에 몰두하며 즐거워한다는 공통점이 있다. 놀이는 과거부터 기쁨, 즐거움 등과 같은 긍정적인 감정이나 정서를 동반하며 인간의 여가행위는 물론 교육적인 목적으로 활용되기도 하였다.

놀이에 포함된 개념인 게임이 교육적으로 활용되기에 적합한 이유는 참여자가 놀이나 게임에 몰입하기 때문에 교육 효과가 극대화된다는 점이다. 놀이와 게임의 참여자가 몰입하여 만들어진 갈등상황을 정해진 규칙에 따라 해결해 나감으로써 의도적인 노력 없이 자연스럽게 학습을 할 수 있기 때문이다. 교육용 게임은 오락적 요소를 지닌 디지털 게임이라는 환경에서 학습자의 선행지식을 연습해 보고 적용할 수 있는 기회를 제공함으로써 복습 및 예습을 하여 필요한 부분을 강화하고 부족한 부분을 보완할 수 있는 학습에 도움을 주는 교육용 매체이다.

게임기반 학습은 학습목표를 게임 안에서 재구성하여 달성하게 하는 교육방식으로 학생들은 게임으로 구성된 학습과제를 게임 속의 갈등을 처리하는 과정을 통해 해결하게 한다는 학습방법이라고 정의할 수 있다.

2) 게임기반 학습의 구성요소

학습목표를 달성하기 위한 적합한 게임내용, 다양한 시청각적 장치, 게임 내 스토리텔링 등 학습자가 교육용 게임에 집중할 수 있도록 게임을 디자인하는 데 필요한 구성요소들을 게임기반 학습의 구성요소라고 한다. 즉, 게임기반 학습의 구성요소는 학습자가 학습목표를 달성하도록 돕는 게임 내의 여러 장치라고 할 수 있다(박지훈, 2021).

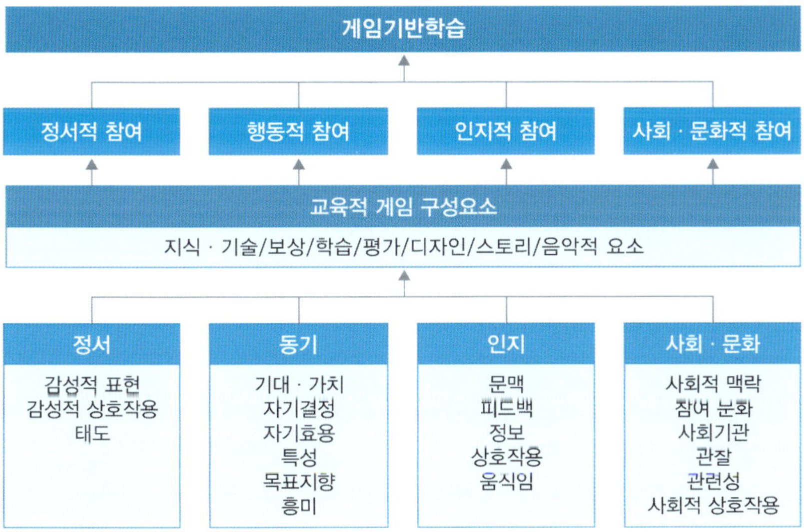

그림 12-1. **게임기반 학습의 구성요소**

출처: 박지훈(2021). RPG 메이커를 활용한 게임기반 학습 프로그램 개발 및 적용. 전주교육대학교 교육대학원 석사학위 논분.

게임기반 학습의 구성요소에 대한 학자들의 의견을 살펴보면, 학습목표 달성을 위한 지식 · 기술, 효과적인 학습과 평가를 위한 게임 구조, 전체적인 모험을 이끌어 가는 스토리텔링, 직 · 간접적으로 학습목표 달성을 도와줄 시각적 디자인, 환상적인 분위기로 학습자의 몰입을 유도할 수 있는 배경 음악이나 효과음, 학습자의 자발적이고 적극적인 참여를 유도할 보상체계를 게임기반 학습의 구성요소라고 할 수 있다.

3) 게임기반 학습에 활용되는 게임의 종류

게임기반 학습에 활용되는 게임의 종류로는 아케이드 게임, 어드벤처 게임, 보드 · 퍼즐형 게임, 시뮬레이션 게임, 역할수행 게임이 있다. 각 게임 장르의 개념 및 특징에 따른 학습형태와 학습할 수 있는 지식의 형태는 〈표 12-1〉과 같다.

표 12-1. **게임기반 학습에 활용되는 게임의 종류**

게임 장르	개념 및 특징	학습형태	지식의 형태
아케이드 게임	• 간단한 키 조작을 통해 각 단계에 등장하는 물체나 사람을 조종하여 승리하거나 목표점에 도달하는 것 • 단편적인 게임 시나리오 • 모방 행위를 충족시킬 수 있어 게임의 몰입도가 큼 예시) galaga, Bubble Bobbie, PONPOKO, Street Fighter, Tetris	• 훈련	• 사실(Fact)
어드벤처 게임	• 한 가지 문제해결법으로 게임에서 설정된 시나리오대로 게임을 풀어 나감 • 미리 설정된 시나리오 • 게임을 끝내는 데 상당한 시간과 끈기가 필요함 • 주인공과 이야기를 통해 사건이나 문제를 시행착오 거치며 해결 예시) Tomb Raider, The Secret of Monkey Island	• 개별학습 • 문제해결 • 탐구 • 토의 • 훈련	• 과정(Process) • 관찰(Closervation) • 기술(Skill) • 판단(Judgement)

게임 장르	개념 및 특징	학습형태	지식의 형태
보드 퍼즐형 게임	• 게임과 관련된 내용으로 곧바로 진행되며, 플레이어의 지식이 요구되므로 짧은 시간에 다량의 학습이 필요할 때 활용 • 시나리오가 배경이나 캐릭터, 난이도가 바뀐 채 반복되는 다양한 학습활동으로 학습의 속도가 다양한 자율수업에 활용하면 효과적임 예시) 보드게임, 퍼즐게임	• 강의 • 자율 • 훈련	• 창의성(Creativity) • 추론(Reasoning)

출처: 박지훈(2021). RPG 메이커를 활용한 게임기반 학습 프로그램 개발 및 적용. 전주교육대학교 교육대학원 석사학위 논문.

4) 게임기반 학습의 특징

게임기반 학습의 특징을 목적, 규칙, 경쟁, 도전, 상호작용, 시나리오, 디브리핑, 즐거움으로 정리하여 살펴보면 다음과 같다(권성민 외, 2021; 박지훈, 2021).

(1) 목적

교육용 게임에는 학습자가 습득하기를 바라는 학습목표와 관련된 목적이 있어야 한다. 교과서 중심학습을 하는 전통적인 교실수업에서는 학습목표를 텍스트나 말로 설명하지만 학습자중심학습을 추구하는 교육용 게임에서는 학습자 스스로 도전하며 달성하고자 하는 욕구를 불러일으킬 수 있도록 게임상에서 자연스럽게 목표를 제시해야 한다. 심지어 게임기반 학습에서 학습자는 실패를 통해서도 학습목표를 달성하는 데 도움을 얻을 수 있어야 한다. 학습자는 실패를 통해 학습해야 할 지식을 명확하게 인지하고, 성공하기 위해 과제에 계속 도전하면서 궁극적으로 학습목표에 도달하고 동시에 학습에 대한 동기를 얻는다. 또한 교육용 게임은 학습을 목적으로 제작된 콘텐츠이기 때문에 학습목표 자체가 교육적인 목적을 지니고 있어야 한다.

(2) 규칙

규칙은 교육용 게임을 사용하는 학습자들에게 공평하게 적용되어야 하며, 도전하고 싶은 마음을 불러일으키고, 학습흥미를 불러일으키도록 설계되어야 한다. 규칙을 설정할 때는 게임 이용자들의 행동 한계를 설정해야 하는 만큼 학습자가 게임 내에서 어떻게 행동할 것인가를 충분히 예측하고 판단해 설계되어야 한다. 또한 규칙을 설정하기 전 게임 제작자 혹은 검토자는 프로그램 내에서 해당 규칙의 설정이 가능한지 검토해야 한다. 게임기반 학습은 교육용 게임을 사용하는 만큼 설정된 규칙을 통해 교육적이지 않은 행동은 게임 시스템 내에서 제재할 수 있도록 설정해야 한다.

(3) 경쟁

교육용 게임을 포함한 대부분의 게임은 경쟁이라는 특징을 가지고 있다. 경쟁은 게임 내 가상 인물이 될 수도 있으며, 게임을 하는 다른 학습자, 시간, 정해진 기회 혹은 게임을 하는 학습자의 이전 기록이 될 수도 있다. 경쟁은 그 자체만으로 동기유발을 할 수 있는 조건이 될 수 있지만, 반대로 경쟁이라는 요소가 강해질 경우 학습자는 학습목표에 흥미를 잃거나 게임을 포기할 수 있다는 문제점이 있다. 또한 학습자의 성격에 따라 타인과의 경쟁을 부담스러워하는 경우도 있다. 그래서 게임기반 학습에서 활용하는 교육용 게임에는 게임 속의 가상 인물 혹은 자기 스스로와의 경쟁을 도입하는 것이 좋으며, 다른 학습자와의 경쟁이 필요한 경우에는 팀 간 경쟁을 사용하는 것이 바람직하다.

(4) 도전

도전은 교육적 또는 오락적 목적에 상관없이 게임에 필수적인 요소이다. 도전은 목표와 목적, 동기부여, 참여 등 게임의 효과성에 크게 기여하는 특성이 있다. 도전은 학습목표에 도달하기 위한 과정으로 반드시 성공하거나 이겨 내야 한다는 특징을 지닌다. 게임에서는 학습자의 도전 심리를 자극하도록 구성해야 하는데, 이를 위해 여러 수준의 과제를 제공하여 학습자가 자신의 현재 학습수준에 적합한 도전을 할 수 있도록 해야 하고, 학습자가 발전을 할 경우 더 높은 수준의 도전을 제공할 수 있어야 한다. 보통 새로운 도전은 이전에 학습했던 내용만으로는 해결하기 어려운 문제를 제시하여 학습자가 자신의 현재 이해도를 재평가하고 수정하도록 요구한다. 게임기반 학습에서 사용하는 교육용 게임에서는 스토리 자체가 교육적인 내용을 다루기 때문에 주로 학습자의 측은지심에 호소하여 도움을 요청하며 도전을 제시하는 특징이 있다. 도전의 개념은 그 자체가 게임을 통한 학습의 지표는 아니지만 오히려 학습의 수준을 향상시키는 잠재력을 지닌다고 여겨지는 높은 수준의 참여와 내재적 동기부여와 밀접하게 연관되어 있다.

(5) 상호작용

게임기반 학습에서 상호작용은 교육적인 목표에 크게 기여하기 때문에 가장 중요하다. 게임은 특정한 목적을 가지고 규칙, 경쟁 등의 다양한 요소를 통해 진행되기 때문에 상호작용은 필수적이다. 게임에서는 사용자와 컴퓨터 간의 상호작용 또는 사용자와 사용자 간의 상호작용을 한다. 게임기반 학습에서 사용자와 컴퓨터 간의 상호작용인 교육용 게임의 기계적 상호작용의 특징은 〈표 12-2〉와 같다.

표 12-2. **교육용 게임의 기계적 상호작용의 특징**

- 학습자는 게임 속 주어진 규칙 안에서 행동하고 반응한다. 예를 들어, 게임 속 캐릭터들은 학습자에게 질문을 하고 응답을 요청하기도 하는데, 이때 학습자는 제한 시간 등에 유의하며 키보드나 마우스를 이용하여 필요한 응답을 입력해야 한다.
- 학습자는 피드백과 보상을 통해 행동하고 반응한다. 사용자는 게임 중 도전을 통해 피드백이나 보상을 받는데 학습자의 학습흥미를 불러일으킬 만큼 유의미해야 한다. 교육용 게임은 학생들에게 교육적으로 활용되어야 하므로 피드백이나 보상 역시 교육적인 차원에서 이루어져야 한다.
- 학습자는 학습목표에 적합한 정보를 습득할 수 있다. 교육용 게임에서의 보상은 도전에 대한 성공 여부와 상관없이 게임 속 모험을 통해 학습목표와 관련된 자료를 얻을 수 있어야 한다.

(6) 시나리오

게임에서 시나리오는 모든 게임의 활동이 일어나는 '세상'이라고 정의할 수 있다. 잘 만들어진 시나리오는 학습자에게 의미가 있고 적절한 학습경험을 쌓을 수 있는 풍부하고 몰입적인 맥락을 제공하기 때문에 학습자를 게임에 참여시키기 위해 사전의 훈련이나 준비가 거의 필요하지 않게 한다. 시나리오는 게임 속 정보들을 통합하여 새로운 지식을 형성하거나 기존의 지식에 통합시키는 데도 영향을 미친다. 특히 우리나라 학습자를 위한 교육용 게임에서는 학생들의 학습을 촉진하기 위해 특정 학습내용을 어떠한 시나리오로 제시할지 많이 고려해야 한다. 또한 게임기반 학습에서 사용하는 교육용 게임의 시나리오는 학습목표와 관련된 내용을 담고 있어야 한다. 예를 들어, 한국 지리와 관련된 학습목표를 가지고 있는 게임이라면 국내여행을 하는 모험 게임이 활용될 수 있고, 단순히 수학적 연산이나 영어 단어 습득이 목적이라면 보드 · 퍼즐이 활용될 수도 있다.

(7) 디브리핑

디브리핑(Debriefing)은 실제 생활과 게임 속에서의 경험을 유의미하게 연결 짓는 것이다. 일반 게임은 게임 속에서의 즐기는 내용이 게임이 끝나면 큰 의미가 없는 반면에, 게임기반 학습에서 사용하는 교육용 게임은 가상공간인 게임 속에서 학습한 내용이 실제로 활용 가능한 지식으로 전환된다. 교육용 게임에서 학습자가 모든 퀘스트를 완료했다고 해서 온전한 학습이 된 것은 아니다. 학습자가 게임을 마친 후 학습한 내용이 현실에서도 지속되는 지식으로 전환 및 응용, 발전이 되어야 교육용 게임으로서 역할을 다했다고 볼 수 있다. 그렇기 때문에 교육용 게임에서는 게임 속에서도 현실과 연결할 수 있는 상황을 꾸준히 제시하는 것이 필요하다. 현실 세계에서 필요한 지식이 게임속에서 학습된 자료와 유의미한 관련이 있을 때, 학습자는 이미 학습된 지식과 학습 중인 새로운 지식들 간의 유추를 활용할 수 있을 것이다.

(8) 즐거움

모든 게임은 기본적으로 즐거움을 줄 수 있어야 사용자들로부터 선택받을 수 있다. 교육용 게임에서도 학습자들이 지식이나 기술을 습득 및 발전시킬 수 있도록 즐거움을 제공하여 학습효과 및 학습흥미를 향상시켜야 한다. 특히 교육용 게임에서는 단순히 게임을 하는 것으로 얻는 즐거움뿐만 아니라 학습한 내용이 자기 자신 혹은 게임 속 자신의 캐릭터를 발전시키거나 다른 캐릭터에게 도움을 줌으로써 교육적인 효과를 제공할 수 있어야 한다. 게임 속에 담긴 정보가 게임에 실제 현실에도 도움이 될 때 학습자에게는 학습동기가 부여되어 참여를 유도할 수 있다. 내적 동기부여가 된 학습자는 꾸준히 즐거움을 느낄 수 있게 되어 좀 더 심층적인 학습에도 적극적으로 참여할 것이다. 이처럼 게임기반 학습은 학습자들이 즐거워하고 지속적으로 참여하기를 원하는 경험을 제공하여 학습자에게 동기부여를 한다.

2. 액션러닝

1) 액션러닝의 정의

액션러닝(Action Learning)이란 소집단의 학습자들이 실제 현장에서 발생한 문제(과거에 일어났던)에 대해 해결 방안을 모색하고 이를 실행하는 과정에서 지속적으로 질문과 성찰을 통해 학습해 나가는 교육방법이다. 이를 통해 개인의 역량은 물론 개인이 속한 조직의 역량까지 발전시킬 수 있는 효과가 있다. 이러한 액션러닝에서 중요한 키워드는 소집단 학습, 실제 문제, 질문, 성찰과 실천, 학습이다(김미옥, 봉현철, 2016).

액션러닝은 미국의 레그 레번스(Reg Revans)에 의해 만들어졌다. 레번스는 팀을 중심으로 핵심적인 질문에 대해 서로 의견을 교환하고 이를 해결해 나가는 창의적 문제해결방법을 개발하게 되었고 기업에 상당한 효과를 가져왔다. 시간이 거듭될수록 액션러닝은 기업뿐만 아니라 지자체, 국가, 교육 단체에까지 생활의 실제적인 문제를 해결해 나가는 강력한 도구로 자리매김하고 있으며, 나아가 구성주의와 결합함으로써 기업과 학교현장에서 학습자중심, 팀중심 교수법으로 발전하고 있다(김자경 외, 2012).

이러한 액션러닝은 여러 분야의 학자들에게도 많은 관심을 가지게 하였는데, 일반적으로 통용되는 단일 정의는 없으나 이후 사용하는 학자들에 의해 조금씩의 차이를 두고 있는 개념으로 정리되었다. 액션러닝에 대한 다양한 학자들의 정의를 살펴보면, 〈표 12-3〉과 같다(김보림, 2021).

표 12-3. 액션러닝의 정의

구분	내용
Marquardt (2004)	소규모로 구성된 그룹이 기업이 직면하고 있는 실제적 문제를 해결하는 과정에서 학습이 이루어지며, 그 학습을 통해 각 그룹 구성원은 물론 조직 전체에 유익이 되도록 하는 일련의 과정이자 효과적인 프로그램으로 동시에 하나의 프로세스이다.
박수홍 등 (2016)	교육 참가자가 소집단을 구성하여 각자 또는 전체가 팀워크를 바탕으로 실패의 위험을 갖는 실제 문제를 정해진 시점까지 해결하는 동시에 문제해결과정에 대한 성찰을 통해 학습하도록 지원하는 역량개발의 교육방식으로 학습조직 구축의 초석이 되며, 교육훈련과 조직의 발전이 혼합된 교육기법이다.
봉현철과 유평준 (2001)	학습자들이 학습팀을 구성하여 해결하고자 하는 실존 과제를 각자 또는 팀 전체가 주체가 되어 정해진 시점까지 해결방안을 도출하는 동시에, 이 과정에서 지식 습득, 피드백, 질문과 성찰을 통하여 학습할 수 있는 하나의 프로세스이다.
장경원과 고수일 (2019)	액션러닝에 대하여 과제해결을 위해 구성원들이 해결방안을 도출하는 과정에서 질문과 성찰을 통해 학습이 이루어지는 과정이며, 교수자가 문제해결을 주도하는 것이 아니라 문제상황에 있는 당사자들이 능동적으로 협력하여 해결안을 도출하고 실행하는 것이다.

연구자들이 내린 액션러닝의 개념을 종합해 보면, 액션러닝이란 조직이 당면한 실제 과제의 해결안 도출을 위해 팀을 기반으로 학습자가 스스로 문제를 해결해 나가는 일련의 과정이자 교육방법이다. 다양한 학자들이 제안한 액션러닝의 특징을 종합해 보면

〈표 12-4〉와 같다.

표 12-4. 액션러닝의 특징

- 액션러닝은 구성원 중 누군가에게 힘의 권력이 집중된 것이 아닌 권위가 동등하게 부여된다.
- 지식을 소유하는 것에 그치는 것이 아닌 실천하는 것을 중요시하는 특징을 가진다.
- 액션러닝은 개인과 조직의 고정관념의 틀을 깨는 변형(transformation)적 특징이 있다.

이러한 액션러닝은 기존의 문제기반학습(Problem Based Learning: PBL)과 유사한 특성이 있어 교육현장에서 혼동을 불러일으키기도 한다(황성원 외, 2005). 액션러닝과 문제기반학습은 모두 학습자들의 직접적인 경험을 통해 의미 있는 학습이 이루어질 수 있다는 기본 가정을 하고 있다. 또한 학습자는 자기주도적으로 과제(문제)해결에 필요한 자료를 수집, 분석, 종합, 적용하며 팀원들과의 협동을 중요시한다는 공통점이 있다. 반면 두 모형의 기원을 살펴보면 액션러닝은 기업에서, 문제기반학습은 대학에서 시작되었으므로 과제의 특성, 과제해결 프로세스, 강조점 등에서 차이가 나타난다. 구체적으로 액션러닝에서 다루는 과제는 실제 과제(real issues)이고, 문제기반학습에서의 문제는 실제적 문제(authentic problem)이다. 즉, 문제기반학습에서는 현존하지 않지만, 실제 맥락에서 얼마든지 있을 수 있는 가상의 문제를 개발하여 활용할 수 있다는 차이점이 있다. 또한 과제해결 프로세스 측면에서 문제기반학습의 프로세스는 '임상 추론 과정을 통하여 개발된 문제확인–문제해결을 위한 자료수집–학습내용 공유–문제 재확인 및 해결안 도출–학습결과 정리 및 평가'라는 절차에 따라 이루어진다. 이에 비해 액션러닝은 '(현장에서 일어나는)과제 명확화–과제해결을 위한 연구–해결안 모색–실행'의 단계를 거치는 기본적 특성을 갖지만 프로세스를 한 가지로 한정하지는 않는다. 문제기반학습과 액션러닝의 차이점을 구체적으로 살펴보면 〈표 12-5〉와 같다(장경원, 고수일, 2019).

표 12-5. 액션러닝과 문제중심학습(PBL)의 비교

구분	액션러닝	문제중심학습(PBL)
기원	• 기업에서 조직 내 문제를 해결하기 위해 제안됨	• 의과대학에서 전문가 개발을 목적으로 제안됨
과제(문제)	• 실제 과제	• 실제적 문제(교수자가 학습목표를 달성할 수 있도록 구성한 실제 혹은 가상의 상황 문제)
과제(문제) 해결 프로세스	• 액션리서치에 기반 • 과제에 접근하는 프로세스를 한 가지로 한정하지 않음	• 의사들의 임상 추론 과정에 기반 문제에 접근하는 프로세스를 제시함
강조점	• 학습보다는 과제해결에 초점(그러나 인력개발을 목적으로 할 경우에는 학습에 더 초점을 둘 때도 있음)	• 문제해결보다는 학습에 초점

위의 표를 정리하면, 두 모형 모두 과제(문제)를 해결하는 과정에서 학습이 이루어지는 것을 강조하지만 문제기반학습과 액션러닝은 기원의 차이로 인하여 과제(문제)의 설정과 해결 프로세스에 차이를 보이며, 문제중심학습이 학습에 더 큰 비중을 둔다면 액션러닝은 실제 과제해결에 더 큰 비중을 둔다.

2) 액션러닝의 구성요소 및 단계

(1) 액션러닝의 구성요소

액션러닝의 구성요소는 문제, 학습팀, 질문과 성찰, 실행 의지, 학습, 러닝코치이며, 이러한 요소들이 모두 구성될 때 성공적인 학습이 일어난다. 액션러닝의 구성요소를 자세히 살펴보면 〈그림 12-2〉와 같다(김미옥, 봉현철, 2016; 김보림, 2021; 김효주, 엄우용, 2014; 장경원, 2011).

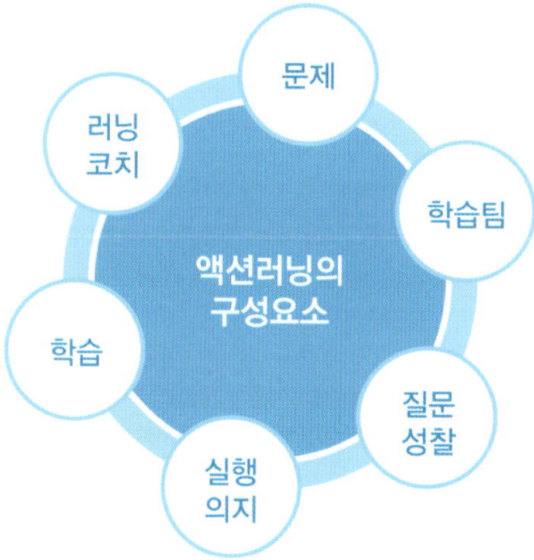

그림 12-2. 액션러닝의 구성요소

① 문제

액션러닝은 현실적인 실제 문제를 중심으로 이루어지는 학습이다. 이러한 문제는 현장에서 경험할 수 있는 실제적인 중요하고 정답이 없는 것으로 이슈, 도전, 프로젝트 등으로 다양하게 불린다. 이는 개인이나 팀에서 꼭 해결해야 할 시급하고 중요한 사안을 지칭한다.

마쿼트(Marquardt, 1999)는 액션러닝의 문제 조건을 아홉 가지로 제시하였는데, 실질적이고 반드시 해결해야 하는 과제, 실현 가능한 과제, 실존하는 과제, 참가자가 관심을 가지는 과제, 조직 내 여러 부서에 관련한 복잡한 과제, 학습기회를 제공하면서도 조직의 다른 부분에도 적용 가능한 과제, 표준화되거나 일괄적 해결방식으로 해결하기 어려운 과제, 의사결정이 내려지지 않은 과제, 본질에 있어 기술적인 문제이기보다는 조직적인 문제를 포함한 과제이다.

따라서 액션러닝에 있어 문제는 단순하고 표준화된 정답을 가진 성질의 것이 아닌 실제 현장에서 적용할 수 있는 다양한 사고를 요구하는 문제로 설정해야 한다. 액션러닝에서의 과제의 종류와 유형은 〈표 12-6〉과 같다.

표 12-6. 액션러닝에서의 과제

구분	유형	내용
과제의 중점	조직	조직에 중점을 두는 경우에는 팀별 과제가 강조된다.
	개인역량개발	개인의 과제가 팀별 과제보다 더 중요시될 수 있다.
운영형태	단일 과제 방식	하나의 학습팀이 하나의 과제를 다루는 것이다. 단일 과제 방식으로 운영할 경우 과제는 팀별 구성원 모두에게 의미 있는 실제 과제이어야 하며, 해결안이 단순하지 않아 다양하게 생각해 볼 수 있어야 한다. 단일 과제 방식은 조직의 변화에 목적을 두고 다양한 배경을 가진 구성원이 팀을 이루어 서로의 의견을 나눌 수 있는 기회를 얻을 수 있다는 장점이 있지만 과제를 실제 상황에서 해결해야 하는 과제보다 하나의 숙제처럼 받아들일 수 있다는 단점이 있다.
	개별 과제 방식	팀원 각자가 자신의 과제를 다루는 것이다. 개별 과제로 운영될 경우 개인의 역량함양과 발전에 목적을 두고 현재 개인이 당면한 문제나 학습에 초점을 둔다. 다양한 배경을 가진 구성원이 한 팀이 될 경우 여러 가지 다양한 지식을 공유할 기회를 가진다는 장점이 있지만 조직의 과제를 다룰 기회가 감소하며, 다양한 과제에 대한 해결로 인해 개인의 다른 과제로 시간이 분산되는 단점이 있다.

② 학습팀

액션러닝에서 학습팀은 다양한 배경과 경험을 가진 네 명에서 여덟 명 정도의 구성이 적당하다. 팀의 구성원을 네 명에서 여덟 명 정도로 구성하는 이유는 팀 구성원이 네 명 미만일 경우 구성원들 간의 다양성이 떨어져 창의성을 발휘하기가 어렵고 학습자 간 도전적이면서 다양한 아이디어를 주고받는 것이 어려워진다. 반면 학습팀이 아홉 명 이상일 경우 학습자 간 상호작용이 복잡해져서, 팀활동에서 개인에게 할당되는 발언 및 성찰 시간이 적어지므로 효과적인 팀활동을 기대하기 어렵다(Aubusson et al., 2015).

또한 팀은 공통성과 다양성을 고려하여 구성해야 하며, 팀의 공통성과 다양성의 적절한 조합이 각 구성원의 역량 발휘와 성공에 영향을 준다. 동질 집단으로 팀이 구성될 경우 과제를 좀 더 쉽게 이해하고 상호협력이 강하다는 장점이 있지만, 아이디어를 도출하고 다양한 시각에서의 과제 해결 접근이 어렵다는 단점이 있다. 반면, 다양성을 고려하여 팀을 구성할 경우 서로 다른 경험을 지닌 구성원이 의견을 교환하므로 다양한 가능성 있는 해결안을 도출할 확률이 높아지며 개인 차원의 과제뿐 아니라 조직 전체에서 요구되는 전략수립이나 과제를 해결할 수 있다(Peter et al., 2012).

③ 질문과 성찰

액션러닝에서 학습팀은 과제를 해결하는 과정에서 과제의 본질과 효과적인 과제 해결 방안에 대해 스스로 탐구하고 질문 및 성찰을 통해 학습을 경험한다(봉현철, 유평준, 2001; 장경원, 2011). 질문과 성찰의 과정을 통해 학습팀은 과제에 대한 공통 시각을 가지게 되며, 팀 구성원의 경험으로부터 학습방법을 학습하고 유대 관계를 구축하게 된다(Marquardt, 1999).

액션러닝에서 다루어지는 과제는 해결하기 어렵고 복잡한 문제로 선정되어야 한다. 그러므로 학습자는 기존에 가진 지식만으로 과제를 해결하기 쉽지 않다. 질문은 과제에 대해 다양한 관점을 가질 수 있도록 하며, 과제 해결에 중요한 작용을 한다. 학습팀은 질문을 함으로써 공동과제를 숙지하고, 팀구성원이 제시하는 전략을 파악하며, 해결안을 도출한다. 또한 액션러닝에서 질문은 학습자의 고정관념을 깨고, 사물 또는 현상 간 새로운 연결고리를 형성하여 효과적인 해결 방안을 모색하게 한다. 이러한 점에서 액션러닝은 질문에 기반을 둔 접근방법이라고 할 수 있다(O'Neil & Marsick, 2014).

성찰은 액션러닝에서 학습자가 자신의 경험을 유의미하게 정리하고, 비슷한 상황에 대응할 때 도움이 되도록 해결해야 하거나 해결한 과제에 대해 다시 생각하는 것이다. 성찰은 학습자에게 자신 스스로의 신념과 가치 체계, 태도에 대해 비판적으로 생각할 수 있게 한다. 성찰을 통하여 학습자는 해결하고자 하는 과제의 본질을 이해하게 된다. 성찰은 학습자에게 실천을 위한 논리적인 근거를 수용하게 하고, 과제 해결을 위한 다양한 접근방법을 고찰할 수 있게 해 줌으로써 긍정적인 성과를 도출할 수 있게 해준다(Pedler & Abbott, 2013).

④ 실행의지

액션러닝은 실천과 반성적 사고, 학습이 주기적으로 반복되는 과정이다. 과제를 해결하기 위해서는 실천이 필요하며, 실천을 위한 실행의지가 중요하다(권연정, 2016). 즉, 액션러닝에서 과제는 학습자가 직면하고 있는 실제 문제이기 때문에 이를 해결하기 위한 학습자의 실행의지가 필요하다(박상혁 외, 2016). 액션러닝 기반 수업에서 학습자의 실행의지는 과제를 해결하는 데 있어 학습팀과 학습자에게 스스로 동기를 부여할 수 있는 요인이 된다(부성숙, 2014). 학습자에게 학습동기가 없다면 학습을 수행하기가 어렵다. 학습팀에서 질문과 성찰과정을 통해 학습한 내용은 학습자 자신에 의해 실행되거나 타인을 통해 실행할 의지가 있어야 한다. 따라서 액션러닝 기반 수업에서 학습과정과 문제에 대한 해결안을 수행하는 데 학습자의 실행의지는 중요한 요인이다.

⑤ 학습

액션러닝은 과제의 해결과 학습이 동시에 일어나기 때문에 과제의 해결과 학습이 모두 중요하다. 그러나 장기적인 관점에서는 과제의 해결보다 학습이 더 중요하다(권연정, 2016). 액션러닝에서 학습팀원들은 함께 과제를 해결하는 과정에서 비판적으로 학습하고 사고하는 법을 배운다. 액션러닝에서 학습자는 과제를 해결하는 과정에서 실행과 질문, 성찰을 통해 학습을 경험한다(Marquardt, 2004). 이러한 학습과정은 콜브(2015)의 경험학습 개념과도 같은 맥락으로 해석된다. 액션러닝에서 학습자는 실제적 학습경험, 관찰과 성찰, 학습경험의 일반화, 일반화의 적용 등의 과정을 거쳐 지식을 창출한다. 액션러닝을 통해 학습자가 습득할 수 있는 지식은 과제 자체와 관련된 지식과 과제해결 과정에서 팀 리더십, 의사소통능력, 프레젠테이션 능력, 갈등관리, 회의 운영기술, 학습팀 운영기술 등이 있다(장경원, 2011).

⑥ 러닝코치

러닝코치는 학습자의 학습능력과 성장을 촉진해 원활한 과제의 해결을 돕는 기능을 가지고 있다(Marquardt, 2004). 즉, 러닝코치는 학습팀의 효과성을 증진하기 위하여 존재한다. 또한 러닝코치는 학습팀의 논의가 매끄럽게 진행되어 결론을 도출할 수 있도록 돕는다. 그러나 러닝코치가 가지는 역할의 비중이 높아지게 되면 액션러닝에서 학습자는 러닝코치에 대한 의존도가 높아지게 되고 과제를 해결하는 데 실행의지가 약해질 우려가 있다. 러닝코치는 액션러닝 과정에서 참가자의 학습을 유발하며, 학습이 실천과 연결하는 것을 돕는다. '학습'이라는 관점에서 러닝코치의 역할은 지식을 전달하는 역할이 아닌 학습자의 학습을 촉진하는 촉진자로서의 역할이 강조된다(이태복, 최명숙, 2005).

표 12-7. 러닝코치의 역할

- 러닝코치는 팀이 과제를 정확히 인식하고 해결 및 의사결정방법을 개선하도록 돕는 역할을 한다.
- 러닝코치는 학습자에게 학습팀의 과제와 관련한 지식을 가르치는 것이 아닌 학습자가 서로에게 배울 수 있는 환경을 조성하고 자신감을 기르도록 하며 스스로 성찰하는 방법을 찾도록 돕는다.
- 러닝코치는 액션러닝에서 지식을 전달하기보다는 질문을 통해 팀구성원 스스로 과제해결을 위해 해야 할 일을 발견하도록 한다.
- 러닝코치는 자신의 역할수행을 위해 다양한 과제해결방법을 습득하고 있어야 하며, 과제의 성격에 따라 적절하게 팀 수행과제를 제시함과 동시에 문제해결을 촉진하기 위한 적절한 질문을 지속적으로 해야 한다.

액션러닝 기반 수업에서 교수자는 러닝코치의 역할을 담당하게 된다. 이때 교수자는 학습자가 과제를 해결하는 과정에서 학습이 이루어질 수 있도록 지원하는 역할을 한다. 교수자는 러닝코치로서 학습자가 과제를 해결하는 과정에서 질문과 적절한 개입을 통하여 학습자의 학습을 촉진하고, 실행의지를 고취하는 역할을 한다(김보림, 2021).

(2) 액션러닝의 단계

액션러닝은 퍼실리테이터(facilitator)의 역량에 따라 다양한 프로세스로 운영된다. 퍼실리테이터(facilitator)는 촉진자를 뜻하는 것으로 상황에 따라 교사나 튜터, 학습 코치 등을 의미한다. 액션러닝의 운영을 담당하는 퍼실리테이터마다 다른 방법을 사용하고 있다. 예로, 오닐과 마식(O'neil & Marsick, 2014)은 액션러닝 단계를 10단계로 제시하였는데, 이를 바탕으로 장경원과 고수일(2019)은 액션러닝의 문제해결과정을 5단계, 즉 과제의 명확화, 현황 및 문제점 분석, 원인분석, 해결안 도출 및 타당성 검증, 실행 및 성찰의 단계로 재구성하였다〈그림 12-3〉.

그림 12-3. **액션러닝의 단계**

1단계는 과제의 명확화 단계로 과제의 목표와 범위를 구체적으로 결정하고 방향을 결정하는 것이다. 2단계는 현황 및 문제점 분석 단계로 과제 대상이 현재 해결해야 할 내용이나 개선해야 할 점 중 소수의 핵심 문제점에 초점을 두고 현장에서 과제와 관련된 다양한 정보를 수집하는 것이다. 다양한 정보를 수집하는 방법에는 인터뷰, 설문조사, 문헌 검색, 관련 기관 방문 등이 포함된다. 3단계는 원인분석 단계로 앞에서 선택한 각각의 핵심 문제점을 분석, 분류하여 그 발생 배경과 원인을 찾는 것이다. 4단계는 해결안 도출 및 타당성 검증 단계로 문제의 원인에 대한 이해를 바탕으로 이를 해결하기 위한 방안을 도출하고 효과성, 시급성, 실현가능성 등을 고려하여 최선의 방안을 결정하는 것인데, 이때 팀 토의를 통하여 결정한다. 5단계는 실행 및 성찰의 단계로 최선의 방안이 결정되면 실행을 위한 구체적인 계획을 세우고 실행하는 단계이다. 또한 팀원들은 그동안의 활동에서 배우고 느꼈던 점을 공유하며 성찰하는 시간을 갖는다.

3) 교수 · 학습방법으로서의 액션러닝

기업의 효율적인 운영을 위하여 시작되었던 액션러닝은 교육계에서 역량중심의 교육이 부각되면서 혁신적 교육방법으로 사용되고 있다. 액션러닝의 정의 '실제 문제를 정해진 시점까지 해결하는 동시에 문제해결과정에 대한 성찰을 통해 학습하도록 지원하는 역량개발의 교육방식(박수홍 외, 2016)'에서도 알 수 있듯이 액션러닝은 학습자의 창의적이며 융합적인 문제해결역량을 기르기 위한 하나의 교수 · 학습 방법이 될 수 있다. 또한 '맞춤형 학습'과 '적시형 학습'을 위한 구체적인 학습방법으로 떠오르고 있다(김보림, 2021).

최근 이러한 액션러닝 학습이 교육 분야에서 활발히게 이루어지고 있다. 즉, 교육 분야의 액션러닝 연구들은 대다수 현직교사나 예비 교사를 대상으로 프로그램 개발을 위하여 활용하는 것으로 볼 수 있는데, 이는 성인학습자가 단순히 지식을 습득하는 것에서 벗어나 스스로 문제를 인식하고 해결하는 역동적인 교수 · 학습 방법으로 여겨지기 때문이다(김자경 외, 2012). 또한 대학 혹은 평생교육에서 액션러닝을 활용하는 이유 역시 학습자가 교과목 지식의 습득뿐 아니라 문제해결능력, 자기효능감, 창의력 등을 기르고, 현장 이해를 강조하기 위한 교수 · 학습방법으로 적절하기 때문이다(이성아, 2018).

이상에서 살펴보았듯 액션러닝은 성인학습자들이 능동적 학습을 할 수 있도록 돕고, 실제 문제를 해결하는 역량을 향상할 수 있는 교수 · 학습방법 중 하나라고 할 수 있다.

한편 액션러닝은 교수설계와 같이 체계적인 모형을 가지고 있으므로 액션러닝 단계의 핵심적 프로세스가 교수설계 방법으로 활용되기 적절하다는 특징이 있다. 정주영(2007)은 액션러닝 단계를 핵심학습 활동 프로세스로 표현하며, 액션러닝의 프로세스 단계를 ADDIE(Analysis, Design, Development, Implementation, Evaluation) 모형에 적용하였다. 〈표 12-8〉은 정주영(2007)이 ADDIE 교수설계 모형에 액션러닝 프로세스를 적용한 것이다.

표 12-8. ADDIE 교수설계 모형에 적용한 액션러닝 프로세스

분석(A)	설계(D)	개발(D)	실행(I)	평가(E)
1. 문제탐색하기 2. 문제명료화하기	3. 가능한 해결책 도출하기 4. 우선순위 결정하기	5. 액션플랜 작성하기	6. 현장 적용하기	7. 평가하기

Chapter

13

문제중심학습(PBL)과 창의적 문제해결학습(CPS)

배울내용

1. 문제중심학습 ● 2. 창의적 문제해결학습

학습목표

1. 문제중심학습의 개념과 특징을 파악한다.
2. 문제중심학습의 일반적인 절차를 숙지한다.
3. 문제중심학습의 특징을 설명할 수 있다.
4. 창의적 문제해결학습의 정의를 파악한다.
5. 창의적 문제해결학습의 구성요소를 설명할 수 있다.

학습자주도형 평생교육 교수 · 학습방법의 종류에는 참여식 교육법과 경험학습, 발견학습과 자율적 협동학습, 자기주도학습, 멘토링과 코칭, 게임기반 학습과 액션러닝, 문제중심학습과 창의적 문제해결학습 등 다양하다고 할 수 있다〈그림 8-3 참조〉. 학습자주도형 평생교육 교수 · 학습방법의 종류에서 참여식 교육법과 경험학습은 8장, 발견학습과 자율적 협동학습은 9장, 자기주도학습은 10장, 멘토링과 코칭은 11장, 게임기반 학습과 액션러닝은 12장에서 살펴보았고, 본 장에서는 문제중심학습과 창의적 문제해결학습에 대해 살펴보고자 한다.

1. 문제중심학습

1) 문제중심학습(PBL)의 개념과 특징

교육 현장에서 자주 활용되고 있는 또 하나의 평생교육방법은 문제중심학습(Problem-Based Learning: PBL)이다. 왜냐하면 문제중심학습의 구성이 매우 전략적이고 현대사회의 다양한 소재를 중심으로 해결방법을 찾아 문제를 해결해 가는 과정으로 구성되어 최근의 교육목표와 경향성을 잘 반영할 수 있는 모형이기 때문이다(권성민 외, 2021).

문제중심학습(PBL)은 배로우즈 등(Barrows et al., 1980)이 학생들이 배운 기술을 실제 상황에서 효과적으로 사용할 수 있는 능력을 기르기 위해 의과대학에서 처음으로 실시한 방법으로, 이론과 실습을 통합하여 지식과 기술을 적용하고 제시된 문제에 대한 실행 가능한 해결책을 개발하는 것을 목적으로 하는 학습법이다(Savery, 2006).

문제중심학습(PBL)을 연구하는 학자들은 이론적 기반을 듀이의 경험주의 학습[1]과

1) 실용주의 교육철학에 비탕을 둔 경험중심학습은 사회적 존재로서 개인 경험의 계속적 성장에 관심을 두며, 학교교육은 학생들의 경험과 흥미, 생활에의 유용성, 사회적 적응 등을 강조한다. 따라서 학습자들의 일상생활의

구성주의 학습에서 찾는다. 듀이는 학습에서의 학생들의 경험을 강조하며 수업의 모든 과목에 대한 첫 번째 접근은 가능한 한 비학문적이어야 한다고 주장했다(Delisle, 1997; Dewey, 1916, 1944). 그는 행동과 사고가 경험 속에서 함께 이루어진다고 주장하면서 경험을 실제 세계에만 한정하고 '참지식'의 대상에서 제외하여 아는 것과 행동하는 것이 분리되는 것을 비판하였다. 따라서 학습은 경험의 의미를 증진하는 경험의 재구성이며 학생들은 이러한 과정을 반복하면서 더 성장할 수 있는 능력을 부여받게 된다는 것이다(이미숙, 박상호, 2019).

그리고 배로우즈와 탐블린(Barrows & Tamblyn, 1980)은 일상에서 발생하는 다양한 문제들을 해결하는 과정에서 학습이 일어난다고 주장하였다. 이처럼 문제중심학습(PBL)은 처음부터 듀이의 이론을 기반으로 개발된 것은 아니지만 학생의 현재 경험과 관련된 문제로 학습을 시작하여 지식을 탐색하고 문제해결책을 고안하는 과정에서 고차원적 사고를 경험하게 된다는 점은 듀이의 이론과 맥을 같이 한다고 할 수 있다(조연순, 이명자, 2010).

문제중심학습(PBL)을 소개할 때 가장 많이 언급되는 이론은 구성주의[2]다. 구성주의는 지식이 외부에서 제시되는 것이 아니라 학생 자신이 주관적으로 구성한다는 입장을 취한다. 구성주의에서 주장하는 학습원칙은 학자에 따라 다양하게 언급하고 있으나 공통된 사항은 〈표 13-1〉과 같다(최호정, 2021).

경험과 더욱 긴밀하게 연결하면 학생들의 경험은 더욱 성장할 것이고 더 좋은 시민이 될 것으로 본다. 경험주의 관점에 의하면 교육의 기본 목적을 교육적 경험을 통해 학습자들의 발달을 촉진하는 데 두었다. 따라서 학생들이 특정한 목적을 성취하기 위한 학습활동은 주로 프로젝트를 통해 겪는 경험들을 교육과정 조직의 중심요소로 활용하고 있다. 경험중심학습의 대표적인 학자는 듀이이다.

2) 구성주의에서는 학습을 자신이 지식을 직접 구성하고 재구성해 나가는 것을 학습이라고 정의하기 때문에 이러한 과정이 많이 일어날 수 있는 최대한의 다양한 학습환경을 제공해 보는 것이 좋은 학습방법이라고 주장한다. 따라서 구성주의에서 주장하는 좋은 교수설계는 일단 학습자에게 실질적이고 현실적인 다양한 환경이나 경험에 최대한 노출시키는 것이다. 이러한 경험과 새로운 환경을 통해 학습자들은 실제로 다양한 체험을 하면서 직접적인 지식을 재구성할 기회를 가질 수 있게 되는 것이다.

표 13-1. 구성주의의 학습원칙

학습원칙	세부 내용
체험학습	• 학생이 주도적으로 학습의 전 과정에 참여한다. • 학생들에 의해 지식이 구성되고 공유된다. • 학생이 전체적인 학습의 통제권을 지니고 있다.
성찰학습	• 메타인지를 습득하고 활용할 수 있다. • 학생의 기존 지식과 개념을 활용할 수 있다. • 제시된 과제해결을 위해 고차원적 사고와 탐색이 필요하다.
협력학습	• 학생들이 함께 지식을 구성하고 공유한다. • 개념과 내용에 대한 다양한 관점과 시각이 자유롭게 제시되고 수용된다. • 학생들의 토의 · 대화 · 상호작용을 통해 성찰을 촉진한다.
실제적 과제	• 통합 교과적 과제를 다룬다. • 특정 상황을 기반으로 하는 과제이다. • 과제의 성격과 해결안을 제대로 평가할 수 있는 기준과 방법을 제시한다.
촉진자, 동료 학습자로서 교사	• 인지적 도제학습 환경을 제공한다. • 과정 중심 평가를 제공한다. • 실수와 오답에 대해 허용하고 인내가 필요하다. • 학생의 학습에서 인지적 측면과 정서적 측면이 동시에 고려된다.

〈표 13-1〉과 같은 구성주의 학습원칙을 반영해 볼 때, 문제중심학습(PBL)은 학생의 선행지식, 선호에 기초한 학습을 경험하게 하고, 학습에서 학생이 주도권을 가진다는 점, 학습의 전개가 학생의 실생활과 관련된 문제로 시작한다는 점, 학생들의 경험을 성찰을 통해 일반화한다는 점, 사회적 상호작용을 통해 모둠 내 협력이 발생한다는 점, 교사는 보조자, 촉진자, 도우미의 역할을 한다는 점에서 구성주의의 교수학습을 반영하는 것으로 볼 수 있다. 다시 말해, 문제중심학습(PBL)은 일반교육에서 이루어지는 잘 정의되고 통제된 상황 속에서 나타나는 과학적 현상을 다루기보다는 복잡한 실제 세계에서 나타나는 현상을 비구조화된(ill-structured) 문제의 형태로 제시하여 학생 스스로 의미 있는 해결방법을 찾아내게 함으로써 교과지식과 과정지식뿐만 아니라 문제해결전략을 동시에 가르치는 구성주의적 접근방법을 적용하고 있는 교수전략이라고 정의할 수 있다. 이러한 문제중심학습을 통해 학습자들이 얻을 수 있는 이점은 〈표

13-2〉와 같다(권성민 외, 2021).

표 13-2. 문제중심학습의 이점

구분	내용
지식의 습득보다는 활용에 강조를 두고 있다	학생들은 수업시간에 배운 지식을 기억만 할뿐 실제로 활용하는 경험을 전혀 해 보지 않았다. 즉, 대부분의 교육이 개념을 잘 이해하기 위한 계획된 상황에서 이루어지고 있으며 활용의 기회는 극히 드물다. 따라서 문제해결학습은 지식의 습득보다는 활용을 강조한다.
자기학습능력을 향상시킨다	일반적인 교실수업 상황에서 제시되는 문제와는 달리 문제를 정의하고 해결하기 위해 더 많은 정보를 요구한다. 따라서 학생들은 새로운 정보를 스스로 찾고 정보의 유용성 여부를 스스로 판단해야 하며, 이와 같은 활동들은 학생의 자기학습능력을 향상시킨다.
심층적인 이해와 과학탐구능력의 향상을 가져올 수 있다	문제중심학습에서는 항상 실제적인 문제를 다루기 때문에 정확하게 한 가지 답이 있는 문제들이 아니다. 문제가 해결되었는지 여부, 최선의 해결책인지에 대한 모든 판단을 학생 스스로 해야 한다. 따라서 정확한 판단을 하기 위해서는 주어진 상황에 대한 깊은 이해가 없으면 불가능하다. 이러한 과정으로 학습한 내용은 더 오랫동안 지속될 수 있으며, 더 심층적으로 이해하여 탐구능력을 실제적인 일과 연결시킬 수 있다.
동료와의 협동심을 기를 수 있다	모둠의 형태로 진행되는 문제중심학습에서는 동료들과의 협력하는 태도가 매우 중요하게 작용할 수 있다. 동료들과 토론을 통해 문제를 정의하고 계획하고 역할분담을 하여 자료를 찾고 탐구를 수행하며 최선의 해결책인지 또 토론하고 어떻게 표현할 것인지 결정하는 과정을 통해서 동료와 상호 협력하는 기술을 익힐 수 있다.
수준별 교육이 이루어질 수 있다	물론 한 가지 상황이 제시되지만 학생의 능력과 관심에 따라 다양한 교육의 결과가 이루어질 수 있다. 그러나 학생들은 수동적인 입장이었던 전통적인 교수 · 학습방법과 달리 스스로의 동기부여에 의해 학습에 참여함으로써 능동적인 학습태도를 기를 수 있다.

2) 문제중심학습(PBL)의 일반적인 절차

문제중심학습(PBL)은 교수자와 학생의 수준 및 학습환경에 따라 다르게 나타날 수 있지만 대부분 〈그림 13-1〉과 같은 단계를 통해 이루어지게 되는데, 문제중심학습의 일반적인 절차는 〈그림 13-1〉, 〈표 13-3〉과 같다.

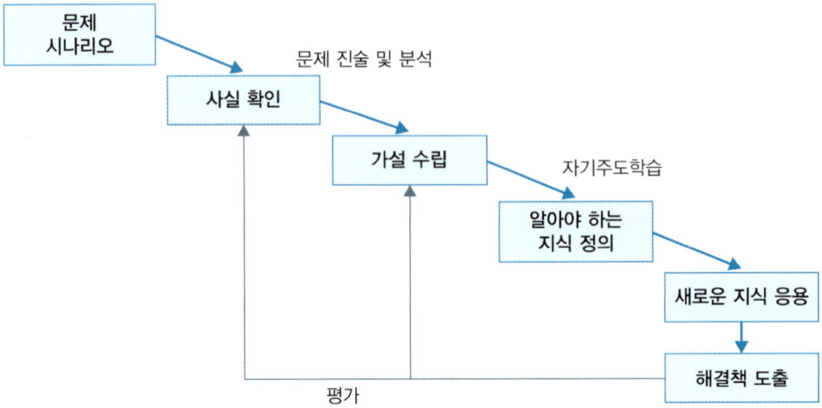

그림 13-1. **문제해결학습(PBL)의 사이클**

표 13-3. **문제중심학습의 일반적인 절차**

1. 문제상황의 도입	2. 문제상황의 제시
3. 문제상황 파악하기(전체 활동)	4. 문제 재정의 하기(이하 개인별 또는 모둠별 활동)
5. 탐구 및 자료수집하기	6. 자료분석하기
7. 문제종합하기	8. 문제해결하기
9. 정리하기	

먼저, 학생들은 자신의 실생활과 관련된 비구조화된 문제를 해결하기 위해 자신의 경험과 선행지식을 종합하여 가설을 수립하게 된다. 가설을 수립한 후 학생들은 가설의 실현가능성을 확인하기 위해 문제해결계획을 수립한다. 따라서 문제중심학습(PBL)에서 학생들의 문제해결을 돕기 위한 과정은 〈표 13-4〉와 같다(Barrows & Myers, 1994; 최호정, 2021).

표 13-4. **문제해결을 위한 과정**

구분	내용
가설 · 해결안	이 문제를 해결할 수 있는 방법은 무엇입니까?
이미 알고 있는 사실	이 문제의 해결을 위해 이미 알고 있는 사실은 무엇입니까?
더 알아야 할 사항	이 문제를 해결하기 위해 더 알아야 할 것은 무엇입니까?

〈표 13-4〉의 문제해결을 위한 과정을 구체적으로 살펴보면, 첫째 가설 · 해결안(Ideas)은 주어진 과제를 해결하는 방법이다. 여기에서 학생들은 학습을 통해 지식과 정보를 습득해 나가면서 검토를 통해 가설 · 해결안을 수정 및 보완하게 된다. 둘째, 이미 알고 있는 사실은 학생들의 경험, 관심사, 선행지식 수준과 관련이 있다. 이는 문제와 관련하여 학생들이 알고 있는 내용을 중심으로 작성하게 된다. 셋째, 더 알아야 하는 사항은 문제해결학습(PBL)에서 가장 핵심으로, 학생들이 자기주도학습을 통해 학습하게 되는 내용이다. 학생들은 지식을 습득하기 위해 각자의 학습양식에 맞는 방법을 선택하여 모둠별 또는 개별로 학습하게 된다. 이 과정에서 학생들은 교사가 준비한 학습자료를 참고하거나 추가 학습자료를 탐색할 수 있는데, 이때 학습자료의 범주에 해당하는 것은 해당 분야의 실제 전문가도 포함된다는 것이다.

학생들은 습득한 새로운 지식을 응용하여 가설의 실행가능성을 검토한 후 협력을 통해 문제해결책을 도출한다. 마지막으로는 자신에 대한 평가, 모둠원 및 모둠별 평가, 학습에서 얻게 된 실천적인 내용에 대한 성찰 등을 통해 활동을 마무리한다.

3) 문제중심학습(PBL)의 특성

학생들은 적절한 도전정신을 부여하는 과제를 수행하는 과정에서 만족감을 느끼고 궁극적으로는 내재적 학습동기가 부여되며 성찰을 통해 자기주도학습을 위한 습관을 형성할 기회를 얻게 된다(Hmelo, 2004; Elaine & Karen, 2016). 또한 이견을 공유하며 문제해결책을 찾아가는 과정에서 협력, 사회성 발달, 동료에 대한 태도 등 긍정적인 효과를 얻을 수 있으며 환경에 대해 적응하고 또래로부터 수용된다(Johnson & Johnson, 1981; Mayeux & Cillessen, 2003). 배로우즈(1994)는 문제중심학습(PBL)의 6가지 특성을 〈표 13-5〉와 같이 제시하고 있다(김서하, 2012; 조연순, 이명자, 2010; 최호정, 2021; Delisle, 1997).

표 13-5. 문제중심학습(PBL)의 6가지 특성

- 학생중심의 수업이다. 문제중심학습(PBL)에서는 기존의 교사주도 수업에서 벗어나 학생이 주체가 된다. 학생들은 능동적으로 필요한 지식과 정보를 결정하고 문제를 해결해 나가는 과정에서 자신의 학습에 책임을 지게 된다.
- 학습은 모둠 내에서 이루어진다. 필요한 정보를 학습한 후 수집한 내용을 모둠원들에게 공유하는 과정을 통해 학생 간 사회적 상호작용이 일어나게 되고 개인 내적으로 지식이 구성된다.
- 교사는 조언자 또는 안내자의 역할을 한다. 교사가 문제해결과정에 개입하여 직접 문제를 해결하려고 하거나, 지나치게 많은 정보를 제공하는 것은 학생들의 독립적인 문제해결을 방해할 수 있다. 따라서 교사는 지식을 전달하는 사람이 아니라 학생들의 문제해결을 촉진하고 비계를 제공하는 역할을 제공한다.
- 문제는 학습을 위한 자극과 핵심 내용 중심으로 형성한다. 문제는 학생들이 달성해야 할 교육목표를 포함하기 때문에 교육과정과 관련된 핵심 내용으로 형성되어야 한다.
- 문제는 실제 상황의 문제해결능력을 개발하는 수단이다. 교사는 학생들이 배경지식과 습득한 지식을 결합하여 다양한 문제해결방법을 시도하도록 장려하고, 문제를 해결하기 위해 한 가지 방법만 있는 것이 아님을 인식하도록 한다.
- 자기주도학습을 통해 새로운 정보를 얻는다. 문제중심학습(PBL)은 학생이 문제를 해결하기 위해 무엇을 어떻게 배울 것인지에 대한 선택을 필요로 한다. 즉, 문제를 인식하고, 자발적 계획에 따른 자기주도적 지식 탐색 능력은 문제중심학습(PBL)뿐만 아니라 평생학습을 위한 기초가 된다.

문제중심학습(PBL)을 실시할 때 가장 중요한 것 중 하나는 수업에 대한 통제 대신 학생들이 자신의 능력을 신뢰하고 발휘하도록 지원하는 것이다. 문제중심학습(PBL)에서의 교사는 설명하기보다 조력자의 역할을 하는 경우가 더 많지만 이러한 역할 변화가 가르치지 않음을 의미하지는 않는다. 전통적인 교수법들은 문제중심학습(PBL)의 맥락에서 재구성될 수 있다(Mcdowell, 2017). 예를 들어, 설명식 수업은 문제중심학습(PBL)

의 마지막 단계에서 학생들에게 학습내용의 정리를 위해 실시될 수 있으며, 시청각 자료는 교사가 직접 설명하는 대신 학생들에게 제공되어 스스로 지식 탐색을 위해 사용될 수 있다. 문제중심학습(PBL)에서 성공적으로 학습이 이루어지도록 하기 위한 교사의 역할을 살펴보면 〈표 13-6〉과 같다(권성민 외, 2021; 이현민, 2011).

표 13-6. **교사의 역할**

- 교사는 항상 모든 과학적 탐구과정이 진행될 수 있도록 해야 한다. 종종 학생들은 문제에 대한 조작적인 정의를 내리기도 전에 해답을 추측하려고 한다. 학생들이 문제를 통하여 추론하도록 하기 위해서 교사는 학생들로 하여금 적절한 분석적 추론과정과 기존 지식을 이용하여 습득한 새로운 정보를 통합하도록 해야 한다. 모든 과정에서 비약이나 추측에 의한 문제해결을 경계해야 한다.
- 교사는 학생들의 지식을 깊이 있게 관찰해야 한다. 학생들의 학습에 대한 이해를 평가하기 위해 끊임없이 질문하여 학생들로 하여금 새로운 정보의 진정한 의미를 파악하도록 도와주어야 한다.
- 모둠의 학생들이 모두 학습에 적극적으로 참여하도록 해야 한다. 학생의 특성에 따라 모둠활동에 매우 소극적인 학생들이 있는데, 특히 주의를 기울일 필요가 있다.
- 개개의 학생뿐만 아니라 전체 학생들에 대한 계속적인 평가가 이루어져야 한다. 학생들이 무엇 때문에 어려움을 겪고 있는지, 새로운 정보 획득의 어려움, 논리적 추론의 어려움 등을 파악하여 적절한 조언을 주는 것이 필요하다.
- 문제의 난이도를 조정할 필요가 있다. 학생들이 문제를 해결하는 과정에서 적절한 창의성의 발휘와 지적인 자극을 느낄 수 있도록 내용을 수정하거나 그리고 시간의 안배 등을 고려할 필요가 있다.

문제중심학습(PBL)에서 교사는 학생들이 알아야 할 내용을 직접적으로 가르치거나 학생들과 토론을 통하여 개념을 구체화하게 하고 시험을 위해서 암기하도록 정리하는 전통적인 수업과는 달리 학생들이 자기주도적으로 학습할 수 있도록 도와주며, 학생들의 사고의 모순을 지적하여 논리적으로 사고하게 하고, 문제해결을 위한 정보를 제공하거나 참고자료를 제시하고, 학생들로 하여금 계속 학습에 집중할 수 있도록 도와주는 안내자(코치)의 역할을 담당하게 된다.

이에 반해 학생들은 스스로 학습내용과 학습방법을 선택하는 등 자기주도적으로 의미를 구성해 나가는 적극적이며 능동적인 문제해결자의 역할을 담당한다(정현철, 2004).

문제중심학습의 전개과정을 구체적으로 살펴보면 〈표 13-7〉과 같다(Barrows & Myers, 1994).

표 13-7. 문제중심학습(PBL) 방식의 전개과정

수업 전개			
1. 수업 소개 2. 수업 분위기 조성(강사의 역할 소개)			
문제 제시			
1. 문제 제시 2. 문제에 대한 주인(소유) 의식을 느끼도록 한다(학생들이 문제를 내재화하도록 한다). 3. 마지막에 제출할 과제물에 대한 소개를 한다. 4. 각자의 역할을 분담시킨다.			
생각(가정들)	**사실**	**학습 과제**	**실천 계획**
주어진 문제에 대한 학생들의 생각을 기록한다. 원인과 결과, 가능한 해결안 등	개인 혹은 그 학습을 통해 제시된 가정을 뒷받침하는 지식과 정보를 종합한다	과제 해결을 위해 학생들 자신이 더 알거나 이해해야 할 사항을 기록한다	과제 해결을 위해 취해야 할 구체적 실천 계획을 한다
5. 주어진 문제의 해결안에 대한 깊은 사고를 칠판에 적은 후, 다음 사항에 관하여 과연 나는 무엇을 할 것인가를 생각해 본다.			
생각(가정들)	**사실**	**학습 과제**	**실천 계획**
확대/집중시킨다	종합/재종합한다	규명화한다	계획을 공식화한다
6. 해결에 대한 가능한 생각을 정비한다. 7. 학습과제를 규명하고 분담한다. 8. 학습 자료를 선정, 선택한다. 9. 다음번 토론 시간을 결정한다.			
문제 후속 단계			
1. 활용된 학습자료를 종합하고 그에 대한 의견 교환을 한다. 2. 주어진 문제에 대한 새로운 접근을 시도한다. 다음 사항에 대하여 나는 무엇을 할 것인지를 생각해 본다.			
생각(가정들)	**사실**	**학습 과제**	**실천 계획**
수정한다	새로 얻은 지식을 활용하여 재종합한다	만일 필요하다면 새로운 과제 규명과 분담을 한다	앞서 세웠던 실천안에 대한 재설계를 한다
결과물 제시 및 발표			

문제 결론과 해결 이후
1. 배운 지식의 일반화와 정리 작업(정의, 도표 목록, 개념, 일반화, 원칙 등)을 만들어 본다. 2. 자아 평가 - 문제해결과정에 대한 논리적 사고를 하였는가? - 적합한 학습자료를 선정하여 필요한 지식과 정보를 얻어 냈는가? - 과제 수정 과정에서 그 팀원에게 협조적이었는가? - 문제해결을 통해 새로운 지식 습득과 심화 학습이 이루어졌는가?

출처: 이현민(2011). 문제기반학습(PBL)을 적용한 효과적인 음악과 교수 · 학습 모형. 경희대학교 교육대학원 석사학위 논문.

문제중심학습(PBL)에서는 학습이 문제로부터 시작된다. 문제는 시나리오, 영상, 시뮬레이션 등 다양한 형태로 제시되는데, 학생의 삶과 관련된 문제의 제시는 학습에 대한 호기심과 흥미를 불러일으키게 된다(장성아, 2005). 그러므로 성공적인 문제중심학습(PBL)의 실행을 위해서는 문제의 특징을 파악하고 적절한 문제를 개발하는 것이 중요하다.

조연순, 이명자(2010)는 다음과 같이 문제의 특징을 정리하였는데, 첫째, 문제는 비구조화되어 있다. 문제중심학습(PBL)에서 요구하는 비구조화된 문제는 습득한 지식을 실제 현실 맥락에 응용한 복잡한 문제이며, 학생의 생각과 경험에 따라 다양한 답이 나타날 수 있지만 정답이 정해지지 않은 개방된 문제이다. 예를 들어, '학교 전교생의 수를 구하시오', '수소와 산소가 반응하면 일어나는 화학 변화는?' 등의 정답이 정해진 문제는 문제중심학습(PBL)의 문제에 적합하지 않다. 다시 말해, 문제중심학습(PBL)에서는 비구조화된 문제를 기반으로 하고 있으며, 학생의 발달 및 지적 수준에 따라 문제와 해결과정의 구조화 정도를 조절할 수 있다. 따라서 교사는 문제 개발 전 사전 분석을 통해 학생들이 문제상황과 문제를 해결하기 위해 알아야 할 내용을 파악할 수 있을 정도로 구조화를 결정해야 한다. 구조화된 문제와 비구조화된 문제의 특징은 〈표 13-8〉과 같다(강인애 외, 2007).

표 13-8. **구조화된 문제와 비구조화된 문제**

구분	내용
구조화된 문제	• 문제파악이 쉽고 분명하게 된다. • 문제해결을 위해 고려해야 할 조건, 제한점 등이 매우 단순하다. • 문제해결방법이 한두 개로 많지 않다. • 주어진 상황과 상관없이 일반적인 규칙, 개념을 적용해서 풀 수 있다. • 한 가지 정답이 존재한다. • 해결하는 사람마다 정답이 일치한다.
비구조화된 문제	• 문제파악이 쉽지 않고 문제해결과정에서 새로운 조건이나 제한점이 발견된다. • 문제해결을 위한 접근방법이 다양하다. • 매우 구체적이고 복잡하며 불확실한 특정한 상황을 기반으로 한다. • 문제를 풀기 위해 여러 조건이나 제한점을 고려해야 하며 복합적이다. • 학생마다 해결안이 다를 수 있다.

둘째, 학생들의 실생활과 관련되어 있다. 경험에 기초한 친숙한 문제를 제시할 때 학생들은 문제에 대한 주인의식을 갖고 더 적극적으로 학습에 임할 수 있다. 또한 학습한 지식을 일반화하는 것에 어려움을 보이는 장애 학생들의 경우 현실적인 맥락의 문제를 해결해 나가는 과정에서 습득한 지식을 숙달하며, 유사 상황에서의 문제해결능력을 향상할 수 있다.

셋째, 학생의 특징을 고려해야 한다. 문제를 개발할 때는 학생들의 학습동기와 관심분야, 주제에 대한 선행지식 정도, 자기주도학습 참여 정도를 파악하여 학생들에게 적절한 도전감을 줄 수 있는 문제를 제시해야 한다. 문제가 지나치게 복잡하거나 어려우면 학생들은 학습동기가 사라지거나 흥미를 잃고 문제해결 자체를 포기할 수 있다.

넷째, 교육과정에 기초한 문제를 제시한다. 문제중심학습(PBL)의 목적은 습득한 지식을 실제 상황과 관련된 문제에 적용하는 과정에서 학생들의 자기주도학습 능력과 문제해결능력을 향상시키는 것이다. 따라서 흥미로운 문제를 제시하고 유의미한 결과물을 산출하는 것도 중요하지만, 문제가 교육과정의 목표와 내용과 관련 있고 학생들이 학습목표에 도달할 수 있도록 하는 것이 더욱 중요하다(Delisle, 1997).

2. 창의적 문제해결학습

1) 창의적 문제해결학습(CPS)의 정의

창의적 문제해결학습(Creative Problem Solving: CPS)은 문제해결자가 해결해야 할 문제를 직접 찾고, 해결방법을 창의적으로 모색하게 하여 여러 해결방안 중 가장 훌륭한 아이디어를 선택하는 과정을 통해 창의성을 증진시키는 학습이다(이신동 외, 2015). 또한 트레핑거와 이삭센(Treffinger & Isaksen, 2005)은 창의적 문제해결학습(CPS)은 문제를 해결하는 과정에서 확산적 사고와 수렴적 사고[3]를 사용하여 문제를 파악하고 관련 자료를 탐색하여 다양한 아이디어를 생성해서 최선의 해결안을 선택하는 사고과정으로 정의하고 있다(임주연, 2013; 홍미영, 2012).

3) 1950년, 미국의 심리학자 길포드(Guilford)는 사고유형으로 확산적 사고와 수렴적 사고를 제안했다. 확산적 사고(divergent thinking of law)는 하나의 답을 정하지 않고, 열린 마음으로 가능한 다양한 답을 제시하는 과정이다. 즉, 주어진 문제에 대하여 아이디어의 연계와 관련성을 신경 쓰지 않고 많은 아이디어를 창출해 내는 것이다. 확산적 사고기법에는 브레인스토밍, 브레인라이팅, 육색 사고 모자, 마인드맵, 스캠퍼, 트리즈 등이 있다. 확산적 사고가 문제해결의 후보를 찾아내는 과정이라면 수렴적 사고는 문제해결 후보를 제거해 가는 과정이다. 예를 들어, 글짓기를 할 때 주제를 생각나는 대로 많이 적어 보는 것이 확산적 사고 기법이라면, 그중에서 한 가지를 고르거나 두 가지 이상의 주제의 장점을 모아 새로운 주제를 만들어 내는 것이 수렴적 사고기법이다. 수렴적 사고기법에는 하이라이팅(highlighting) 기법, P-P-C(positive-possibilities-concern) 기법, PMI(plus, minus, interesting) 기법, 평가행렬 기법, 역브레인스토밍 기법, 쌍비교분석 기법 등이 있다.

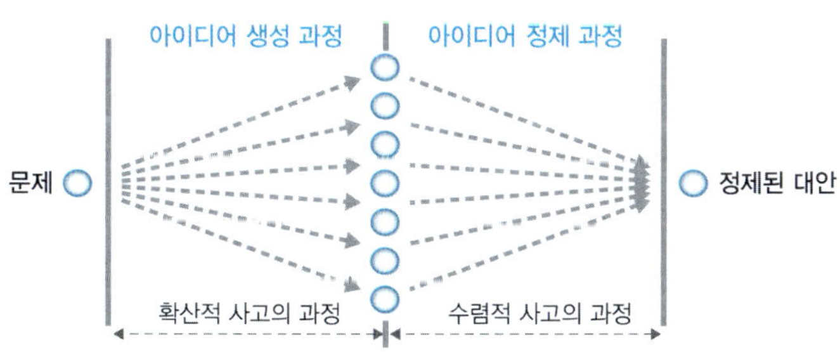

2) 창의적 문제해결학습(CPS)의 구성요소

최근 들어 가장 대표적인 창의적 문제해결학습(CPS) 모형은 트레핑거(Treffinger), 이삭센(Isaksen)과 도르발(Dorval, 2000)의 창의적 문제해결학습(CPS) 모형(버전 6.1)이다〈그림 13-2〉.

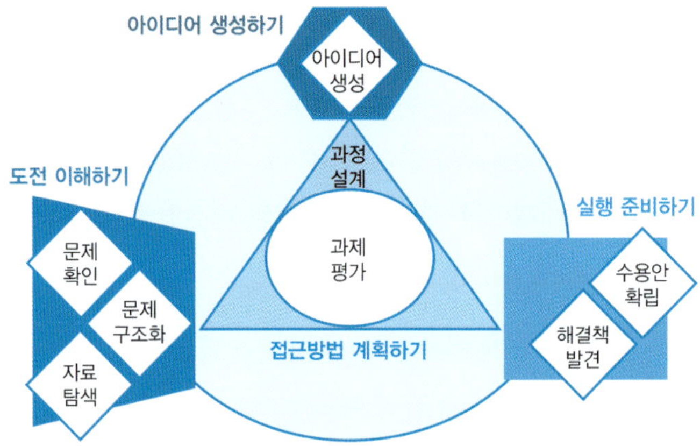

그림 13-2. **창의적 문제해결 모형(버전 6.1)**

이 모형(버전 6.1)에서의 문제해결은 진보를 의미하는 것이며, 확산적 사고와 수렴적 사고의 조화, 문제해결을 위한 기회, 흥미, 흥미로운 가능성 등을 강조하고 있다. 문제해결자는 자신의 지식과 기술을 사용할 수 있고 필요한 요소와 과정을 선택하여 적용하는 것이 가능하기 때문에 개인이나 집단 모두에게 효과적이고 변형이 가능하다(임주연, 2013).

창의적 문제해결학습(CPS)에서는 4개의 구성요소, 즉 도전 이해하기, 아이디어 생성하기, 실행 준비하기, 접근방법 계획하기로 구성된다(김선진, 2015; 김은지, 2019; 임주연, 2013; 조근영, 2013).

첫째, 도전 이해하기(understanding the challenge) 요소는 문제확인, 자료탐색 및 문제구조화의 3개의 단계로 이루어져 있으며, 이 과정에서는 광범위한 목표 기회를 조사하며 문제해결의 중요한 방향성을 설정하고 명확하게 생각의 초점을 맞추기 위하여 하나 혹은 그 이상의 단계를 사용하게 된다. 각 단계는 확산적 사고와 수렴적 사고가 반복적으로 나타난다. 문제확인의 단계는 폭넓고 간결하고 유익한 기회나 목적을 진술하는 단계로 가능한 기회나 도전을 고려하고 추구해야 할 목표를 발견하게 된다. 자료탐색의 단계는 문제해결과는 다른 관점의 다양한 자료를 검토하고 과제나 상황의 가장 중요한 요소에 초점을 맞추는 과정이다. 이 과정에서는 문제의 상황이나 문제의 핵심에서 알고 있는 것과 알고 싶은 것을 고려해야 한다. 문제구조화 단계는 주어진 문제상황에 대해 다양하고 독특한 질문을 생성한다. 이 단계에서는 '우리가 할 수 없다'와 같은 생각보다 '어떻게 하면 우리가......'와 같은 식의 생각에 초점을 맞추어 문제해결에 대한 동기나 흥미를 형성하는 단계이다.

둘째, 아이디어 생성하기(generating edeas) 요소는 다양하고 창의적인 아이디어를 생성하는 데 목적이 있다. 이 과정은 과제를 해결하기 위해서 생각을 확장하여 고정관념을 깨는 데 도움을 준다. 브레인스토밍과 같은 방법으로 다양한 아이디어를 생성할 수 있다.

셋째, 실행 준비하기(preparing for action) 요소는 해결책 발견과 수용안 확립의 단계로 이루어져 있다. 이 단계에서는 문제해결이 가능해 보이는 다양한 방법을 탐색하고 성공적으로 실행할 수 있도록 준비한다. 가장 성공적으로 문제해결이 가능한 방법을 창의적으로 생성한다. 해결책 발견의 단계는 창의적인 결과를 얻기 위해서 다양한 전략과 방법을 사용한다. 이 단계는 문제를 해결하기 위한 창의적인 아이디어를 문제해결이 가능한 실용적인 해결방법으로 바꾸는 데 도움을 준다. 수용안 확립의 단계는 문제해결에 도움을 주는 요인과 방해요인을 고려하여 계획을 세우게 된다. 이 단계는 창의적인 아이디어를 성공적으로 구현할 수 있게 하는 데 도움을 준다.

넷째, 접근방법 계획하기(planning your approach) 요소는 과정설계와 과제평가의 단계로 이루어져 있다. 창의적 문제해결(CPS) 모형의 중심에 배치되는 이 단계는 창의적 문제해결(CPS) 모형을 적용하고 있는 동안 본래 목적에 맞게 과제를 해결할 수 있도록 계속 모니터하고 관리하여 수정하는 역할을 한다. 과정설계의 단계는 창의적으로 문제를 해결하기 위해 가장 적합하도록 과제에 대한 지식이나 창의적 문제해결(CPS) 모형의 구성요소 단계에 대한 계획을 세운다. 과제평가의 단계는 창의적 문제해결(CPS) 모형을 효과적으로 진행하기 위해서 가능한 해결책의 제약조건을 결정하게 된다.

창의적 문제해결(CPS) 모형은 일반적인 문제의 해결이 아니라 창의적으로 문제를 해결해야 할 때 활용할 수 있다. 또한 문제의 중요성에 따라 과정요소나 단계를 상황에 맞게 선택하고 연결시켜 사용할 수도 있다. 즉, 창의적 문제해결(CPS) 모형은 학생의 수준과 학교현장의 상황에 맞추어 선택적으로 활용할 수 있기 때문에 학교에서 활용하기에 적합하다.

PART 4

평생교육방법의 적용과 실천

Chapter

14

효과적인 수업을 위한 적용과 실천

배울내용

1. 역할극 ● 2. 감수성훈련 ● 3. 실습 · 시범수업 ● 4. 게임법

학습목표

1. 역할극의 정의와 유형을 파악한다.
2. 역할극의 목적과 구성요소를 설명할 수 있다.
3. 역할극의 진행과 연습을 통해 실생활의 적용방법을 모색해 본다.
4. 감수성훈련의 개념을 파악한다.
5. 감수성훈련의 교육방법을 설명할 수 있다.
6. 감수성훈련의 실습을 통해 실생활의 적용방법을 모색해 본다.
7. 실습지도 방법을 숙지한다.
8. 시범실습의 개념과 특성을 파악한다.
9. 게임법의 개념과 효과를 파악한다.
10. 게임법 실습을 통해 게임법의 진행방법을 익힌다.

1. 역할극

1) 역할극의 정의

역할극(role play)은 1923년 미국의 정신의학자인 모레노(Moreno)가 사이코드라마(Psychodrama)[1)]라고 하는 정서적인 문제를 행동화시켜 그 원인을 분석하는 치료법으로 개발한 것이 오늘날의 역할극으로 발전하게 되었다. 역할극은 타인의 역할을 경험해 봄으로써 자신과 타인을 이해하는 데 도움을 주고자 하는 극화방법이다. 즉, 역할극이란 드라마의 한 유형으로, 상황을 가정하고 대화를 연습하는 것이다.

로도스(Lodousse, 1987)는 역할극을 Role과 Play로 구분하여 정의하였는데, Role이란 학습자가 어떤 특별한 상황에서 어떤 역할을 맡는 것을 의미하며, Play는 창조적이고 즐거운 분위기에서 역할을 수행하는 것이라고 주장하였다. 특히 역할극을 모의(simulation)와 구분하여 정의하였는데, 모의는 복잡하고, 길고, 상대적으로 유동성이 없는 사건들이고, 역할극은 다른 유형의 활동들, 즉 개인의 변화, 선택, 모방을 위한 훨씬

1) 1917년에 의사가 된 모레노는 본격적으로 환자들을 치료하기 시작했다. 또한 1921년에 비엔나의 한 극장을 빌려 '즉흥성의 극장(theater of spontaneity)'이라는 타이틀을 걸고 연극을 시작했다. 연극이라고는 하지만 전문 배우도 없었고, 대본도 없었다. 관객이 제안한 주제에 대해 관객들 중 자원자들이 무대로 나와 즉흥적으로 연극을 진행하는 것이 전부였다. 연극이 끝난 후에는 관객들과 함께 토의하는 시간을 가졌다. 이렇게 시작된 모레노의 연극은 개인의 심리적인 문제를 다루는 사이코드라마와 사회적인 문제를 다루는 소시오드라마(sociodrama)로 발전했다. 사이코드라마의 핵심은 즉흥성이다. 관객 중 자원자가 연극의 주인공이 된다. 물론 주인공이 자신의 이야기를 잘 풀어 갈 수 있도록 감독(director)이 돕기는 하지만, 감독은 역할과 상황만 제시할 뿐 연기는 온전히 주인공의 몫이다. 게다가 주인공이 역할과 상황에 몰입할 수 있도록 보조 자아(auxiliary ego)들이 주인공의 상대역이나 주인공의 또 다른 마음을 연기한다. 보조 자아의 연기 역시 즉흥적으로 이루어진다. 사이코드라마는 사전연기(워밍업)와 연기, 그리고 나누기의 세 단계로 구성된다. 사전연기 단계는 관객들을 연극에 참가시키고 즉흥성을 높이기 위한 활동들로 구성되는데, 이 과정에서 주인공과 연극의 주제가 정해진다. 그다음 연기 단계에서는 감독이 준 상황과 역할 설정에 맞추어 즉흥적으로 연기한다. 이때 갈등을 표현하고, 그와 관련된 억눌렸던 감정이 의식으로 올라오면서 정화를 경험한다. 뿐만 아니라 갈등을 해결할 수 있는 새로운 방법을 모색해 보기도 한다. 마지막으로는 연극을 통해서 주인공이 알게 된 것이나 관객들의 경험과 느낌을 나눈다. 사이코드라마는 이후 여러 심리치료에서 하나의 기법으로 활용되기 시작했다. 내담자가 갈등에 대한 감정과 생각을 상담자에게 말로 표현하기보다는 연기로 표현할 때 상담의 효과가 더욱 커질 수 있기 때문이다. 하지만 내담자가 연기를 거부하거나 싫어한다면 불가능하다. 또한 일회적인 사이코드라마의 경우 억눌린 감정을 드러내도록 하는 데에는 효과적일지 모르지만 사실적인 문제해결을 도울 수 없다는 비판을 받기도 한다(Daum 백과).

더 많은 활동기회를 만들어 줄 수 있다.

이처럼 역할극은 모의보다 더 단순한 활동으로써, 개인적 변화, 창조성, 상상력의 연습으로 실생활의 장면과 관련시켜 학습함으로써 기억이 오래 유지되며 말하기 능력에 도움을 주는 학습방법이라고 정의할 수 있다.

2) 역할극의 유형

역할극의 유형에 따른 분류는 사람마다 분류기준이 달라서 차이를 보이지만 리틀우드(Littlewood, 1981)는 교사의 통제 성격과 학습자의 창의성 정도에 따라 다섯 가지 유형으로 분류하고 있다.

(1) 암기한 대화의 재연

이 유형은 초보 학습자들에게 적합한 방법으로 가장 손쉬운 형태의 역할극 활동이다. 즉, 교사가 제공한 대본을 암기해서 역할극을 하는 방법으로 흔히 교과서에 나온 대화를 그대로 사용하거나 학습한 언어적 표현들이 반복적으로 사용되도록 만들어진 대화가 사용된다. 따라서 반복되는 표현들을 익히고 실제에서 비슷한 상황에 처했을 때 자연스럽게 문장을 발화할 수 있도록 하는 것이 목적이다. 역할극을 할 때 학생들이 하는 말과 행동이 대본의 내용과 교사의 통제에 따라 정해지게 되기 때문에 학생들의 창의성의 개입이 거의 없다.

(2) 문맥상황에 맞는 역할 연습

주어진 문장을 암기하여 그대로 발화하는 것보다는 자유로운 형식으로 문맥상황에 맞게 문장을 만들어서 대답하는 형태의 역할극 활동이다. 따라서 이미 학습한 표현을 문맥상황에 맞게 새로운 문장으로 재구성하여 말하게 되므로 주어진 문장을 암기하여 그대로 발화하는 것보다는 자유로운 형식의 역할극이다.

(3) 단서가 제공된 역할학습

교사가 상황만을 제시해 주어 학생들이 표현을 창의적으로 만들어서 역할극을 하도록 하는 방법이다. 단서와 정보가 간략하게 주어지고, 주어진 정보에 적절한 표현을 만들어서 발화하게 된다. 등장인물이 어떤 말을 할 것인지에 대한 정보는 주어지지만 대본의 대사를 외워서 하는 것이 아니므로 학생들은 역할의 내용과 표현을 창의적으로 만들어 내야 한다.

(4) 역할놀이

역할놀이는 교사가 상황과 역할만을 제시하고 역할극으로 꾸며 보도록 하는 보다 창의적인 연습 단계이다. 이 활동에서는 각 등장인물이 무슨 말을 해야 하는지에 대한 자세한 지침이 주어지지 않기 때문에 구성원 각자가 다른 의견을 가질 수 있으므로 토론을 거쳐서 구체적인 결정을 내린다. 역할과 전체적인 상황이 주어질 뿐 학습자가 적절한 대화를 만들어야 상황을 파악할 수 있는 인지능력 수준이 요구된다.

(5) 즉흥극

즉흥극에서는 교사가 역할극이 시작될 때의 상황만을 정해 주고, 대화 내용은 전적으로 학생들이 만들어 낸다. 대화의 상황과 등장인물에 대한 정보는 말이나 상황카드를 통해 제공된다. 시작점의 시나리오만 가지고 상황을 파악한 후 역할을 생각해 내는 것도 학습자의 몫이므로 가장 고도의 창의성이 요구된다.

3) 역할극의 목적과 구성요소

역할극의 목적은 간접 체험을 통하여 학습자의 태도, 기술, 행동변화 및 향상을 할 수 있게 하는 데 있다. 비현실적인 상황에서 현실적인 체험을 통하여 상황대응능력을 개발하고 체득할 수 있게 하며, 가상적인 실제상황을 설정하여 경험하게 함으로써 자신감을 가지도록 한다. 역할극의 구체적인 목적과 장단점은 〈표 14-1〉과 같다(김문섭 외, 2019).

표 14-1. 역할극의 목적 및 장단점

구분	내용
목적	• 참가자의 태도변화이다. 상대방의 입장과 행동의 배경, 상대방으로부터 기대되는 자기의 배역에 대해 실제의 행동으로 느껴 봄으로써 상호이해 촉진에 효과를 가져와 태도의 변화를 유도하는 방법이다. 조직 속에서 상사와 부하라는 관계 설정에서 서로의 역할을 바꾸어 실행해 봄으로써 서로의 입장을 이해하고 창조적인 상황을 스스로 만들어 내는 효과를 가져와 참가자의 태도변화를 가져올 수 있다. • 참가자의 기술습득과 연마이다. 역할극은 참가자의 연기를 통해 창의력이 길러질 수 있고, 세일즈 기법과 인터뷰 기법 등의 기술들을 실제 체험을 통해 습득할 수 있다. • 문제해결능력의 함양이다. 역할극은 다른 사람의 행동에 대한 통찰력으로 자기의 행동이 상대방에게 어떻게 작용하는지를 이해하는 의사소통기능의 성장을 가져온다. 이를 통해 문제해결의 힘을 길러 줄 수 있다. • 원리를 학습하기 위함이다. 역할극은 코칭이나 상담 등의 다양한 기법을 종합적으로 활용하여 만들어진 기법으로 다양한 기법들의 원리를 학습할 수 있다. • 타인의 모습에서 보고 느끼는 배움이 있다. 역할극을 통해 다른 참가자들이 지적해 준 장점과 단점을 확인할 수 있다.
장점	• 역할을 연기해 봄으로써 심리적인 억압이 해소될 수 있다. • 집단 구성원 간의 상호 친밀감을 증내시킬 수 있나. • 연습이 가능하며, 융통성 있는 진행 및 연습을 통한 교육적 효과도 크다. • 역할극에는 집단 구성원들이 더욱 활동적으로 참여할 수 있다. • 학습자집단의 인간관계에서 발생하는 문제들의 사례를 실연할 수 있다. • 참여자나 관찰자에게 극적으로 상황을 소개할 수 있다. • 집단 구성원의 지식과 경험을 인지적 차원에서 정서적 차원으로 전환할 수 있다. • 특정 문제의 명료화로 이에 대한 관심을 촉발하고 해결책을 제시할 수 있다.

구분	내용
단점	• 역할극의 교육효과에 대한 정확한 예측과 평가가 쉽지 않다. • 계획하고 의도했던 교육효과 대신에 다른 결과가 나타날 수 있다. • 시간과 노력이 많이 소요된다. • 계속적이고 반복적으로 진행되면, 그 효과가 감소하므로 짧은 시간 안에 적절한 시점에서 멈추어야 한다. • 내용 중심으로 구성되어야 한다. • 참여자의 능력과 자질에 부적합한 역할부여 시 효과를 기대하기 어렵다. • 진행과정에서 참여자가 불편하게 느끼면 역효과를 초래할 수 있다.

이러한 특성을 지닌 역할극의 구성요소는 연기자, 교수자, 관객 및 무대로 구성된다. 역할극의 구성요소의 구체적인 내용은 〈표 14-2〉와 같다(김문섭 외, 2019).

표 14-2. 역할극의 구성요소

구분	내용
학습자(연기자)	역할극에서 일정한 배역을 맡아 연기를 하는 사람을 학습자라고 한다.
교수자(인도자)	교수자는 역할극의 준비과정과 진행, 끝맺음이 원활하게 이루어지도록 돕는다. 또한 참여자가 역할극에 자발적으로 참여할 수 있는 환경을 조성한다.
관객(동료 학습자)	관객은 일반 관객이나 방관자가 아니다. 역할극에서 실제 주인공은 아니지만 역할극을 보면서 주인공과 함께 호흡하고 주인공에게 지지와 피드백을 주는 사람이다.
무대(학습장소)	역할극이 진행되는 공간이다. 학습자들을 수용할 만한 충분한 환경을 갖추어야 하고 자연스럽고 편안한 분위기를 조성해 주는 것이 중요하다.

4) 역할극의 진행

역할극의 진행과정은 교수자에 의해 먼저 요구되는 문제의 상황을 설정하고 배역을 정한다. 대부분은 대본을 사용하지 않지만 주된 내용과 진행계획은 미리 설정할 수 있다. 역할극은 주로 2~5명의 참여자가 간단한 장면을 실생활에서 일어나는 것처럼 연출하여 집단이 학습하고자 하는 상황을 연출한다. 역할극의 진행시간은 10분 이내가 적절하다. 역할극의 진행을 구체적으로 살펴보면 〈표 14-3〉과 같다(권이종 외, 2002; 김문섭 외, 2019; 신용주, 2006).

표 14-3. 역할극의 진행

구분	항목	내용
1단계	문제규명	역할극 참여자나 관찰자들이 똑같이 중요한 것이어야 한다. 문제의 규명은 간단 명료해야 하고 초점이 역할극의 목적에서 벗어나지 않아야 한다.
2단계	상황설정	참여자, 관찰자 모두에게 실감 나는 내용으로 구성되어야 한다. 역할극 참여자와 학습집단에게 공통된 방향과 통찰력 제시가 필요하고, 참여자에게 친숙한 상황설정이 필요하다.
3단계	사전준비	사전준비단계는 역할극을 위한 무대 등 물리적 환경을 준비한다. 선정된 상황에 대해 사전에 이해할 수 있도록 흥미와 동기를 유발한다.
4단계	참여자 선정	역할극의 참여는 자발적 참여를 원칙으로 한다. 참여자는 그 역할에 심리적으로 관련된 사람으로 두 명 이상을 선정하는 것이 일반적이다.
5단계	관찰자에 대한 오리엔테이션	관찰자에 대한 오리엔테이션에서 참여자는 물론 관찰자가 얻는 교육효과도 무시할 수 없다. 그러므로 관찰자도 주의를 집중하는 태도를 갖도록 미리 준비시킨다.
6단계	역할연기 실시	역할극은 신중하게 시간을 조절해 가면서 실시한다. 참여자는 중단하라는 지시가 있을 때까지 계속해서 연기를 해야 한다. 참여자는 전문배우가 아니므로 기술적인 면보다 자연스럽게 연기하도록 유도한다.
7단계	연기 중단	연기자의 역할을 일정한 요건에 맞추어 끊는 과정이다. 역할극이 너무 빨리 끝나거나 지나치게 길어지면 효과가 감소하므로 역할극을 중단시키는 시점은 매우 중요하다. 역할극은 참여한 집단이 현 상황이나 앞으로의 방향을 분석하기에 충분할 정도로 연기가 진행되었다고 판단되면 바로 중지하는 것이 좋다.
8단계	평가 및 토론	역할극의 마지막은 연기를 평가하고 토론하는 과정이다. 준비에서 마지막 발표까지의 과정에서 느낀 점, 좋았던 점, 아쉬운 점 등을 이야기하게 한다. 그리고 역할극과 상호작용을 통해 느꼈던 점을 일상생활과 연관지어서 발표하게 한다. 학습자들이 깨달았던 점과 결심했던 점들을 자신의 생활에 적용하여 실천할 수 있는 구체적인 계획을 발표에 포함시켜 역할극의 효과를 극대화할 수 있다.

5) 역할극의 연습

〈표 14-4, 표 14-5, 표 14-6, 표 14-7, 표 14-8〉에 제시된 사례로 앞에서 제시한 역할극의 진행을 참조하여 역할극 연습을 해 보자.

표 14-4. 역할극의 사례 1

- 상황설명: 식당에서 종업원과 손님의 대화 장면으로서, 불만과 요구가 많은 손님에게 어떻게 대응할 것인지 해결책을 모색해 본다.
- 등장인물: 손님 1명, 종업원 1명
- 손님 연기의 직전: 남의 말은 잘 듣지 않고 자기주장이 강하며, 이것저것을 계속 요구한다.
- 종업원 연기의 직전: 웃는 얼굴로 손님의 요구에 맞춰 주려 최선을 다한다.
- 상황전개
  - 손님: 이봐 종업원, 음식을 주문한 지가 얼마나 됐는데, 아직도 주지 않고 도대체 어떻게 된 거야?
  - 종업원: 대단히 죄송합니다. 즉시 갖다 드리겠습니다. 실례지만, 무슨 음식을 주문하셨습니까?
  - 손님: 시원한 자리를 주지도 않고 서비스가 엉망이군! 내가 누군지 알아?
  - 종업원:

출처: 김문섭 외(2019). 평생교육방법론. 양성원.

표 14-5. **역할극의 사례 2**

이 사례 다음에 올 수 있는 상황을 만들어서 역할연기를 해 봅시다.

표 14-6. 역할극의 사례 3

위 사례 다음에 올 수 있는 상황을 만들어서 역할연기를 해 봅시다.

표 14-7. **역할극의 사례 4**

위 사례 다음에 올 수 있는 상황을 만들어서 역할연기를 해 봅시다.

표 14-8. 역할극의 사례 5

위 사례 다음에 올 수 있는 상황을 만들어서 역할연기를 해 봅시다.

2. 감수성훈련

1) 감수성훈련의 역사

감수성훈련(感受性訓鍊, Sensitivity Training: ST)은 제2차 세계대전을 전후하여 미국의 메사추세츠공과 대학에서 인종 집단 간의 갈등 및 집단역학을 연구하는 중에 소집단 형식의 인간관계훈련의 필요성과 그 효과를 역설한 MIT집단역학연구소의 사회심리학자인 레빈(Lewin) 등에 의해 1946년에 현대사회에서 좀 더 융화되고 생산적인 삶을 영위하기 위해서 개인이나 집단에게 기술을 효과적으로 가르치는 방법으로 설계하여 시작되었으며, 감수성훈련은 당시에는 T-집단(T-group)이라는 이름으로 널리 사용되었다. 여기에서 'T'는 인간관계 내에서의 훈련(training in human relation)을 의미한다. 1960년대 중반에는 시카고대학의 로저스(Rogers)에 의해 인본주의를 바탕으로 만든 참 만남 집단(encountergroup)이라는 이름으로 불리어지는 감수성훈련이 많이 사용되었다.

감수성훈련은 티그룹(T-Group), 참 만남 집단, 실험실 훈련(laboratory training), 심성수련, 인간관계 집단역학 훈련이라는 다양한 형태의 여러 이름으로도 불리며 시행되었는데, 우리나라에서는 1975년부터 사단법인 한국인간교육원에서 기업체 임직원을 대상으로 최초로 실시하여 T-집단, 참 만남 집단 등으로 구조화된 모형을 대상에 따라, 즉 청소년 대상은 심성수련으로, 성인대상은 인간관계훈련으로 통용해 사용하고 있다.

2) 감수성훈련의 개념

로빈스(Robbins, 1994)는 감수성훈련을 "비조직적 소집단을 활용하여 행동의 개선을 유도하는 대인관계 증진기법으로 '나', '너' 그리고 '나와 너 우리'의 관계에 관한 감수성을 개발함으로써 자기 자신의 내면세계에 대한 보다 정확한 인식과 조화를 기하고 집단 속에서 타인과의 인간관계를 협동적이고 생산적으로 발전시키는 집단역동관계 훈련이다"라고 주장하였다. 유동수(2008)는 감수성훈련의 목표를 크게 세 가지, 즉 자기성장, 인간관계개선, 조직의 활성화로 제시하였다. 첫째, 자기성장에는 긍정적 자아개념 확립, 자기탐색(사고, 판단, 느낌, 행동, 성격), 자기이해, 자기수용, 자기개방의 하위 목표를 가진다. 둘째, 인간관계 개선에는 타인에 대한 이해능력 증진, 자기와 타인 존중감, 신뢰감, 친밀감 개발, 성장발달을 돕는 능력, 타인과의 관계형성 및 수용방식의 이해습득의 하위목표를 가진다. 셋째, 조직 활성화에는 환경변화의 대처 및 적응능력, 과업달성, 의사결정, 문제해결능력, 협동적인 사회행동개발의 하위목표를 가진다.

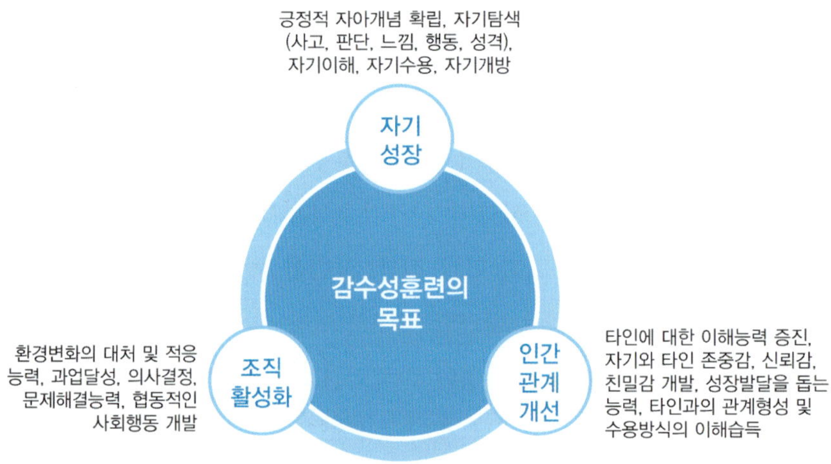

그림 14-1. 감수성훈련의 목표

3) 감수성훈련의 교육방법

양승봉(2003)은 교육 진행방법으로 만남을 통한 인간관계의 경험학습은 참가한 멤버들이 감정(feeling), 반응(reaction), 지각(perception), 그리고 행동(action)을 포함한 자기와 타인들의 지금–현재의 경험적 사실들을 분석하고 토론함으로써 얻어지는 인간관계를 통한 배움을 말한다고 하였다. 이러한 감수성훈련의 교육방법에 대해 살펴보면 다음과 같다.

첫째, 경험학습과정으로 그동안 채워진 지식과 경험을 바탕으로 배우는 과정을 통해 대인관계함양으로 타인에 대해 수용적 태도의 인간관계훈련을 개인의 능력과 수준에 맞게 서로 신뢰를 키우는 훈련이다.

둘째, 배우는 방법을 배우는 과정으로, 대인관계의 역동을 통하여 참여자들이 그때 – 거기에서 일어난 생각과 감정이나 집단 밖에서 일어난 사건을 다루는 것이 아닌 '지금 여기'에서 일어나는 자신의 감각, 생각, 감정, 마음의 변화에 대하여 민감하게 자각하고, 솔직히 나누며 긍정적인 피드백과 지식이 아닌 감성을 통해 주입식교육이 아닌 배우는 방법을 스스로 집단역동에서 배우는 것이다.

셋째, 마음의 신체를 치유하는 과정으로, 지식과 경험을 핵심단어로 자신의 변화와 타인에 대한 반응도 민감하게 자각하고 나누는 경험으로 확대하여, 결국 참여자들은 서로 주고받는 상호작용을 통해 자기 자신과 타인에 대한 깊은 이해와 공감을 가슴에 정리하게 한다.

넷째, 통찰력을 갖는 과정으로, 유연성 · 신축성 · 융통성은 자신과 타인에 대한 깊은 이해와 공감으로 인간관계 안에서 발생하는 갈등을 줄이고 원만하게 풀어 나가도록 돕는 원동력이 된다.

또한 감수성훈련은, ① 지금 · 여기 ② 피드백 ③ 타인은 나의 거울 ④ 타이밍의 4가지 요소로 진행한다. 따라서 소집단 내에서 상호 간의 직접적이고 개방적인 경험을 통하여 나와 타인 및 상호관계에 대한 정신적 민감성을 계발함으로써 자신과 타인을 이해하고 수용하며, 인간관계의 협동적 발전을 돕는 일반학습이 아닌 체험학습이라고 할 수 있다. 감수성훈련과 일반학습의 비교는 〈표 14-9〉와 같다.

표 14-9. **감수성훈련과 일반학습 방법의 비교**

구분	감수성훈련	일반학습
목표	인간적인 성장	전문지식 및 기술습득
주제	제시된 교재나 주제가 없음	제시된 교재와 주제가 확고함
형태	소집단 중심	대집단 중심
내용	정서적 영역, 현재의 문제	객관적 사실, 과거나 미래의 문제
학습방법	체험학습(느낌), 모든 참가자중심, 자발적, 능동적	강의식, 주입식(사고), 교사중심, 수동적
효과	실생활에 적용하는 이전능력 향상	행동화하려면 많은 노력이 필요
분위기	허용적이고 안전함	억압적이고 규제적

이처럼 감수성이란 사회적 감수성(social sensitivity)으로 자신과 타인의 기분을 알며 집단의 기분을 아는 것이다. 집단의 기분을 조-해리(심리학자인 조셉 루프트(Joseph Luft)와 해리 잉햄(Harry Ingham)에 의해서 개발되었고, 두 사람의 이름을 합성하여 Joe+Harry=Johari)의 마음의 창의 피드백을 통해서 알게 되어 자기 자신과 타인을 이해하고 수용하며, 인간관계의 협동적 발전을 돕는 양방향 체험학습이라고 할 수 있다. 그림 1상한은 공개영역, 2상한은 비밀영역, 3상한은 맹인영역, 4상한은 미지의 영역이라고 한다. 조-해리의 창은 〈그림 14-2〉와 같다.

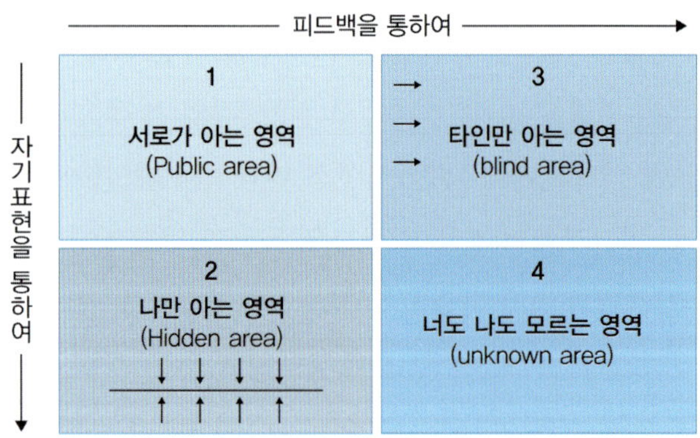

그림 14-2. **조-해리의 마음의 창**

감수성훈련이 진행되는 과정에서 지도자는 집단 참여자들의 상호작용이 잘 이루어지도록 돕는 조력자(helper) 역할로서, 개인이 경험하는 자신의 순간적인 변화를 자각하고 나누도록 독려하고 타인에 대한 자각의 폭을 넓혀 있는 그대로 이해하도록 안내한다. 로저스(1970)는 이러한 경험과정에서 참여자 개인이 더욱 진솔할수록 상대방에게 보다 잘 수용된다는 사실을 발견하고는 놀라게 되며, 이러한 과정을 거치면서 서로 신뢰감이 생기며, 다른 참여자를 바라보는 긍정적 시선과 호의가 서서히 형성되는 것이 감수성훈련 집단의 일반적인 발전과정이라고 주장한다.

4) 감수성훈련의 실습

감수성훈련의 실습을 통해 자신과 타인과의 관계에 관한 감수성을 계발하고, 자신의 내면세계에 대해 정확하게 인식하고 조화되도록 하며, 집단과 조직 속에서 타인과의 인간관계를 협동적이고 생산적인 것으로 발전시키려는 노력이 무엇보다 필요하다고 할 수 있다. 〈표 14-10〉에 제시된 내용으로 감수성훈련을 실습해 볼 수 있다.

표 14-10. 감수성훈련의 실습의 예

구분	내용
나는 누구인가?	자기 자신에 대한 소개와 자기를 나타내기 위해 스스로 글을 쓰게 한다. '나는 누구이다'라고 10개 정도의 답을 쓰게 해도 좋다. 진정한 자기 발견에 의의가 있다.
별칭 짓기	자기의 별명이나 또는 원하는 이름을 각자 크게 써서 가슴에 달게 한다. 스스로 소개하고, 소개가 끝난 후 느낌을 서로 말한다.
거울놀이	두 사람이 마주 앉아 한 사람은 실체가 되고, 다른 사람은 거울이 되어 따라 하도록 한다. 또는 말을 따라 하도록 해도 좋다.
몸 풀기 운동	서로 어깨와 허리를 가볍게 안마해 준다. 두 사람이 서로 등을 대고 앉았다 일어섰다를 해 보고 느낌을 말하게 한다.

구분	내용
그림 그리기	두 사람이 마주 앉아서 한 사람은 화가가 되고, 다른 한 사람은 모델이 된다. 화가는 상대방의 눈을 쳐다보고 손가락으로 상대방의 얼굴을 그린다. 빨리 그리는 사람은 상대에 관심이 없는 편이고, 천천히 그리는 사람은 상대에게 관심이 있는 편이다.
신경질 없애기	사람 벽을 뚫고 지나가기. 사람 벽은 서로 몸은 바짝 대고 타인이 통과하지 못하게 막는다.
자연과 대화	돌이나 나무, 풀, 꽃, 물과 대화를 하게 한다.
소개하기	30분 정도 시간을 주어 2명씩 서로 자기를 소개하고서 나중에 서로 상대방이 되어 소개를 한다. 잘 듣는 훈련과 의사전달의 훈련을 쌓게 된다.
자신의 전기를 쓰게 한다	자신의 살아온 길과 앞으로의 삶을 재발견하게 된다.
리듬 맞추기	눈을 가리고 음악에 맞추어 춤을 추게 한다. 인생은 리듬이다. 리듬에 맞추어 무엇이든 되어 보는 것이다.
눈 감고 만지기	일정한 장소 안에서 서로 눈을 가리고, 부딪치고, 만지고, 냄새 등을 맡도록 한다.
기쁜 일 슬픈 일 나누기	자기의 생애에서 가장 슬펐던 일과 가장 기뻤던 일을 서로 말하여 공감을 갖도록 한다.
소감문 쓰기	모든 프로그램이 끝나면 느낌을 적고 발표하게 한 다음, 서로 얼싸안고 합창한다.
입장 바꾸기	직장에서 중역과 사원이 서로 직책을 바꾸어서 행동한다. 이때 서로의 입장과 어려움을 이해한다.
사랑의 편지 전달	한 사람에게 3~5장의 카드를 주어 이름과 함께 장점과 단점을 쓰게 한 다음, 이를 모두 거두어서 해당자에게 나누어 주고 그것을 직접 읽도록 한다.

출처: 김문섭 외(2019). 평생교육방법론. 양성원.

3. 실습 · 시범수업

1) 실습지도 방법

실기와 이론이 병행되고 개인별 능력의 차이가 심한 4차 산업혁명 시대의 컴퓨터교육과 스마트폰 등에 대한 교육에서는 실습지도 방법이 매우 중요하다. 현재 컴퓨터교과 및 정보통신에 대한 교육에서 사용되고 있는 실습지도 방법으로는 강의법, 동료교수법, 프로젝트 기반 학습, 협동학습, 시범 · 실습법 등이 있다.

(1) 강의법

교수자의 주도하에 일방적으로 학습자에게 학습정보를 전달하고 이해시키는 형태를 말한다. 실습위주의 학습내용에서도 그 기초와 원리를 새롭게 소개할 때에는 강의법에 의하여 효과적으로 전달할 수 있다. 실습지도에 대한 강의법의 장단점은 〈표 14-11〉과 같다.

표 14-11. 강의법의 장단점

장점	단점
• 40명 이상의 대집단 수업에서 효과적으로 이용할 수 있다. • 교수자의 의도에 따라 학습과정을 적절히 조절할 수 있다. • 학습자의 특성에 국한되지 않고 광범위하게 활용될 수 있고, 많은 사람이 친근하게 느끼는 기본적인 방법이다.	• 학습자의 개인적인 특성을 개별적으로 고려하기 어렵다. • 학습자는 수동적이고 비참여적인 학습태도를 형성하기 쉽다.

(2) 동료교수법

동료교수법(peer tutoring)은 학습자가 다른 학습자를 돕고 가르치면서 학습하는 방법으로, 학습자들이 서로 결과를 공유할 뿐만 아니라, 그 결과를 얻기 위한 과정도 함께 진행하는 협력적인 상황을 이룬다. 실습지도에 대한 동료교수법의 장단점은 〈표 14-12〉와 같다.

표 14-12. **동료교수법의 장단점**

장점	단점
• 교수자 입장의 학생은 자신이 가지고 있는 지식과 기술을 강화할 수 있고, 더 나아가 자아확신감과 자아존중감을 확립할 수 있다. • 학습자 입장의 학생은 자신이 이해하지 못한 정보에 대한 명확한 설명을 받을 수 있고 즉각적인 피드백을 받을 수 있다. • 학습자들이 학습에 대한 능동적인 참여 분위기를 만들 수 있다.	• 철저한 준비가 어렵고 실행에 있어 완전하게 진행하기가 어렵다. • 학습자들이 자격지심을 느낄 수 있고, 동료교수자의 그릇된 행동으로 오히려 학습에 대한 부정적인 태도를 형성할 수 있다.

(3) 프로젝트 기반 학습

프로젝트 기반 학습(Project-Based Learning: PBL)은 학생들로 하여금 과제의 특성을 분석하고, 과제해결을 위한 계획을 세우며, 정보를 수집하고 교환하는 가운데 계획을 실행하고, 그 실행과정과 결과를 평가하고 반성하는 일련의 활동들을 직접 수행하도록 하는 교수·학습방법이다. 프로젝트란 심층적으로 탐구할 가치가 있는 주제에 대한 조사활동을 의미하며, 프로젝트를 수행하는 목적은 제시된 질문에 대한 정답을 찾는 것이 아니라 특정 주제에 대해 보다 깊이 사고하고 이해하기 위한 것이다. 학습자가 자기주도적으로 그리고 상호협력하여 실제상황과 밀접하게 연관된 문제를 해결하도록 하기 때문에, 학습자중심학습, 상황중심학습, 문제중심학습이라고 할 수 있다. 실습지도에 대한 프로젝트 기반 학습의 장단점은 〈표 14-13〉과 같다.

표 14-13. **프로젝트 기반 학습의 장단점**

장점	단점
• 메타인지능력 향상, 자기주도학습능력 신장, 상호협동능력 신장, 정보처리와 과학기술 활용 관련 기본 소양을 신장한다.	• 학생들이 잘못된 결정 혹은 비교육적인 판단을 내릴 수 있고, 학생들이 흥미를 잃어버릴 수 있다. 또한 반복적인 활동을 지속하게 되며, 방관자적 학습태도를 형성할 수도 있다.

(4) 협동학습

협동이란 공통된 목적을 달성하기 위해서 함께하는 작업으로 정의될 수 있다. 이와 같은 협동활동을 중시하는 협동학습은 학생들이 소집단을 형성하고, 그 집단의 모든 구성원들이 집단의 공동목적을 달성하기 위하여 서로 도와가며 학습하는 형태를 의미한다. 실습지도에 대한 협동학습의 장단점은 〈표 14-14〉와 같다.

표 14-14. **협동학습의 장단점**

장점	단점
• 문제해결능력과 의사결정능력을 향상시킬 수 있으며, 다른 사람을 배려하는 태도를 향상시킬 수 있다. 학생들의 잠재력을 밝혀내고, 긍정적인 자아개념을 갖도록 유도할 수 있다.	• 팀 구성원들 간의 물리적이거나 심리적인 갈등이 생기는 경우에 그 갈등상황을 해결하는 데 많은 어려움이 있을 수 있고, 팀 구성원들이 학습목적을 달성하고자 노력하기보다는 서로 간의 사적인 활동에 치중하게 되어 학습과제를 소홀히 하게 될 수 있다.

(5) 시범 · 실습법

시범(demonstration)은 학습해야 할 기능이나 절차의 실제적인 사례를 제시하고, 학습자가 이를 관찰하는 것이며, 실습은 시범을 통하여 익힌 것을 교수자의 통제하에 직접 연습하고 적용해 보는 방법이다. 실습지도에 대한 시범 · 실습법의 장단점은 〈표 14-15〉와 같다.

표 14-15. **시범 · 실습법의 장단점**

장점	단점
• 실제적인 사례를 통하여 학습할 수 있고 교수자의 시범과 동시에 학습자의 실습이 병행되면, 학습자의 능동적인 참여를 조장하여 활기 있는 수업을 만들어 준다. 인지직, 징의직, 심체직 영역의 학습에 모두 효과적으로 적용될 수 있다.	• 학습자의 능력 차이로 학습결과가 다양하게 나타날 수 있으며, 실습 진행 시간이 많이 소요되며, 효과적인 시범 · 실습을 위하여 교수자와 학습자의 비율이 낮을수록 효과적이다.

2) 시범실습

(1) 시범의 개념

시범(demonstration)이란 경험학습에 기초한 교육방법이다. 학습자는 시범을 통해 기술이 실생활에서 수행되는 정확한 방법을 관찰할 수 있다. 시범은 그 방식이 어떻게 작동되며 또 후속과정은 어떻게 진행되는지를 학습자에게 직접 보여 주는 것이다. 전통적인 도제식 교육에서 활용하던 시범은 학습경험에 기초한 평생교육방법에 적합하다. 또한 학습자에게 이론과 기술이 결합되는 현장을 직접 관찰하는 경험을 통해 학습효과를 높일 수 있는 교육방법이다. 다시 말해, 지식과 정보의 전달에 중점을 두어 온 강의법이나 토의법과는 달리 시범은 그 방식이 어떻게 작동되며 또 그 후속과정은 어떻게 진행되는지를 학습자에게 직접 보여 주는 것이다.

시범은 학습한 이론과 기술의 내용을 보완하면서 이와 관련된 서술적 자료를 현실에서의 실습으로 해석해 준다는 점에서 효과적이다. 학습자는 기술의 시범을 통해 새로운 지식과 능력, 기술, 개념 등을 충분히 이해하고 적용해 보는 기회를 얻게 된다.

레어드(Laird, 1986)는 시범을 예시적 강의나 프레젠테이션이라고 정의하였다. 시범은 특정기술을 보여 주는 모델로서 사용되며, 또한 어떤 생각이나 개념, 이론, 신념의 기술을 뒷받침하기 위해 사용된다. 따라서 학습자에게 시범은 이론과 기술이 결합되는 현장을 관찰하는 경험을 통해 학습효과를 높이는 교육방법으로 학습자가 현장에 적용할 수 있는 실제적 조건하에 기술의 숙달을 위한 학습을 촉진한다.

(2) 시범의 특성

갈브레이스(Galbraith, 2004)가 제시한 교육방법으로서의 일곱 가지 시범의 특징은 〈표 14-16〉과 같다(김문섭 외, 2019).

표 14-16. 시범의 특성

- 학습동기 및 흥미유발에 적합하다. 배워야 할 기술, 행동, 지식에 대한 학습과정의 관심을 유도하는 데 효과적이다.
- 관찰을 필요로 하는 주제나 기술 등에 유용하다. 개인적 수행능력이나 수행의 발전 정도를 관찰하도록 격려해야 하는 학습을 계획할 때 적합하다.
- 장비 및 기자재, 재료 등을 효율적이고 경제적으로 사용할 수 있도록 한다. 학습자의 수가 많은 대집단의 경우와 자료 및 기자제 사용 비용이 부담스러운 상황에서 유용한 방법이다.
- 명확하게 한 번으로 예시해 줄 수 있는 효과적인 방법이다. 모든 학습자에게 어떤 방식이나 기술을 수행하는 전 과정을 모두 실습할 필요 없이 한 번에 동작기술의 전 과정을 빠르게 보여 줄 수 있다.
- 현장에서 진행 중인 과정을 보여 주기에 적합한 방법이다. 학습자에게 시범을 통해 어떠한 특정 기술이나 기법 등을 적절하게 사용하는 방법을 실제적으로 보여 준다.
- 특정 과제수행이나 단계별 과업을 지도할 때 적절하다. 난이도가 있거나 평생교육 프로그램을 고안하고 사용법을 가르칠 경우, 단계별 기술과 방법을 익히는 데도 효과적이다.
- 성인학습자의 실습이나 훈련연습을 효과적으로 돕는다. 특히 기술의 향상이 관건으로 학습자들은 평생교육자가 특정 기술을 직접수행하는 것을 관찰하고 그것을 실제로 바로 적용해 보게 된다.

출처: 김문섭 외(2019). 평생교육방법론. 양성원.

(3) 시범의 장점과 단점

성인학습자의 실습이나 훈련연습 및 학습동기 향상에 효과적인 시범의 장점과 단점을 살펴보면 〈표 14-17〉과 같다(김문섭 외, 2019).

표 14-17. 시범의 장점과 단점

장점	단점
• 짧은 시간에 포인트를 제시해 줄 수 있는 가장 효과적인 방법이다. 학습자들이 복잡하고 어려운 학습내용을 단시간에 이해하기란 쉽지 않다. • 시범은 이론과 실제의 간격을 좁혀 주는 장점이 있다. 교수자는 시범을 통해 현실감 있는 실제적 사례를 제공할 수 있고, 복잡하고 어려운 이론과 과정들을 쉽게 이해할 수 있게 된다. • 학습을 강화하는 감각능력을 동원하게 한다. 시범은 시각, 청각, 촉각, 물리운동적, 학습스타일	• 시범을 보고도 많은 학습자들이 교수자의 시범처럼 잘할 자신이 없다고 느끼기 때문에 오히려 동기유발에 부정적일 수 있다. • 학습자들이 시범을 통해 습득해야 할 어려운 기술이나 행동을 포기하려는 심리적 저항이 있을 수 있다. • 시범에서 과제와 기술, 과정과 행동을 단계별로 구분해서 보여 주기가 쉽지 않다. 즉, 특정 기술이나 행동은 시범을 분리해 보여 주기가 어렵고,

장점	단점
의 집중을 필요로 한다. • 시범은 다양한 학습상황을 제공한다. 학습자와 교수자 모두가 학습의 현장을 즐기면서 긴장을 완화할 수 있는 공감대를 형성한다. • 기술이나 행동이 수행되는 정확한 방식을 배울 수 있도록 해 준다. 학습자의 수행능력이 숙달될 수 있도록 충분한 실습시간을 주어야 한다. • 학습자는 시범의 과정과 개별적 경험을 통해 서로 다른 관점과 사고를 가질 수 있다는 사실을 이해하게 된다.	전체적인 관점에서 이해하는 것이 더 효과적이어서 시범의 주제로는 적절하지 않을 수 있다. • 시범을 준비하기 위해 많은 연습과 검토시간이 필요하다. 대부분의 학습에서 전체적인 강의를 다루어야 하므로 연습을 위한 시간은 매우 제한되어 있다. • 시범은 소집단에서 실시하기에 가장 효과적인 방법으로 비용–편익 측면을 고려할 때 대규모 집단을 대상으로 하기에는 비효과적이다. • 집단학습에서는 재능 있는 교수자일지라도 시범 수업시간에 각 개별 학습자에게 구체적이고 적절한 피드백을 주기가 쉽지 않다.

4. 게임법

1) 게임법의 개념

게임법(Games)은 모의적 상황을 만들어 놓고 그 상황을 체험함으로써 학습의 계기를 만들어 주고자 하는 데 목적이 있다. 즉, 가르치면서 재미를 유발할 수 있는 교수방법으로 학습활동을 촉진하는 데 효과적이다. 게임법은 체험학습의 한 형태로 모의적 상황을 만들어 놓고 개인 또는 집단의 사고, 행동, 태도 등을 비롯한 전 과정을 분석하여 해결책을 모색해 나가는 상호학습법이다.

인간의 모든 것들에는 놀이법칙의 요소를 가지고 있다는 전제하에 평생교육의 방법도 놀이를 모티브로 하는 다양한 교육방법을 고려해 볼 수 있다. 게임법은 그 자체가 교육훈련의 도구로 사용방법에 따라 다양한 종류의 게임법이 활용될 수 있다. 최근에는 4차 산업혁명 시대에 맞추어 정교하게 개발된 게임법이 많이 소개되고 있다. 여러 가지의 지시와 명령에 따라 복잡한 상호작용을 실시하는 컴퓨터의 사용으로 시뮬레이션 게임법도 증가하고 있다. 오늘날의 게임법은 학습자로 하여금 게임법에서 따르는 다양한 쟁점에 대한 여러 가지 관점과 해결책을 함께 고려할 수 있게 한다는 점에서 의의를 찾을 수 있다(김문섭 외, 2019).

2) 게임법의 효과

잘 개발된 게임법은 매우 효과적인 교수법으로 활용될 수 있다. 게임법의 효과는 학습자들의 흥미를 유발시키고 자연스럽게 학습을 수행할 수 있게 한다. 개인 학습자에게 관심을 집중시키지 않으면서 팀 워크를 통해 참여한 대부분의 학습자가 흥미를 갖도록 게임을 진행하는 것이 효과적이다. 게임법을 실시할 때 너무 복잡한 게임은 피하는 것이 좋다. 교육자가 전달하고자 하는 특정 개념이나 원칙을 일반적으로 전달하기에 무리가 가지 않아야 한다. 교육자는 학습자들이 호기심을 가질 만한 학습환경을 자연스럽게 제공해 주어서 학습효과를 거둘 수 있는 게임법을 제공해 주는 것이 중요하다. 전형적인 강의실의 환경은 오히려 방해요소로 작용될 수 있다(김문섭 외, 2019).

다시 말해, 게임법은 새롭고 전문적인 지식을 습득하는 데 매우 효과적이다. 기업이나 조직 또는 국제관계에서 일상적으로 발생하는 문제상황과 같은 장면을 모델로 삼아서 다양한 게임법을 활용할 수 있다. 게임법은 학습자가 학습을 어렵지 않은 흥미로운 활동이라고 생각하도록 해 줌으로써 학습자의 긴장을 풀어 주고 학습 참여도를 높이는 데 효과적인 방법이다(Corder, 2008).

3) 게임법의 장점과 단점

게임법이 학습자의 흥미를 유발하고 동기부여를 할 수 있는 좋은 방법에는 틀림이 없지만 교수자가 게임법을 스스로 개발하는 데에는 시간이 많이 소요된다는 한계가 있다. 하지만 잘 개발된 게임법은 매우 유용한 교수법으로 활용될 수 있다. 게임법의 장점과 단점에 대해 살펴보면 〈표 14-18〉과 같다(Davis, 2009).

표 14-18. 게임법의 장점과 단점

장점	단점
• 학습자의 참여를 높일 수 있는 흥미 유발적인 요소를 동원한다. • 인지적 · 사회적 지식과 기술습득 및 태도의 학습도 가능하다. • 개인적 경쟁심을 높여 순발력과 함께 동기유발 효과가 있다. • 학습자 간 의사소통능력을 향상시키며, 규칙을 준수하고, 협동심을 익히는 경험을 하게 된다.	• 게임의 진행방법에 따라 학습의 진지함이 결여되거나 흥미위주의 진행으로 학습목표의 달성도가 낮아질 수 있다. • 학습시간이 길어지거나 학습내용의 효과적 전달에 어려움이 있을 수 있다. • 진행자의 지도력에 따라 학습의 성취도에 차이가 날 수 있다. • 적절한 피드백(Feed Back)의 제공 여부가 학습의 성패를 좌우한다.

출처: 김문섭 외(2019). 평생교육방법론. 양성원.

4) 게임법의 유형과 진행절차

(1) 게임법의 유형

게임법의 유형은 크게 세 가지로 분류할 수 있다. 첫 번째 유형은 주로 처음 만난 집단의 서먹함을 줄이기 위한 목적으로 시행되는 아이스브레이킹(icebreaking) 게임이 있고, 두 번째 유형은 일상생활에서 경험하는 어려운 상황에 대한 문제해결능력 및 창의력 함양을 위한 게임이 있다. 그리고 세 번째 유형은 인간관계, 의사소통 및 팀워크 향상을 위한 게임이다(김문섭 외, 2019).

표 14-19. 게임법의 유형

구분	내용
아이스브레이킹 게임	처음 만난 학습자 집단에서 긴장을 완화시키고, 동기부여 및 창의적 사고를 촉진시키는 게임이 아이스브레이킹(icebreaking)이다. 일반적으로 강좌가 시작하는 첫 수업에서 학습자들로부터 하여금 서로 인사를 나누고 서로를 다가서게 해 주기 위해 이루어진다. 아이스브레이킹의 목적은 분위기 조성, 흥미유발, 원활한 진행, 수업효과 제고에 있다. 학습자들의 이름, 취미 등의 정보를 공유하는 데 초점을 맞춘다. 첫 수업에서는 대부분 구성원들의 표정이 굳어 있으므로 아이스브레이킹을 하고 나면 대부분 표정이 밝아지고 웃음꽃이 핀다. 아이스브레이킹을 통해 좋아진 분위기를 얻고 수업을 원활하게 진행할 수 있다.
문제해결 및 창의력 함양 게임	문제해결을 위한 창의적 아이디어를 제시하기 게임이다. 자기주도적 학습 대응방식으로 일상생활에서 자주 마주치게 되는 문제해결방식으로 가상의 모의상황을 제시한 후 이 문제를 해결하기 위한 기술과 전략을 습득하기 위해 실시하는 게임이다.
의사소통 및 팀워크 향상 게임	인간은 사회적인 동물이다. 상호 간의 의사소통과 관련된 지식과 기술, 태도의 향상을 도모하며 보다 나은 인간관계를 형성해 가는 게임이다. 집단활동에 기초한 대인관계 증진과 서로 간의 원활한 의사소통을 이루기 위한 것으로 게임에 참여함으로써 팀워크 향상과 바람직한 행동과 태도의 변화를 가져올 수 있다. 이 유형에는 카드게임, 그림게임, 의사소통게임 등이 있다.

(2) 게임법의 진행절차

교수자는 게임을 실시하기 전에 학습자들에게 게임의 취지와 규칙, 진행방법, 게임이 전개될 시나리오를 학습목표와 함께 제시한다. 게임법의 학습은 학습자가 계속 흥미를 유지할 수 있도록 학습환경을 조성하는 것이 중요하다(유승우 외, 2010).

학습자가 동료 학습자와 게임을 통해 경쟁하면서 다른 학습자들의 반응을 관찰한 후 이에 대한 피드백을 제시하면 게임은 종료된다. 게임이 끝나면 승자를 알려 주고 학습목표 달성에 대한 평가결과도 함께 제시한다. 게임법의 진행단계는 다음과 같다(김문섭 외, 2019).

표 14-20. **게임법의 진행단계**

구분	항목	내용
1단계	목적 및 규칙 설명	게임을 진행하는 목적과 게임규칙 등을 설명한다.
2단계	게임진행 및 과정의 관찰	게임에서 이기기 위해 노력하는 학습자의 모습을 관찰한다. 피드백이나 토론의 자료로 활용된다.
3단계	반응 관찰	게임의 과정을 주의 깊게 관찰하며 학습자 및 학습자 집단의 반응을 면밀하게 파악한다.
4단계	피드백 및 종합 토론	학습자들의 반응을 토대로 게임의 성과나 결론, 문제점 및 그 원인을 분석하고 적절한 피드백을 제공하면서 토의한다.
5단계	종결	게임의 승자를 발표한다. 학습자의 학습목표 달성 정도 및 전반적인 게임 진행 과정에 대한 종합적인 결과평가를 제시한다.

5) 게임법의 실습

게임법의 효과는 학습자들의 흥미를 유발시키고 자연스럽게 학습을 수행할 수 있다는 것이다. 실제 게임법을 활동들을 살펴보면 〈표 14-21, 표 14-22, 표 14-23, 표 14-24〉와 같다.

표 14-21. **게임법의 실습**

구분	내용
게임방법	• 팀 구성: 3~5명씩 한 팀을 만들어 앉는다. 팀별로 별칭을 정한다. • 준비물: 해답판과 지우개를 각자 1개씩 준비한다. • 게임방법: 제시된 퀴즈를 푸는데, 혼자 맞는다고 해서 점수를 주는 것이 아니라, 팀원 모두 같은 정답을 적어야 점수를 얻는다. 이때 팀원 간에는 정답을 상의할 수 없다. 팀원 모두가 정답을 쓴 경우 점수를 부여한다.
게임 진행	① 학교의 정규교육과정을 제외한 학력보완교육, 성인 기초 · 문자해득교육, 직업능력 향상교육, 인문교양교육, 문화예술교육, 시민참여교육 등을 포함하는 모든 형태의 조직적인 교육활동을 무엇이라고 하나요? ② 소집단 내에서 상호 간의 직접적이고 개방적인 경험을 통하여 나와 타인 및 상호관계에 대한 정서적 민감성을 계발함으로써 자신과 타인을 이해하고 수용하며 인간관계의 협동적 발전을 돕는 체험학습을 무엇이라고 하나요?

구분	내용
	③ 미국의 정신의학자인 모레노가 사이코드라마라고 정서적인 문제를 행동화시켜그 원인을 분석하는 치료법으로 개발한 것이 시초로, 타인의 역할을 경험해 봄으로써 자신과 타인을 이해하는 데 도움을 주고자 하는 극화방법을 무엇이라고 하나요? ④ 소집단 내에서 상호 간의 직접적이고 개방적인 경험을 통하여 나와 타인 및 상호관계에 대한 정서적 민감성을 계발함으로써 자신과 타인을 이해하고 수용하며 인간관계의 협동적 발전을 돕는 체험학습훈련을 무엇이라고 하나요? 〈정답〉 ① 평생교육 ② 감수성훈련 ③ 역할극 ④ 감수성훈련
평가 및 피드백	• 답 맞추기가 끝나면, 조력자는 각 팀별 점수를 확인하여 순위를 매긴다. 이때 간단한 상품(음료수, 과자 등)을 준비하여 시상하면, 좋은 분위기를 유지할 수 있다. • 마지막으로 게임을 통해 얻는 점이나 아쉬운 점 등 게임법 실습에 대한 전반적인 피드백을 하는 시간을 가진다.

표 14-22. **팀쌓기 게임 방법**

구분	내용
활동개요	10명 정도 팀을 이루어서 바닥에 그려 놓은 4각형의 모양 안에 한 발을 넣는 활동이다.
활동목적	서로 협동하는 방법을 배우고 의사소통기술을 강화시킬 수 있다.
활동시기 및 조건	• 팀원들이 여유를 가지고 집중할 필요가 있을 때 • 팀원들의 단결력을 강화시킬 때 • 느슨해진 팀 분위기를 위해 재미와 웃음을 가질 필요가 있을 때
활동방법	• 바닥에 10정도가 한 발로 디딜 수 있는 정도의 적당한 사각형을 그린다(사각형은 게임을 진행시키면서 크기를 점점 줄인다). • 어떠한 방법을 동원하더라도 게임에 참여한 학생들은 한 발로만 사각형 안에 있어야 한다. • 성공하면, 사각형의 크기를 점점 줄여서 되풀이한다.
활동 후 평가	• 게임에 성공했을 때 어떤 기분이 들었는가? (긴장됐다, 혼란스러웠다 등) • 서로 성공을 위해 노력했을 때 무슨 일이 발생했는가? (손을 잡았어요, 힘껏 안았어요 등)
활동을 위한 Tip	서로를 도와 균형을 이룬다.
준비물	사각형을 그릴 수 있는 도구 혹은 청테이프

표 14-23. 팝콘 먹여 주기 게임 방법

구분	내용
활동개요	짝을 지어 둘 다 눈가리개를 한 채로 서로에게 스푼을 이용하여 팝콘을 먹여 주는 활동이다.
활동목적	서로 협동하는 방법을 배우고 의사소통기술을 강화시킬 수 있다.
활동시기 및 조건	• 팀원들이 여유를 가지고 집중할 필요가 있을 때 • 팀원들의 단결력을 강화시킬 때 • 느슨해진 팀 분위기를 위해 재미와 웃음을 가질 필요가 있을 때
활동방법	• 서로 짝을 짓는다. • 눈가리개와 스푼, 팝콘을 나누어 갖는다. • 두 사람 모두 눈을 가린 채로 한 사람이 파트너에게 한 번에 10개의 팝콘을 스푼에 얹어 먹여 준다. • 성공하면 역할을 바꾸어서 되풀이한다.
활동 후 평가	• 눈가리개를 착용했을 때 어떤 기분이 들었는가?(긴장됐다, 혼란스러웠다 등) • 서로 먹여 주려고 했을 때 무슨 일이 발생했는가?(팝콘이 스푼에서 떨어졌어요, 스푼이 내 코를 찔렀어요 등)
활동을 위한 Tip	• 팝콘 알레르기가 있는 사람은 다른 먹을거리를 제공한다. • 눈가리개를 정확히 착용한다.
준비물	참가자 1인당 눈가리개 1개, 참가자 1인당 스푼 1개, 팀당 비닐봉지 1개, 팝콘

표 14-24. 나무토막 전달하기 게임 방법

구분	내용
활동개요	7명 정도 팀을 이루어서 준비된 길이 1m 정도의 나무토막이나 PVC 파이프로 팀 게임을 하는 활동이다.
활동목적	서로 협동하는 방법을 배우고 의사소통기술을 강화시킬 수 있다.
활동시기 및 조건	• 팀원들이 여유를 가지고 집중할 필요가 있을 때 • 팀원들의 단결력을 강화시킬 때 • 느슨해진 팀 분위기를 위해 재미와 웃음을 가질 필요가 있을 때
활동방법	• 팀원들이 원형형태로 모여 준비한 막대를 서로에게 전달하는 게임이다. • 막대가 바닥에 떨어지지 않게 옆 사람에게 전달하면 게임은 성공이다. • 전달하는 방법은 상황에 따라서 다양하게 진행하면 된다. • 하나의 예로, 동시에 팀원 전체가 막대기를 옆 사람에게 던져 전달한다.

구분	내용
활동 후 평가	• 게임에 성공했을 때 어떤 기분이 들었는가?(긴장됐다, 혼란스러웠다 등) • 서로 성공을 위해 노력했을 때 무슨 일이 발생했는가?(손을 잡았어요, 힘껏 안았어요 등)
활동을 위한 Tip	막대가 전달되는 과정에서 시간 간격과 팀원 간의 간격 조절이 중요하다.
준비물	길이 1m 정도의 막대 혹은 PVC 파이프

참고문헌

강순희, 김연진, 김이영, 김재현, 김중기, 김현실, 배경란, 시옥진, 이용환, 장지현(2022). **영유아 발달**. 경기: 수양재.

강인애, 정준환, 정득년(2007). **PBL의 실천적 이해**. 서울: 문음사.

강재희(2009). 조리실기교육방법의 유형에 따른 학습효과 차이의 비교 연구. 세종대학교 대학원 박사학위논문.

강태훈 외(2013). **최신 교육심리학**. 서울: 학이당.

경하영(2016). Ausubel의 유의미 학습이론을 적용한 음악 감상영역 수업지도안. 중앙대학교 교육대학원 석사학위논문.

권낙원, 김동엽(2019). **교수-학습 이론의 이해**. 서울: 문음사.

권낙원, 민용성, 한희정, 최화숙, 이재철(2018). **교육과정**. 서울: 동문사.

권두승, 조아미(2009). **평생학습사회 실현을 위한 성인학습 및 상담**. 경기: 교육과학사.

권성민, 김민경, 김재명, 김정민, 남궁선혜, 류하나, 윤혜영(2021). **유아교과교육론**. 경기: 양성원.

권연정(2016). 유아교사를 위한 액션러닝 기반 미디어교육 프로그램 개발 및 효과. 이화여자대학교 대학원 박사학위논문.

권이종(2001). **평생교육방법론**. 서울: 교육과학사.

권이종, 이상오(2002). **평생교육: 이론편**. 서울: 교육과학사.

김경옥(2001). Ausubel의 유의미 학습이론, 전성연 편. **교수-학습의 이론적 탐색**. 서울: 원미사.

김경태(2010). 협동학습과 강의식 수업을 복합적으로 적용한 수업이 중학교 과학 학업 성취도에 미치는 영향. 아주대학교 교육대학원 석사학위논문.

김근영(2008). 직접교수 모형과 협동학습 모형에 따른 핸드볼 학습효과의 비교분석. 국민대학교 대학원 석사학위논문.

김근태(2012). 인문 영재학생과 일반학생의 성격 유형과 교수-학습방법 선호도 비교. 순천향대학교 교육대학원 석사학위논문.

김도균(2020). 4차 산업혁명시대 인재상과 기독교교육의 방향: 핵심역량을 중심으로. 고신대학교 대학원 석사학위논문.

김문섭, 김진숙, 최손환, 권재일, 이미애, 조정선, 조재철(2019). **평생교육방법론**. 경기: 양성원.

김미성(2018). 4차 산업혁명과 유아교육에 대한 유아교사의 메타포 분석. 경성대학교 교육대학원 석사학위논문.

김미옥, 봉현철(2016). 액션러닝 기반 대학교 수업의 효과적인 과제선정방법에 관한 연구. **대한경영학회지**, 1(5), 1175-1192.

김보림(2021). 예비유아교사의 수업역량 향상을 위한 액션러닝 방법 중심의 수업시연 모형 개발 및 적용. 성신여자대학교 대학원 박사학위논문.

김서하(2012). 혼합형학습을 적용한 초등학교 문제중심학습(PBL) 실행 모형 개발. 인천대학교 대학원 박사학위논문.

김선진(2015). 유아의 창의 · 인성 함양을 위한 창의적 문제해결 프로그램 개발 및 효과. 성균관대학교 일반대학원 박사학위논문.

김성옥(2013). 소크라테스 대화법을 통한 조형 활동이 초등학생의 심리적 안녕감에 미치는 영향. 창원대학교 교육대학원 석사학위논문.

김승현(2014). 학습대화의 교육내용 연구. 서울대학교 대학원 박사학위논문.

김신자, 주영주, 김영수, 한정선, 강명희, 정재삼(2001). **21세기 교육방법 및 교육공학**. 서울: 교육과학사.

김이영(2010). **학업동기: 이론, 연구와 적용**. 서울: 학지사.

김영옥, 최라미, 조미경(2019). **평생교육방법론**. 서울: 학지사.

김영지(2019). 4차 산업혁명 시대의 중등수학교육 교수 · 학습방법 연구. 대진대학교 교육대학원 석사학위논문.

김유진(2017). 자율적 협동학습(Co-op Co-op) 모형을 적용한 기악합주 지도 방안 연구. 이화여자대학교 교육대학원 석사학위논문.

김은주(2000). 중국어 청취력 향상을 위한 효율적인 지도 방법에 관한 연구. 이화여자대학교 교육대학원 석사학위논문.

김은지(2019). 창의적 문제해결모형(CPS)을 활용한 주크박스 뮤지컬 교수 · 학습 방안 연구: 자유학년제를 중심으로. 전남대학교 교육대학원 석사학위논문.

김자경, 강혜진, 임은영(2012). 액션러닝을 활용한 장애아 통합교육 수업이 예비특수 교사의 문제해결능력과 교사 효능감에 미치는 효과에 관한 연구. **특수아동교육연구**, 14(3), 593-609.

김재현(2001). 브루너(J. Bruner) '지식의 구조'에 대한 탈구조주의적 비판. 영남대학교 대학원 석사학위논문.

김정민(2018). 초임 음악교사의 성찰저널쓰기가 교사 전문성에 미치는 영향. 이화여자대학교 교육대학원 석사학위논문.

김정숙(2016). 구성주의사회 성인학습자를 위한 교수방법 비교: 교수자 주도형 교수방법과 학습자주도형 교수방법. 세종대학교 교육대학원 석사학위논문.

김정욱, 박봉권, 노영우, 임성현(2016). 2016 다보스 리포트: 인공지능과 4차 산업혁명. 서울: 매일경제신문사.

김주리(2018). 교사의 코칭역량 향상 프로그램 개발 및 효과분석. 숭실대학교 대학원 박사학위논문.

김준경(2009). 음악과 효과적인 창작활동을 위한 창의성 기법을 적용한 수업지도안 연구: 중학교 1학년을 대상으로. 성신여자대학교 대학원 석사학위논문.

김준권, 서의정, 이범석(2012). **실기교육 방법론.** 경기: 양서원.

김지연(2014). 지방자치단체장의 인지적 정책정향과 지방자치단체의 실제적 정책정향에 관한 연구. 이화여자대학교 대학원 석사학위논문.

김진수(2012). 긍정심리학에 근거한 기업관리자의 코칭역량 증진 프로그램의 개발과 효과. 경성대학교 대학원 박사학위논문.

김진숙, 김규태, 서민호, 조정선(2018). **평생교육경영론.** 경기: 양성원.

김진아(2008). 고려속요 교수-학습 방안 연구: Brunner의 발견학습이론을 중심으로. 동아대학교 교육대학원 석사학위논문.

김진용, 남주현, 박경영, 손상철, 이해권, 조성태, 홍길희(2015). **창의적 문제해결기법.** 서울: 아트하우스출판사.

김진화(2006). **평생교육방법 및 실천론.** 경기: 서현사.

김진화(2014). 성공하는 평생학습강사의 교수학습정향성. 한국평생교육총연합회. 2014년도 연차학술대회 발표자료집, 187-200.

김진화(2015). 평생교육학의 중론. 미발행.

김한별(2014). **평생교육론.** 서울: 학지사.

김혜진(2022). 4차 산업혁명 관련 교육프로그램에 참여한 특수학교 교사의 경험. 공주대학교 특수교육대학원 석사학위논문.

김효주, 엄우용(2014). 대학 교원의 수업 개선을 위한 액션러닝 적용 사례. **교육공학연구, 30**(4), 839-878.

노승희, 이영진(2017). 반성적 저널쓰기와 피드백을 통한 예비보육교사의 강의 수강 경험 의미와 교수자의 교수 방법적 의의 탐색. **학습자중심교과교육연구, 17**(24), 75-101.

도미향(2014). 코치양성 2급과정 매뉴얼. 한국코칭학회.

류성창 외(2017). 4차 산업혁명 시대의 미래인재 핵심역량 조사 · 분석. 고려대학교 HRD 정책중점연구소.

문보경(2019). 교사의 반성적 저널쓰기가 교사-영유아의 상호작용에 미치는 영향. 한양대학교 교육대학원 석사학위논문.

민용성(2004). 한국 교사의 교수유형 분석. 한국교원대학교 대학원 박사학위논문.

박귀주(2008). 반성적 대화 저널쓰기가 발달 장애 학생의 글쓰기와 문제행동에 미치는 효과. 단국대학교 특수교육대학원 석사학위논문.

박상준(2020). **코로나 이후 미래 교육**. 경기: 교육과학사.

박상혁, 오승희, 박정선, 이명관(2016). 사회 혁신을 위한 디자인 씽킹과 액션러닝의 통합모형. **벤처창업연구, 11**(2), 89-100.

박성익(1997). **교수 · 학습방법의 이론과 실제**. 서울: 교육과학사.

박수홍, 안영식, 정주영(2016). **체계적인 액션러닝**. 서울: 학지사.

박영수(2015). 유아교사의 자유선택활동 운영에 대한 반성적 저널 의미 탐구. 부산대학교 대학원 석사학위논문.

박윤희(2010). 성공적인 커리어코칭 과정에 관한 연구. 숭실대학교 대학원 박사학위논문.

박인숙, 정은주(2015). 협동학습이 학습자의 태도 및 자기주도 학습력에 미치는 효과. **한국치위생교육학회지, 15**(2), 303-310.

박준영(2009). John Dewey의 반성적 사고와 교육. **교육사상연구, 23**(3), 273-290.

박지훈(2021). RPG 메이커를 활용한 게임기반 학습 프로그램 개발 및 적용. 전주교육대학교 교육대학원 석사학위논문.

박지희(2010). 영재학생과 일반학생의 학습유형 및 비판적 사고력 비교. **순천향인문과학논총, 26**, 207-239.

박창규(2015). **임파워링하라**. 서울: 넌 참 예뻐.

박형근, 김영훈(2014). POSRI 보고서: 인더스트리 4.0, 독일의 미래 제조업 청사진. POSRI 이슈리포트, 포스코경영연구원, 11-21.

배용관(2020). 코치의 커뮤니케이션 특성이 코칭고객의 긍정심리자본에 미치는 영향. 국민대학교 일반대학원 박사학위논문.

백영균, 한승록, 박주성, 김정겸, 최명숙, 변호승, 강신천, 윤성철(2015). **스마트 시대의 교육방법 및 교육공학**. 서울: 학지사.

변영계(2018). **교수 · 학습 이론의 이해**. 서울: 학지사.

봉현철, 유평준(2001). 액션러닝(Action Learning)의 기본 구조와 핵심구성요소. **산업교육연구, 8**, 57-82.

부성숙(2014). 액션러닝 수업이 예비 유아교사의 자아개념 및 자기효능감에 미치는 영향. **유아교육학회지, 18**(5), 29-52.

산업자원부, 한국사이버교육학회(2003). **e-learning 백서**. 서울: 컨텐츠미디어.

서은성(2013). 자기주도학습 프로그램이 초등학생의 자기주도학습과 학습몰입에 미치는 효과. 서울교육대학교 교육대학원 석사학위논문.

성태제(2017). 제4차 산업혁명시대의 인간상과 교육의 방향 및 제언. **教育學 研究, 55**(2), 1-21.

손성화(2020). 평생교육교수자의 교수역량 강화를 위한 코칭모델 개발. 대구한의대학교 일반대학원 박사학위논문.

송병순, 이영호(2000). **평생교육의 이론과 실제**. 서울: 원미사.

송은주(2012). 초등학교의 영재학생과 일반학생의 학습유형 및 교수방법 선호도 비교. 대구교육대학교 교육대학원 석사학위논문.

신다은(2015). 성인학습자의 평생학습정향성에 관한 연구. 동아대학교 대학원 석사학위논문.

신명호(2012). 중등학력인정 평생교육시설 1년 3학기제 학사운영의 진단과 활성화 전략. 계명대학교 교육대학원 박사학위논문.

신명희, 강소연, 김은경, 김정민, 노원경, 서은희, 임호용(2017). **교육심리학**(3판). 서울: 학지사.

신미애(2016). 평생학습참여자의 자기효능감과 참여동기가 학습성과에 미치는 영향 연구: 경기북부지역 평생학습기관 학습자를 중심으로. 대진대학교 대학원 박사학위논문.

신용주(2006). **평생교육의 이론과 방법**. 서울: 형설출판사.

신용주(2012). **평생교육 방법론**. 서울: 학지사.

신태섭, 박용한(2013). 협동학습 경험이 지각된 교사 지원과 내재적 학습동기를 매개로 중학생의 학업 성취에 미치는 영향. **교육심리연구, 27**(3), 739-759.

신혜원(2017). 내러티브를 활용한 반성적 사고 교육의 가능성 탐색. 경북대학교 대학원 석사학위논문.

심재호(2017). **Ausubel의 유의미학습 이론**. 경기: 교육과학사.

아시아코칭센터(2019). 코칭모델. http://www.asiacoach.co.kr/.

안주희, 여상인(2017). 초등과학영재 담당교사의 과학영재수업과 일반과학수업에서의 교수유형 분석. **과학영재교육, 9**(1), 11-22.

안효진(2019). 특성화 고등학교 로고 디자인 교육에서 유의미 학습법을 활용한 수업과정 연구. 국민대학교 교육대학원 석사학위논문.

양명희(2000). 자기조절학습의 모형 탐색과 타당화 연구. 서울대학교 대학원 박사학위논문.

양병현(2009). **미국의 리터러시 코칭**. 서울: 대교출판.

양승봉(2003). **감수성훈련**. 서울: 법경출판사.

염지숙, 이명순, 조형숙, 김현주(2018). **유아교사론**. 경기: 정민사.

오인경(2003). 구성주의 교수학습 전략으로서의 코칭의 역할 및 프로세스: 외국 기업 사례 비교. **기업교육연구, 5**(2), 5-25.

유동수(2008). **감수성훈련: 진정한 나를 찾아서**. 서울: 학지사.

유정애, 이충원, 신기철, 김선희, 최희진(2007). **체육수업모형**. 서울: 대한 미디어.

윤기옥, 정문성, 최영환, 강문봉, 노석구(2013). **수업모형**. 서울: 동문사.

윤소정(2001). 고등학교 영재학생과 일반학생의 사고 유형과 학습유형차이. 부산대학교 교육대학원 석사학위논문.

윤정민(2018). 제4차 산업혁명 시대에 대한 유아교사의 인식 연구. 총신대학교 교육대학원 석사학위논문.

윤지혜(2013). 브루너의 발견학습이론과 역할놀이학습을 활용한 교회 교육적 수업모형과 적용. 백석대학교 기독교전문대학원 석사학위논문.

이경호(2014). 전문코치의 직업적 성장경험에 대한 내러티브 연구. 국제뇌교육종합대학교 대학원 박사학위논문.

이경화, 유경훈(2014). **사회, 문화, 교육 창의성.** 서울: 동문사.

이경화, 이은정, 박미미, 송창근(2017). 반성적 저널에 나타난 중등수학교사의 교수학적 변환에 대한 인식. **수학교육학연구,** 27(3), 469-489.

이미성(2013). 한국 노인의 정치정향이 노인권익운동에 미치는 영향에 관한 연구. 한성대학교 대학원 박사학위논문.

이미숙, 박상호(2019). 존 듀이의 경험론과 PBL 학습의 상호 연관성에 관한 연구. **인문사회 21,** 10(5), 931-944.

이상오(2021). 4차 산업혁명에 따른 미래 교육 방안. 경상대학교 대학원 박사학위논문.

이석하(2015). 유의미학습에서 선행조직자를 적용한 함수 단원의 수업모형 설계. 아주대학교 교육대학원 석사학위논문.

이선영(2017). 제4차 산업혁명 시대의 교육 심리학. **한국교육학연구,** 23(1), 330-347.

이성아(2018). 액션러닝 기반 대학 수업에서의 학습자 평가 도구 개발. 계명대학교 대학원 박사학위논문.

이성호(2006). **교수방법론.** 서울: 학지사.

이소희(2014). TREASURE Talk 코칭모델 개발(1). **코칭연구,** 7(1), 5-35.

이솔(2019). 반성적 사고에 기초한 저널쓰기를 바탕으로 현직음악교사의 반성적 사고 과정 탐색. 이화여자대학교 교육대학원 석사학위논문.

이신동, 이정규, 박춘성(2015). **최신영재교육학개론.** 서울: 학지사.

이영아(2012). 성인학습자의 학습참여 동기유형이 경험학습양식에 미치는 영향. 고려대학교 교육대학원 석사학위논문.

이영주(2000). 생물학습에서 중학생들의 학습성향에 따른 유의미 학습의 효과. 이화여자대학교 교육대학원 석사학위논문.

이인학, 박지은, 류관열(2012). **실기교육방법론.** 대구: 배영출판사.

이재준(2012). Ausubel 이론을 근거로 수학 기피 현상 극복을 위한 지도안 개발: 수열단원 중심으로. 아주대학교 교육대학원 석사학위논문

이주한(2012). Dewey의 반성적 사고 개념에서 본 반성적 교사의 특질. **한국초등교육,** 23(2),

17-34.

이지혜(2009). 자기결정성 학습동기, 메타인지, 자기주도적 학습능력 및 학습몰입과 학업성취 간의 구조적 관계 분석. 충북대학교 교육대학원 박사학위논문.

이태복, 최명숙(2005). **액션러닝의 성공 원칙**. 서울: 패러다임컨설팅.

이현민(2011). 문제기반학습(PBL)을 적용한 효과적인 음악과 교수-학습 모형. 경희대학교 교육대학원 석사학위논문.

이현정, 구혜현(2013). 유아교사의 반성적 저널을 통해 본 학기 초 이야기. **어린이문학교육연구, 14**(1), 183-207.

이형득(1990). **집단상담의 실제**. 서울: 중앙적성출판사.

이화진, 권점례, 홍선주, 상경아(2007). 초등 초임교사의 수업 전문성 발달 자료 개발 및 지원방안 연구. 한국교육과정평가원 연구보고, RRI 2007-4-1.

이희경(2014). **코칭심리 워크북**. 서울: 학지사.

임부연, 김성숙, 송진영(2014). **유아교사론**. 경기: 양서원.

임용진(2018). 4차 산업혁명시대를 위한 교육혁신의 저해요소에 관한 분석. 성공회대학교 교육대학원 석사학위논문.

임일(2016). **4차 산업혁명 인사이트**. 경기: 더 메이커.

임종헌, 유경훈, 김병찬(2017). 4차 산업혁명사회에서 교육의 방향과 교원의 역량에 관한 탐색적 연구. **한국교육, 44**(2), 5-32.

임주연(2013). 중학교 대자인 수업에서 CPS모형 적용이 창의적 표현력에 미치는 영향. Treffinger의 CPS 모형 6.1을 중심으로. 이화여자대학교 교육대학원 석사학위논문.

임채식, 임창재, 김의석, 정석환, 김영일(2013). **실기교육방법론**. 경기: 양서원.

장경원(2011). 대학교육을 위한 Action learning 프로그램 설계모형 개발연구. **교육공학연구, 27**(3), 475-505.

장경원, 고수일(2019). **액션러닝으로 수업하기**. 서울: 학지사.

장은호(2021). 멘토링이 개인 및 조직성과에 미치는 영향. 계명대학교 대학원 박사학위논문.

장정아(2005). 온라인 문제기반학습 설계 모형 개발 연구. 서울대학교 대학원 박사학위논문.

전성연(2004). **교수-학습의 이론적 탐색**. 서울: 원미사.

전성연, 최병연, 이흔정, 고영남, 이영미(2007). **협동학습 모형 탐색**. 서울: 학지사.

전예원(2017). 4차 산업혁명시대 중등직업교육 전문교과 교사의 역량 규명. **농업교육과 인적자원개발, 49**(4), 95-120.

전은수(2017). 초등학교 무용수업을 위한 브레인스토밍 적용 방안 연구. 신라대학교 일반대학원 석사학위논문.

정문성(2004). **협동학습의 이해와 실천**. 서울: 교육과학사.

정윤경(2016). **대안적 교사교육 탐색.** 서울: 학지사.

정주영(2007). 블렌디드 액션러닝(blended action learning) 지원시스템의 개발. 부산대학교 대학원 석사학위논문.

정진(2015). 수업실천 사례를 통한 참여식 수업전략의 의미탐색. **학습자중심교과교육연구, 15**(10), 21-49.

정진우(2005). **코칭 리더십.** 경기: 아시아코치센타.

정탁준(2019). 미래 사회의 변화와 인성교육의 발전 방향: 4차 산업혁명 기술을 중심으로. **윤리연구, 125**, 1-23.

정현옥, 김미영, 민세홍(2010). 학습코칭 프로그램이 자기주도적 학습능력에 미치는 효과. **실과교육연구, 16**(4), 197-212.

정혜선(2005). **강사, 퍼실리테이터로 거듭나라.** 서울: 시그마프레스.

조근영(2013). 초등 과학과 디지털 교과서 활용을 위한 창의적 문제해결 수업모형 개발 및 적용. 서울교육대학교 교육대학원 석사학위논문.

조선정(2018). 켈러(Keller)의 학습동기모형(ARCS)론을 적용한 캐리커처(Caricature) 수업 모형 연구: 중학생을 중심으로. 단국대학교 교육대학원 석사학위논문.

조연순, 이명자(2010). **문제중심학습의 이론과 실제.** 서울: 학지사.

조용개, 심미자, 이은화, 이재경, 손연아, 박선희(2011). **성공적인 수업전략을 위한 교수전략.** 서울: 학지사.

조혜경, 구경선, 곽혜경(2017). **보육교사론.** 서울: 창지사.

진경엽(2017). 미래교사의 역할 및 교수역량 구인 타당화. 숭실대학교 대학원 박사학위논문.

차명진(2018). 4차 산업혁명시대의 교사 역할과 역량에 대한 초등교사의 인식 연구. 서울교육대학교 교육전문대학원 석사학위논문.

최병권(2004). **미래기업의 인재코드.** 서울: 새로운제안.

최원수(2009). 교육 실습 기간에 예비 과학교사가 작성한 웹기반 반성저널 분석. 대구대학교 대학원 석사학위논문.

최인숙(2018). 코칭기반 인성교육 프로그램 효과성 분석. 서울벤처대학교 대학원 박사학위논문.

최지영(2013). 협동학습상황에서 예비교사의 도덕성 변화과정 탐색연구. **학습자중심교과교육연구, 13**(1), 265-290.

최호정(2021). 지적장애 학생의 PBFL 수업 적용을 위한 참여실행연구. 단국대학교 대학원 박사학위논문.

최희경, 박선호(2006). 교수일지 작성을 통한 반성적 영어 교수 활동. **외국어교육, 13**(1), 362-385.

하주현(2006). 눈이 번쩍 뜨는 창의력. 서울: 시그마프레스.

한국교육과정학회(2017). 교육과정학 용어 대사전. 서울: 학지사.

한국언론진흥재단 미디어연구센터(2017). 4차 산업혁명에 대한 국민들의 인식 설문조사.

한은영(2016). 창의적 사고기법을 활용한 창작무용 학습지도안 개발 연구: 브레인스토밍, 스캠퍼, 마인드맵을 기반으로. 성균관대학교 일반대학원 석사학위논문.

한허정(2007). 조직 중간관리자의 코칭 역량에 관한. 서울대학교 대학원 박사학위논문.

현영섭(2004). Kolb의 경험학습모형을 적용한 기업교육 학습전이 모형. 고려대학교 대학원 박사학위논문.

홍미영(2012). 창의적 문제해결을 위한 이러닝 지원시스템 설계원리 개발연구: CPS모형을 중심으로. 서울대학교 대학원 박사학위논문.

홍성호(2018). 그림책을 활용한 철학놀이가 유아인성에 미치는 영향: 소크라테스의 대화법을 중심으로. 인하대학교 대학원 박사학위논문.

황성원, 김윤수, 방극봉, 이선우, 이희열(2005). 공공부분에 효과적인 액션러닝 도입방안 기본연구과제. 기본연구과제 2005권, 1-189.

황유정(2004). 공공도서관 성인학습자의 평생교육프로그램 방전방안. 동아대학교 대학원 석사학위논문.

황정규 외(1998). 대학의 교수 · 학습 체제 분석과 학습량 적정화 방안 연구. 대학교육협의회.

Ahonisi, S. (2012). The Trichology Learning Approaches: Pedagogy, Andragogy and Heutagogy.

Allen, T. D., Eby, L. T., Poteet, M. L., Lentz, E., & Lima, L. (2004). Career benefits associated with mentoring for proteges: A meta-analysis. *Journal of Applied Psychology, 89*(1), 127-136.

Ashton, J., & Newman, L. (2006). An unfinished symphony: 21st century teacher education using knowledge creating heutagogies. *British Journal of Educational Technology, 37*(6) 825-840. DOI: 10.1111/j.1467-8535.2006.00662.x.

Aubusson. P., Ewing. R., & Hoban., G. (2015). 교원의 전문성 개발을 위한 액션러닝 [Action learning in school: Reframing teachers' professional learning and development]. (엄우용 역). 서울: 아카데미프레스(원저출판: 2012).

Bandura, A. (1977). *Social Learning Theory*. Englewood Cliffs, NJ: Prentice Hall.

Bandura, A. (1986). *Social Foundations of Thought and Action. A social cognitive theory.* Englewood Cliffs, NJ: Prentice Hall.

Barrows, H. S., (1994). Practice-based learning: Problem-based learning applied to medical education. Southern Illinois University School of Medicine.

Barrows, H. S.,& Myers, A. (1994). Problem based learning in secondary(1994). PBL in secondary schools, Problem Based Learning Institute, Lanphier High School, and Southern Illinois. University Medical School.

Barrows, H. S., & Tamblyn, R. M. (1980). *Problem-based learning: An approach to medical education*(Vol. 1). New York: Springer Publishing Company.

Blaschke, L. M. (2011). Sustaining lifelong learning: A review of heutagogical practice andself-determined learning. *European Distance and E-learning Network(EDEN) Conference, June 19-22.*

Borkowski, J. G. (1996). Differences and consistency between same-sex and other-sex peer relationship during early adolescence. *Developmental Psychology, 29,* 253-263.

Bozeman, B., & Feeney, M. K. (2007). Toward a useful theory of mentoring: A conceptual analysis and critique. *Administration and Society, 39*(6), 719-739.

Brookfield, S. D. (1985). *Self-directed learning: From theory to practice,* New direction for Continuing Education, 25. San Francisco CA: Jossey-Bass.

Brown, H. D. (2007). *Principles of language learning and teaching*(5th ed.). Englewood Cliff, NJ: Prentice-Hall.

Burke, R. J. (1984). Mentors in organizations. *Group and Organization Management, 9*(3), 353-372.

Bygate, M. (1987). *Speaking.* Oxford: Oxford University Press.

Byrne, D. (1996). *Teaching Oral English.* White Plains, MA: Addison Wesley Longman.

Candy, P. (1991). *Self-direction for lifelong learning: A comprehensive Guide to Theory and Practice.* San Francisco, CA: Jossey-Bass.

Canning, N. (2010). Playing with heutagogy: exploring strategies to empower mature learners in higher education. *Journal of Further and Higher Education, 34*(1), 59-71.

Carneiro, R. (2011). Discovering the treasure of learning. UNESCO.

Carnoy, M. & Wagner, A. (2005). Lifelong learning and Training Policies in Latin America, World Bank report.

Chiappetta, E. L. & Koballa, T. R. (2006). *Science instruction in the middle and secondary schools*(5th ed). Upper Saddle River, New Jersey: Merrill.

Corder, N. (2008). *Learning to teach ADULTS. An introduction*(2nd ed.). NY: Routledge.

Corno, L. (1986). The meta cognitive control components of self-regulated learning. *Contemporary Educational Psychology, 11*, 333-335.

Corno, L., & Mandinach, E. B. (1983). The role of cognitive engagement in classroom learning and motivation. *Educational Psychologist, 18*, 88-108.

Davis, B. G. (2009). *Tools for Teaching*(2nd ed.). San francisco. CA: Jossey-Bass.

Davis, E. A. (2006). Characterizing productive reflection among preservice elementary teachers: Seeing what matters. *Teaching and Teacher Education, 22*, 281-301.

Davis, G. A. (1983). *Creativity is forever.* Dubuque, Iowa: Kendall/Hunt Pub. Co.

Delisle, R. (1997). *How to use problem-based learning in the classroom.* Alexandria VA: Association for Supervision and Curriculum Development.

Dembkowski, S., & Eldridge, F. (2003). Beyond GROW: A new coaching model. *The International Journal of Mentoring & Coaching, 1*(1), 1-6.

Dempster, F. N. (1981). Memory span: Sources of individual and developmental differences. *Psychological Bulletin, 89*(1), 66.

Deveci, T. (2014). Lifelong Learning Orientations of Freshman Engineering Students and Faculty Members. *Journal of Higher Education, 4*(1), 14-22.

Dewey, J. (1916, 1944). *Democracy and Education.* New York: The Free Press.

Dewey, J. (1933). *How we think: A restatement of the relation of reflective thinking in the education process.* Chicago: Henry Regnery.

Dewey, J. (1938). *Experience and education.* New York: Macmillan.

Dewey, J. (1963). *Experience and education.* New York: Macmillan.

Dewey, J. (2011). **하우 위 싱크: 과학적 사고의 방법과 교육.** [How we think] (정회욱 역). 서울: 학이시습(원저출판: 2007).

Dexter, J., Dexter, G., & Irving, J. (2011). *An introduction to coaching.* City Road. London: SAGE.

Dobson, L. (2006). *The Learning Coach Approach.* Philadelphia, PA: Running Press.

Eggen, P. D. & Kauchak, D. P. (2006). *Strategies and models for teachers: teaching content and thinking skills*(4th ed). Boston: Pearson.

Elaine H. J. Yew, & Karen G. (2016). Problem-Based Learning: An Overview of its Process and Impact on Learning. *Health Professions Education, 2*(2), 75-79.

Ensher, E. A., & Murphy, S. E. (2011). The mentoring relationship challenges scale: The impact of mentoring stage, type, and gender. *Journal of Vocational Behavior, 79*(1), 253-266.

Fletcher, S. J. (2012). Coaching: An overview. In S. J. Fletcher & C. A. Mullen(Eds), *The SAGE handbook of mentoring & coaching in education*(pp. 24-40). Thousand Oaks, CA:

SAGE.

Gadomska-Lila, K. (2020). Effectiveness of reverse mentoring in creating intergenerational relationships. *Journal of Organizational Change Management, 33*(7), 1313-1328.

Garnett, F. & O'Beirne, R. (2013). The PAH Continuum. In S. Hase & C. Kenyon, ***Self-determined learning: Heutagogy in action.*** Sydney, Austrailia: Bloomsburry Academic.

Garrison, D. R. & Kanuka, H. (2004). Blended learning: uncovering its transformative potential in higher education. *Internet and Higher Education, 7,* 95-105.

Grasha, A. F. (2002). *Teaching with style: A practical guide to enhancing learning by understanding teaching and learning styles.* Pittsburgh, PA: Alliance Publishers.

Griffiths, K. (2005). Personal coaching: A Model for Effective Learning. *Journal of Learning Design, 1*(2), 55-65.

Hadley, H. N. (1975). Development of Instrument to Determine Adult Educators' Orientations: Andragogical or Pedagogical. Doctorial Dissertation, University of South Florida.

Hartree, A. (1984). Malcolm Knowles' Theory of Andragogy: A Critique. *International Journal of Lifelong Learning, 3*(3), 203-210.

Hase, S., & Kenyon, C. (2000). From andragogy to heutagogy. In UltiBase Articles. Retrieved from: http://ultibase.rmit.edu.au/Articles/dec00/hase2.htm

Hase, S., Tay, B. H., & Goh, E. (2006). Developing learner capability through action research: from pedagogy to heutagogy in the workplace. Proceeding of Global VET: Challenges at the Global, National and local levels: Australian Vocational Education and Training Research Association(AVETRA) Conference, Wollongong, NSW, 19-21 April.

Hmelo-Silver, C. E. (2004). Problem-based learning: What and how do students learn?. *Educational psychology review, 16*(3), 235-266.

Holly, M. L. (2008). *Reflective writing and the spirit of in-quiry. In N. Norris. (Ed.). Curriculum and the teacher: 35 years of the Cambridge Journal of Education.* (pp. 274-283). New York: Routledge.

Houle, C. O. (1988). *The inquiring mind*(2nd ed.). Madison: University of Wisconsin Press.

Jackson, P. Z., & McKergow, M. (2007). *The solutions focus: Making coaching & change simple*(2nd ed). London/Boston: Nicholas Brealey.

Jarvis, P. (1995). *Adultand Continuing Education: Theory and practice*(2nd ed.). London, NY: Routledge.

Johnson, D. W., & Johnson, R. T. (1981). Effects of cooperative and individualistic learning experiences on interethnic interaction. *Journal of Educational Psychology, 73*(3), 444-449.

Jonassen, D. H., & Grabowski, B. L. (1995). Learning style and individual differences. In A. Gale. & M. Eysenck(Eds.), *Handbooks of individual difference.* Manwah, NJ: Lawrence Erlbaum Associates.

Joyce, B., & Weil, M. (1992). **교수 · 학습의 이론과 실제.** [Models of teaching] (김종석, 김언주, 백욱현 역). 서울: 성원사(원저출판: 1972).

Katz, L. G. & Chard, S. C. (1989). *Engaging children's mind: The project approach,* NY: Ablex.

Keller, J, M., & 손상호(1999). **매력적인 수업설계.** 서울: 교육과학사.

Keller, J, M. (2013). **(학습과 수행을 위한) 동기 설계: ARCS 모형 접근.** [Motivational design for learning and performance: the ARCS model approach] (조일현, 김찬민, 허희옥, 서순식 역). 경기: 아카데미프레스(원저출판: 2009).

Klauss, R. (1981). Formalized mentor relationships for management and executive development programs in the federal government. *Public Administration Review, 41*(4), 489-496.

Klippel, F. (1984). *Keep talking: Communicative fluency activities for language teaching.* Cambridge: Cambridge University Press.

Knowles, M. S. (1975). *Self-directed learning: A Guide for Learners and Teachers.* New York: Association press.

Knowles, M. S. (1989). *The Making of Adult Education.* San Francisco: Jossey-Bass Inc. Publishers.

Kolb, D. A. (1984). *Experiential Learning Experience as the source of learning and development.* Englewood Cliffs, NJ: Prentice Hall.

Kram, K. E. (1983). Phases of the mentor relationship. *Academy of Management Journal, 26*(4), 219-239.

Kram, K. E. (1985). *Mentoring at Work: Developmental Relationships in Organizational Life.* IL: Scott Foresman.

Ladousse, G. P. (1987). *Role play: resource books for teachers.* Cambridge: Cambridge University Press.

Laird, D. (1986). *Approaches to training and development*(2nd ed.). Reading, MA: Addison-Wesley.

Lakoff, G. (1987). *Women, fire, and dangerous things.* Chicago, IL: University of Chicago

Press.

Lindeman, E. C. (1926). *The Meaning of Adult Education.* New York: New Republic.

Lindy(2010). Pedagogy, Andragogy, Heutagogy compared.

Littlewood, W. (1981). *Communicative language teaching.* Cambridge: Cambridge University Press.

Long H. B. (1992). Philosophical, psychological and practical justifications or studying self-direction in learning. In H. B. *Long & Associates, Self-directed Learning: Application and Research.* Norman: Oklahoma Research Center for Continuing Professional and Higher Education.

Mantyla. K. (2001). *Blending e-learning: The poweris in the mix.* Alexandria, VA: ASTD.

Marquardt, M. J. (1999). *Action learning in action.* Mountain View, CA: Davies-Black Publishing.

Marquardt, M. J. (2004). **액션러닝의 힘.** [Optimizing the power of action learning: solving problems and building leaders in real time] (이태복 역). 서울: 패리다임컨설팅(원저출판: 2004).

Martin, G. (2005). Biographies of motivation for lifelong learning. paper presented at the British Educational Research Association Annual Conference, University of Glamorgan, 14-17 September.

Mayeux, L., & Cillessen, A. H. N. (2003). Developmental of social problem in early childhood: stability, change, and associations with social competence. *The Journal of genetic psychology, 164*(2), 153-175.

Mcdowell, M. (2019). **프로젝트 수업 제대로 하기.** [Rigorous PBL] (장밝은 역). 서울: 지식프레임(원저출판: 2017).

Megginson D., Clutterbuck D., Garvey B., Stokes P., & Garrett-Harris R. (2008). *Mentoring w działaniu,* [Mentoring in Action]. Poznań: Dom Wydawniczy REBIS.

Mezirow, J. (2000). Learning to think like an adult: Core concepts of transformation theory. In J. Mezirow & Associates, *Learning as transformation: Critical perspective on a theory in progress*(pp. 3-33). SF: Jossey Bass.

Mischel, W. (1986). *Introduction to personality*(4th ed.). New York: Holt Rinehart & Winston.

Mosston M., & Ashworth S. (1990). The Spectrum of Teaching Styles. From Command to Discovery. Longman, Inc, 95 Church St., White Plains, NY 10601-1505.

Murray, M. (2002). *Beyond the Myths and Magic of Mentoring: How to Facilitate an Effective Mentoring Process.* SF: Jossey Bass.

Murray, M. (2006). Innovations in Performance Improvement with Mentoring. In J. A Pershing(ed.). *Handbook of Human Performance Technology*(3rd ed.). CA: Pfeiffer.

Neenan, M., & Palmer, S. (2001). Cognitive behavioural coaching. *Stress News, 13*(3), 15-18.

Noe, R. A., Greenberger, D. B., & Wang, S. (2002). Mentoring: What we know and where we might go. *Research in Personnel and Human Resources Management, 21,* 129-173.

O'Neil, J., & Marsick, V. J. (2014). **액션러닝: 성과가 눈에 보이는 창의인재 육성방법** [Understanding action learning theory into practice] (봉현철 역). 서울: 학지사(원저출판: 2007).

OECD(2005). Governance for Sustainable Development: Five OECD Case Studies, Paris: OECD.

Osborn, A. F. (1953). **Applied imagination.** NY: Charles Scribneis Sons.

Osborn, A. F. (1998). **창의력 개발을 위한 교육.** [Applied imagination principles and procedures of creative problem-solving] (신세호 역). 서울: 교육과학사(원저출판: 1968).

Palmer, S., & Szymanska, K. (2008). Cognitive behavioural coaching: An integrative approach. In S. Palmer, & A. Whybrow(Eds), *Handbook of coaching psychology: A guide for practitioners*(pp. 151-202). London: Sage.

Palmer, S., & Whybrow, A. (2008). Coaching psychology: An introduction. In S. Palmer, & A. Whybrow(Eds), *Handbook of coaching psychology: A guide for practitioners*(pp. 29-57). London: Routledge.

Palmer, S., & Whybrow, A. (2016). **코칭심리학: 응용가능한 11가지 심리학적 접근.** [Handbook of coaching psychology: a guide for practitioners] (정석환 외 역). 서울: 코쿱북스(원저출판: 2008).

Paris, S. G., Lipson, M. Y., & Wixson, K. K. (1983). Becoming a strategic reader. *Contemporary Educational Psychology, 8*, 293-316.

Pedler, M., & Abbott, C. (2013). *Facilitating Action Learning.* Berkshire, UK: Open University Press.

Peter, A., Robyn, E., & Garry, H. (2012). **교원의 전문성 개발을 위한 액션러닝.** [Action learning in schools: Reframing teachers' professional learning and development] (엄우용 역). 서울: 아카데미프레스(원저출판: 2009).

Phelps, R., Hase, S. & Ellis, A. (2012). Competency, capability, complexity and computer: exploring a new model for conceptualising end-user computer education. *British Journal of Educational Technology, 36*(1), 67-85.

Pintrich., P. R., & De Groot, E. V. (1990). Motivational and self-regulated learning component of classroom academic performance. *Journal of Educational Psychology, 82*, 33-40.

Prochaska, J. O., & DiClemente, C. C. (1992). Stage of change in the modification of problem behaviours. In M. Hersen, R. Eisler, & P. Miller(Eds), *Progress in behaviour modification*(pp. 183-218). Sycamore, IL: Sycamore Press.

Ragins, B. R., & Cotton, J. L. (1999). Mentor functions and outcomes: A comparison of men and women in formal and informal mentoring relationships. *Journal of Applied Psychology, 84*(4), 529-550.

Reay, J. (2003). Blended Learning: A fusion for the future. *Knowledge Management Review, 4*(3), 6.

Renzulli, J. S. (2005). The Three-Ring Conception of Giftedness: A Developmental Model for Promoting Creative Productivity. In R. J. Sternberg & J. E. *Davidson (Eds.), Conceptions of giftedness*(pp. 246–279). Cambridge, MA: Cambridge University Press.

Renzulli, J. S., Rizza, M. G., & Smith, L. H. (2002). *Learning styles inventory-version III: A measure of student preferences for instructional techniques. Technical and administration manual.* Mansfield Center, CT: Creative Learning Press.

Robbins, S. P. (1994). *Theory and practice of group counseling.* Belmont, CA: Brooks/Cole Publishing Company.

Rogers, C. R. (1970). *Encounter Group.* New York: Harper & Row.

Rogers, C. R. (2002). Seeing Student Learning Teacher Change and the Role of Reflection. *Harvard Educational Review, 72*(2), 230-253.

Rohse, S., & Anderson, T. (2006). Design patterns for complex learning. *Journal of Learning Design,* 82-91.

Rosenshine, B. B. (1983). *Direct Instruction Encyclopedia of Education.* Oxford: Pergamon Press.

Savery, J. R. (2006). Overview of Problem-based Learning: Definitions and Distinctions. *Interdisciplinary Journal of Problem-Based Learning, 1*(1), 9-20.

Schön, D. A. (1983). *The reflective practitioner: how professionals think in action.* New York: Basic Books.

Schön, D. A. (1987). *Educating the reflective practitioner.* San Francisco: Jossey-Bass.

Schwab, K. (2016). **클라우스 슈밥의 4차 산업혁명.** [Shaping the fourth industrial revolution] (송경진 역). 서울: 새로운현재(원저출판: 2016).

Siemens, G. (2006). Connectivism Learning and knowledge today. *The International Review of Research in Open and Distance Learning, 9*, 1 13.

Skinner, B. F. (1974). *About Behaviorism.* New York: Alfred A. Knopf.

Smith, L. J. (2001). Contentand delivery: acomparison and contrast of electronic and traditional MBA marketing planning courses. *Journal of Marketing Education, 23*(1), 35-44.

Su, Y. (2011). Lifelong Learning as Being: The Heideggerian Perspective. *Adult Education Quarterly, 61*(1), 57-72.

Vail, P. B. (1989). *Managing as a Performing Art: New Ideas for a World of Chaotic Change.* San Francisco: Jossey-Bass.

Van Manen, M. J. (1977). Linking ways of knowing with ways of being practical. *Curriculum Inquiry, 6*(3), 205-228.

Van Manen, M. J. (1991). *The tact of teaching: The meaning of pedagogical thoughtfulness.* Albany: State University of New York Press.

WEF(2016). The Future of Jobs: Employment, Skills and Workforce Strategies for the Forth Industry Revolution. Colony/Geneva: World Economic Forum. January 2016.

Whitener, E. M. (2001). Do "high commitment" human resource practices affect employee commitment?: A cross-level analysis using hierarchical linear modeling. *Journal of Management, 27*(5), 515-535.

Wikipedia(2016). https;//en.wikipedia.org/wiki/Passive_learning

Zeichner, K. M. (1983). Alternative paradigms of teacher education. *Journal of Teacher Education, 34*(3), 3-9.

Zimmerman, B. J. (1986). A social cognitive view of self regulated academic learning. *Journal of Educational Psychology, 81*(3), 329-339.

Zimmerman, B. J. (1989). Models of self regulated learning and academic achievement In B. J. Zimmerman & D. H. Schunk(Eds.), *Self regulated learning and academic achievement: Theory, research and practice.* NY: Springer-Verlag.

Zimmerman, B. J. (2000). Self-Efficacy: An Essential Motive to Learn. *Contemporary Educational Psychology, 75*, 82-91.

Zimmerman, B. J., & Martinez-Pons, M. (1986). Development of a structured interview for assessing students' use of self regulated learning strategies. *American Educational Journal, 23*, 614-628.

Zimmerman, B. J., & Schunk, Do. H. (1989). *Self-regulated Learning and academic achievement: Theory, reach and practice.* New York: Springer-Verlag.

찾아보기

ㅂ

ㅅ

ㅇ

ㅈ

저자 소개

■ 이기원

국제문화복지 사회교육학과 교육학석사 / 사회복지학박사(Ph.D.)
명지대학교 아동심리상담학과 겸임교수
숭실대학교 복지경영학과 겸임교수
국민대학교 사회복지학과 강사
현) 목포과학대학교 평생교육복지학과 교수
저서) 평생교육경영론, 사회복지실천기술론, 사회복지와 문화다양성, 정신건강사회복지론 외

■ 현영렬

연세대학교 사회사업학과 학사
동경도립대학교 대학원 사회복지학석사
서울시립대학교 대학원 사회복지학박사
현) 서정대학교 사회복지과 교수
저서) 노인복지론, 사회복지학개론, 인간행동과 사회환경, 평생교육경영론 외

■ 한영상

대전대학교 경영학석사, 사회복지학석사
중부대학교 일반대학원 사회복지학박사
한국사회복지교육협회 대표이사
베스트평생교육원 원장
중부대학교 사회복지학과 겸임교수
현) 서정대학교 사회복지상담과 전임교수
저서) 평생교육방법론 외

■ 김태희

서울사회복지대학원대학교 사회복지학석사
한영대학원대학교 사회복지학박사
수원과학대학교 사회복지학과 겸임교수
현) 세한대학교 사회복지상담전공 전임교수
저서) 인간행동과 사회환경, 상담이론과 실제 외

■ 최연우

경희대학교 대학원(유아보육경영) 석사
숭실대학교 경영대학원(코칭심리학) 박사
현) 경기도(여성가족대단)부모교육 전문강사
　경기도청 평생교육진흥원 임원추천위원회 위원
　서정대학교 유아교육학과 겸임교수
　전생애(발달진단) 교육지원센터 대표
　경희아이다솜 대표 / 원장
저서) 평생교육방법론 외

■ 이순임

숭실대학교 대학원 복지경영학과 석사
행복가정드림(심리상담)센터 이사
현) 광명장애인협회 이사
　목포과학대학교 평생교육복지학과 교수
저서) 평생교육방법론 외

평생교육방법론

1판 1쇄 인쇄 — 2022년 7월 25일
1판 1쇄 발행 — 2022년 7월 29일

저　　자 - 이기원 현영렬 한영상 김태희 최연우 이순임
발 행 인 - 강철원
발 행 처 - 양성원
주　　소 - 경기도 파주시 검산로 173번길 29-20
전　　화 - 031-946-3861(代)
팩　　스 - 031-946-3864
이 메 일 - tnwpub@naver.com
홈페이지 - tnwpub.co.kr
출판등록 - 2015년 8월 31일 제 2015-000211 호

ISBN 979-11-6126-465-3

정가 23,000원